风险投资学

FENGXIAN TOUZIXUE

第6版

胡海峰　编著

首都经济贸易大学出版社
Capital University of Economics and Business Press
·北京·

图书在版编目(CIP)数据

风险投资学/胡海峰编著. --6版. --北京:首都经济贸易大学出版社,2022.10

ISBN 978-7-5638-3383-2

Ⅰ.①风… Ⅱ.①胡… Ⅲ.①风险投资-高等学校-研究
Ⅳ.①F830.59

中国版本图书馆CIP数据核字(2022)第127518号

风险投资学(第6版)
胡海峰 编著

责任编辑 晓 红
封面设计 风得信·阿东 FondesyDesign
出版发行 首都经济贸易大学出版社
地 址 北京市朝阳区红庙(邮编 100026)
电 话 (010)65976483 65065761 65071505(传真)
网 址 http://www.sjmcb.com
E-mail publish@cueb.edu.cn
经 销 全国新华书店
照 排 北京砚祥志远激光照排技术有限公司
印 刷 北京市泰锐印刷有限责任公司
成品尺寸 170毫米×240毫米 1/16
字 数 402千字
印 张 21.75
版 次 2006年9月第1版 2009年9月第2版
2013年2月第3版 2016年7月第4版
2019年7月第5版 **2022年10月第6版**
2024年1月总第17次印刷
书 号 ISBN 978-7-5638-3383-2
定 价 48.00元

第六版前言

为了适应中国资本市场的发展,推动风险投资相关知识的普及,我们组织编写了本书,作为本科生的教材。本书自2006年出版以来,受到了社会各界人士的欢迎和厚爱,国内先后有几十所高等院校的财经类、管理类专业用它作为授课教材,累计发行近七万册。其间,有一些任课教师向出版社和编者反映了教材的使用情况,并提出了很好的建议,这为我们了解课程的知识深度,把握难点和侧重点的取舍,进而为本书的修订提供了有益的帮助,我愿借此机会再次向各位任课老师表示诚挚的谢意。

自本书第五版出版发行以来,又有一些方面的情况发生了变化,因而需要补充风险投资领域的最近进展和最新研究成果,修正、删节书中某些缺陷或不足以及过于陈旧的内容。有鉴于此,本次修订在第五版的基础上,主要补充、更新了风险投资领域一些新的知识和最新的研究成果,同时也更新了书中的相关数据。

本书在初版和几次修订过程中参阅了国内外大量的文献资料,在此表示衷心感谢!限于编者水平和能力,书中错误和不当之处在所难免,真诚欢迎读者批评指正,使本书以后能进一步修改和完善。

第一版前言

自1946年第一家风险投资公司——美国研究发展公司诞生至今,风险投资已经经历了60年的发展历程。其间,风险投资以势不可当之势,席卷美国高科技产业,极大地刺激了美国经济的发展,造就了一批享誉全球的著名企业,如微软、英特尔等。风险投资对高科技产业的巨大推动作用,引起了世界各国政府的高度重视,许多国家都在积极通过发展风险投资,推动高科技产业发展,进而带动整个国民经济腾飞,增强竞争力和综合国力。

风险投资的发展吸引了众人的目光,吸纳了众多具有不同专业背景的人士投身到该行业中去,并推动了风险投资相关知识的普及。目前,国内许多高校的财经类、管理类专业都相继开设了风险投资的相关课程。为了能够向广大读者提供一部反映风险投资最新发展、结构清晰、内容全面的教材,我们组织编写了本书。

本书共12章,从定义与内涵,运作机构,组织形式,运作过程,风险投资管理,退出形式,创业板市场介绍,公共政策支持,风险投资的国际化等不同方面,详细叙述了风险投资的融资、投资、管理、退出的全过程,全面系统地介绍了风险投资发展的特点和规律。本书除了可以作为金融投资专业、工商管理专业以及IT相关专业本科生的教材,还可供研究生学习,同时可以作为风险投资或科技管理从业人员的参考用书。

本书的提纲和结构确定后,方淑英、彭春燕、张宗林、李忠等参加了初稿的编写,并由本人对全书进行了审阅和修改,终稿由本人完成。

本书在编写过程中,参考了大量国内外的文献资料,在此一并表示感谢!在编写过程中,编者力求理论性与实用性的统一,追求学术观点的正确,强调对读者的启发,但限于编者的水平和能力,错误和不足之处在所难免,希望各位读者不吝赐教,使本书以后能进一步修改和完善。

目录

CONTENTS

目录

CONTENTS

目录

CONTENTS

目录

CONTENTS

第一章

风险投资概论

本章提要

本章讲述风险投资及相关概念,风险投资的主要特点,并分地区介绍世界主要国家风险投资的产生和发展状况,阐述风险投资对经济增长的推动作用。

学习要点

理解风险投资的定义及特点。

了解风险投资产生、发展的过程及主要的发展趋势。

了解风险投资对经济增长的推动作用。

第一节　风险投资的定义与内涵

一、风险投资的定义

一般来说,风险投资是指把资金投向蕴藏着较大失败危险的高技术开发领域,以期成功后取得高资本收益的一种商业投资行为。其实质是通过投资于一个高风险、高回报的项目群,将其中成功的项目出售或者上市,实现所有者权益的变现(风险资本的退出),从而不仅弥补那些失败项目的损失,而且使投资者获得高额回报。

风险投资的出资人和风险承担者是风险投资者，它是由风险投资者出资，协助具有专门技术而无法筹得资金的技术创业家创业，并由风险投资者承担创业时的高风险。风险投资者以其拥有的专业知识主动参与经营，使被投资企业能够稳健经营、迅速成长。风险投资者可于被投资企业经营成功后，将所持有的股份卖出，收回资金，再投资于另一项新创事业，如此循环往复，周而复始地进行长期投资，并参与企业经营。风险投资者以获取股息、红利及资本利得为目的，其最大特征在于承担较大的风险，以获得巨额资本利得。

对于风险投资，学术界还有很多不同的描述。

美国经济学家道格拉斯·格林沃德（Douglas Greenwood）主编的《经济学百科全书》认为："风险投资就是准备冒风险的资金，它是准备为一个有迅速发展潜力的新公司或新发展的产品经受最初风险的资金，而不是用来购置与这一公司或产品有关的各种资产的资金。"①

美国学者阿姆（Amrer）认为，对资金所有者而言，风险投资是将其资金投注于具有高风险的企业，所以此项投资可能一去不回，也可能成百倍地回收。投资期间是长期的，并以股权参与的方式进行投资。所投资的对象除了具有高度风险外，往往是新的快速成长的新事业，风险资本期望能获得巨额利润。②

美国学者里格斯（Riggs）则认为，风险投资通常对所投资的对象没有长期持有的打算，仅是在其所投资的事业有所发展后，立刻将股权出售，而将投资所得再进行另一次风险投资。

英国学者高勒（Gonenc）的解释较为宽泛，他认为风险投资是一种寻找具有高利润、高风险投资机会，发展潜力大的资本。

美国学者林德（Rind）指出，投资者进行下列投资活动时，即已构成风险投资行为：①创立新事业或挽救、扩充现有的事业；②投资于高风险、高利润的地方；③进行投资之前，需要详细的分析调查工作；④使用各种不同投资工具于不同的投资活动；⑤进行长期投资；⑥直接参与投资事业的经营，为所加入的投资计划提供更多的附加价值；⑦力图使资本最大化，风险投资者的报酬来自投资事业经营成功后的资本利得。

美国学者凯利（Kelly）将风险投资视为资本投资者将资金投入高风险创业企业所进行的决策行为。风险投资与一般投资行为的差异，还在于所使用的分析技术与面临的风险程度有所不同。

经济合作与发展组织的 24 个工业发达国家在 1983 年召开的第二届投资方式大型研讨会上认为，凡是以高科技与知识为基础，对生产与经营技术密集

① 道格拉斯·格林沃德主编：《经济学百科全书》，商务印书馆 1980 年出版。

② 转引自张钢主编：《投资银行全书》，中国经济出版社 1996 年版。以下观点同。

的创新产品或服务进行的投资,都可以视为风险投资。

按照美国《企业管理百科全书》的定义,“对不能从传统来源,诸如股票市场、银行或与银行相似的单位(如租赁公司或商业经纪人)获得资本的工商企业的投资称为风险投资”。

根据美国全美风险资本协会的定义,创业投资是由职业金融家投入新兴的、迅速发展的、有巨大竞争潜力的企业中的一种权益资本。

在我国,对于“Venture Capital”(简写为 VC,下同)一词的译法存在争议。有的学者认为,应该译为风险投资,他们指出,在我国,风险投资的译法更为恰当,因为经济体制和市场体制的缺陷,使得我国的投资风险极大,更有必要强调风险投资中的风险管理机制。而另一部分学者主张将 VC 译为创业投资,他们认为,只有当某种资本是通过承担高风险进入创业企业,并为所投资的创业企业提供企业管理服务,以期在创业成功后,通过股权转让来获取高资本增值收益时,这种资本才能被称为“Venture Capital”,即创业资本。如今,在大多数情况下,都把 VC 译为风险投资,因为 VC 真正的成功正是因为它发展了一套风险管理的机制和手段,它的范围远远不止创业投资,风险投资已经扩展为一个全新的金融行业,即私有股权投资业。而只有在强调这类投资对创新企业的作用时,才会被叫作创业投资。

二、风险投资的特点

风险投资是一种专业性强且精巧细致的投资活动和投融资体系,它通过认真筛选、分散风险、加强管理、及时蜕资等手段,既支持创新者创业,又帮助投资人投资,使二者双双获利。只有充分深入地认识和理解风险投资与一般投资活动不同的显著特点,才能更好地了解什么是风险投资。概括起来说,风险投资的特点有以下几个方面。

(一)风险投资是一种高风险与高收益并存的投资

风险投资是没有担保的投资。由于风险投资没有抵押和担保,所投资的对象常常是高技术中的种子技术、某种设计思想和尚未起步或刚刚起步的创新小企业,不确定因素很多。此外,一项新的科技成果转化为一种新产品,中间要经过工艺技术研究、产品试制、中间试验和扩大生产、上市销售等多个环节,每一个环节都有失败的风险。如在美国“硅谷”,就有很多企业因为管理不善、资本不足、经济形势等的影响而中途夭折。因此,我们说风险资本具有高风险的特点。同时,依靠风险投资建立起来的高技术企业生产的产品,成本低、效益高、性能好、附加值高、市场竞争能力强,企业一旦成功,其投资利润率就会远远高于传统产业和产品。

一般来说，发达国家高技术企业成功的比率在20%～30%。但是高风险总是和高收益并存的，投资者可拥有创业企业（Venture-backed Companies）50%未上市前的股份，一旦该公司首次公开发行股票（Initial Public Offering，简写为IPO），则可以获取几十倍甚至上百倍的投资收益。因此，对于风险投资家来说，只要在投资的10家公司中有1家获得较大的成功，就可以获得足以弥补其他9家公司投资损失的资金，而且绰绰有余。一直以来，美国风险资本的投资最为成功，年收益率高达50%以上，一般的年收益率也可达35%。美国风险投资家瓦尔丁1976年向苹果计算机公司投入20万美元的风险资本，到了1980年，仅仅4年的时间，就获得了1.34亿美元的超额利润，这个超额利润是他投入的20万风险资本的670倍。正因为有这种巨额利润的诱惑，风险投资家才甘愿承担巨大的风险。

（二）风险投资是一种流动性很小的周期性循环的中长期投资

风险投资是一种长期投资，其投资周期要经历研究开发、产品试制、正式生产、扩大生产，再到赢利规模进一步扩大，生产销售进一步增加等阶段。直到企业股票上市、股价上升时，投资者才能收回风险资本并获得投资利润。这一过程少则需要3～5年，多则需要7～10年，是一种中长期投资，由于其流动性很小，常常被称为“呆滞资金”。据美国因第佛斯公司的调查，从1972年到1982年，157家创业企业平均需要30个月才能达到第一平衡点，即现金流平衡点（负现金流转向正现金流），需要75个月才能恢复原始股本价值。[①] 正因为如此，人们也将风险资本称为“有耐心和勇敢”的资金。

此外，创业企业在不同的成长阶段有不同数额的资金需求。为了满足创业企业各个成长阶段对资金的需求，推动创业企业稳步成长，风险资本必须提供持续投入，即针对创业企业不同阶段的资金需求，分步进行持续投入。为此，风险投资家必须参加创业企业的战略规划和投资策略的制定过程。

风险投资是一个周期性循环运作的过程，它一般经历筹资—投资—管理—退出—分配—再投资这样一个循环过程。在退出一个项目后，它又会开始积极寻找新的投资项目。

（三）风险投资是一种权益投资

风险投资不是一种借贷资本（Debt），而是一种权益资本（Equity），投资方式一般为股权投资。通常风险资本占被投资企业的15%～20%，有时更多，达到30%以上。风险资本与银行借贷资本有着本质的区别。银行借贷资本构成企业的债务，银行的着眼点就在于企业的盈亏，以保证其顺利收回本息。而风

① 刘曼红：《风险投资：创新与金融》，中国人民大学出版社1998年版，第33页。

险资本投资则更多采取参股的形式投资到创业企业，从红利和股权转让中获利，因此，风险投资更着重于企业的发展前景和资产增值，以便能通过上市或出售而实现蜕资，并取得高额回报。

风险投资虽然是权益资本，但风险投资家的目的不是获得企业的所有权。风险投资家常说："我们不想控制，我们要的是增长，我们要的是收益。"这句话道出了风险投资家的目的。他们虽然以权益资本的方式进行投资，但最终还是要从投资对象公司撤出的。风险投资的退出方式主要有：首次公开发行(IPO)，股份回购，收购与兼并以及破产清算。这几种方式中，公开上市为最佳，破产清算最差。能使创业企业实现首次公开发行，是风险投资家们奋斗的目标。

(四)风险投资是一种投资和融资结合的投资

从风险投资运营的角度考察，风险投资是融资与投资相结合的一个过程，风险投资所承担的风险和不确定性，不仅体现在投资上，也体现在融资上。从某种意义上说，风险投资过程中最重要、也最困难的方面不在投资，而在融资。

就像经济学对市场结构的分析一样，金融市场也分为买方市场和卖方市场，存在卖方金融和买方金融。

所谓卖方金融，是指从事这些业务的金融机构都是通过出售自己的服务来获取利润。例如，企业的股票上市往往是通过投资银行进行的。通过提供这些服务，投资银行会向企业索取一定的费用。这种费用可以是证券买入价和卖出价之间的差额，也可以是一笔佣金。另外，商业银行则是通过为企业提供存贷款业务赚取存贷款之间的利差。

买方金融却与此不同。买方金融的典型特征是首先要筹集一笔资金，而且这笔资金是以权益资本的形式存在，然后再以所筹资金购买刚刚经营或已经经营的企业的资产。买方金融的利润主要来自资产买卖的价差。在融资时，风险投资家购买的是资本，出售的则是自己的信誉、诱人的投资计划、对未来收益的预期。投资时，他们购买的是企业的股份，出售的是资本金。退出时，他们出售企业的股份，买回资本金，外加丰厚的利润(当然大多数情况是亏损)，以及光辉的业绩和成功的口碑。将资本撤出后，风险投资会进行下一轮的融资和投资。

风险投资属于买方金融的一种形式，它具有买方金融的特点，即整个金融过程是由融资和投资两个方面构成的，而融资又占举足轻重的地位。融资比投资还重要、还艰巨。融到资金往往就是成功的一半。有能力融到资金是风险投资家业绩的体现。融资规模越大，就越显示出风险投资家的出类拔萃、高人一筹。

(五)风险投资是一种资金与管理相结合的投资

风险投资家将资本投入到企业后，就拥有企业的一部分所有权，成为企业的股东，在风险投资家与企业家之间也就形成了委托—代理的关系。在这个关系中，作为委托人的风险投资家与作为代理人的企业家各自拥有相对的信息优势。其中，风险投资家是以投资者的姿态出现，他们通常都具备一定的专业技术知识背景、丰富的企业运营经验和投资经验，并且拥有渠道畅通的关系网，能为企业引来更多的资金；企业家拥有的则是某项创业构思或某项专有技术，虽然他们对创业企业内部的情况了如指掌，却缺乏相应的生产管理经验和获取资金的渠道和信息。在风险投资家和企业家两者之间，其实存在着严重的信息不对称情况。因此，为了降低投资风险，提高投资成功率，监督资金使用情况，风险投资家在给创业企业投资之后，不会像一般的投资者那样不参与公司管理，相反，他们会积极参与公司的各项业务，为公司的营运管理提供咨询，帮助公司介绍新的客户或原料供应商，甚至在必要时解除现有管理者的职权，用新的管理人来替代现有的管理人。这种资本与管理相结合的资本形式，为创业企业的发展与壮大提供了良好的运营机制，对于提高创业企业的成功率大有帮助。

很显然，在风险投资运营的机制中，投资者和被投资者是患难与共、风雨同舟的关系。同时，由于风险投资家通晓金融及市场行情，而创业家往往在技术上较为擅长，而对金融及市场方面较为生疏，因此，风险投资家参与企业的管理，对创业企业的发展、壮大都会有很大贡献。

（六）风险投资是一种金融与科技相结合的投资

形成风险投资机制的两大主要要素一是资金，二是高科技技术，两者缺一不可。风险投资主要集中于高科技产业。高科技产业是当今世界经济发展的火车头，发展很快。当代高、精、尖产品无一不是高科技成果的结晶。风险投资就是为了支持这种创新产业而产生的，当今世界的风险资本几乎就是高科技产业投资的代名词。高科技产业具有知识密集、技术密集和人才密集的特点，与之相应，风险投资行业也是知识密集、技术密集、人才密集的行业。因此，风险投资是一种金融与科技相结合的融资、投资机制。

第二次世界大战以后，电脑行业、软件行业、信息技术行业和生物技术行业先后站在科技发展的最前沿，它们的出现和应用是第三次技术革命后的又一波新技术浪潮，这些技术的应用给人类的生产、生活带来了巨大的变化，推动了经济的发展和整个社会的进步。另外，这些行业的企业也借助于技术的更新和发展，在商业运营上取得了巨大的成功。回头再看这些企业的发展历史，我们会发现，在这些企业成长的过程中，风险投资在其中扮演了重要的角色；同时，这些行业的上市公司也分别在各个时期的证券市场上扮演了重要的角色，为股东创造了巨大的财富。资本和技术构成了风险投资的两大重要因素，两者在风险投资的过程中相辅相成，相得益彰，风险投资促进了技术的发展，而技术的发展和企业的成长又给了风险投资超额的回报,使之能进行一轮又一轮的投资。

(七)风险投资是一种无法从传统渠道获得资金的投资

处于创业阶段的技术创新者所面对的融资方式有以下几种:

1. 内部集资。这种方式很难适用于大多数技术创新企业。

2. 向银行贷款。对于银行机构来说,其发放贷款的主要标准是信誉和偿还能力。在高新技术企业的创业阶段,由于风险大,企业尚未建立信誉,因此很难从银行和其他的常规融资机构中获得贷款,即使企业建立起来了,企业也没有任何承担风险的能力。因为银行在从事放贷活动的过程中,其价值标准是基于对企业资金来源和负债结构的分析和判断。银行负债主要来自期限较短、流动性较强的居民和企业储蓄存款,投资高风险行业与储户的利益相悖,而且这些负债构成货币供应的主体部分,依托这种负债结构来支持长期性投资支出,很容易导致支付危机。

3. 发行债券。由于发行债券存在固定的收益率,而高新技术企业在创业阶段,存在着技术和市场等多种不确定因素,其债券很难得到投资者的认同,因而,以此种形式筹资几乎不可能成功。

4. 发行股票。股票融资的前提条件是企业过去有经营业绩,财务状况良好,而创业阶段的高新技术企业根本就不符合股票融资的要求,因而这些企业也不可能采取股票方式融资。

可见,在高新技术企业创新的关键阶段,由于创新风险的不定确性和新企业风险承担能力脆弱,往往存在着资金需求的特殊性和资金供给障碍。很显然,原有的资金供给方式无法从根本上突破这一障碍。风险投资则是解决高新技术创新对资金的需求与现实经济生活中资金供给的缺口之间矛盾的一种新的融资形式。

(八)风险投资是一种主要面向高新技术中小企业的投资

风险投资可以理解为对传统投资机制的一个重要的补充,它是金融投资机制发展到较为成熟的阶段后产生的一种更为高级的投资机制,它所投资的对象是一般投资机构所害怕的、不愿投资的领域。从投资对象讲,风险投资的投资对象是高新技术中小企业,它们资金力量单薄,又无法得到银行贷款,急需资金;从投资项目上讲,风险投资的投资项目是高科技项目,是新技术,是人类想要探索的未来技术,是一国生产力发展、经济结构升级换代的关键。各国都已充分肯定了高新技术中小企业对国民经济的贡献,风险投资的对象主要是它们。

(九)风险投资是一种积极的投资,而不是一种消极的赌博

风险投资是通过创业企业的成长达到资本增值的。它通过投资的整体效

率来衡量投资的效益。从这种意义上说,风险投资是一种积极的投资活动,而不是一种消极的赌博。这是风险投资与股票、期货投机的最大区别。风险投资这种投资机制的运作从表面上看,似乎有些铤而走险的味道,而实际上却是一种探索与开拓精神的体现。尽管这种探索与开拓也是以追求利润为目的的,但仍然不妨碍它在客观上存在着对国民经济发展的促进作用。

此外,掌握着风险资金去向的风险投资家在做出投资决策时都是既大胆又细心的。如果对所投对象一知半解,风险投资家每走一步都小心翼翼,决不越雷池一步。只有在对所投对象了如指掌的情况下,风险投资家才敢于冒风险。在投资项目的选择上,风险投资家也是三思而行、极其谨慎的,因为风险投资家是以个人的业绩、个人的声誉、个人的魅力为担保而融得资金的。一旦有误,就有可能会损失个人在风险投资领域的信誉,甚至会葬送个人的前途。风险投资家除了从每年的管理费用中支取工资外,更主要的是可以从风险投资基金的投资收益中提取一定的比例,这就激励他们选择好的项目并加强对创业企业的管理,尽力提高基金的投资收益。而且,风险投资所投项目大都是新兴的、以高科技为主的小企业。这些企业既无房产又无设备,对这类企业的投资风险极高,这在客观上也要求风险投资家必须谨慎。风险投资家的谨慎在一定程度上抑制了风险投资的冒险性。

总之,风险投资主要是投资于高科技产业的一种资本形式,具有投资周期长、风险高、回报高的特点。

三、风险投资的相关主体

(一)风险资金

风险资金是指由专业投资人提供的投向快速成长并且具有很大升值潜力的新兴公司的资本。它一般是在企业的初创或早期扩张阶段投入,而在企业成长起来之后退出的长期资本;是一种由职业金融家向新的、迅速发展的、有巨大竞争潜力的企业或产业投入的权益资本。由于被投资企业的财务状况不能满足短期内抽回资金的需要,这些企业一般无法从传统的融资渠道(如银行贷款)获得所需资金,这时风险资本便通过购买股权、提供贷款或既购买股权又提供贷款的方式进入这些企业。风险资本有三个基本特征:一是投资周期长,一般需要3~7年;二是这种资本不仅给企业提供资金,而且参与企业的战略决策和经营管理;三是风险资本不追求长期的资本收益,往往到一定的时候以转让股份的形式一次性退出。按投资方式分,风险资金分为直接投资资金和担保投资资金两类。前者以购买股权的方式进入被投资企业,多为私人资金;而后者以提供融资担保的方式对被投资企业进行扶助,多为政府资金。

（二）风险投资者

风险投资者是风险资金的运作者，是风险投资流程的中心环节，其工作职能是：辨认、发现机会；筛选投资项目；决定投资；促进创业企业快速成长；退出。风险投资者大体有以下四类：

1. 风险投资家。风险投资家是一批经验丰富、训练有素的职业金融家。他们既有一定的科技生产背景，又有一定的管理知识，同时，还有深厚的金融方面的专业素养。他们是向其他企业家投资的企业家，与其他风险投资者一样，通过投资来获得利润。风险投资家在向创业企业投入资本的同时，还用自己的专业才能和管理经验为创业企业带来比其投入的货币价值更大的价值（Value Added Investment）。当然，风险投资家参与创业企业的经营并非越俎代庖，而是根据具体情况确定参与的程度。在很多时候，他们对于创业企业只是担任顾问和参谋的角色，毕竟风险投资谋求的是风险资本增值后的退出，而不是创业企业的控制权。风险投资家所投出的资本或者全部归该企业所有，或者是受托管理的资本。

2. 风险投资公司（Venture Capital Firm）。风险投资公司的职责是：寻找资金来源；选择投资目标；参与经营管理；获得赢利退出。风险投资公司很大一部分都不是上市的股份公司，而是私人合伙企业。其合伙人分为两类：有限合伙人（Limited Partnership，LP），即投资人，是风险投资公司的基本投资来源；普通合伙人（General Partnership，GP），即风险投资家，他们管理着风险公司的日常运作，筛选并决定投资项目，并负责所得利润的公平合理分配。在风险投资公司中，普通合伙人和有限合伙人的配合至关重要，风险投资是否成功，在很大程度上依赖于这种配合与合作是否默契、是否协调。风险投资公司一般由技术人员和财务人员组成。技术人员的主要任务是评估申请投资项目的技术可行性，财务人员则是进行公司的财务管理。因此，我们说风险投资公司是知识和资金密集型企业。

3. 产业附属投资公司（Corporate Venture Investors/Direct Investors）。这类投资公司通常是非金融性实业公司下属的独立的风险投资机构，它们代表母公司的利益进行投资。这种公司从组织到管理都尽量向私人合伙制风险公司靠近。在投资对象的选择上，它们主要将资金投向一些特定的行业。和传统风险投资企业一样，产业附属投资公司也同样要对被投资企业递交的投资建议书进行评估，深入企业作尽职调查，并期待得到较高的回报。

4. 天使投资人（Angels）。天使投资人是最早和最具有典型特征的风险投资家。与风险投资家不同的是，他们除了具备风险投资家必需的能力之外，还拥有雄厚的资本。他们既是投资者又是管理者，既是普通合伙人又是有限合伙人。在大多数情况下,天使投资人都是自发地为企业融资,并且较多地选择处于初创期的中小型新兴企业。相对于一些传统的机构投资者而言,天使投资者更具有冒险精神,能更好地与所投资的企业通力合作。

(三)创业企业

创业企业(Venture Enterprise)是指风险投资的投资对象。虽然没有人对风险投资的对象加以限制,但多数的风险投资家还是热衷于把钱投到从事高新技术创新活动的中小企业中,这类企业被称作创业企业,从事创业企业经营的企业家被称为创业企业家。创业企业家一般是一个新发明、新技术、新思路的发明者或拥有者。他们在其发明、创新进行到一定程度时,由于缺乏后续资金的支持而寻求风险投资家的帮助。在创业企业家和风险投资家的共同努力下,创业企业得以诞生、发展直至壮大。

如果说风险投资家的职能是发现价值的话,那么创业企业的职能则是创造价值。它专门开发高新技术,并将其转化为产品或工艺,从而达到商业目的。其一般特点是创建时期规模较小,属于微型企业,只有少数员工。创业企业较之一般的企业有更高的风险性(据统计,在美国,每 10 个创业企业中,大约只有 2 ~3 个能获得成功,成功率在 20% ~30% 之间)。但是,一旦成功,其利润将十分惊人。作为新技术产业的温床,创业企业所从事的技术开发具有广阔的前景,能够代表一个新经济时代的到来,是一国经济的增长点和高新技术产业发展的催化剂。

(四)风险资本市场

风险资本市场是一个与一般资本市场相对应的概念,是资本市场中一个具有较大风险的子市场,同时,风险资本市场又是资本市场一个重要的组成部分。一般资本市场是为政府和较为成熟的大中型企业筹集长期资本的市场,它包括了普通意义上的证券市场、私人股份融资市场和项目融资市场;而风险资本市场则是对处于发育成长期的新兴高技术企业进行融资的市场。

风险资本市场中存在着比一般资本市场更高的风险,这种风险来源于市场中的信息不对称和信息不完全,这是由创业企业本身的特点决定的,它与资本市场上衍生产品的风险有本质的区别。衍生产品具有的风险是由其本身运作上的复杂性和市场杠杆放大作用所带来的,而风险资本市场的风险则来源于创业企业的不确定性。

风险资本市场以创业企业家、风险投资家、私人风险投资者为核心。在该市场上,一方面是机会,即巨大的增长潜力;另一方面是资本,即寻求高回报、不怕高风险的风险资本。风险投资家看到了两者的需求,竭力使风险和机会联系起来。这些富有创造力的社会精英与资本结合,创造出了一个又一个经济的奇迹。然而，培育出一个完善的、高效的风险资本市场是一项长期而艰巨的任务，不可能一蹴而就，需要政府和社会坚定不移地长期努力，创造一个良好的投资和发展环境。

虽然风险资本在整个资本市场中只占很小的份额，但是绝对不能忽视风险资本市场的重要性。因为风险资本主要用于扶持成长中的高新技术企业，而高新技术企业是现代经济增长的主要动力，尤其在当今知识经济时代，谁拥有高新技术，谁发展了高新技术产业，其国民经济的发展就会突飞猛进。可以说，风险资本是现代经济增长的第一推动力。

第二节 风险投资的产生与发展

一、美国风险投资的形成与发展

（一）美国风险投资的起源

风险投资起源于19世纪末的美国。由私人或银行家将资金投资于当时新兴的、高风险的石油、钢铁、铁路等事业。1924年IBM公司的成立，是风险投资协助企业发展的成功范例。1946年，由少数富人和机构发起在波士顿成立的美国研究发展公司（ARD），标志着现代风险投资活动的组织化，从此正式揭开了世界风险投资业的序幕。ARD是传统风险投资的开创者，这种传统风险投资的特点是仅采用权益资本投资，投资期长，而且有可能在短期内承受投资损失，产生负的现金流。ARD的成功，为其后继者提供了榜样和经验。

ARD是第一家公开交易的（Publicly Traded）、封闭型的（Closed-End）投资公司，并由职业金融家管理。它主要为那些新成立的和快速增长中的公司提供权益性融资。ARD历史上最重要的事件，是它在1957年投资于数字设备公司（Digital Equipment Corporation，简称DEC）。这次投资大获成功，开创了美国风险投资业的未来。数字设备公司是由4个20多岁的麻省理工学院的毕业生创立的，他们有很多如何改进计算机的想法。ARD最初只对该企业投入了不到7万美元，便已拥有其77%的股份，到1971年，ARD所持有的数字设备公司的股份价值增加到了3.55亿美元。

由于数字设备公司的飞速发展，1960年ARD说服了华尔街著名的投资银行利曼兄弟公司（Lehman Brothers）承销数字设备公司的股票，每股报价为74.10美元，这大大高于1957年每股25美元的价格。在接下来的10年中，由于美国经济的强劲增长和股票市场价格的上涨,数字设备公司股价直冲云霄。到1972 年,当 ARD 被出售给泰克斯泰隆(Textron)公司时,它的每一原始股价格为813 美元。从 ARD 成立时算起,它的年度平均回报率为 14.7%,而如果没有数字设备公司,年度平均回报率将仅为 7.4%。数字设备公司的成功,为 20 世纪70 年代和 80 年代的风险投资企业树立了榜样。

ARD 诞生在 20 世纪 40 年代初,当时新企业出生率过低,因为它们进行长期融资存在困难。由于新企业规模小,各方面不成熟,很难从银行或其他机构投资者如企业、家族、保险公司等所属的信托基金那里借到钱。但是这些新企业对美国经济发展的意义重大。正如 ARD 创始人之一的拉弗·弗朗得斯(Ralph Flamders)所言:“美国的企业、美国的就业和居民的财富作为一个整体,在自由企业制度下不可能得到无限的保障,除非在经济结构中不断有健康的婴儿出生。我们经济的安全不能从那些老牌的大企业的扩张得到保障。我们需要不断涌现的新的力量、能量和能力。我们需要把信托基金中的一部分和那些正在寻找支持的新主意结合起来。”很多专家都同意他的观点。在大家的呼吁下,1958 年美国国会通过了《小企业投资法》(Small Business Investment Act),允许建立小企业投资公司。

ARD 的成功,为其后继者提供了榜样和经验,人们从中学到了许多重要的、有价值的、宝贵的东西。例如,如何挑选合作伙伴,如何避免失败,等等。更为重要的是,它昭示了这样一种观念,即先给私人性质的风险投资公司注资,然后由该公司再投资于新创建的公司是完全可行的。

(二)美国风险投资发展的初期

尽管 ARD 公司最终取得了成功,并为其投资人提供了将近 15% 的年收益率,但在 20 世纪 50 年代,它充其量只能被认为是小有成就,模仿它的人并不多。有研究资料表明,在 1945—1958 年的十几年间,美国没有第二家采取 ARD 公司体制的风险投资组织。因而,20 世纪 50 年代,美国为小企业提供的私人权益资本融资的规模远远不够,而且提供这种资金的机构也不多。

1957 年,苏联成功地发射了第一颗人造地球卫星。苏联的成功对美国是一个很大的刺激,使美国人认识到,美国需要高新技术,美国需要更多的像 ARD 这样的公司。在这种情况下,美国国会为了加快小企业的发展,采取了一系列步骤。其中一个是通过了国内收入法规(Internal Revenue Code)中的第1 224部分,允许当个人向新企业投资超过25 000美元遇到资本损失时,可以从收入中抵减这一损失。但是最重要的立法是 1958 年通过的《小企业投资法》(Small Business Investment Act,简称 SBIA),它允许建立小企业投资公司(Small Business Investment Companies,简称 SBIC)。

所谓小企业投资公司,是指由小企业管理局(Small Business Administration,简称SBA)批准成立的专门向小企业投资的私人投资公司。为鼓励小企业投资公司成立,美国政府规定,小企业投资公司的发起人每投入1美元便可以从政府得到4美元的低息贷款,并可享受特定的税收优惠。相应地,小企业投资公司也受到了一定的投资约束,包括其所投资的企业规模和利益控制方面的限制。尽管小企业投资公司受小企业管理局控制,但投资决策仍由私人做出。

由于政府的积极促进,小企业投资法案实行后的头5年,美国就成立了629家小企业投资公司,这些公司管理着4.64亿美元的私人资本。其中,47家公众持股的小企业投资公司从公开上市中筹得3.5亿美元。与此相比,ARD公司在前13年中仅筹集了740万美元。这充分证明了政府扶植的巨大作用。

但小企业投资公司的这种设计方案本身存在着许多缺陷:

1. 并非所有的小企业投资公司都为新企业提供权益性融资。由于小企业投资公司可从小企业管理局那里得到极低利息的贷款,一些小企业投资公司倾向于向那些有现金流入的公司提供债务融资,以获取利息。这样做风险小,并且现金回流快。

2. 小企业投资公司主要吸引的是个人投资者,而不是机构投资者,尤其是那些上市的小企业投资公司。而个人投资者往往并不十分愿意去承担私人权益性投资的风险和困难,即使可能获得极高的回报。1963年股票市场的熊市使得公开上市的小企业投资公司的股票平均要打40%的折扣,这就使它们很难从个人投资者那里筹到资金,不得不把注意力放在收购和债务清算上。

3. 小企业投资公司没能吸引高质量的投资管理者,这也是这些小企业投资公司的另一个重大缺陷。据当时的有关专家估计,由于小企业投资公司管理者的素质不高,专业知识水平较差,多从事的是没有把握的投资,导致全国700个小企业投资公司中有232个是有问题的企业。当时的媒体有很多报道揭露小企业投资公司经营者的无能。面对外界的压力,小企业管理局被迫对所有小企业投资公司进行审计。这以后,国会又通过了一项立法,以便赋予小企业管理局更广泛的执法和监督的权力。1977年,小企业投资公司的数量降到了276个,只占美国风险投资公司总量的21%。

除内部因素外,对小企业投资公司计划影响最大的外部因素就是过热的股票市场。1968—1969年,股票价格高耸入云,在这两年间,有将近1 000个小企业和新兴企业公开上市,股票的承销额高达14亿美元。新股发行市场的火暴使人们得出了这样的结论:投资于初创的私人企业大大有利可图;在企业初创时投入资本,并在公司上市时收回现金,这样的投资,其潜在的利润是无限的。由于充满着巨大的希望,所以资金不断流入风险投资市场,仅1969年就超过了

2亿美元。

但到了1969年末，股市的行情急转直下。经济的衰退和为支持越南战争增加的税收对风险投资行业造成了灾难性打击。尤其是1969年美国资本收益税的骤增（从29%增加到49%），使风险投资总规模骤减。20世纪60年代末的疯狂投资，导致了像ARD公司早期所经历过的那种困难，即无论是风险投资公司，还是它所投资的企业都出现了负的现金流量。这又一次证明了自ARD公司创立以来已被反复证明的道理：挑选和创建一家成功的新兴企业是一项极其危险的交易，它需要花时间和金钱，并需要精心的管理。

尽管有许多问题，在向快速增长的小企业提供权益性资本方面，小企业投资公司还是最大的资金供给者。在20世纪60年代中，较大的小企业投资公司中有23个是银行持股公司的附属公司。这些公司使用小企业投资公司的执照，将资本投入小公司，这一行为违反了对银行持股公司进行权益性投资的限制。从整体上说，由银行控制的这些小企业投资公司管理得也都非常好，即使不从小企业管理局借款，也能从事全面的权益性投资。

小企业投资公司的经验和教训，以及外部经济条件的变化，为创造一个新的行业结构提供了动力，导致了私人风险投资合伙公司的出现。

（三）美国风险投资发展的低潮

进入20世纪70年代，美国风险投资进入低潮。但在这一时期，美国风险投资行业出现了新的投资主体——风险投资合伙公司（有限合伙公司）。风险投资合伙公司的兴起有两个原因：一是小企业投资公司的衰败，二是人们对像ARD公司这样的公众持股公司的疑虑。由于成为一家上市公司要有高度的透明性，公众会对其投资的风险性加以限制，而风险投资本身具有高风险性，许多观察家担心，如果采用这种存在形式，风险投资业很难得到发展。

有限合伙公司对管理私人权益资本的职业金融家也有吸引力。1940年的投资公司法案（Investment Company Act）规定，公开交易的风险投资公司，不得接受股票选择权或其他以经营业绩为基础的报偿。即使是在没有法律约束的地方，如银行附属的小企业投资公司和机构投资者等私人权益资本的职业金融家也仅得到工资。而这些工资，即使是高工资，也与那些风险投资合伙公司普通合伙人的收入相去甚远。

合伙公司的另一个吸引人之处是，它能回避政府对小企业投资公司的投资约束，并能吸引比公开上市的小企业投资公司的股票持有人更精明的投资者。

1969年，新型的风险投资合伙公司筹集了创纪录的1.71亿美元。通常，这些合伙公司资金规模不大（基本上在250万美元～1 000万美元之间），并从个人投资者那里筹资。1969—1975年间，大约有29个有限合伙公司成立，筹集了总数为 3.76 亿美元的资金。这便是美国风险投资合伙公司发展的起点。

然而，新的风险投资组织形式并未能挽救由小企业投资公司运作失败而造成的风险投资低潮。风险投资合伙公司刚成立不久，美国整个风险投资行业便遭受到外部环境带来的沉重打击，使其发展陷入了为期长达 10 年的低谷。

20 世纪 70 年代中期，首次公开发行股票的市场基本消失了。同时，经济衰退和虚弱的股市使公司的投资和并购活动大为减少，这就堵死了风险投资退出的另一条退路——收购与兼并。在这种条件下，风险投资的管理者很少为新企业投资，他们宁愿把更多的时间和资金花费在那些已投入资金的企业中去。

阻碍资本投入到新兴企业中去的另一个因素是，缺少经营新成立企业的有资格的企业家。此外，一系列税收制度的变化，使得以股票为投资报酬的投资的吸引力大为降低，资本收益税率在 1969 年陡然增加，而且对雇员的股票期权的处理也发生了变化，当期权实施时就要交税，而不像以前是在股票被售出时才交税。

结果，在 20 世纪 70 年代，新兴企业很难获得风险投资。全美风险投资协会的调查发现，1974—1975 年间，其成员所进行的 2.92 亿美元的投资中，仅有 7 400万美元被投资于企业初始期的首轮投资，占总投资额的 25%。

在 1969 年以后的 8 年中，风险投资市场增长缓慢。1969—1977 年间，风险投资总资本量仍只有 25 亿～30 亿美元，风险投资每年的变动范围为 2.5 亿～4.5 亿美元，但其中有很大比例投向了较大的和已成熟的公司。

1977 年，公众的注意力再一次集中到新兴企业资本的短缺上。在一份小企业管理局的报告中，一些风险投资业的从业人员建议修改雇员退休收入保障法案（Employment Retirement Income Security Act，简称 ERISA）以及其他税收和证券法律，以挽救处于困境的风险投资行业。1978—1980 年间，其中一些建议被采纳，从而加速了风险投资的快速增长。

其中，最重要的变化是劳工部关于雇员退休收入保障法案中对“谨慎的人”（Prudent Man）条款所做的修改。这一条款曾要求养老基金在投资时要基于对“谨慎的人”的判断。进一步说，就是禁止养老基金投资于小的或新兴企业所发行的证券以及创业基金。劳工部提出，只要不威胁整个投资组合的安全，上述原被禁止的投资行为也是可以被允许的。这一解释在 1978 年 9 月提出，9 个月后得到采纳，几乎立刻就引起了小公司股票市场和新股发行市场的回应。恢复元气的新股发行市场，使合伙公司可以退出更多的投资，既可以把基金返还投资人，又可以成立新的合伙公司。这也使得投资于新的创业企业变得对合伙公司的经理更有吸引力。全美风险投资协会在其 1979 年的报告中指出，其成员投资中的 80% 流向了新的创业企业，而不是杠杆并购其他已成立的公司。

劳工部的决定最初只是促进了新股发行市场的扩张，但它的长期影响却是鼓励养老基金把钱投向风险投资合伙公司。养老基金管理者长期以来一直把风险投资视为对其所承担的信托责任的一种背离，1974年通过的雇员退休收入保障法案更强化了这种保守的态度。在1976—1978年间，风险投资合伙公司平均每年从雇员退休收入保障法案的养老金计划中仅筹集了不到500万美元，而1979年仅头6个月就筹集到了5 000万美元。

然而，政府这时又提出了一些其他方面的管制。1979年8月，劳工部决定，风险投资合伙公司的投资是雇员退休收入保障法案的“计划资产”。这一决定有重大影响，因为在雇员退休收入保障法案下，“计划资产”的外部管理人必须按照1940年颁布的投资顾问法以“顾问”身份来登记。而一旦登记，他们就不能接受同经营业绩相联系的酬金。普通合伙人将被视为雇员退休收入保障法案计划资产的受信托人，从而受制于限制交易规则，这将使风险投资合伙公司的投资变得更加困难。

风险投资家们对这一规定进行了顽强的抗争。第二年，劳工部修改了规定，允许合伙公司作为从事风险投资的公司，可以不受“计划资产”管制的约束。然而，在劳工部修改规定之前的10个月中，有限合伙公司从养老金计划中没有筹集到任何资金用以组建新的基金。

1980年，国会最终解决了要求普通合伙人作为投资顾问登记的问题。按照国会的声明，风险投资基金的管理人将不再被要求按照投资顾问法进行登记，因为“法案中的语句已清楚地区分了投资顾问与风险投资基金管理人的不同的行为”。20世纪70年代，证券交易委员会（SEC）的数位成员认为，风险投资基金的经理是事实上的投资顾问，因为在这种情况下“接受建议的人不是有限合伙公司本身，而是每一个有限合伙人”。因为投资顾问法规定，当投资顾问的客户人数少于14个时，可不进行登记，因此，许多有限合伙公司都把其规模定为14个合伙人。1980年通过的小企业投资鼓励法，重新将风险投资和私人权益资本合伙公司界定为商业发展公司，使其不再受投资顾问法的约束，也使有限合伙公司对合伙人人数的控制变得不必要了。

同时，国会也通过降低资本所得税来促进风险投资的发展。1978年，资本利得税的最高税率从49.5%降到了28%。此外，1981年通过的鼓励性股票期权法中，允许重新采用以前那种用股票期权作为酬金的做法，即风险投资家的收入如果是股票期权，那么这部分收入就可以暂时不必纳税，纳税期将被推迟到股票出售之后。

（四）美国风险投资业的繁荣

20世纪70年代，美国风险投资业尽管遭受了沉重打击，但这一时期所做的一系列调整,特别是政府管制和税收的放宽,为80年代风险投资业的繁荣打下了坚实的基础。在风险投资业的历史上,80年代的繁荣景象是从未有过的,同时,在繁荣的背后,风险投资业也在悄悄发生变化。威廉·D.拜哥利夫和J.A.蒂蒙斯在《处在十字路口的风险投资》一书中,把造成这种变化的原因,看作是来自行业内部和外部的两种力量。

1.主要的内部力量:战略与结构。20世纪80年代,5个不同的内部力量在美国风险投资业中起到了重要作用。

(1)传统风险投资的重要性正在降低。20世纪80年代,风险投资业从衰败中恢复过来,但传统风险投资业的比重却在不断下降。据《创业经济学》杂志报道,在1978年到1980年的3年中,平均每年有58家新兴企业得到投资,而10年后的1989年,仅为146家,这远远落后于整个风险投资业的增长率。更糟的是,从1985年到1989年,不仅投资的项目数量逐步从255家降到146家,投资金额也从3.294亿美元降到2.876亿美元。企业导入期融资在1983年时曾达高峰,占总投资的43%,但从1985年开始逐步下降,仅占总投资的10%,而1989年又进一步降为9%。

早期投资也有所下降。交易的数目从1985年的255桩降到1989年的245桩,尽管投资数额增加了,但若按5%的年通货膨胀率计算,实际值却下降了。到1990年,500家美国快速增长的公司中,仅有5%得到了风险投资的支持。而从1985—1989年,扩张融资、杠杆并购、兼并和其他投资所引起的交易和资金数量继续增长:扩张融资一直稳步增长,到1987年,占当年交易数的46%和投资额的45%;杠杆并购和兼并融资是80年代风险投资业的新领域,在1988年时达到顶峰,占当年交易数的10%和投资额的27%。这几乎把10年前风险投资业以传统风险投资为主的模式彻底推翻了。

风险投资所涉及的行业也发生了变化。对计算机硬件行业的投资已不再像以前那样占主导地位了:1977—1980年时占投资总额的20%,交易数量为655个;1978—1989年时,虽然交易数量增加了4倍,但所占的投资份额已下降到14%。与此同时,其他行业却发展迅速。同1978—1980年相比,软件行业交易数量增加了23倍,生物技术是19倍,医疗卫生、电子和数据通信(包括蜂窝通信)是10倍。这些是20世纪80年代新的增长点,技术突破及其在这些领域中的商业应用一直延续到今天。

其他电子行业和与消费者相关行业的交易数量在同期各增加了7倍。消费行业的增长令人吃惊,在风险投资业历史上它一直被人忽视,1980年,它仅占投资额的4%,到1988年,这一比重已达13%。

(2)专业化和差别化的投资战略。20世纪80年代之前,风险投资的行业特征是:各个风险投资公司几乎都有着相同的投资战略和投资准则。然而,进入80年代,各风险投资公司力图寻找的战略焦点和投资阶段却各不相同,呈现出专业化的投资战略形式。一些投资基金以杠杆收购类交易为目标,一些集中在成熟期投资,另一些则致力于种子期投资,还有一些基金则专注于工业或技术领域,如生物技术、废品回收与环保技术及零售和服务业。可以说,这些掌握着独一无二技能的新一代风险投资家正在调整其战略,使之更适应自己最熟知的那一投资领域。风险投资的专业化是风险投资内部竞争的必然结果。

(3)有限合伙公司普及并取得支配地位。有限合伙公司出现于20世纪60年代末和70年代初,在80年代已经演变成一个标准的法律组织形式——10年制有限合伙公司,并在80年代取得支配地位。这种格局的产生,为一个重要的外部力量的出现打好了基础,这支重要的外部力量就是机构投资者,尤其是作为创业基金主要资本来源的养老基金。风险投资合伙公司既能得到政府提供的税收优惠,又为机构投资者提供了一个较为合适的期限进行长期投资。

(4)退出和收获战略的变更。风险投资的流动性在很大程度上依赖于第二板市场、股票市场的状况,因为一项投资的获利能力在很大程度上依赖于与此相联系的新股发行市场。如在1983年,当时仅有700家小公司首次公开上市,却募集到了近60亿美元的资金。而20世纪70年代成立的那些基金,之所以能取得极高的回报率,毫无疑问也是受益于1983年开始上涨的首次公开发行股票市场。

但这一切在1987年10月19日突然结束了。随着股票市场的大崩溃,新股发行市场也遭到了沉重打击。当时准备上市的小公司很多,许多已进行了上市登记,除此以外,还有不少没有风险投资背景的新公司。这些公司在总量上几乎是首次公开发行股票市场新股发行候选人的3倍。

由于传统的首次公开发行股票的退出方式遭遇障碍,新的可行的退出战略和机制出现了,这主要是以被私人企业或上市公司兼并的形式。从1987~1989年,兼并退出方式连续3年超过了首次公开发行股票的退出方式。

外国投资者也向美国风险投资业提供了退出机会。20世纪80年代末和90年代初,现金充足的日本公司借着日元升值的势头,以极高的价格购买美国有风险投资背景的企业,寻求进入重要技术领域的机会,以加强其战略地位。

1991年春季,在以生物技术为基础的公司股票的带动下,首次公开发行股票市场开始复苏。但是,热心兼并的大公司,尤其是日本、德国、英国的公司,仍然是美国风险投资者退出的重要资金来源。

(5)更为成熟的资本供给者和使用者的出现。快速增长的风险投资业的一个副产品是更为成熟的资本供给者和资本使用者的大量出现。这些人不仅更老练，而且更谨慎，更善于借助于司法力量。

这些机构投资者在把钱交给新的基金管理集团时总要提出苛刻的条件。谈判的焦点是收益分配比例问题。20 世纪 70 年代，有限合伙人和普通合伙人在合伙公司中的利润分成比例是人所熟知的 80% 和 20%。但是 80 年代，这一比例经常为 85% 和 15%，只在极少数情况下，普通合伙人才能达到 25% 的比例。有限合伙人还要求优先于普通合伙人得到任何收益之前的最起码的保证利得。更有甚者，一些有限合伙人还要求付给普通合伙人低于传统的占总筹资额 2.5% ~3% 的管理费用。然而，有的风险基金总额仅为 4 000 万美元到 5 000 万美元，如果支付少于 2.5% 的管理费，这个基金管理人即风险投资家就不可能积极、有效地管理公司并实现价值增值。有限合伙人有时确实能迫使普通合伙人接受较低的收费，但他们最终会发现自己经常得不到预期的高回报。

与此相似，那些到风险投资基金来寻找资本的企业家和公司也变得更加老练。企业家正变得更精明，他们已熟知筹措风险投资的每一个细节。他们知道，从哪儿并如何找到资本；哪一家基金是他们所期望和寻找的；如何辨别最好的律师、咨询人员、会计师。他们也知道应当回避什么。

2. 主要的外部力量：环境的变化。从外部来讲，20 世纪 80 年代美国风险投资市场的外部环境有 4 个方面的主要变化。

(1)停滞的和潜伏的投资机会。20 世纪 70 年代末 80 年代初，以技术为基础的风险投资公司的发展得益于微处理器技术的飞速进步。微处理器在社会中的广泛应用使生产力的突破成为可能。个人计算机行业和大量的以微处理器为基础的产品革新，从电子产品到汽车、医疗设备、蜂窝通信等行业几乎都大量涌现。生物技术为新兴企业的成立提供了另一个推动力。可以说，80 年代为风险投资业提供了一系列的机会。

然而，在 20 世纪 80 年代和 90 年代初，这些机会开始进入休眠状态。这并不是说新技术和产品的革新停止了。确切地说，是没有出现使新的创业企业建立时那种可利用的、占支配地位的新技术。技术创新的停滞不可避免地减少了投资行为，并降低了投资回报率，使得风险投资业渐渐偏离了传统的风险投资行为。

不过，美国风险投资市场的发展并没有像 20 世纪 70 年代那样，进入漫漫长夜。事实上，随着因特网(Internet)在 20 世纪 90 年代中期的迅速普及和发展，美国风险投资业的发展“柳暗花明又一村”，再一次进入了活跃期。

(2)资本市场的全球化。20 世纪 70 年代末以来，最令人惊奇的就是全球风险投资的快速增长，到 1990 年时已达 800 亿美元。在 1979 年的年度统计中，欧洲各国所筹集的创业基金资本额为 41 亿美元，第一次超过了美国所筹集到的29.5亿美元。1989年时，又有62.8亿美元的新资金注入到欧洲风险投资中，而美国却仍在下降，而且，欧洲的风险投资总额(248亿美元)正在快速接近美国(334亿美元)的水平。加拿大和一大批其他国家已经开始尝试着建立自己的风险投资业(见表1－1)。

表1－1　世界范围内风险投资的增长情况　　单位:10亿美元

国家	1986年	1987年	1988年	1989年	1990年
美国	24.1	29	31.1	33.4	35
欧洲	8.95	15.6	20.1	24.8	29
日本	3.26	4.5	6.16	7.5	10
加拿大	1.3	1.83	2.5	2.78	3
韩国	0.45	不详	0.903	不详	1

资料来源:威廉·D.拜哥利夫和J.A.蒂蒙斯:《处在十字路口的风险投资》，哈佛商学院出版社1992年版，第70页。

(3)风险投资基金资金来源的扩张。1979年之后，风险投资业在资本来源上是极为充足的。20世纪70年代中期，该行业每年资本流入量仅为微不足道的5 000万美元。而在1980年，这一数字为每年10亿美元，1982年为20亿美元，1983年则超过了40亿美元。

(4)机构资金的优势地位。从历史来看，富裕的家族和个人曾一度是风险投资的主要来源。如在1978年，个人资金占当年流入风险投资基金总额的32%，而当时养老基金仅排第四位，占15%。但是，由于1978年立法的改变，到1988年时，养老基金已成为风险投资的主要来源，占当年总量的46%。同时个人资金所占份额却直线下降，仅为8%。有趣的是，外国投资者占据了资金来源的第二位，这表明美国公司及其市场有着强大的吸引力。

不到10年时间，美国风险投资的聚集，已变得几乎完全依赖于机构投资者了。在机构投资者的压力下，风险投资业已渐渐背离了传统的风险投资的轨道。

由于创业基金规模在10年中从平均1 800万美元膨胀到1989年的4 950万美元，它所涉及的交易规模和最小的投资量都发生了变动。的确，风险投资基金不可能把钱投在较小的企业以得到巨额回报，这就给风险投资家造成压力，迫使其从需要资金量较小的导入期融资转移到了每笔交易需要更多资金的后期融资。较大规模的基金首先背离了风险投资支持新兴企业的动机，而杠杆并购则满足了对大量交易和较短持有期的需要。精明的风险投资家很清楚:对一个新兴企业来说，要花5年以上的时间才能到达收获期，而一个成熟的公司则可以在6～18个月内生产出产品并在1～2年内获得利润。这也同样反映在风险上，对初创和早期企业投资的风险比对扩张期企业的投资风险要大得多。

以机构为基础的有限合伙人在提供风险投资业所需资金的同时，也向它们施加了压力，以便较早地取得资金的流动性，但这却可能在无意中破坏了这一行业对经济的贡献。为了获得高流动性，机构投资者寻求仅需 2～4 年投资期的杠杆并购交易，以取代需要 5～10 年的早期和导入期投资这种需要“耐心和勇气”的传统风险投资。机构投资者要求他们投入的资金有更少的“耐心和勇气”，承担更小的风险。很明显，如果这样的投资政策不做更改的话，将会对美国那些很有潜力的以技术为基础的新企业的建立和发展产生不良影响。

机构投资者也改变了创业基金管理的基本规则和条款。由于主要的机构投资者在基金创建时投入了相当多的资金，因而相对于普通合伙人而言，有强大的谈判筹码。他们要求较早和较频繁的现金分配、较低的管理费用、最少的保证利得，他们还要求提供季度报告，由顾问委员会掌握估价等，这些要求正在导致风险投资业发生根本性的结构变化。

传统风险投资的长期投资原则和机构投资者之间利益的不一致正在扩大。机构投资者要求尽早分配收益，这种压力可能会发生事与愿违的恶果。例如，一个风险投资公司的有限合伙人希望其股份在首次公开发行股票前就能被销售出去，因为这个公司已开始赢利，使得按季度进行的估价价格上升了；普通合伙人则认为现在销售时机还不成熟，因为他们深信，这些股份在以后会有更高的价值。事实证明普通合伙人是正确的，在首次公开发行股票中他们共获得了 1.8 亿美元，如果采用有限合伙人的方案，他们仅能得到 0.72 亿美元。

（五）20 世纪 90 年代以来美国风险投资业的持续增长

20 世纪 90 年代，随着全球高新技术产业的兴起，资本市场的日趋活跃，新经济模式的出现，以及 1986—1997 年平均高达 41.2% 的投资回报率，刺激了美国风险投资开始新一轮的快速增长（见表 1－2）。2000 年，美国风险投资发展到顶峰，已经突破 1 000亿美元。风险投资在研究开发资金总额中所占比率也由 1988 年的 37% 上升到 2000 年的 40% 。尽管受网络经济泡沫破灭的影响，2001 年以来美国风险投资额持续下降，平均回报率降低导致风险投资的发展出现了停滞，但 2003 年以后，美国的风险投资又开始复苏，直到 2008 年，由于次贷危机引起全球的金融危机，导致美国的风险投资出现下降的趋势。

近些年来，美国风险投资主要投向信息技术、生命科学等高科技产业，这为确立美国在信息产业等方面在国际上的领先和主导地位做出了巨大贡献，同时也使信息网络、生物工程、金融工程、医疗保健等成为美国发展最快的产业，每年约有 10 000 个高科技项目得到风险资本的支持。

表 1-2　1995—2008 年美国的风险投资额

年份	1995	1996	1997	1998	1999	2000	2001
项目数量(个)	1 839	2 571	3 155	3 647	5 502	8 138	4 484
投资总额(亿美元)	79.96	112.65	148.71	210.79	540.48	1 062.24	405.77
年份	2002	2003	2004	2005	2006	2007	2008
项目数量(个)	3 102	2 944	3 093	3 155	3 675	3 952	3 808
投资总额(亿美元)	220.10	197.77	224.68	231.73	267.41	308.86	282.98

资料来源:NVCA(美国风险投资协会)。

20 世纪 90 年代美国的风险投资业除了得益于整个经济的强劲增长外,还得益于以下立法与政策制度扶持:

1. Nasdaq 的新发展。1992 年 Nasdaq 导入国际服务网络系统,使得全球的投资者可以参与泛太平洋 Nasdaq 交易网络。同样是在 1992 年,Nasdaq 小型资本市场(The Nasdaq Small cap Market,也称小盘股市场)设立,其上市标准和业绩要求更低,即时交易报价在 Nasdaq 小型资本市场启用。Nasdaq 为风险资本的退出提供了更为便捷的通道。

2. 1992 年《小企业股权投资促进法》。美国 1958 年的《小企业投资公司法》对风险投资的发展起过巨大的推动作用,但由于种种原因,许多小企业投资公司在快速发展一段时间后即陷入困境。美国国会总结了《小企业投资公司法》的不足,特别是政府短期贷款支持的缺陷等经验教训,于 1992 年通过了《小企业股权投资促进法》,对小企业投资公司以"参与证券计划"的方式给予金融支持。自该法实施后的四年多内,新设立的小企业投资公司达 138 家,初始注册资本达 18 亿美元,平均每个小企业投资公司的注册资本达 1 300 多万美元,较 1958 年《小企业投资公司法》实施后的小企业投资公司的规模扩大了 10 多倍。

3. 税法的新规定。1997 年美国通过了《投资收益税降低法案》,进一步对减税额和适用范围做出了明确规定,并进一步降低了投资收益税税率。《国内收入法》第 1224 条允许向新创企业投资达 2.5 万美元的投资者从其一般收入中冲销由此项投资带来的任何资本损失。此外,所得税法允许资本盈利和资本亏损相互冲抵;对于经核准的风险投资公司,可以冲抵 8 年内的一切资本收益。

4. 美国政府小企业管理局于 2001 年颁布了《新市场风险投资计划》(New Markets Venture Capital Program,NMVC program),其目的是使低收入地区及其居民增长财富,增加就业机会,从而促进此类地区的经济发展。依据该计划,小企业管理局会选择那些符合要求的新成立的风险投资机构,与其签订参与协议，为向位于低收入地区的小企业做股权投资的风险投资机构提供担保。该计划对美国低收入地区风险投资的促进作用是不可忽视的。

5. 美国统一州法全国委员会（National Conference of Commissioners on Uniform State Laws）分别于 1997 年和 2001 年修订了《统一合伙法》（Uniform Partnership Act，UPA）和《统一有限合伙法》（Uniform Limited Partnership Act，ULPA）。它们虽然没有法律效力，但基本上反映了美国合伙法和有限合伙法的内容和精神。《统一有限合伙法》为风险投资有限合伙制的发展提供了组织形式上的保障。

6. 针对 21 世纪初经济的衰退，美国国会于 2003 年通过了《就业与增长税收减免协调法案》。该法案把资本利得税从 20% 下降到 15%，这对于风险投资业来说是一个利好举措。此后风险投资的动力得以恢复并加强。

二、风险投资形成与发展的背景和条件

风险投资的萌发离不开历史背景和环境的土壤，在具备了其产生和发展的条件后，风险投资便会脱颖而出，并取得蓬勃发展。这些背景与条件概括起来主要有以下几点。

（一）高新技术供需两旺，是风险投资业存在和发展的前提

随着社会经济的发展和科学技术水平的提高，大批高新技术涌现出来。同时，大量技术相对成熟、具有高附加值且市场前景看好的高新技术的存在，为风险投资者选择优秀的企业创造了条件。供需的相互促进，推动了风险投资的发展。一个良好的投资项目通常应当具备巨大的市场机会，有拥有自主知识产权的先进技术以及优秀的业务发展计划；一个风险基金通常至少要管理 10 个项目，它们通常是从成百上千个项目建议书中筛选出来的。在新经济条件下，高新技术产业成为经济增长的“火车头”。据美国商务部 1998 年公布的研究报告，1992—1997 年间，信息技术对实际经济增长的贡献率平均超过 25%。高新技术产业的增长和科技创新项目的增加为风险投资提供了广阔的投资领域。

此外，随着新经济的发展，科技创新的回报率不断增加，高新技术的高额回报率促进了对风险投资的需求。新经济中，高新技术的最低回报率在 20% 左右，一般在 35% ~50%。1996 年美国风险投资基金的回报率为 17.3%，远远高于同期银行利率水平。高额的回报率为风险投资吸引了越来越多的资金，个人、公司、机构投资者、共同基金等纷纷加入风险投资的行列。

（二）良好的资金环境是风险投资产生和发展的外部条件

国家财力雄厚，国民生活富足，外资流动日益活跃，使得风险投资基金的来源有了潜在的保障。证券市场、产权市场以及信息交流网络、金融咨询服务机

构的发展与完善,使社会闲散资金进行风险投资成为可能。在美国,企业初创阶段通常需要300万~500万美元,以后各个阶段所需资金大约是其前阶段的1倍。因此,必须要有充裕的初始及后续资金的支持。前两阶段由于风险较高(成功后期回报率也较高),所以通常只是由风险基金来支持;到成长阶段时,可以取得一些机构投资者的支持;到成熟阶段时,可以取得证券投资基金甚至银行的支持。风险基金要对这些初创企业进行投资,必须具有雄厚的资金实力。

风险投资是集融资和投资于一体的。其中,融资是前提,只有在融得了足够的资金之后,它才能进行投资。如果没有资金来源,风险投资只能成为无源之水、无本之木。美国风险投资业在20世纪80年代初期取得飞速发展,很大一个原因就是1981年美国劳工部又决定允许养老基金进行风险投资。因为这使风险投资基金多了一个很大的资金来源,从而使其实力大增。根据美国风险投资协会的统计,到1997年底,养老基金占了美国风险投资基金来源的40%。

(三)有利的政策法规环境,能促进风险投资的发展

政府的重视和扶持是风险投资产生和发展的外在推动力。由于发展风险投资的主要目的与现代政府促进经济、科技发展,增强国际竞争力的大目标一致,各国政府对高新技术产业的发展十分重视,都积极介入风险投资,并力图发挥其重大作用。政府不仅直接出资参与风险投资,还以贷款、贴息、提供担保和采购政策的形式帮助筹资,并承担部分风险,同时,还通过税收减免、政策扶持等优惠举措,鼓励风险投资的发展。

有利的政策法规及环境,包括法律保障、补助与贴息、提供担保、税收优惠等,能促进风险投资的发展。例如,美国国会在1978—1981年4年间,连续通过了5个有利于风险投资发展的法案。如,1979年收入法案将资本利得税由49.5%降至28%,对长期的权益投资起到了很大的激励作用,使得1979年风险投资基金的承诺金额比前一年扩大了10倍。而1981年的经济复苏税法,又进一步将资本利得税由28%降低至20%,从而使得当年风险投资基金的承诺金额翻了一番。

(四)完善的资本市场体系为风险投资的发展提供了保障

风险投资的目的不在于长期经营企业,而在于创办企业并将其培养成熟,然后就退出并取得赢利。因此,发展风险投资事业必须要有蜕资的出路。最通常的办法是创业企业上市或出售(主要是通过兼并和收购的方式出售给大企业,个别情况下也可以出售给企业员工或创业者)。由于创业企业虽然成长很快但规模通常偏小,且因其在成长过程中需不断增资,各项业绩指标难以达到传统证券市场的要求,为此,必须开辟面向中小企业的证券市场,这类市场通常称为二板市场。例如,美国的纳斯达克小型资本市场,其上市要

求比较宽松，特别适合于中小型高新技术企业融资，可以为风险投资退出提供出路。上市后的公司，在运行较成熟后，往往再升级到纳斯达克全国市场。目前纳斯达克的计算机网络已在全世界 60 个国家设有 40 万个终端，可从 530 家入市交易商随时提供的约 6 万条竞争性报价中选取最好的报价，并显示给全球的投资者。

（五）融金融与技术知识于一身的复合型人才的存在

复合型人才是风险投资发展的保障。风险投资的特点要求富有创新和冒险精神的创业企业家与精通高新技术投资和市场营销管理的风险投资家有机结合。尤其是又懂技术又懂经济管理的综合人才的大量涌现，为风险投资的发展注入了活力。

风险投资的管理者通常被称为风险投资家，通常是熟悉某一专业领域及管理的专家，并一定要参加其投资企业的董事会，主要是进行财务监控，还要协助该企业建立一个强有力的管理核心，包括总裁、技术总监、财务总监，主管销售的副总裁以及主管市场开发的副总裁等。例如，美国硅谷的不少著名公司的创始人均为斯坦福大学的毕业生或教师，风险投资公司在对其建议书进行严格的审查后，还要与其面谈，以观察其管理能力。这样，风险投资家的作用显得尤为重要，他们必须具有敏锐的洞察力，从成千上万的投资对象中选出真正具有潜力的项目。风险投资只有在高素质的风险投资家的领导下才会得到长足发展。

三、风险投资的发展趋势

（一）国际化趋势越来越明显

经济全球化带来的激烈竞争，促使发达国家的投资者将风险投资这种初试成功的投资方式作为一种新的资本输出方式，转向国外和不发达地区，扩大其高科技产业经济的风险利益。发达国家及其公司在国外开办高科技企业并推销高科技产品，在海外建立研究与开发机构，进行跨国交流与合作，以及在发达国家从事科技开发、企业经营和投资管理的外籍人员回本国从事高科技产业等等，导致风险投资迅速由发达国家向发展中国家、地区延伸和转移。与此同时，现代信息技术的迅猛发展和全球通信网络的建立，为风险投资的全球化进程创造了必不可少的便利条件。不仅全球范围的商业信息即时可得，股票交易和合约签署可以实时操作，二板市场及其做市商制度的建立和运作成为可能，而且信息与信息系统的数字化，使得市场全球化、竞争国际化的时空阻隔和语言文化障碍迅速消减，为风险投资理论、方法、工具和机制的全球化普及提供了巨大的便利条件和强大的推动力。

（二）集中化和多元化交错发展

国际风险投资分布极不均衡，风险投资环境越好的地区，风险投资越集中，增长速度也越快。发达国家由于在创业精神、法律制度环境和市场运作等方面有优势，所以集中了绝大部分风险投资。截至 2000 年，美国和西欧风险投资基金分别为 480 亿美元和 140 亿美元，在国际风险投资总额中分别占 70% 和 20% 左右，这个比例在短期内将不会有很大变化。但从长远看，由于各国政府普遍已将发展风险投资看作是进入新经济的重要环节，并普遍采取有力措施大力追赶，可以预见，今后风险投资还将呈现多元化的发展趋势。

（三）投资规模不断增大

美国风险投资的金额由 1992 年的 30 亿美元猛增至 1997 年的 151 亿美元，增长了 4 倍。风险投资的单位规模和单项投资额也在扩大。根据对硅谷地区的风险投资基金的调查，1997 年组建的风险投资基金的平均规模均在 1 亿美元以上，对单项高新技术项目的平均投资额从 1994 年的 360 万美元增至 1997 年的 530 万美元。同时，世界各国都在加大力度推动风险投资的发展，风险投资的总体规模不断扩大。

（四）各国之间风险投资相互渗透的趋势在加强

由于传统产业正逐步为高新技术产业所取代，加上信息、电子、生物工程、新能源、新材料等高新技术产业高额的附加值和巨额利润这种高回报率的吸引，中小型风险投资企业大规模涌现，使更多的产业投资加入争夺高新技术项目的竞争中来，竞争范围超越了国界。所以，西方各个发达国家正在加强相互间的风险投资合作，力求从国外寻找市场。

（五）投资对象扩展，投资阶段进一步延伸

首先，风险投资已由以信息技术为代表的个别领域向农业、生物工程、药物工程等领域全面普及，从高科技产业领域的创业冒险向传统产业领域的改造升级推进，成为一种更广泛的产业领域的投融资手段。

其次，一开始的风险投资更多的只是在企业的初创期进行投资，一旦企业步入正轨，进入成熟期，风险资本就谋求退出。在创业企业成熟之后，融资主要来源于证券市场或者银行等其他渠道。所以，风险投资追求的是公司形成、运作和收获过程中的价值增值。而今，风险投资正慢慢转变为追求融资技术的优化和短期利益。也就是说，风险投资选择的投资阶段已经延伸至企业的扩张期杠杆并购和其他投资阶段，从投资金额分配和受资企业所处的阶段来看，后者的比重日益增大。

根据《风险经济学》（Veuture economics）的报道，1978—1980 年的 3 年间，美国每年有 580 个初创项目。但在 1989 年，只有 146 个初创项目，远远低于整

个风险投资行业的增长率。在1985—1989年间,投资项目的数量从255个降为146个,投资额则从3.294亿美元迅速降至2.867亿美元。初创项目融资所占比率由1983年的40%降到1989年的9%,1985年1 473家公司中,仅有10%得到了资金。1990年,在《企业家》杂志公布的500家发展最快的企业中,仅有5%的公司得到了风险投资的支持。而与此同时,用于扩张融资、杠杆收购、并购的资金继续增长。扩张性融资的交易量和交易额在1987年分别占46%和45%,杠杆收购和并购融资在1988年分别占到总交易量和交易额的10%和27%。1989年,杠杆收购融资的平均规模达到219.6万美元,而早期投资阶段平均规模仅为48.3万美元,两者相差3~4倍。

在欧洲,也有类似变化。1986—1989年,欧洲的全部风险投资将近84%流向了扩张性融资、杠杆收购和拍卖。就连英国一家主要的风险投资公司——3I公司,也在1991年宣布退出早期投资阶段。在整个20世纪90年代,无论是在美国还是在欧洲,扩张性融资和杠杆收购型融资的比重都在70%以上,而早期投资阶段所占的比重仅在30%以下。1994年,德国风险投资基金中只有10%投资于早期阶段,与高科技有关的风险投资仅占11%。进入21世纪,这种变化仍然没有改变。

(六)各国都加大了对风险投资的支持力度

受经济转型的压力,各国政府都将加大对风险投资的政策支持力度。面对新经济浪潮带来的挑战和机遇,各国政府普遍把风险投资看作是在新一轮全球经济格局整合中抢占先机和制高点,提高国家竞争力的战略性措施。风险投资是发展高技术的一条成功之路,这已为各国的实践所证明。因此,面对国际新技术贸易市场的激烈竞争局面,很多国家政府不仅为高技术风险投资大开"绿灯"(如减免税收,为高新技术企业提供优惠贷款等),而且还积极参与新技术风险投资,共担风险,共享收益。受此压力,各国政府,特别是发展中国家的政府将会大力推动风险投资发展,出台更多的优惠政策,这些国家对促进风险投资的二板市场的建设步伐将会大大加快。

第三节 风险投资在国民经济中的地位与作用

世界经济的增长越来越依赖于科学技术的进步。在一些发达国家,科技进步对国民经济增长的贡献在20世纪初仅为5%～10%，到现在则达到了60%以上[1]。许多专家指出，在网络、信息技术等科技产业的引领下，美国等发达国家已经进入了新经济时代，即知识经济时代。它是一种以网络和信息技术为主要内容，以创新为核心的经济。知识经济建立在知识和信息的生产、分配和使用的基础上，它的生产以高科技为基础，消费也是以高科技产品为对象。知识经济对高科技产业化的迫切需求，已使高科技产业成为知识经济社会的主体产业。当今高新技术创新是推动企业发展的根本途径，是增强企业活力的原动力。高新技术可以通过广泛渗透、融合到传统产业中去，改造传统的产业结构，促进产品、技术的升级换代，推动企业进入高新技术产品的上游领域，促进新兴产业的形成。进入21世纪，高新技术及其产业的迅速发展，已经成为衡量一个国家综合国力的重要标志，抢占高新技术制高点已成为当今国际激烈竞争的焦点。经济的竞争已转化为以高科技为基础的综合国力的竞争。风险投资促进了那些具有市场潜力的高科技企业的生存与发展，它通过加速高科技成果向实际生产力的转化，推动高科技企业从小到大，从弱到强，从而促进整个经济的蓬勃与兴旺。所以说，风险投资的形成与运用日益成为经济增长的决定性因素，它在现代经济发展中起着越来越重要的作用。

一、风险投资与高新技术创新

（一）高新技术创新的特点

由于高新技术尚未经过市场的检验，因此具有很大的不确定性，这种不确定性具体表现在：

1. 技术方面的不确定性。这是指进行技术创新的企业在技术的发展方向、速度以及所能实现的最终结果方面的不确定性。在新的技术推出初期，技术可能仍未成熟，无论是进行技术创新的企业家还是投资者，都无法把握其所拥有的新技术的发展方向，也不能确定所选择的突破方向是否正确以及是否能成功。这就要求企业投入更多的资金进行后续的研究与开发，但这正是新兴的科技型中小企业所缺乏的。

2. 市场的不确定性。任何技术的最终结果都必须经受市场的检验，那些市场并不需要的产品不应该是企业进行技术创新的目标。但是，市场变幻无常，企业的市场预测不可能总能跟上市场发展的步伐，因此，企业在进行技术创新时，要面临巨大的市场风险。但如果市场能够接受企业的产品，则这种市场的需求就成为企业成功的契机。

3. 制度环境的不确定性。制度环境由政府行为和公众偏好组成，而政府的

---

① 肖元真：《全球科技创新发展大趋势》，科学出版社2000年版，第8页。

行为和公众的偏好都存在着极大的不确定性。企业的技术创新行为往往能得到政府的支持，但是，政府的政策并非一成不变。而且，在某种意义上，创新产品何时、何地、以何种价格进入市场，在很大程度上并非由市场和技术所决定，制度环境因素有时候在其中起到了关键的作用。

这些不确定性，使得高新技术创新风险极大，失败率较高，因而，对高新技术产业进行投资的风险也很大。但由于没有竞争对手，当技术创新成果投向市场后，往往能迅速占领市场，在短期内可以获得较高的利润，因而具有高收益的特征。技术创新这种“高风险、高收益”的特征正好符合风险投资的要求，即把资金投向蕴藏着失败风险的高技术及其产品的研究开发领域，旨在促进新技术成果商品化，以取得高资本收益。与传统的融资方式的不同之处在于，风险投资是一种动态投资行为，它不仅满足技术创新的资金需求，而且还参与到技术创新活动中来，关注技术创新的潜在发展情况，并提供相关的专业知识与咨询服务，注重技术创新成果的转化过程，从而加大技术创新成功的概率。

（二）风险投资为高新技术产业提供了资金支持

高新技术创新贯穿于高新技术产业形成和发展的过程之中。高新技术产业的形成一般要经历创业、发展和成熟三个阶段。在创业阶段，技术人员产生了技术创新念头，如果估计有一定的市场潜力，他们可以着手建立企业。这一阶段的创新行为包括样品研制和中间试验，产品开始小规模问世。在发展壮大阶段，企业规模迅速扩大，但经营不太稳定，信誉较低。在成熟阶段，企业建立了良好信誉，进入稳步发展时期。

以上三个阶段的资金需求量不同，潜在的风险也不同。在创业阶段，企业资本支持主要来自富有的资助者的捐赠和风险投资基金。这一阶段是技术创新最关键的阶段，风险极大，若得不到所需资金，即使有很好的设想，甚至已开发出很好的产品，企业也难以建立。在发展阶段，战略投资者开始进入，企业逐步进入正常运转。在成熟阶段，风险投资开始退出，以便收回投资进行新的项目投资，机构投资者、个人投资者、银行等金融机构成为企业筹资的主体。在这三个不同的阶段，企业有不同的融资需求。

风险投资的介入，可以解决长期困扰技术创新的资金“瓶颈”问题，拓宽融资渠道，增加技术创新成功的可能性，极大地促进技术创新的发展；反过来，技术创新的蓬勃发展，中小型科技企业的不断涌现，也大大增加了对资金的需求，使得以政府投入与银行信贷为主的资金供给方式无法满足这一不断增长的资金需求，因而对风险投资的需求日益增长，这又会进一步推动风险投资业的发展。将风险投资引入到中小企业的技术创新活动中，有利于集中社会大量闲散资金，有效运用巨额的居民储蓄；有利于缓解中小企业开展技术创新活动时遭遇的融资困境；有利于改善我国高科技研究开发经费过度依赖政府财政拨款的局面，提高企业研究与开发（R&D）的投入；有利于加快技术创新成果的产业化过程，迅速形成生产力，因此，风险投资对技术创新有非常重要的促进作用。发展风险投资，促进技术创新，已成为当今时代的主流。

风险投资是和高科技产业紧密联系在一起的。

1. 它是高科技企业融资的主要来源，为科技自主创新提供了强大的资金支持。在难以通过银行借贷或直接对公众发行普通证券进行融资的情况下，中小型科技企业将更多甚至主要倚重私人风险资本、风险投资基金和小盘股市场的融资功能。

2. 作为一种权益性的投资，风险投资不仅为企业的科技创新投入资金，而且还参与创业企业的战略决策和管理。风险投资家通过向企业提供管理经验和信息网络，帮助企业快速成长，提高收益。

3. 风险资本可以推动技术扩散和专业分工的发展。风险资本市场为中小型科技企业提供了广阔的发展空间，使其真正成为市场化的微观经济主体，从而在市场中参与资金、技术和人才的交易，提高技术扩散的速度，增大技术扩散的范围。

4. 风险投资机构分阶段投资的运作本质是提供一个事后筛选机制，这又为企业科技创新活动的开展提供了硬性预算约束。硬性的预算约束形成了科技创新项目和科技企业大量产生、大量消亡的机制。这一机制促使企业努力提高科技创新的效率，并保证投资项目具有高度创新性和成长性。

二、风险投资与中小企业发展

（一）中小企业在现代经济中的重要作用

企业是经济活动的基本元素，国民财富的增加有赖于企业价值的增加。企业生产技术的创新和变革已经被证明是企业价值增加的有效途径，通过对生产技术的改造，企业降低了生产成本，在没有大规模增加企业资本投入的情况下增加产出，在为社会提供更多产品的同时，实现自身价值的增加，也使得整个社会的价值得到提升。

而在现代经济体系中，中小型企业已经成为一个国家经济不可或缺的重要组成部分。中小企业的经济活跃程度往往体现了一个国家总体经济活动的活跃程度，它们不仅可以创造大量的就业岗位，为增加就业和促进社会稳定做出积极的贡献，还在很大程度上已经成为技术创新的先锋，引领应用技术创新的潮流。特别是高新技术中小企业的发展，对推动经济增长尤其具有现实意义。以美国为例，美国虽然拥有一大批技术、资金实力非常雄厚的跨国公司，但是中小型企业才是美国经济中最活跃的部分。尤其是20世纪70年代以来,一大批中小型企业主导了美国经济发展的潮流,它们中间的许多公司在经历了严峻的市场考验后取得了巨大的成功,当今IT行业中的许多知名企业,如微软(Microsoft)、苹果(Apple)、太阳(Sun)、雅虎(Yahoo)等都是从当初的一些小型企业发展而来的,如今它们都已经成为业内的佼佼者,分别领导了自20世纪80年代以来的软件和互联网浪潮,为社会创造了惊人的财富和价值,推动了生产力的发展。

(二)中小企业的特点

中小企业是推动经济发展的中坚力量,它主要有以下几个特点:

1. 有形资产不多。对一个新兴的中小企业而言,他们在创业初期既没有信誉,也没有大量的可以作为抵押物的有形资产,他们最有价值的资产就是他们独特的创业构思或专有技术。因此,他们不可能从传统的融资渠道获得必要的发展资金。

2. 管理体制更为灵活。在传统的大型企业中,研发部门的资金由公司提供,但由于大型企业中各部门关系极其复杂,一个新的技术创新项目从报批到资金到位需要比较长的时间,无法做到与市场步伐一致;而且,这些传统企业管理体制比较僵化,在选择资金投向时又极为谨慎,这就很容易导致研究人员的积极性得不到充分的发挥,在一定程度上对企业的技术创新行为形成了抑制。

相比之下,中小企业在管理制度上比较简单和直接,历史负担较少,没有大公司中烦琐的条条框框的约束,技术人员的创新积极性更容易得到发挥。而且,中小企业的经营规模有限,而现代科技的研究与开发通常要耗费大量的资金,研究者需要承担巨大的不确定性风险,中小企业在进行技术创新时只能全力以赴,更有可能使得研究项目得到成功。同时,由于事关自身利益,创新型中小企业更能激发创业企业家与研究人员的潜能。

3. 在创业时,需要非传统的资金渠道支持自身的技术创新。传统的大公司或大企业中都有专职的研发部门,它们的研发行为可以得到公司的大力支持,这种支持包括人力、物力和财力上的支持,而且,大公司的良好信誉也使它们容易获得外部资金的支持。相比之下,中小型企业在人、财、物几方面的条件都无法与大企业相比,它们在进行技术创新时往往伴随着高度风险、高度不确定性和高昂的研发费用,这些都不是创业企业所能独自承担的。而且,创业企业的信誉程度无法与大企业相比,他们无法通过传统的渠道获取发展所需的资金,他们更需要那些非传统、具有独特投资理念的资金来源支持自己的技术创新行为。

（三）风险资本促进了中小企业的发展

由于中小企业在创业初期只能从非传统的渠道获取发展资金，壮大自己的实力，而新兴的资本形式——风险资本的出现正好符合了这些企业的要求，所以风险资本是应对技术创新过程产生的种种不确定性因素的有效解决方法；技术创新与风险资本的结合，在实质上形成了一种新的作用机制，这种机制将风险投资家、风险资本、创业企业进行有效的组合，克服了资金供给与需求过程中的风险因素，填补了技术创新的资金需求与传统资本形式的投资需求之间的供求缺口，优化了资源的配置，有效地促进了新技术的发展和应用。具体来说，我们可以从以下几个方面来看风险资本在中小企业发展中所处的重要位置。

1. 为中小企业提供发展所需资金。中小企业发展最为棘手的问题之一就是缺乏畅通的融资渠道。尤其是在创业初期和成长期，诸多的不确定因素使得中小企业带有较高的风险，有限的资产令其难以进行建立在抵押方式上的融资活动，而风险投资公司为这些中小企业的发展带来了资金，成为众多中小企业融资的首选。高新技术中小企业在初创阶段，以权益性融资为主，债务性融资为辅是较为明智的选择。

2. 推动了中小企业的技术创新与产业结构升级。中小企业与大企业相比，无论在资金实力、管理水平还是市场开拓等方面均存在一定的差异，用波特的竞争战略理论来说，中小企业无法在与大企业的竞争中实现“成本领先”战略，而建立在技术创新基础上的“集中一点”和“差异化”战略却可以为中小企业开辟一条现实的路径：中小企业要在激烈的市场中站稳脚跟，必须避免在已进入成熟期的产品市场上与大企业一争高低，要利用自己相对规模较小、产品转化灵活性大的优势，在搜寻市场信息、开发潜在需求热点的基础上，推进技术进步，将新产品推向市场。风险投资坚持不懈地对中小企业进行资本投放，青睐的正是中小企业这种极强的科技创新能力和巨大的产品市场潜力，这种投资推动了中小企业的技术创新，同时也大大加快了产业结构升级的进程。

3. 促使中小企业建立现代经营管理体制。中小企业的管理具有较明显的家族化倾向，具有较浓厚的“机会主义”色彩和“短期行为”特点，严重缺乏国际竞争和国际合作经验，所以，中小企业的管理体制落后，管理水平低下，亟须建立起一套科学规范的现代经营管理机制。而风险投资公司正是携带着先进的经营管理理念与资金一并投向中小企业的。风险投资将科技发明、企业家才能和风险资本有机结合在一起，在研究开发机构和中小企业之间架起一座桥梁。一方面，风险投资公司通过市场分析和可行性论证为中小企业选择技术创新项目，并投入风险资金；另一方面，风险投资公司汇集了优秀的科技人才、管理人才和投资专家，他们积极并参与推动中小企业的技术创新与企业管理，这就为中小企业的经营管理引入了一种全新的机制，从而大大提高了中小企业的经营管理水平。

4. 有利于中小企业优化资源配置，提高资金使用率。在风险投资的运作过程中，风险投资公司出于自身的利益考虑，事前要对项目进行全面、细致的调查分析，并严格审核项目的可行性，从而在很大程度上减少了投资的盲目性。在资金投入企业后，风险投资公司有一套严格的风险控制、利益责任约束机制以及严谨的投资操作程序和规范，严格监控资金的流向和流量，以保证真正把资金用到技术含量高、效益好的项目上去。这种监控机制能促使中小企业合理配置资源，积极提高资金使用效率，从而大大提高中小企业的经济效益。

案 例

风险投资成功的典范——Yahoo

一、Yahoo 的创立

20 世纪 90 年代，Internet 上的万维网（WWW）技术开始流行，万维网的网站数量以指数增长速度迅速膨胀。1993 年底，斯坦福大学的两位学生杨致远和大卫·费勒作为业余爱好，分别收集自己喜爱的网点，然后靠着校园中的一台搜索器记录这些网站。随着收集量的增大，管理变得困难起来，于是他们就运用自己掌握的软件技术开发了一个数据库系统来管理这些信息，并分类整理成“杨致远和戴维的 WWW 网指南”，放在万维网上以便网友们共享，并取了个名字“Yahoo”。Yahoo 的网址慢慢地传播开来，不久，就有数以百计的人来访问该网站，从而引起了一向支持学生创新活动的斯坦福大学的注意。斯坦福大学免费向 Yahoo 提供了服务器空间和通信线路，并随着访问人数的增加，及时对设备和线路进行升级换代。1994 年，Internet 进入了爆发性增长阶段，WWW 网站同样以疯狂的速度增长。此时，无论是收集网站信息的工作量，还是访问 Yahoo 的人数都在飞速增长（平均每天就达 100 万人次）。不久，著名的网景公司（Netscape）发布了其著名的浏览器 Navigator（导航号）的测试版，并将其目录按钮指向 Yahoo，Navigator 的出现，使大批网民纷纷涌向 WWW，Yahoo 在 WWW 上声名鹊起。

二、风险投资的介入

风险投资家一向都对新的经济增长点极为敏感，他们觉察到了 Internet 的商业气息，纷纷向 WWW 涌去。Yahoo 作为 Internet 上的红人得到了许多投资者的关注。首先登门的是赫赫有名的英国路透社。路透社负责市场营销的副总裁等专程从伦敦飞到洛杉矶寻求合作；信息产业的投资者，包括微软、网景等公司也加入了投资者的行列；资深高技术产业风险投资人西奎也选中了 Yahoo。

1995 年 4 月，西奎对 Yahoo 估价 400 万美金，虽然事后证明这个估价是保守的，但毕竟当时 Yahoo 的营业收入几乎为零。西奎的合伙人麦克·莫利茨回忆第一次走进 Yahoo 工作间的情景："杨致远和他的同伴坐在狭小的房间里，服务器不停地散发热量。电话应答机每隔一分钟响一下。地板上是比萨饼盒和脏衣服。"他把当时 Yahoo 的发展模式总结为"在 Web 网上提供免费服务"。而它之所以吸引投资者的眼光，是因为它有过百万的访问人数。凭借这一点，Yahoo完全有可能变成一棵摇钱树。这样，Yahoo 成立了，并拥有了第一笔运营资金。

三、Yahoo 的发展

西奎给 Yahoo 注入的第一笔资金，将 Yahoo 推上了飞速发展的道路。公司成立后，聘请了第一批工程师，负责信息的收集和分类处理；请来了曾担任过 Motorola 加拿大公司总经理的蒂姆库戈（Timkoogle），让他具体管理日常工作，而杨致远则负责发展战略和公共关系。随着业务的发展，Yahoo 需要注入更多的资金。1995 年 8 月第一次融资活动开始，在短短的 4 个月内，Yahoo 的身价暴涨到原来的 10 倍。

1996 年，Yahoo 开始筹备上市工作，并于 4 月 12 日正式上市，股票上市报价每股 13 美元，一开盘就狂升到每股 24.5 美元，最高达到每股 42 美元，当日收盘价是每股 33 美元，几乎是上市价的 3 倍。同时，Yahoo 的市值达到 8.5 亿美金，是一年前西奎估价的 200 倍。这样的增长速度让人望而兴叹。《商业周刊》这样评论："Yahoo 就像在沙滩上搭起的楼阁，然而一夜之间四周就建起了摩天大厦。"

四、总结

Yahoo 是风险投资成功的典型案例。从 Yahoo 的发展过程中可以看到，如果没有风险投资的及时介入，让其有了第一笔发展资金。因此，在新经济的发展过程中，特别是高科技企业的初创阶段，风险投资起着不可替代的作用，它往往是处于初创阶段的高科技企业的主要融资渠道。在当今社会，在经济的发展很大程度上依赖于科技创新的趋势下，风险投资显得尤为重要。我国要保持经济的持续增长势头，增强经济实力，就必须积极发展风险投资，推动高科技企业的成长、壮大。

复习思考题

1. 风险投资的基本构成要素有哪些？

2. 什么叫风险投资？它有哪些特点？

3. 一般来说，风险投资人可以分为哪几类？

4. 试述风险投资在美、日、欧的发展状况，并分析今后其发展的趋势。

5. 风险投资的融资工具有哪些？其中最普遍采用的是哪一种？试分析原因。

6. 试述风险投资形成与发展的背景和条件。

7. 试述风险投资与经济增长的关系及其作用机制。

第二章

风险投资中的资金供应

本章提要

本章主要阐述风险投资的资金来源构成及各类投资者在风险投资中的作用,并简要介绍风险投资资金供应的主要发展趋势。

学习要点

掌握风险投资的资金来源构成。

掌握各类投资者对风险投资基金的作用和贡献。

了解风险投资资金供应的主要发展趋势。

第一节　风险资本的来源

一、风险资本的主要资金来源

由于国与国之间在管理条件、金融市场环境等方面存在着种种差异,风险投资行业的资金来源有所不同。尽管如此,风险资本的资金来源还是可以划分出一些具有共性的类型。主要有以下几种。

(一)富有的个人

个人投资者一般来说主要由以下两类人组成:一是具有风险投资运作基本

素质的投资人,这些人中,有的本来就是创业投资公司的投资经理,后来自己自立门户,试图在越来越细分的市场中找到一个更适合自己的目标市场;二是以前的创业家,曾得到风险资本的支持,而从自己的创业企业中获得了巨额回报,出于对技术和创业的强烈兴趣,希望用资金来支持同行业或相关行业的其他创业家。和其他投资群体一样,这一投资群体也是被风险投资的高额回报所吸引。

个人投资者的资金加入风险投资行业的方式主要有两种:一是以普通合伙人的身份,加入到一个风险基金中去,或者购买基金;二是自发地为企业融资,这类资本也称为天使资本。如果个人精通投资技能或者某一方面的技术,他们往往自己充当风险投资家,被称为天使投资者。如果个人仅仅只是有充足的资金而不具备专业能力,他们可以以有限合伙人或购买基金的方式从事创业投资。在风险投资的发展初期,个人投资是风险资本的主要来源,特别是天使资本,为企业初期投资做出了很大的贡献。

(二)政府

出于产业政策、宏观经济发展规划的考虑,政府会给予风险投资一定的扶持,政府对风险投资的扶持主要有以下几种形式:

1. 财政拨款。主要是资助一些对国家经济建设有重要作用的项目,如国家自然科学基金。

2. 政府直接投资。政府直接投资以股权投资和政府贷款为主。

3. 政府担保的银行贷款。政府对银行向创业企业的贷款实行担保,项目成功则企业还贷;项目失败,则由政府财政负责归还相当比率的贷款。

其中,政府财政拨款是风险投资的一个重要来源,尤其是在风险投资发展的初期,政府的介入是必不可少的。但财政拨款有限,不宜承担太大的风险,主要起信用担保、放大资金的作用,为风险投资提供最后担保,减轻风险投资者由于担心投资失败而造成的恐惧心理,鼓励整个社会对风险投资的投入,并保证基金投资方向不改初衷。但随着风险投资的发展壮大,国家不可能成为风险资金的主要提供者。

(三)企业

企业是风险投资的重要参与者。它介入风险投资的主要目的是出于发展战略目标的考虑,即通过对创业企业的投资,为自身寻求新的增长点,甚至实现第二次创业。

企业涉足风险投资,形式可以灵活多样。实力较强的企业可以独立设立风险投资公司,将其作为自己的附属机构;实力较弱的,可采取几家企业联合出资组建风险投资公司的方式。采取这种方式,一方面,每家的出资额不会很大,这就为规模较小的企业参与风险投资提供了机会；另一方面，还可以起到分散风险的作用。在美国，企业的风险资本占风险投资基金来源的30%。特别是大型企业的风险投资，是除政府资金之外，最为现实可行的风险资本来源。

（四）机构投资者

机构投资者包括保险公司、信托投资公司、养老基金和捐赠基金等。机构投资者资金实力雄厚，而且具有长期投资意愿和动机，所以，国外的机构投资者大多是风险资本的主要提供者。

（五）商业银行

由于风险投资可获得丰厚利润，一些商业银行纷纷成立了风险投资部。他们可以从银行控股公司取得资金，也可以从银行员工管理的资金池中取得资金。银行参与风险投资的形式可以多种多样，可以成立独立基金，也可以向其他风险基金注资，在银行资产组合中纳入一定比例的风险投资基金，以分享利润。另外，还可以利用银行良好的软硬件设施，积极参与基金托管、销售和交易以及基金发起、基金管理等业务。但商业银行“天生的谨慎”特性，使之不可能成为风险资本的主要提供者。

（六）境外投资者

从世界范围看，风险投资正由美国开始转向其他一些新兴市场，包括欧洲、日本，还有亚洲一些新兴市场，尤其是中国。在这样的趋势下，境外资本进入一国风险投资领域成为可能。外资介入一国的风险投资，可以弥补该国国内机构和个人投资能力不足的缺陷。而且，由于风险资本一般在创业企业中处于非控股的地位，只对其提供管理上的咨询和帮助，这在一定程度上缓解了外资直接投资对一国民族企业的冲击，同时有利于引进优秀的基金管理人才和先进的基金管理办法，提升风险投资基金之间的竞争等级，促进风险投资基金的良性发展。

二、国外风险资本的构成情况

各国金融体系和经济发展状况的差异，影响着风险资本的来源。德国、日本是以银行为主导的金融体系，间接融资渠道发达，直接融资渠道发展缓慢；美国、英国是以市场为主导的金融体系，直接融资渠道十分发达。这四个国家风险投资基金的来源构成分别如下。

（一）美国

美国资本市场十分发达，实行的是以市场为主导的金融体制。发达的证券市场和迅速增长的各类基金，为风险投资提供了广泛的资金来源。其中，养老基金已开始成为风险基金最主要的供给者。据统计，1978年，个人与家庭为风险投资的主要供给者，所占比重为32%；保险公司、养老基金、公司企业、捐赠与公共基金、国外供给者所占的比重分别为16%，15%，10%，9%和18%；1988年，养老基金已经成为最主要的资金供给者，所占比重高达46%。个人与家庭、保险公司、公司企业、捐赠与公共基金、国外供给者所占的比重分别为8%，9%，11%，12%和14%。进入20世纪90年代以后，这种特征在美国风险投资基金的供给结构中表现得更为明显。以养老基金为主的机构投资者，不仅大大增加了美国风险资金的数量，而且使资本供给具有相对的独立性。相对独立的风险资本来源使得风险投资家具有更大的投资自主权，较大的经营自由，能以最有效的方式获取投资收益。

（二）日本

日本风险基金大多数附属于以银行为中心的金融集团和大企业集团，面向社会定向或公开募集资金的相对较少，形成了“依附金融企业”和“机构出资为主”的准政府特点。日本有56%和44%的风险基金分别从银行（包括银行控股的证券公司）和保险公司获取融资，而以养老金、个人和政府为资金来源的风险基金数量较少。从资金数量来看，日本的工业公司、银行、保险公司是日本风险基金的重要融资对象，分别占资金总量的48%，25%和13%。

（三）德国

德国绝大多数风险基金是由国有银行、私人银行、储蓄银行成立的附属机构或它们参股组建的机构提供的，而保险公司、工业公司、政府机构和其他投资者主要从事传统的投资活动，作用相对较小。德国50%的风险基金从银行获取资金，占风险基金总额的40%，还有36%和22%的风险基金分别通过个人和保险公司融资，其他融资渠道的贡献较小。这主要是因为，在德国，间接融资占主导地位，IPO市场不发达。另外，部分法规在一定程度上限制了德国金融机构向风险基金提供更多的资金。

（四）英国

英国有49%的风险基金从养老金获得融资，占风险基金资本总量的39%。这与英国的养老金规模和发达的养老金制度密不可分。保险公司和银行也是英国风险资本的重要来源，分别有36%和44%的风险基金通过这两种渠道融资，二者所占的风险资本的份额分别为25%和14%。

第二节　政府在风险投资资金供应中的作用

政府在风险投资资金供应中的作用，是指政府部门在市场经济的总体框架下，依据自身的经济职责，利用经济、法律、行政等手段，对风险投资业进行引导、扶植、调控和监督。在风险投资领域,政府不仅是制度的设计者、主体的培育者、市场的管理者,而且还是直接的投资者。风险投资以及创业企业的特殊性,决定了政府在其发展过程中的特殊地位与作用。

一、政府参与风险投资的原因

(一)从风险投资实质的角度来分析

风险投资是社会风险分担的一种机制,它并不能承担创业企业的全部不确定性。一般企业投资虽然也存在着许多风险和不确定性,但相对于创业企业来说,却是一种确定性投资。而风险投资对其投资对象——创业企业的投资则是一种不确定性投资。以高科技创业企业为例,与一般的企业相比,由于创新存在技术不确定性、市场不确定性和政策环境不确定性,作为风险投资机制,也只是风险分担机制许多形式中的一种,它不能也无法完全承担创业企业的所有不确定性。而政府的介入,可以在消除在市场的不确定性、政策环境的不确定性方面发挥巨大的作用,风险投资不能离开政府而独立承担创业企业的所有不确定性。

(二)从风险资金运动的角度来分析

风险投资企业运行的各个环节离不开政府政策的合理规制。风险投资的运动,可以归纳为三个阶段,即风险资本的筹集阶段、风险资本的使用阶段和风险资本的回收阶段。由于风险投资是一种金融活动,而金融活动往往存在着行业管制壁垒,因此,政府管制的变化会对风险投资产生巨大的影响。在风险资本的筹措阶段,需要政府对可用做风险投资的资金来源进行规定,比如养老基金、保险资金能否进入以及在多大程度上进入风险投资,往往都需要政府在相应的资金投向规定上予以明确。在风险资本的退出环节,往往需要政府在金融制度的安排上提供退出渠道,譬如,有的国家发展了二板市场,有的国家则设有柜台交易系统。在风险资本的使用环节,一般都没有政府规定,但也有些国家规定了投资于创业企业和一般企业的比重。在这三个环节中,政府的作用十分明显,风险投资资本的完整运动过程离不开政府的作用。

(三)从风险投资顺利运行的角度来分析

风险投资离不开政府的大力协助。风险投资是整个国家经济和制度发展到一定程度后的产物。风险投资要在一个国家发挥作用,必须要有必要的制度安排和法律保障,使资本、知识、人才等资源能自由转移和流动,各种交易活动能公平进行,这就要求政府能根据需要,适当调整有关政策和制度,如产业政策、中小企业政策、科技政策、金融信贷政策、知识产权保护政策等,以消除风险投资的制度缺陷。同时，为保证各种交易的公平进行，也要求政府建设良好的市场环境，如在信息的全面性和真实性方面，政府的要求和规定可以产生明显的作用。另外，在加强基础研究与应用研究，促进大学和研究机构与工业界之间的合作，发展科技教育，培训专门人才方面，也需要政府的大力协助。

（四）从政府参与风险投资产生的社会效益来分析

政府风险投资计划可以产生更大的社会效益。与一般商业性风险投资不同的是，政府的风险投资计划通常是为了获得公众利益，即推动创新，促进经济增长和创造就业机会。政府风险投资计划有助于填补"投资空白"。由于受到自身规模和财务状况的限制，中小企业很难从商业银行获得贷款，技术型小企业所遇到的问题尤为突出，因为他们往往不具备足够的有形资产作为贷款担保。另一方面，通过资本市场直接融资对小企业来说可能性更小，因为资本市场往往具有歧视性，只青睐那些成熟的大企业。即使是商业性的风险投资，也往往偏向于那些商品化程度高、比较安全和成熟的项目，以最大限度地获得投资回报。因此，那些处于起步阶段、技术风险较高的小企业就成了"投资空白"，政府计划的意义就在于，可以通过有目的的参与和引导，填补这些空白，为中小企业创新活动提供资金担保。

二、政府参与风险投资的形式

（一）直接投资

在资本供给方面，政府参与一般采取直接投资和政府担保两种方式。直接投资中，又以股权投资和政府贷款为主。股权投资是指政府直接设立自己的风险投资基金或控股、参股私有部门的风险投资基金，其中又以自己设立和控股为主，以达到自由行使支配权的目的。股权投资是一种向企业注入风险资本最有效的方式，其主要目标是帮助因为风险大而不足以吸引私人资本的处于种子阶段和起步阶段的小企业。此类股权投资也可以帮助以技术为基础的企业，因为私人部门往往对这类企业的长期潜力评估不足。股权投资可以采取的方式主要有三种：一是由政府向私人部门的风险资本企业投资，而后由这个私人风险资本企业再向创新企业提供资本；二是由政府设立自己的风险资本基金，由它直接向企业提供股权投资；三是有些政府创办的风险资本基金从私人部门接受部分资金，即"杂交资金"。

政府贷款是指政府为风险投资公司或小企业提供债权投资计划，以满足其对资本的需求。在这方面，政府可以提供与其他金融机构完全不同的专项贷款，或者贷款条件更加优惠，如优惠的贷款利率，更长的贷款期限，向借款者提供一旦破产可以不偿还的债务等。

政府可以直接出资参加对处于研究开发阶段项目的基金的投入。由于此阶段只有投入，没有产出，一般民间资金很难冒如此大的风险进行投资。众所周知，在各国经济发展都呈现周期性变化的情况下，每一次促使生产从停滞、萧条阶段走向复苏阶段的重要因素是固定资产更新，而固定资产更新又是以新技术、新工具的出现为前提的，研发阶段正是许多技术由萌芽走向成熟并广泛运用的必经阶段。鉴于该阶段巨大的风险性以及对经济发展的重要性，在民间资本难以有效参与的情况下，许多国家的政府义无反顾地承担了投资责任。日本早在20世纪70年代就规定，凡企业利用风险资本实施新技术、新产品开发，均可从政府得到约占其开发总支出1/2或1/3的补贴，澳大利亚企业科技开发费的60%由政府通过免税方式提供。

（二）政府采购

政府采购是促进本国高科技产业和风险投资发展的重要措施。由于高科技产业化是一个高投入、高风险的过程，客观上需要有与之相应的高收益支撑。而收益最终是通过市场来实现的，因此，如果实现高收益的市场路径不畅通，高科技的产业化就无法实现。在这种情况下，政府就可以制定向内倾斜的采购政策，为风险投资的发展创造良好的市场需求环境，从而在短时期内达到扶植创业企业快速成长的效果。

高技术产业化是一个高投入、高风险的过程，市场风险是高技术产业化面临的重大风险，政府采购通过提供高新技术产品的初期市场，有助于减少高技术产品的市场风险，帮助高科技中小企业迅速拓展市场，切实保证降低风险投资公司投资回收的风险，对高科技产业和风险投资的发展都十分必要。外国高技术产业化的实践表明，“需求拉动”是推动高新技术产业发展的重要动力。

美国在20世纪60年代就制定了《政府采购法》，对高科技产业及战略性产业进行扶持。1962年美国军方购买了“硅谷”生产的全部集成电路，从而大大刺激了“硅谷”高技术产业化的迅速发展。克林顿出任美国总统后，在其“全面经济计划”中，为扶持新产品的初期市场，仅计算机及其相关产品的政府采购就达90亿美元。美国著名的高技术公司，诸如IBM、惠普、得克萨斯仪器公司都在很大程度上受惠于政府采购政策。英国政府要求政府部门、政府实验室、国有公司在采购计算机和通信器材时，必须从本国公司购买。日本、韩国等都有类似的政府采购制度。

中国每年也有上千亿元规模的政府采购支出，但目前的政府采购多出于节省行政开支、规范市场秩序及防止腐败的目的，没有体现出其导向性和政策倾斜性的一面，尤其是没有体现出政府鼓励高科技产业和风险投资发展的政策倾向。这是中国政府采购制度的一大缺陷。因此，应尽快制定有利于中国高科技产业和风险投资发展的政府采购政策，明确规定政府各部门应优先采购本国高新技术产品，并每年发布下一年（或几年）的政府采购项目，使政府采购不但成为增加社会有效需求的重要手段，而且成为推动中国高科技产业发展的“导向杆”和“助推器”。

（三）财政补贴

在扶植科技创新企业方面，政府工作的重点在于，集中资源加大对科技项目的投入，采取增加科研院所投入、增加科技立项、建立和扩大国有科技公司等方式，对高科技企业进行直接的资金支持。通过财政预算的方式，扶植一批有雄厚科研能力的研发机构，推动它们将非民用成果转化为民用成果，并积极引导和支持一些有潜力的企业。此外，通过政府财政拨款兴建工业园区，也是对风险投资的有力支持。

财政补贴是政府扶持风险投资的直接措施，在国外已得到较为普遍的应用。1982 年美国国会通过《小企业发展法》，明确规定年度研究开发经费超过 1 亿美元的联邦政府机构，必须依法实施“小企业创新研究（SBIR）计划”，每年拨出法定比例的研发经费（最大比例为 25%）支持中小企业开展技术创新活动。到 1995 年底，（SBIR）计划共接受了中小企业提出的 215 万个申请项目，其中择优支持了 33 万个项目，资助金额超过 40 亿美元。1992 年 10 月 28 日，（SBIR）计划被授权延期至 2000 年。英国的创新资助计划规定，给投资额低于 25 万英镑符合条件的小企业项目以 1/3 ~ 1/2 的经费补贴。德国政府于 1984 年实施了一项对创业企业进行资助的典型试验计划，到 1985 年底，向 268 家创业企业提供了1 087亿马克的资金资助。加拿大安大略省对高新技术创业企业投资的个人入股者给予投资总额 30% 的补助金。日本科学技术厅下设的新技术开发事业团，对于开发风险较大的新技术企业，提供 5 年内无息贷款，成功者偿还，失败者可不偿还。新加坡政府规定，凡投资于高技术企业的风险投资机构，连续亏损 3 年者，可获得 50% 的投资补贴。通常财政补贴的数量并不是很大，而且对所资助的风险项目都要进行严格的评审，但是政府资金的导入，对于引导民间资本进入风险投资领域，有很强的示范和导向作用。

（四）政府担保

由于银行在积聚社会闲散资金方面的独特地位，并鉴于银行对风险投资承受能力不足的现实，世界各国为了鼓励银行支持风险投资业的发展，普遍选择了政府担保的手段。政府担保是政府资本供给的又一方式。毫无疑问，政府是最具有信用能力的机构。在目前银行信用仍占主导地位且银行仍以“安全第一”为经营原则的情况下，由政府来为风险投资项目提供担保，是促使银行资金进入该领域的最为直接、有效的途径。

创业企业和风险投资公司难以获得商业银行贷款的重要原因是缺少足够的有形资产作抵押，因此，利用政府资金为风险投资公司或创业企业提供担保，可以有效地降低贷款风险。政府担保包括贷款担保和股权担保两种方式。贷款担保是指政府为商业贷款进行担保，股权担保一般是以风险投资公司为服务对象。这是因为，风险投资者往往要求较高的投资回报率以补偿投资失败的损失。一般来说，风险投资公司对单项投资的投资回报率期望值在30%～50%之间，计入投资损失后，其投资组合的总回报率目标是20%～30%。有了政府的股权担保，部分投资损失就可以获得补偿，整个投资组合的回报率也相应得到提高，从而有助于风险投资的长期发展。

早在1953年，美国就成立了中小企业管理局，承担对高科技中小企业的银行贷款担保，贷款额在15.5万美元以下的，提供90%的担保，贷款在15.5万～25万美元的，提供85%的担保。1993年，美国国会又通过了一个法案，该法案规定，银行向创业企业贷款可占项目总投资的90%，如果创业企业破产，政府负责赔偿90%，并拍卖创业企业的资产。日本通产省于1975年设立了研究开发型企业培植中心，该中心的主要业务就是对于创业企业向金融机构贷款提供债务担保，担保比例为80%。英国于1981年开始实施信贷担保计划，该计划规定，银行向风险投资企业提供贷款，如果创业企业不能偿还债务，贸工部将以年息为2.5%的资金带动大量民间资本进入风险投资业。

三、政府对风险投资的政策支持

除了直接参与风险投资之外，政府还制定相关政策，规范、扶持风险投资。如制定倾斜的税收、信贷等政策，扩大对风险投资的需求，通过政策倾斜，引导多种风险资本来源。由于政府兼有种种行政及社会职能，单靠政府基金的投入远远不够，故政府可出台一些相关的优惠政策，调动各方资本参与风险投资领域的积极性。

以美国为例。1958年，美国颁布《小企业投资法案》，并据此建立了中小企业投资公司制度，即确立了风险投资基金的合法地位，鼓励风险投资基金对从事不同产业的公司提供初期融资，以增加中小企业的融资渠道，带动美国高科技产业的发展。1978年，美国政府实行进一步的投资税收优惠政策，将资本利得税率从49.5%降低到28%，并采取了诸如放宽各类基金参与直接投资的限制等一系列扶持措施，极大地改善了创业环境。养老基金、保险基金等资金的加入，大大刺激了高科技企业的成长。与此同时，美国还为银行向风险投资企业贷款提供政府担保。1993年，美国国会又通过一项法案，规定银行向创业企业贷款可占项目投资的90%，若创业企业破产，政府负责赔偿90%,并拍卖创业企业的资产。这实际上是将投资风险向政府身上进行转移,从而降低了风险投资者自身的风险。美国政府还通过政府采购的方式,购买大量高科技企业的产品,促进了科技成果的转化和产业化过程,进而使科技成果推广到国民经济各部门,形成了强大的高科技产业。

政府还需要正确界定高科技企业,规范风险投资主体行为。风险投资运作过程即资金、技术与管理相结合的过程,合理评估技术价值十分重要。故必须建立项目源,创造项目筛选的金字塔,从公司业务、经营目标、团队素质及管理者能力、技术项目商业化的可行性、技术运用及经营计划实施、风险因素及敏感性等方面作全面评估。同时,政府还必须完善技术价值评估机制,正确界定高科技企业,客观评价投资对象的研发风险、生产风险、管理风险、市场风险和成长风险,使风险资本找到真正能产生效益的用武之地。此外,加大宣传、支持力度,培育风险投资人才,加快专业人才队伍的建设也是政府的当务之急。

具体来说,政府可采取的支持风险投资的政策措施主要有以下几方面。

(一)税收政策

在风险资本市场上,风险投资者只有当预期风险投资的收益大于风险的代价时才会投资,而税收政策被证实是影响风险代价的重要政策措施。优惠的税收政策能刺激风险投资业的发展。政府提供税收优惠政策,包括减免风险投资收益的所得税,对风险投资公司给予适当的风险补偿等,其目的在于提高风险投资的回报率,以吸引风险投资向高科技产业倾斜。

美国的风险投资业之所以遥遥领先,其中一个重要原因,是美国所得税制对长期投资的资本利得采取差距税制,允许公司资本所得与资本损失相冲抵。美国政府为了鼓励私人风险投资的发展,将创业企业的所得税税率从1970年的49%降至1980年的20%,风险投资额的60%免征所得税,其余的40%仅征收50%的所得税。这一措施的实施,使得美国的风险投资在20世纪80年代初期大约以每年46%的速度递增。

(二)法制建设

风险基金的发展同有关法律的健全与完善是分不开的。一方面,风险基金的经营与运作行为需要相关法律来对其进行规范,另一方面,风险基金的发展需要相关法律来支持。建立完善的有关风险基金的法律体系,有利于投资者的利益不受侵犯,同时也有利于风险基金本身的健康发展。

美国国会仅在1984年就通过了有关高新技术的法令200多个,其中相当大一部分涉及风险投资行业。在风险投资发展的早期,美国国会就通过立法为风险投资创造环境,如《小型企业投资法》《雇员退休收入保障法》《股票选择权促进法》等。此外,美国为了保护高科技产业的发展,还先后对《专利法》

《知识产权法》等法律作了修订,从而对风险投资的发展起到了保驾护航的作用。

(三)市场建设

能否成功退出是风险投资成败的关键。政府应该调整金融市场,为风险投资的退出创造条件。首先,在金融政策上创造重要条件,允许、鼓励二板市场的存在和发展。其次,要发展或调整其他金融市场。风险资本市场与其他金融市场不是隔绝的,在上游,风险资本市场主要是由传统金融机构资助;在下游,风险资本市场需要有一个活跃的股票市场,从而允许风险投资家退出并在新项目上再度注入其资金。因此,在制定支持风险投资的国家计划的同时,也要发展或调整其他金融市场。最为重要的是设立并规范创业板的运作。为了促进高科技企业和风险投资的结合与发展,许多发达国家,甚至一些发展中国家,都根据本国实际情况建立了创业板市场。美国和欧洲的情况说明了这一点。和欧洲国家相比,美国股票交易制度比较发达,资本比较充裕,风险资本撤出店头交易市场后,其他资本能够同时进入并补充创业企业的资本需求。而在欧洲,特别是西欧,股票出售在很长一段时期内一直是风险资本退出的一种主要方式。但是,欧洲的二板市场发展并不如预想的那样顺利。这是因为这些国家缺乏独立的二级市场管理机构,机构投资者又不是小公司股票的主要购买者。这说明,建立二板市场,培育和发展机构投资者,是建立和完善风险投资退出机制的重要保证。

虽然政府在风险投资的发展中起着重要作用,但随着风险投资业的进一步发展和各类以盈利为目的的民间资本的涌入,政府应该逐步退出风险投资领域。因为风险投资是资本密集、技术附加值高的行业,政府无力也不可能提供本国市场所需的巨额资金。政府要做的是开启民间资本进入风险投资领域的大门,倡导和发展民营风险投资。

第三节 机构投资者

一、机构投资者概述

广义的机构投资者是指用自有资金或者从分散的公众手中筹集的资金,专门进行投资活动的法人机构,主要包括投资银行、保险公司、各种福利基金、养老基金及金融财团等。狭义的机构投资者可以定义为代表小投资者管理其储蓄,在可以接受的风险范围内使收益最大化的特殊的金融机构,主要包括养老金、保险公司和共同基金等。机构投资者的产生是基于高度专业化和日趋细化的社会分工,是投资专业化、组织化和社会化的产物,也是金融信托业发展的必然结果。机构投资者对于动员零星储蓄向投资转化有着举足轻重的影响,机构投资者的发展壮大对风险投资起着重要的作用。

（一）机构投资者的特征

1. 在信息的收集、占有、处理以及反馈上,机构投资者处于相对优势。由于市场信息成本以及信息不对称的存在,具有网络优势的机构投资者在对信息的分析、判断、鉴别、决策的过程中,能够形成相对较高的效率,而且从信息的通道看,机构投资者具有较大的影响力,有时甚至可以引导投资方向。无论是契约型机构(如保险公司和养老基金),还是公司型基金(如证券投资基金),机构投资者作为金融中介服务机构,能够极大地降低信息交易成本,有效规避交易风险。信息是保证投资成功的前提,收集加工信息不仅需要花费成本,而且需要相当的经验和专业知识及技能。这对于一个普通投资者而言,很难做到。而机构投资者有着较高的专业素质和多年的投资经历,能够提供进行交易所需要的所有信息,而且信息成本的分担也更加容易和合理。

2. 从运作模式上看,完整而系统的组织形式为机构投资者的决策科学化提供了保证。机构投资者作为法人实体,必须遵从一定的设立、变更、激励及终止方面的有关法律条款。从内部看,则有董事会、监事会和股东会等组织形式,在此之下,风险控制和投资决策有一套严格的程序,所以相对于个人投资者来说,机构投资者存在着更为理性运作的基础;而个人投资者一般缺乏组织形式上的监控,决策的科学化和程序化方面远逊于机构投资者。

3. 机构投资者和个人投资者再投资渠道方面的取向不同,推动资本品种创新的压力和动力也不相同。机构投资者在一定程度上是信用化的产物,集个人资金而成规模资金,对赢利的要求较高;各种投资机构之间的竞争,使得在法律框架体系之下的各种创新活动非常活跃。处于获利或逃避监管的压力下,机构投资者往往成为资本品创新的先驱,即使在现有模式下,出于流动性、安全性及盈利性的考虑,机构投资者的投资渠道也会得以疏通。而风险投资的日益规范及其高额回报的吸引,使越来越多的机构投资者加入到风险投资的领域,为风险资本注入了大量资金,推动了风险投资的发展。比如,美国在风险投资的早期,资金主要来源于富裕的家庭和个人。随着风险投资的发展,美国政府给予了风险资本投资种种政策上的支持,因而吸引了许多机构投资者(包括公共的和私人的养老基金、捐赠基金、银行持股公司、保险公司、投资银行、非金融机构或公司、外国投资者)。

（二）机构投资者的发展对风险投资的影响

1. 促使风险投资向晚期阶段发展。在美国，不到 10 年时间，风险资本的筹集已变得几乎完全依赖于机构投资者。在机构投资者的压力下，风险投资业已渐渐背离了传统的风险投资的轨道。从传统意义上讲，风险投资是企业早期阶段的投资（包括种子期和扩展期），然而，20 世纪 80 年代以来，风险投资逐步向晚期阶段的投资靠近，这种变化的主要原因是：

（1）由于机构投资者的加盟，风险基金的平均规模从 1979 年的 1 800万美元膨胀到 1989 年的4 950万美元，半数以上的风险基金总资本在 1 ~ 3 亿美元之间，这就需要找到能吸纳这些资本的项目。早期投资的特点是所需人员密集，创业企业只需较少的资金就能达到他们的目标，他们需要投资者更多地帮助他们建立管理队伍，进行管理，而后期投资的主要特点是资本密集，相对来说，对管理咨询的要求较少。一家拥有巨额资金的风险投资公司，可以给一家创业企业很多钱，但却不可能将过多的人员和精力放进去，这正与晚期投资相吻合，于是晚期投资项目逐渐多了起来。

（2）机构投资者在向风险投资基金提供资金的同时，也向基金经营者施加了压力。机构投资者越来越关心内部报酬率和现金流，要求他们的钱要承担更小的风险，这种不断增加的压力，促使风险投资家进行后期阶段投资，并且寻求更短的回报周期。一项技术越是处于其发展的早期阶段，它失败的可能性就越大；同样的，一个企业越年轻，它失败的机会就越大。理论上，高风险应获得高回报，早期阶段的投资者应获得一个更高的回报，作为他们参与风险更大的投资活动的补偿，但在现实中，他们的投资行为常遭受惩罚，当新的投资者将额外的资本投放到处于后阶段的企业时，原先的投资者的所有权逐渐稀释，结果，第一批投资者常常获得比其后的投资者更低的回报。风险基金公司的表现是由内部报酬率测定的，在计算内部报酬率方面，它从投资到撤资时间的长短与其所得的最终绝对利润一样重要，投资期越短，内部报酬率越高。因此，风险投资家越来越多地选择投资于后期阶段的公司而不是早期阶段的企业，他们从一个公司中撤资的速度越快，其内部报酬率就越高。因此，许多风险投资家将向后期阶段投资作为一项基本的投资战略。

2. 强化了风险基金公司的激励约束机制。由于主要的机构投资者在基金创建时投入了相当多的资金，因而处于强有力的谈判地位。他们要求较早和较频繁的现金分配，较低的管理费用；他们还要求提供季度报告，由顾问委员会掌握估价等，这些要求已影响到基金的管理费用、利润分配政策以及合伙条款的设计。

（1）管理费用的变化。在 20 世纪 80 年代中期之前，风险基金经营者通常收取管理费,去抵补一般经营管理费和行政费用,管理费是每年支付的,通常是投入资本的2.5%左右。当基金规模较大(处于3 000万美元以上)时,以2.5%收取的管理费基本能弥补经营基金的成本,但大多数成功的风险投资公司往往管理着规模更大的基金,并且经常有好几个基金同时存在,为此,机构投资者认为这个费率过高,结果是管理费用受到了要求下降的压力。机构投资者认为,管理费应该更能反映基金经营者参与风险投资的程度。经营者通常在合伙的初期和中期最忙,因为他们要选择投资机会,组织交易,监管所投资的公司,以后,随着所投资公司的上市或出售,基金经营者转而去筹集下一笔基金,所以,参与程度在合伙的晚期下降。因此,许多合伙协议规定在初期和中期采取比较高的费率,从2%~5%,随后降低费率,并且当合伙公司终止后,基金经营者不再收取管理费,即使有限合伙人愿意延期。这种收费安排,是鼓励普通合伙人尽快归还有限合伙人的投资资本,并开始组织新的合伙公司。降低收费的倾向也反映在收费基数的变化上。现在的费用通常是以所投资的资金而不是以签约基金为基数,这种安排导致了较低的管理费用,并鼓励基金经理人尽可能地把签约资金投资出去,也减弱了基金经理人筹集更多的超过投资能力的资金的倾向。此外,最大的机构投资者常常和普通合伙人单独谈判,以减少他们的管理费用。大机构投资者认为,他们对基金的大量投资,降低了基金公司的筹资成本。更重要的是,他们的投资对别的机构投资者来说是一个有利的信号,因而更促进了资金成本的降低。

(2)利润分配的变化。在典型的风险基金中,经营者通常收到20%的已实现净利润,即持有利益。20世纪80年代中期至末期,由于许多风险基金的投资回报不理想,而基金经营者继续收到20%的持有利益,这就进一步降低了对其投资者的回报,因此,一些机构投资者要求在普通合伙人开始分享合伙利润之前,投资者应先收回某个固定比率的优先回报,类似于一个累积红利优先股,回报率从5%~10%不等。这样,基金经营者只能收取超过优先分配后的那部分利润的20%。

另外,计算持有利益的方法也在向有利于有限合伙人的方向发展。在早期协议中,持有利益是基于单个投资的收入,这样基金经理人较少关心整个投资组合的回报,而更关心最成功的某一单项投资的回报。现在持有利益一般是基于合伙公司全部投资组合的回报,在其他条件不变,而合伙公司某一单项投资亏损时,这种改变对有限合伙人更为有利。更为重要的是,它调和了合伙公司的投资目标和投资者的目标。

在计算持有利益时,一些基金还采用了“抓回”条款。在20世纪80年代初期至中期,投资者通常要承担所有的超出投资资本的费用,这样投资者的利益受到了损害。“抓回”条款规定,在计算总的可分配利润时,应以基金在生存期内的累积净收益为基础,即所有的费用包括支付给管理公司或经理人的管理费都应被计算在累积的净收益或损失之中,这样,经营者在获得持有利益之前,必须首先挣回他们的费用,假如没有这样的条款,通过利润分配,基金经营者的回报相对更多。

二、主要的机构投资者

(一)养老基金

从20世纪80年代开始,养老基金作为私人资本的有限合伙人开始大量进入市场。实现保值和增值是养老基金的首要目的,它们会寻找各种投资机会。风险投资的高回报率可满足养老基金保值增值的要求,进一步扩大养老基金的资产规模。因此,养老基金投资于私人股权合伙基金纯粹是出于财务上的考虑:一方面,它们被私人资本市场的巨大回报额所吸引。当时美国已进入了相对长期的证券投资低收益期,大量的研究表明,在一段时间内,来自私人股权市场的投资回报已超过了公募股权和债务市场的回报,这对一个机构投资者来说是非常重要的。另一方面,是出于投资分散化的策略。机构投资者试图使其投资组合的回报稳定,并尽可能可以预测,因此,通过将回报率相关性较低的不同投资类别进行组合,可以实现其可预测性的目标。

准备参与私人权益投资的养老基金经营者首先要决定如何分配投资资金。据估计,80%的养老基金的投资回报取决于它的资产分配,而不是取决于在任何投资类别中的投资表现,其投资的资产类别包括公众股权、债券、国外投资、不动产以及私人股权。养老基金经营者通常是将5%的基金资产安排用于私人股权投资,有些超过5%。在这一类投资中,养老金经营者利用组合模型技巧,试图投资于私人股权市场的每一个部分,包括企业发展早期的风险投资、后期阶段的风险投资、夹层融资①、收购陷入困境的公司以及外国风险投资基金等。

20世纪80年代末~90年代初风险资本业的危机,促使养老基金采取更积极的态度对待风险资本投资过程。它们就费用问题进行了更为积极的讨价还价,并对风险资本基金经营者提出更高的要求。在养老基金业的聚会中,更经常去分享风险资本的信息,并定期和其他私人股权参与者交流有关风险资本的表现和其他最新信息。一些更大的养老基金,还拥有自己的私人股权投资专家,积极参与共同投资,并在某些交易中与风险投资家一起工作。

---

① 夹层融资是一种处于股权和普通债务之间的一种融资方式,是一种无担保的长期债务,这种债务附带有投资者对融资者的权益认购权。

在美国的一些州，如阿拉巴马、加州、佛罗里达的公共养老基金，也对创业企业进行直接投资。尽管最大的资深的养老基金参与直接投资的可能性不大，但养老基金业的积极行动表明，它们想对资金被如何投资以及投向哪里进行更有力的控制，它们也想被作为一个成熟的投资者那样对待，在交易中与其他人的地位相等。

（二）投资银行

投资银行参与到风险资本市场最常用的方式是，直接投资于其自身充当普通合伙人的风险投资合伙公司。商业银行业务的目的是为大型收购项目提供融资及服务，这与投资银行的投资重点有所不同。投资银行支持有限合伙公司的方式，除提供资金外，还参与合伙公司的发起和设立，甚至与这些合伙公司合作开展业务，因为这些合伙公司的金融活动与投资银行的其他业务处于同一经营范围。在进行大型的收购交易时，投资银行也可能为风险投资公司所管理的创业企业提供承销服务以及合并、兼并咨询服务。

（三）保险公司

保险公司在私人资本市场上的业务是从公司的私募业务中衍生出来的。保险公司通过购买那些具有资产特性的债务，为风险更大的公司客户提供资金。在公共的垃圾债券出现之前，他们还以麦则恩债务①的方式为一些最早的杠杆收购业务②提供资金。随着其专业技术的发展，保险公司开始投资于风险投资公司中的有限合伙投资公司。因而，一些保险公司以这种方式提供资金，同时也为同一家公司直接提供麦则恩融资。但是，在 20 世纪 80 年代，保险公司将其大多数私人资本投资行为限定为其本身的麦则恩融资，对与私人资本合伙制有关的一般性投资计划持抵制态度。此外，几家保险公司成立自己的私人资本合伙公司，并将自身资金与从外部投资者筹集的资金结合起来一起投入其中。20 世纪 80 年代中期以来，保险公司已变得更加适应合伙制投资，因此，对于外部合伙公司来说，其地位也变得更为重要。

（四）企业集团

一些大公司或集团成立了风险资本部门。许多主要的大公司都以独立实体、分支机构或部门的形式建立了风险投资机构。这些机构在运作方式上与私人风险投资公司相同，但目标迥异，这是由其资金来源不同决定的。后

---

① 麦则恩债务是一种中期风险投资，投资对象大多处于发展扩张阶段。这一时期，公司往往还没有赢利，但它们仍需要大量的资金投入，以增加人员，扩大生产能力，促进生产周转。麦则恩投资是介于传统风险投资和一般商业银行贷款之间的一种投资行为。

② 杠杆收购业务是通过公司的财务杠杆去完成并购活动，或者说是通过借债来获得另一个公司的产权。

者通过培育公司并使其成功上市而追求高额回报,前者在大公司资金的支持下,为母公司寻求新技术,投资于与其产品经营或生产技术相关的项目上。当大公司投资于一个新创公司时,是希望建立技术窗口,或希望以后把它变为一个子公司。一些企业集团设立的风险投资公司已成为欧美风险投资业的参与主体。

企业作为投资主体参与风险投资的最主要动机,是满足自身发展的战略需要,获得和维持技术上的竞争优势。普通的风险投资追求单纯的财务收益,投资收益率就是衡量投资业绩的唯一标准。而企业所进行的风险投资,一般都要求实现财务回报和战略回报双重目标,企业的高层管理者尤其强调风险投资活动要和企业现有的核心业务和总体发展战略相一致。具体来说,企业参与风险投资活动的动机有以下几点:

1. 快速获取更多的技术创新源,帮助企业进入最新的行业领域。在信息、生物等高科技发展日新月异的今天,企业以总体经营战略目标为核心,对新成立的小型创业公司进行风险投资,可以迅速获得技术创新元,并进入相应的行业最新的领域。很多新成立的创业公司,可能拥有最新的技术或创意,大企业为了加快技术创新,以便在竞争中立于不败之地,以风险投资方式参与外部创新是一种较为有效的形式。大企业依托自身技术、管理和行业网络关系等优势,对外部有良好发展前景的高技术中小企业进行投资,能有效利用外部的研究与开发力量,在更为广泛的范围内迅速获取新的技术竞争优势,并使企业能迅速进入新兴的有发展前景的市场。一些大的企业出于提高创新效率的目的,往往将其风险投资视为内部 R&D 的延伸和补充。

2. 控制创新成本,有效降低投资风险。在企业内部进行研发,较难实现严格的事后筛选机制,并在投资过程中存在着预算软约束问题,不能有效控制成本,降低投资风险。而以风险投资的形式对创新项目进行投资,则可采取灵活的方式,如联合投资、分阶段投资和并购等,通过严格的项目筛选、投资监控和及时退出等方式,有效克服内部研发工作的预算软约束问题,使得资金的投入成本本较易控制,并能降低风险投资的风险。

3. 获取战略发展机会,培育企业的创新文化。一些大企业把风险投资视为购买一种长期期权,他们在投资一些具有潜力的拥有重大技术突破和市场前景的初创公司时,投资周期会比较长,以保证将来能得到潜在的关键技术、技术许可,甚至后期并购的可能性,这可以让母公司在没有过多约束的前提下,多了一种长期的战略发展的机会和选择。还有一些企业则希望借助风险投资模式,刺激和保持其创新机制和企业家精神。

第四节　私人投资者和国外投资者

一、私人投资者

（一）私人投资者概述

在美国，个人资金有向亲戚朋友借贷而来的资金，也有来自一些热心于风险投资事业的富翁的资金，这部分资金2001年约为200亿美元，其中相当大一部分已投入到早期创业企业。他们对新企业的投资可以从不足1 000美元到超过100万美元。个体投资者可能只投资于一个企业，也可能同时投资于几个不同企业。这些企业可能与投资者有某种关系，如是投资者熟悉的领域或对投资者的业务有所帮助。

富有家族和个人曾是最早的风险资本投资者之一，在风险资本市场上投入了大量的资金，但是，由于养老基金和捐赠基金投资额的增长，这一投资群体在市场上的重要性已经大大降低。私人投资者群体包括退休的企业高级管理人员和精明而富有的企业巨头，还包括商业银行和投资银行的富有的客户。据估计，富有家庭的每个协议的投资额大约在5万美元~100万美元之间，其金额比机构投资者要小得多。

和其他投资者群体一样，私人投资者群体也是被风险投资的高回报所吸引，富有家庭和个人所要求的回报期通常比其他类型投资者要求的要长。因此，他们可能更适合投资于像风险资本一样流动性较差的资本中去。与免税的养老基金和捐赠基金不同的是，富有家庭和个人可能受到税法变化的影响。有迹象表明，1969年以来资本利得税的变化已经对这一类型的投资者造成影响。

风险投资为什么适应于富有家族，可以用两个理由加以说明：

一是对风险资本合伙公司投资可以享受到税收优惠的好处。这一点与许多机构投资者不同，例如养老基金，其投资收益是免税的。更为特殊的是，1993年美国税制改革后，资本收益与普通收入的税率差别已变得非常大，最高收入类的边际税率为39%，而长期资本收益的税率为28%。此外，1993年税制改革的一条特别条款规定，持有5年或更长期的某些小型企业的股份，其资本利得仅课税14%。

二是私人资本还对家族财产计划目标有重大好处。美国富有家族经常规避联邦遗产税。而且，纳税人每年赠给其儿子或孙子的礼物如果超过10 000美元，则要被征礼品税，并按照与遗产税同样的税率计算。由于风险投资的最初几年，其资本收益的计算通常非常保守，所以这种投资方式非常有利于代与代之间转移财产。此外，按照美国法律规定，赠送这种礼物，其价值应适当低估（经常低估30%），因为这种资产往往流动性较差。在这一过程中，形成了一批优秀的风险投资家，并在美国风险投资的发展中起到了举足轻重的作用。

在美国，占主导地位的私人投资者是私人风险投资公司，它们一般采取有限合伙制的方式进行经营。合伙人分为主要合伙人和有限合伙人两部分。主要合伙人通常有3～5人，属于投资家（基金管理人），其出资额最多也不超过基金规模的1%，负责整个基金的具体运作；有限合伙人出资一般要占到99%以上，但不参与管理，只对该合伙法人所负债务承担有限责任，与股份有限公司普通股东的身份相似。主要合伙人投入资金额虽然很小，但他们最大的"资本"是他们的信誉和管理才能，并要在法律上承担债务的连带责任，这对其作为基金管理人起到了自我约束的作用。美国的风险投资基金之所以普遍选择合伙制而非公司制，主要是与其税收政策有关。合伙制不具有独立法人资格，是一级税负，仅个人所得纳税；而公司制是二级税负，即公司赢利要纳税，分给个人后，个人所得仍要纳税。

（二）私人投资者的组织模式

私人投资者的资金进入风险投资领域，一般来说有两种形式：一是以天使投资方式进入；二是以普通合伙人的身份加入到一个风险基金中去，这种基金的组织形式常常采用的是有限合伙制。关于有限合伙制，后面的章节会详细介绍，这里先对天使投资作简单介绍。

1. 天使投资。天使投资是自由投资者或非正式风险投资组织对处于项目构思阶段或创业阶段的企业进行的投资，属于一种自发而又分散的民间投资方式。天使投资一般指投资处于种子期和创业期的企业，投资额往往比较小。它以其快捷的投入，帮助创业企业度过资金短缺的难关，与企业共担创业风险，对创业企业的成长和发展起着非常重要的作用。

天使投资是风险投资的先锋，当创业设想还停留在创业者的构思或初创阶段时，由于风险极大，专业风险投资机构不愿进行投资。而此时，敢冒风险的天使投资人伸出援助之手。天使投资人一般很早就参与企业的创建活动，它可能在投资申请书只有一张投资计划书，甚至只有一些大致的企业构思时，就会介入企业创建过程。他们对被投资项目的考察和判断不像专业风险投资机构那么复杂，程序也简单。一些天使投资人也会参与创业企业的具体管理工作，但对于企业的重大决策则干预较少。他们更关注的是企业最终的投资回报，往往还会利用其专业背景和自身资源帮助其成功，以保障投资收益。

天使投资以其特有的优势成为企业资金供给链上最基础、最重要的一个环节，对处于创业阶段的企业起到了积极的孵化作用，因此，人们把天使投资喻为创业企业的摇篮。

2. 天使投资资本的主要来源。天使投资资本的主要来源有3个：

（1）曾经的创业者。这些创业者曾经创业成功过，但如今由于年龄或其他方面的原因，不能亲自创业了。于是，通过投资，扶持别的创业者创业。

（2）传统意义上的富翁。他们通常是非常富有的律师、会计师或者医生，在享有上流社会生活方式的同时，也希望能够进行创业投资，一方面体验冒险激情，另一方面间接体验创业者的乐趣。

（3）大型高科技公司的精英。他们一方面拥有高额的年薪，另一方面对技术有独到的见解。但虽然有个人独立创业的念头，却难以割舍待遇优厚的职位。于是，便在工作之余将自己的积蓄用作天使投资。

3. 天使投资的运营模式。天使投资者一般是指那些所谓拥有高额净资产的个人，他们一般个人净资产过百万，通常都具有丰富的商业和管理经验。天使投资被称为资本与经验的天然结合。在美国，由天使投资者构成的无形的风险投资市场是整个美国风险投资市场最古老和最大的组成部分，它由超过200万以上的个人构成，每年的投资额据保守估计约100亿美元。典型的天使投资是通过两种渠道来实现的：一是通过熟人介绍，促使投资人与创业者见面，其中有些是通过亲戚、朋友、同事或者大学的教授来牵线，有些则是通过律师、会计师或银行来介绍；二是通过所谓天使网络来撮合，往往找到一位天使投资人，就可能触动5~10个天使投资人甚至更多，从而可以有更灵活的方式来进行选择配对。

4. 发展我国天使投资要采取的措施。随着我国经济的持续高速发展，社会财富实现了一定程度的积累，出现了一些富裕阶层，这批人已经具备了进行天使投资的能力，是中国未来“天使资本市场”可供利用的资源。另外，一些外资高管人员、外国投资者、海外华侨、海归人士也都是潜在的天使投资者。中国具有天使投资发展的条件，但要发展天使投资应该做到以下几点：

（1）制定相关政策法律，创建一个良好的法律环境和政策环境。“天使资本市场”的提出和逐步建立，必须有法律规范市场行为，保障投资者和企业利益。同时，天使资本市场的建立与发展也需要得到政府的支持，比如对天使投资者的投资收益给予税收方面的优惠等。

（2）建立一个专门为创业企业和天使投资者服务的网络平台。这个网络平台的作用不仅是提供一个“撮合”的机制，使投资者和创业者之间通过信息交流与共享，以最小的成本形成合作，而且包括实现政府对“天使资本市场”更有力的监管，以及对于天使投资的教育培训，等等。

(3)培育一批具有投资能力和专业知识的天使投资者。天使投资是一项具有高风险的投资,作为天使投资人,应该具有相当的财富、较强的风险意识和风险承受能力、成熟的投资心态,甚至要有所投资项目的专业背景,并且要善于借助团队的力量。

(4)完善我国的信用体系建设。现代市场经济是一种建立在稳定的信用关系之上的经济,缺乏信用保证,天使投资将不可能存在和健康发展。

二、国外投资者

(一)国外投资者进入一国风险投资领域的形式

随着经济的全球化发展,各国之间的经济联系越来越密切,国与国之间的资本流动也更加频繁。对于资金相对匮乏的国家来说,国外投资者对该国经济的刺激作用显得尤为重要。国外投资者进入一国风险投资领域的形式有以下几种:

1. 跨国公司的风险投资子公司,如在我国国内活跃的 IDG 等。这些公司较早进入中国市场,对于中国市场比较熟悉。它们在中国已经展开其他业务,对于中国的经济前景也更有信心。这些公司一直是外资活跃在中国风险资本市场的先遣队和主力军。

2. 传统型风险投资公司(基金),这些公司在国外就以从事风险投资为主业,他们进入中国风险投资市场比较晚,但自 2003 年开始增加其进入中国市场的速度及力度。它们资金规模大,投资经验丰富,今后会呈现越来越强的发展态势。

3. 外国金融机构的风险投资子公司。这些公司资金比较雄厚,由于自身的投资优势,它们往往投资于晚期的项目。

4. 和国内资金结合组成中外合资风险投资基金。中外合资风险投资基金是指在确保国家经济与金融安全的前提下,由中方发起并控股,吸收境外风险投资基金参与,以对国内民用高新技术产业进行参股投资为主的合资投资基金。由于国内国外的风险基金具有各自的优势和局限,成立中外合资的投资基金具有优势叠加的作用,可以有效利用更多的境外投资者资金,加速我国高新科技的产业化以及风险投资管理的现代化。

(二)国外投资者进入产生的正效应

国外风险资本的进入,不仅弥补了我国风险资金的不足,而且也给中国的风险投资业提供了各种服务,带来了多方面的好处,促进了中国风险投资业的发展。这既有利于给高科技项目提供更多的风险投资,又有利于解决中国风险投资的出路问题;既可以培养国内的风险投资专业人才,又可以引进国外先进

的管理方法。具体来说,体现在以下几点:

1. 国际风险投资能够为高新技术产业带来大量的资金投入。由于风险投资具有高风险、高收益的特点,国外风险投资基金通常是由那些具有广博知识和丰富实践经验的经理人才所管理,并通过投资组合来分散风险,从而最大限度地取得超额收益,因此,近年来风险投资基金的资金来源相对很充裕,一大批投资基金在全球各地生物技术、信息技术、计算机软硬件技术等产业领域内寻求好的投资项目,为科研和科技成果转化带来大量的资金投入。据调查,包括英特尔风险投资基金、日本软银、美国国际数据集团(IDG)在内的大公司至少筹集了20亿美元风险基金,准备在未来几年内投向中国。

2. 国际风险投资能够为我国风险投资提供全方位的服务。风险投资的成功与否,在很大程度上取决于对风险投资项目的考察、筛选、论证和培育,以及对企业的经营和风险投资的退出。在进行风险投资的过程中,不仅需要相当数量的风险投资资金的支持,而且需要专业化的机构和人员在业务流程上的紧密配合,此外,还需要一批经验丰富的风险投资家及其风险投资管理公司规范化的运作。国外风险投资通过利用金融手段,对技术、人才、股权交易等市场要素进行合理组合,实现了对创业企业提供全方位的服务。这些服务主要包括:①为创业企业提供所需的创业资金;②提供管理咨询服务和专业人才;③协助企业制定内部管理制度与经营策略规划;④组成投资集团,帮助创业者筹集资金;⑤参与董事会,协助解决重大经营决策;⑥推荐有潜力的供应商或购买者;⑦提供有关法律与公共关系的咨询;⑧运用其关系网络,提供技术资讯信息与技术引进的途径;⑨提出建议,并协助企业进行组织重整、兼并、策略联盟、股票上市或合作开发。

3. 国际风险资本通过在投资协议中对治理结构做出安排,有效地解决了对企业家及被投资企业管理队伍的激励约束问题。解决激励问题的办法主要有两个:一是股权安排,二是期权安排。在风险投资企业中,风险投资人一般会安排相当一部分股权份额,由企业管理层持有,并以此作为管理层收入的很大一部分。对管理层的这种股权安排,一方面是管理层对控制自己创建的企业的需求,同时也使管理层的利益和企业的兴衰保持一致,继而也实现了风险投资利益的一致性。而期权安排通常的做法是,允许管理层在实现未来经营目标时,按照事先约定,或者无偿,或者按较低的价格增持股份。对管理层期权安排的目的,主要是将管理层的利益和被投资企业紧密联系在一起,只有当被投资企业的价值达到最大时,风险投资人才能顺利"出清"手中的股份,并实现超额利润。这使管理层、被投资企业和风险投资人各自的利益通过期权安排达成了一致。尽管国外风险投资者目前在中国投资遇到一些困难和障碍,可能还难以按照国际通行的运作模式经营中国的风险投资企业，但他们投资于电子、通信、生物医药行业的行为，客观上对我国高技术产业的资金补缺及科技成果转化起到了积极作用。

4. 国际风险资本进入，能够为我国引进人才、技术和管理经验。由于国外风险资本经常是对于投资风险比较大的初创期或成长期的企业进行投资，因而对平均投资回报率的要求就比较高。为了保护其投资，实现预期的回报率，风险资本一般是对其比较熟悉的行业进行投资。同时，风险资本为了达到增强企业竞争力和获利能力的目标，往往还要参与企业的管理。这样，相当一部分企业在寻求风险投资的过程中，都逐渐结合企业自身所处行业的特点，选择适合自己的国外风险资本，使国外风险资本不仅为风险投资提供资金来源，而且为创业企业引进新的技术、先进的管理经验和其他社会资源，同时提供国际型人才，建立适宜的运行机制和框架，调整企业管理结构，为企业的长期发展奠定坚实的基础。

案例

国外风险投资机构——IDGVC 在中国的发展

IDG 技术创业投资基金（IDGVC），即原美国太平洋技术创业投资基金（中国）（PTV－China），是由美国国际数据集团（IDG）于 1992 年发起设立的一家面向中国从事高技术创业投资的美国风险投资基金。IDGVC 将战后在美国高科技产业的迅猛发展中发挥巨大作用的风险投资概念引入了中国。它是第一家进入中国开展业务的外国风险投资机构，也是最早在中国从事高技术风险投资活动的机构投资者之一。

一、在中国设立投资机构

国际数据公司简称 IDG，是最早打入中国市场的国际风险投资机构。其投资动作开始于 1980 年，在这一年，IDG 和信息产业部合作举办《计算机世界报》。这次成功的合作，为它提供了进入中国广阔的媒体市场的机会，也成就了它在中国风险投资领域抢滩的资本。

1992 年，IDG 在中国设立了美国太平洋技术创业投资基金（中国）（PTV－China）——一家面向中国市场的风险投资公司。刚开始，IDG 的投资金额很小，10 万～30 万美元的单子都做，而且投资企业的数量也很少。1993—1997 年这四年间，IDG 在中国的投资策略基本上还是围绕着自身主业展开，大多数集中在媒体领域。

二、IDGVC在中国的发展

IDG真正的大规模投资是在1997年之后开始的，投资范围也扩展到IT各个领域。1998年10月，IDG与中国科技部在北京签署了合作备忘录，按照该备忘录，IDGVC在今后7年内对中国高技术中小企业的风险投资总额可达10亿美元，主要投资领域为电子信息产业，重点是软件、通信和网络、信息服务以及生物技术等高科技领域中的创业公司和成长性公司，并力求给所投资的企业带来高附加值的支持服务。

从1997年到2001年短短的4年间，IDG已在中国内地投资了2亿多美元，涉及120多个项目，参与投资的公司有搜狐、3 721、腾讯、慧聪、携程、易趣、当当、8848、金蝶等等。当然，这其中也有不尽如人意的案例。IDG风险投资合伙人李建光就曾说过，迄今为止，他觉得有三个让他痛心的案例：在搜狐股票只有1元多钱（后来几十元）的时候卖了，在QQ市值只有6 000万美元的时候卖了，而本来应该可以在纳斯达克上市的8 848，也由于IDG自身决策的失误而被耽搁。

根据风险投资的运营规律，目前IDG投资已经进入了退出期，各种退出行为将集中出现，这将最终确认IDG在中国的投资成功与否。

三、IDGVC的优势

作为最早进入中国从事创业投资的美国风险投资机构，IDGVC熟悉国际风险投资运作方式，并结合中国情况有所创新。它对中国创业投资的环境、相关政策有充分的了解，与中国创业者群体、科技企业、有关政府机构有密切联系和良好的合作关系；对信息产业及其有关的技术、市场有深入的研究和理解；与国际IT产业主流企业、境外投资银行和风险投资机构有密切的联系；有IDG全球资源的支持；有一支中美结合、富有经验、各有所长并且配合默契的投资管理团队；已在中国投资参股近50家高科技创业公司；在北京、上海、天津、广州和深圳设有分支机构。

目前IDG是中国市场上最活跃的国际风险投资企业之一，而且IDG有50%以上的投资都是作为种子资金投入的，它一般不会投入中、后期项目，除非是在早期投入过资金的。这对中国高科技企业初创阶段的融资显得尤为重要。

四、IDGVC投资成功的典型案例

金蝶公司成立于1993年，是一家财务公司，公司总部位于深圳，是政府重点扶植的高技术企业。该公司在技术实力、市场、资本运营三个方面有较强的实力。技术方面，金蝶获得“1997年度全国WINDOWS版财务软件总分第一名”，而且早在1997年就建立了“管理的核心是经营，经营的核心是决策”的决策支持理论体系，提出财务软件应从核算型、管理型向决策型的方向发展。在市场方面，金蝶一向以超前的意识和博大的气势进行宣传、展示策划而在IT界所著称。在资本运营方面,金蝶1997年就在国内先后设立了近25家直属、控股分支机构,完成了市场的战略性部署。

IDGVC通过对金蝶的全面考察,于1998年5月1日向其注资2 000万元人民币,以支持该公司的科研开发和国际性市场开拓工作。这是IDG对华软件产业风险投资中最大的一笔。同时,IDG还给金蝶公司带去了相应的增值服务,使得金蝶公司不仅引进了国际化的管理经验,而且还获得了IDG集团在世界IT业中广泛的商业资源的支持,向成为国际性的财务软件企业的目标迈出了重要的一步。之后,金蝶在香港成功上市,股价曾一度达到4港元以上,如按每股4港元计算,IDG在金蝶所持的25%的股份价值为3.5亿港元,投资增值17.5倍。金蝶作为IDG主导的投资项目,是其第一家成功通过IPO退出的公司。

五、结论

IDGVC在中国的发展,很好地说明了在中国引进国外风险投资基金是必要的。国外的风险基金一般都具有丰富的经验和雄厚的资金实力,这刚好弥补了国内刚刚起步的风险投资基金的不足。而且,国外的风险基金在注入资金的同时,还会为创业企业带去一系列成熟的增值服务,有助于创业企业的成长。但在我国,国外风险投资机构的进入还面临许多法律上的障碍,政府应该立足于实际,为国外风险基金的进入创造良好的环境。

复习思考题

1. 风险资本的主要来源有哪些?
2. 政府在风险投资发展中应扮演怎样的角色?
3. 什么是政府补贴和政府担保?试述两者之间的区别。
4. 机构投资者的特征是什么,它的发展对风险投资有什么影响?
5. 试述我国机构投资者的发展现状,以及为培育机构投资者要采取的措施。
6. 国外投资者进入一国风险投资领域的形式有哪些?
7. 试述国外投资者的进入对我国风险投资事业的影响。
8. 试述我国风险资本的构成以及拓展我国风险资本来源的应对方法。

第三章

风险投资的运作机构

本章提要

本章阐述风险投资机构的类型和特点，并重点介绍政府风险投资机构和企业风险投资机构的类型、作用、运行现状及运作的特点。

学习要点

了解风险投资机构的类型和特点。
熟悉政府风险投资机构的类型和作用。
了解我国政府风险投资机构的现状和问题。
熟悉企业和私人风险投资机构的运作特点。

第一节 风险投资机构概述

一、风险投资机构的概念

风险投资的核心是创新融资与组织更新。它不仅是一种投资，同时也是一种融资，并且，投资和融资的工具都是以权益的形式存在的。风险投资机构作为一种金融中介，首先从投资人那里筹集一笔以权益形式存在的资金，然后又以掌握部分股权的形式，对一些具有成长性的企业进行投资。当创业企业经过营运、管理获得成功后，风险投资机构再安排其股份从创业企业中退出。因此，风险投资机构可以说是一种利用风险资本生产新企业的企业。作为专门从事风险投资的投资机构，风险投资机构具有以下特点：

（1）风险投资机构投资的对象是非上市的中小企业，并主要以股权的方式参与投资，待投资的企业发挥潜力且股权增值后，再将股权转让，实现投资的收益，所以，风险投资机构的投资属于长期投资。正如人们所说，所有风险投资机构要勇敢和有耐心，其对企业的投资通常是5年甚至7年以上。

（2）风险投资机构的投资对象属于高风险、高成长、高收益的新创企业或风险投资计划，风险投资机构对投资项目的选择具有高度专业化和程序化的特点，是一个高度组织化和精心安排的过程，目的是为了尽可能锁定投资风险。通常，一家处于创业期的公司要得到风险投资机构的投资，必须首先向风险投资机构递交商业计划书，介绍本公司的基本情况和发展计划，以此进行初步接触，如果风险投资机构对业务计划感兴趣，双方就可以进一步协商，一旦达成协议，创业公司可以向风险投资机构出售部分股份，从而获得发展的资金。

（3）风险投资机构与创业者的关系是建立在相互信任与合作的基础之上的，从而保证了投资计划顺利执行。风险投资实际上是通过风险投资机构特有的评估技术和眼光，将创业者具有发展潜力的投资计划和资本充裕的资金结合。在这一过程中，风险投资机构的作用包括：为创业者提供所需的资金；作为创业者的顾问，提供管理咨询服务与专业人才中介；协助进行企业内部管理与策略规划；参与董事会，协助进行重大经营决策，并提供法律与公关咨询；运用风险投资机构的关系网络，提供技术资讯与技术引进的渠道，介绍有潜力的供应商与购买者；协助企业进行重组、并购以及辅导上市等。另一方面，只要股票未能公开上市，风险投资机构持有的股权就难以流通，所以风险投资机构在股权出售之前，必须对被投资企业各发展阶段所需资金进行融通。事实上，在企业发展过程中，风险投资机构需要不断为所投资企业进行融资。

二、与风险投资机构相关的法律问题

在风险投资的每一个运行阶段，都有不同的法律关系存在，风险投资机构需要参与风险资本运作的整个过程，几乎每个阶段都要涉及法律关系。

（一）风险投资机构融资阶段

风险融资是风险投资机构的首要任务，具体是指风险投资机构筹集资金的过程。这一阶段主要由风险投资机构与投资者发生关系。融资的对象可以是个人、家庭、公司法人，也可以是养老基金、保险基金、慈善基金及外国资金等。所有从这些被融资者（亦可被称为风险投资人）中所得的资金往往被称之为私募资金。在风险融资阶段，投资者与风险投资机构之间存在信托投资关系，即通过风险投资机构的招募，投资者将资金委托给风险投资机构经营运作。

风险投资机构融资的具体方式有两种：

1. 承诺制。即投资者与风险投资机构订立协议，投资者承诺在对风险投资机构推荐的项目审查同意后即行出资，且资金可以不通过风险投资机构而直接进入项目中。这样，对于投资者来说，降低了投资风险；对于风险投资机构来说，它只是受投资人的委托与创业者进行谈判，力促建成创业企业，并对成立的创业企业进行管理。

2. 基金制。即风险投资机构将募集的投资人的资金集中起来，形成一个有限合伙的基金，再将基金投入到所选的一个或多个风险项目中去。这种基金是封闭的、公司型私募基金，与开放的、契约型公募基金（即通常所说的证券投资基金）不同。为了保护投资者，这种基金只能是有限合作，10 年左右即应清算（目的是防止风险投资机构过度冒险）；同时还可以通过创业企业，直接将资金按比例返还给投资者（目的是防止风险投资机构中间截留）。

（二）风险资金运作阶段

在风险资金的运作阶段，风险投资机构的主要经营内容是寻找、筛选风险投资项目，谈判，签订投资协议，以及协议生效后的监督管理等。这其中，风险投资机构主要是和创业企业发生关系。双方形式上虽然是投资关系，实质上则是合资与合作的过程。在风险资金运作阶段，除了风险投资机构与创业企业之间的合资、合作关系外，还附带有一些从属的法律关系，如风险投资机构与中介机构的委托评估关系和法律服务关系，创业企业方与第三方的知识产权转让关系等。

（三）风险资金退出阶段

风险资金退出是风险投资的最后阶段，也是风险投资各方实现各自利益的必经途径。退出阶段是投资者、风险投资机构和创业企业三方之间实现风险投资目的，并解散信托投资与合作关系的过程。这一阶段的主要法律关系是，上述三方当事人根据前两阶段所形成的信托投资、合资合作协议，进行最终的利润分成和退出清算。同时，还辅之以创业企业与投资银行之间的资产重组、推荐上市与承销等从属法律关系。

三、风险投资机构的分类

风险投资公司可以根据所有权归属和隶属关系进行如下分类。

（一）上市公司

在各类股票市场上公开交易的上市风险投资公司的数量不多，其风险基金的来源具有多样性，有的是借贷资金，有的是权益资金，这类公司投资范围很广，投资的资金数量高于平均水平。这类公司往往能够满足庞大的风险资金需求，名声显赫的上市风险投资公司很容易查找。

(二)私有制公司

风险投资公司中绝大多数属于私有制公司，其中有些公司的规模较大。大多数私有制风险投资公司是由少数几个投资者组建的有限合伙制公司，这些投资者包括私人投资基金和保险公司。这类公司可以进行“杠杆式”风险投资，如果其投资基金总量超过1 000万美元，则通常会进行“权益式”风险投资。在美国，有些较小的私人基金逐步发展成为小企业投资公司(SBICs)，其中多数偏向于借贷，许多小企业投资公司只从事高息信贷业务。获取私人风险投资公司资料的难度很大，这些公司的管理者很少向外界透露公司的内部情况，因此，很难从公司内部获取其风险基金的规模和建立时间。大的私人风险投资公司和老牌的公司知名度高，通过媒体和网络很容易找到它们。

(三)银行附属公司

许多银行设立了风险投资公司，以便获得小企业的权益。它们使用这种方式，可以避开银行法规的限制，保护其所拥有的小企业股权。较大的银行拥有较大的附属风险投资机构。银行风险投资部门由于具有金融机构的优势，可以进行组合式的风险投资，如将项目融资、贸易融资、银团贷款、长期商业信贷与风险投资组合在一起，向投资目标进行投资。组合式风险投资的投资额往往都会超过风险投资领域的平均水平，可以高达数亿美元。目前，国内商业银行根本没有风险投资业务，是否能在近两三年内开设该业务，则必须视我国金融体制改革的步伐是否顺利而定。

(四)风险投资股份公司

在美国，风险投资股份公司的规模都很大，一些主要的股份公司已经建立了自己的分支机构，在一个或几个风险投资财团中投资。一般来说，独立投资的风险投资公司的数量正在逐年减少，大型股份制风险投资公司通过投资于有限合伙制风险投资公司、股份公司，与其他管理风险基金的专业人士一样属于有限合伙人。再由有限合伙制公司进行风险投资，股份公司分享其投资报酬的现象越来越普遍。大型风险投资公司投资于小企业，会使一些企业家激动不已；而有些成功的企业家可能会认为，大公司希望对他投资时，不是出售企业权益的最佳时机。投资形式往往是投资谈判的重要问题。

(五)企业联合组织

辛迪加组织在风险投资领域中相当普遍，许多风险投资公司都在按常规的辛迪加方式与其他风险投资公司联合。对企业家来说，在投资之初，确定辛迪加组织的领导者十分重要。在某些情况下,牵头的风险投资公司将主动为企业家和其他风险投资公司牵线搭桥,以“推销”企业家的项目。在另一些情况下,牵头的风险投资公司可能是共同基金的第一个投资者,其余投资者会陆续分别投资。这意味着企业家自己不得不做辛迪加组织的领袖,而且必须找到其他风险投资公司加入。当然,有些风险投资公司会向企业家提供一个可能参与本项投资的风险投资公司名单,以方便寻求投资。辛迪加组织的牵头者要收取一些费用,投资银行作为辛迪加的牵头者,会向小企业收取相当于总投资额5% ~10%的费用;另一方面,如果由风险投资公司担任辛迪加的牵头者,费用会少收一些,大约是向小企业收取总投资额的2% ~3%,有时,牵头者还会将这一费用的一部分给其他投资伙伴。

第二节　政府风险投资机构

一、政府风险投资机构的运作

股权投资是政府直接以风险投资者的身份将资金投向某些项目,具体主要有设立政府独资或有政府背景的风险投资公司和设立种子基金这两种方式。

(一)风险投资公司

欧洲很多国家,例如英国、法国、德国、比利时都有“国有”风险投资公司。1981年成立的“英国技术集团”就是英国最有影响的政府风险投资公司之一,它由英国企业局和国家研究开发公司共同创立,成立以来已先后向430多家中小企业进行风险投资,总金额达到3亿英镑。德国和澳大利亚则有政府与私人共同筹资的“合资”风险投资公司。对于风险投资业处于初步发展阶段而且风险资本严重不足的发展中国家和地区来说,国家资本在风险资本形成中的作用更为重要。1985年,新加坡政府经济发展局即成立创业投资基金,用于投资新创企业;1995年,政府设立5亿新元的风险投资基金;1997年再次拨款10亿新元作为风险投资基金资本金。我国台湾地区从20世纪80年代开始重视风险投资活动,在风险投资活动初期,公共财政提供了主要的风险资本,组建风险投资公司和基金,其中,种子基金达数十亿元新台币。我国内地普遍存在的政府风险投资公司也属于这个类型。

(二)种子基金

政府投入种子基金可有两个方面的作用:一是弥补私人投资者所投种子期

企业的一部分损失，以鼓励私人投资者把更多资金投向种子期企业；二是专门用于购买私人投资者种子期投资的项目股权，使其投资收益在种子期兑现。我国还罕见这样进行操作的政府风险投资机构。

政府风险投资机构一般由地方政府及相关部门授权经营，委任企业法人代表或聘任经营管理班子，通过项目投资及资本市场运作，实现国有资产保值增值。根据风险投资行业的特点，可以用全额资本进行投资。另外，政府风险投资机构还被赋予组建区域性“风险投资行业协会”的功能，根据发展需要，经批准可在国内外设立子公司或分支机构，可以接受委托，管理并运作地方政府支持中小企业发展的专项“风险创新项目资金”。根据发展需要，地方政府可分阶段向风险投资机构增加、注入“风险投资引导资金”，扩大其风险资本金。从管理构架的角度来看，授权经营公司不设立股东会，由董事会行使出资者职权；参股、控股公司则设立股东会；董事会是决策机构，决定公司重大事项；监事会是经营监督机构，按公司法和公司章程行使职权；经营班子负责公司资产运营管理及投资事务，对董事会负责；通常设立项目投资部、财务管理部、战略发展部、基金（资产）管理部、人力资源部等工作机构，确保风险投资业务运作顺畅；风险投资机构与独资、控股、参股公司的关系是以产权为纽带的出资者与经营者的关系。风险投资机构可聘任独立的专家委员会，为进一步改善经营运作及创新发展定期提供研究咨询。

改革开放以来，我国陆续建立的政府风险投资机构有很多，基本上都运作了相当长一段时间，这些机构独立选择项目，充分论证后进行投资，有相当一部分投资已经产生了效益和效果。很多企业的投资基本上度过了创业阶段，进入了成熟阶段，也就是风险投资应当退出的阶段。

二、各国的政府风险投资机构

一般来说，政府资金可以通过三种基本模式实现直接的股权投资：①政府投资于私营的风险投资公司，再由风险投资公司向企业投资；②政府建立自己的风险投资基金，直接对企业进行股权投资；③将政府基金和私人资本结合，建立混合型基金。在以风险投资公司为支持对象的政府风险计划中，美国的小企业投资公司（SBIC）计划最具代表性。SBIC 计划是一种独特的公众基金和私有基金结合的方式，即通过美国小企业管理署（SBA），私人风险投资公司向公众发行长期公司债券，获得杠杆资金，这些杠杆资金的数额可达到其私有资金的 2～3 倍。小企业投资公司由 SBA 批准设立，按照注册条例运作，这些投资公司由其所有者和经理控制，自主进行所有的投资决策。

为了鼓励小企业投资公司更多地为小企业提供股权投资，1992 年美国政府通过《增加小企业股本法》对 SBIC 计划进行了调整,创立了参与债券的方式,资助那些致力于股权资本投资的小企业投资公司,具体的做法是:SBA 代表小企业投资公司按季度支付类似股息的参与债券利息(称为“优先付款”);作为回报,SBA 获得小企业投资公司大约 10% 的优先参与债券,即除享有利息所得外,当小企业投资公司分红时,SBA 优先获得 10% 的红利。通过这种方式,政府资金实际上对小企业投资公司进行的是股权性质的投资。

通过杠杆资金的作用,SBIC 计划一方面为规模偏小的机构投资者进行风险投资提供了机会,另一方面也为那些能够募集到较小规模私人资金的风险投资基金管理新手提供了发展和实践的机会。在 SBIC 计划推出之前,美国还没有风险投资这一概念,是 SBIC 计划极大地推动了美国风险投资的建立和发展,该计划的实施,不仅吸引了更多的私人资本为小企业投资,而且培育了一大批风险投资的专业管理人员。

由于 SBIC 计划取得了巨大的成功,许多国家已经先后开始实施类似的计划。近年来,随着高新技术产业在国民经济发展中的地位越来越重要,一些国家还专门建立了以技术型小企业为支持对象的风险投资基金(计划),如澳大利亚的创新投资基金计划、新加坡的技术创业投资基金等。除利用政府资金支持风险投资公司之外,一些国家还尝试通过建立政府自己的风险投资基金对小企业进行股权投资。其中,比利时于1980 年建立的 GIMV 基金,开创了政府风险投资基金由独立的私营公司管理的先河。

1994 年,芬兰建立了一个完全国有的创业投资基金——芬兰产业投资基金(TESI),初始资本 3.2 亿马克,1996 年又增加了8 000万马克。TESI 以“基金的基金”方式运作,即它的投资对象必须是私人股份占大股的风险投资基金。尽管政府计划在 TESI 中保持控股,但今后将可能有部分 TESI 资金来自私营部门。

德国的高技术小企业风险投资计划于 1995 年建立。德国政府通过国家银行的下属机构——技术投资公司(TBG)作为基金的投资主体。BTU 向拥有创新产品或服务的企业提供资金,政府的最大投资是 300 万马克,最长 10 年,先决条件是其他投资者必须投资至少同样数额的股权资本。TBG 的股权随时可按 30% 的溢价出售。

在混合基金的模式中,以色列的 Yorma 基金是一个成功的典范。1993 年,以色列政府出资 1 亿美元,支持创立了一个专门投资于高新技术生产企业的风险基金,即Yorma基金。随后,Yorma 基金按照政府资金(40%)与外资和本国资金相结合的模式,先后组成了 10 个混合型的风险投资基金。Yorma 因此被称为以色列风险投资的催化剂。从 1994 年起,它已经成功地将其在 14 个公司的直接投资拍卖掉，并将其在9个混合基金中的股份出售给了其他联合投资伙伴。

上述国家的经验表明，通过谨慎设计和有效管理的政府计划，利用政府资金不仅可以填补金融系统中的“投资空白”，使得小企业的技术创新获得充分的资金支持，直接促进高新技术企业特别是中小企业的创新和发展，而且可以有效地推动、引导风险投资按照政府的既定目标发展和壮大。因此，政府资金的参与在风险投资的发展过程中是不可缺少的，尤其是在一个国家的风险投资上处于起步阶段时，这一点显得尤为重要。

当然，随着风险投资的不断发展，政府的关键作用并不只在于筹集风险资本和设立风险投资机构，还在于充分发挥政府作用。事实证明，政府一步步从风险投资事业的前台退出，致力于从政策上创造更好的环境，更有利于民间资本在风险投资中发挥作用。

第三节　企业风险投资机构

企业是风险投资领域一支非常活跃的力量，与金融型风险投资者不同的是，企业进行风险投资的主要目的不仅仅是为了获得投资收益，更重要的在于保持对技术和市场发展的敏锐洞察力，探寻新的产业增长点，以求新的发展。其战略目标不是投资收益，重点是评价创业企业开发的产品及其潜在的市场。随着风险投资的发展，企业风险投资活动发挥着越来越重要的作用。

一、企业参与风险投资的动因

企业通过独资、参股或控股等方式建立风险投资公司，以上市公司最为常见，也最为典型。上市公司涉足风险投资领域的外在动因包括以下几方面。

（一）产品结构和产业结构调整的压力

在经济全球化的趋势下，大多数行业的产品处于供过于求的情况，消费者拥有更多的信息，更加挑剔，也更难以满足；企业间的竞争日益激烈，竞争的内容除了以最优的价格提供产品或服务，还包括质量、品种、交货速度、售后服务等等。随着人们生活水平的不断提高，顾客对产品与服务的需求日益向多样化和个性化方向发展。这就要求上市公司具备高度的灵活反应能力，自觉调整产品结构，使其适应顾客消费结构的变化，最大限度地满足顾客的不同需要。而所谓产业结构调整，就是企业所从事的产业从传统产业向高新技术产业演进。在经济全球化背景下的竞争中，中国企业必须适应产业演进的趋势，通过战略性调整，通过投资整合，自觉进行产业结构的调整和升级，推动企业由传统产业向现代产业转变，从而突破企业成长中的产业生命周期的制约。企业可以通过技术创新以及技术创新成果的转化、转移和扩散，对企业所从事的传统产业进行改造，推动企业转向新兴产业，从而引发产业的更替，推动产业结构由低级向高级的演进。特别需要指出的是，企业所进行的产业结构的调整与升级，并非仅仅指企业从一个传统产业转向高新技术产业，还包括通过向传统产业注入高新技术，延长传统产业的生命周期。

上市公司能否完成产品结构和产业结构的调整，很大程度上取决于其技术创新能力，这种技术创新能力可以是公司自行开发研制新产品、新技术，也可以是公司在外部选择适合自身发展需要的新兴技术，通过将其产业化，提高自身的整体技术水平。风险投资正是将某项初创状态的技术转化为企业创新能力的一种有效方式。

（二）更为严峻的利润压力

上市公司是公众公司，有责任向投资者公开其经营状况。尽管国内并没有像国外那样成熟的经理人市场，但上市公司的经营业绩毕竟会较一般公司更直接地影响公司经理人的报酬，因此，上市公司的领导层更有动力进入风险投资领域，通过风险投资提升公司的业绩水平和综合竞争能力。

（三）国外风险投资的示范效应

从 1998 年下半年以来，美国纳斯达克综合指数迅速上扬，为世界创造了风险投资获得巨大成功的神话。美国风险投资获得的巨大成功，刺激了中国国内企业对风险投资的热情。同时，上市公司涉足风险投资领域，还存在以下一些内在的原因：

1. 上市公司有更强的风险投资意识。风险投资的特点是高风险与高收益并存，从风险投资的整体过程来看，不但需要资本运营与资本管理能力，而且需要有严格的风险控制体系。上市公司相对熟悉资本市场的运作，对风险和收益的关系有更深刻的理解，而且与专业从事风险管理的投资银行有着千丝万缕的联系。因此，与一般企业相比，上市公司更加具备从事风险投资业务的基本素质。

2. 上市公司的融资渠道较为通畅。风险投资是对高新技术项目的投资，高新技术项目在成长的过程中，由于具有高成长性，要求持续不断地投入资金，以满足其生产规模、市场规模不断扩大的需要。一般企业难以支撑对风险投资的资金支出，而上市公司可以通过增发新股等方式取得资金，融资渠道较为顺畅，使上市公司从事风险投资业务有了重要保证。

3. 上市公司对提高科技水平的作用有更清醒的认识。上市公司的科技能力高低不一，但在所处行业中，总体还是较为先进的。因此，对新技术、新科技作用的理解和认识要高于一般企业，对通过包括风险投资在内的各种方式提高企业整体技术水平更为积极主动。

4. 成为二级市场热点的刺激作用。高新技术企业一直是国内二级市场的热点，上市公司以各种方式进入高新技术产业的行为都会受到二级市场的追捧。由于国内证券市场一些不规范的操作，上市公司可以通过二级市场股价的高涨取得可观的收益。通过利用介入风险投资领域，创造二级市场炒作题材，谋求股价上涨收益，也是一些上市公司进行风险投资的重要原因。

二、企业参与风险投资的主要形式

企业的风险投资，一般通过企业内的风险投资机构来进行。企业内风险投资机构管理团队的成员包括企业的高级管理人员和风险投资专业人员，这种人员构成，有助于及时识别风险项目的战略效应，及时获取反馈信息，并对新创企业在行业知识、相关的商业联系、项目运作经验等方面提供帮助，并实施有效追踪。企业也可以从外部寻求有丰富投资经验的风险投资家，以弥补企业内部在风险投资经验和管理能力方面的欠缺。风险投资机构可以是企业内部的一个单独的业务单位，也可以是一个完整的独立实体或“另类组织”。在开始组建时，设置于企业内部，将有助于获得商业合法性，并能有效利用企业的财务资源。但风险投资需要有相当程度的自主权，所以，一旦这些风险投资机构组建完成并开始投资活动后，必须独立运作。

企业风险投资机构经营管理企业内部风险投资基金。风险投资基金的来源之一是企业的一部分 R&D 预算，并在每年按销售收入的一定百分比注入新的资金。基金的运作主要是为风险项目的开展提供资金支持，并进行有效的监管，以保证开展的风险投资活动不偏离企业的战略投资目标。

根据风险资本专注于内部创新还是外部创新，企业现有的风险投资的组织形式主要分为内部形式和外部形式两种。

（一）企业内部风险投资

企业风险投资的内部形式包括“整合式分拆”和“独立分拆”两种。前者指建立专门的投资机构，向与企业内部战略相关的创新项目进行风险投资，其目的是刺激企业家精神并挽留创新人才，这种模式的特点是创新项目的发展最终会和母公司整合。独立拆分是指将内部有前景或资产值低估且战略相关度低的创新项目分拆出企业，并注入风险资金，主要目的是粉饰财务数据，但独立分拆方式客观上也调动了员工再次创业的积极性。这种投资方式的特点是，由于战略相关度低甚至不相关，使得企业的风险投资行为无法延续。早期开展风险投资的大公司通常都采取了这种方式。这种方式的战略主要是基于所谓的“窗口”

功能，即开展风险投资的战略目标是为自身今后进入潜在的新兴高增长领域提供一个“窗口”，或为今后通过并购方式进入这些新领域提供一个目标或渠道。

（二）风险投资的新型机构——新创业小组

总结世界一些著名大公司的成功经验，要满足战略风险投资对组织结构的要求，企业在现有创新组织基础上，可在企业内部设立新创业小组（New Venture Group），这是一种结合企业内部研发和外部风险投资模式的新型创新组织关系。新创业小组类似于总公司下设的一个子公司，具有法人资格，可以独立进行决策，在法律地位上和总公司平等，但由于最初的科研经费（种子资金）完全由投资企业提供，独立性不像独立风险投资机构那样强，在某种程度上要服从总公司调控。在实践中，新创业小组与投资企业之间的关系是经营性质的。也就是说投资企业享有契约规定的受益权，可以根据控股权对创业企业进行监督，但并不拥有剩余控制权。

与企业现有创新组织相比，新创业小组有如下特点。

1. 投资范围不同。企业现有的创新组织只是在符合企业利益的前提下寻找战略机会，所研究开发的领域一般在企业的经营范围之内，开发的新技术和新产品来源于企业内部。而新创业小组多涉足高科技产业，通常可以在符合企业发展的条件下进行多元化投资，投资对象可以来源于企业内部和外部。

2. 对项目成功的衡量标准不同。企业现有的创新组织只注重创业公司收益和利润的增长，并朝着这个目标进行努力，其收益较小，但成功率相对较高；而新创业小组在追求自身效益的同时，不得不兼顾整个企业的利益，投资失败率相对较高，但少数成功的投资项目可带来理想的战略回报和较高的投资收益率。

3. 决策机制不同。由于企业内部复杂的科层式管理，企业现有的创新组织的决策经常会被延误，可能会使一些好的项目错失投资良机；而新创业小组由于具有法人资格，可以进行独立、快速的决策，能有效地捕捉企业内外的创新机会。

4. 激励、约束机制不同。企业现有创新组织的业绩很难单独衡量，所以在更多的时候是以企业总业绩的均值来对其员工进行奖惩，以寻求形式上的公平；而新创业小组可参照风险投资公司的治理结构，以现金分红、业绩提成等形式来对组织成员进行激励，创业项目负责人及成员都要把自身经济利益与项目成败联系起来，并要与企业签订有关的契约，内容包括如果投资失败，自愿放弃分红和只有在项目成功时，其持有的股份才能流通等条款，以此来强化约束机制。

（三）公司外部风险投资

内部形式的企业风险投资在技术变革加快的时代显得过于保守，因此，现在外部形式的企业风险投资方式已经成为主流。公司外部风险投资的主要类型有三种。

1. 中心 CVC 模式。这种模式是指由企业总部委托或新成立专门的部门，负责企业的风险投资（CVC），该部门有投资专项资金，但并不单独进行财务核算。以中心 CVC 模式运作，新风险公司能够得到企业其他部门的配合，CVC 经理能参与创业企业和业务单位的战略计划会议，并共同对产品组合投资进行分析，保持与企业主营业务单位的紧密接触，以便识别战略相关性的风险投资机会，填补现有的研究与开发空白。但通过企业中心模式，很难进行早期阶段的风险投资，因为投资项目的批准可能会因为业务单位的怀疑态度和决策制定的官僚作风而陷入困境，另外，这种模式还缺乏完善的激励机制，导致人才流失现象严重，内耗较大。

2. 独立的 CVC 分支机构。企业创建财务独立的具有实施 CVC 投资活动自主决策权的分支机构，在形式上可以是独立的子公司或者 CVC 基金，设立方式和补偿方式都和传统的风险投资公司相差无几，投资企业作为主要的股东，基金则保留母公司名称。

这种组织模式由于有独立的决策自主权，废弃了官僚化的企业批准过程，使得 CVC 投资机构与独立的风险投资公司一样能快速做出投资决策，并能有效地实施与风险投资相称的激励机制，因此运行效率高。据风险投资调研公司 Venture One 的统计，目前，包括朗讯（Lucent）、宏碁（Acer）、昆腾（Quantum）、美国电报电话公司（AT&T）、太阳（Sun）等在内的 2/3 的企业，都采用这种模式进行 CVC 投资。由于 CVC 单位有较大的自主性，投资经理更关心项目的投资回报和财务状况，企业中心如果缺乏有效的监管，会使与母公司发展战略无关的风险投资交易增多。

3. 委托 CVC。企业委托专业的 VC 公司代表其进行专门的风险投资，出资企业只是作为一个有限合伙人参与管理。以这种方式进行 CVC，企业能通过专业的风险投资公司获取投资机会，有效地开展尽职调查、权益商定和组合投资管理，能缓解风险公司与投资企业潜在的利益矛盾，并有助于在风险公司内部留住高级管理人才和技术专家。例如，Adobe 公司就以有限合伙人方式将 CVC 资金交付给独立的风险投资公司 H&Q，由 H&Q 设立相应的基金，根据 Adobe 的需要选择创新项目进行投资；IBM 则将 2 亿美元投资于 5 个欧洲的 VC 基金，4 个亚太地区的 VC 基金和 12 个美国 VC 基金，通过这种方式把资金间接投向 Internet、通信和计算机行业。

委托 CVC 的不利之处在于，投资项目所产生的投资利润，要支付相当一部分给专业的 VC 公司，作为“附带权益”费用，这常常要占到公开出售资本收入的约20%～30%。另外，由于投资企业对风险投资项目的介入程度不高，投资项目与企业的战略关联程度相对较低。

第四节　私人和外资风险投资机构

一、私人风险投资机构

私人参与风险投资一般有两种方式，一种是以有限合伙人的身份加入到某一个风险基金中，另一种就是进行天使投资。在美国和欧洲，天使投资者一般以团体的形式集合在一起。美国每个投资团体大约平均有85位投资人会员，每年的投资回报率大约为35%，每个团队每年的投资大约为200万美元至500万美元，一个创业企业一般可从天使投资团体获得35万美元的投资。欧洲各国的天使投资者约有近100万人，英国和荷兰的天使投资基金相应达到30亿和15亿欧元，估计欧洲天使资金规模在100亿～200亿欧元之间。

随着计算机网络的发展，天使投资者网络开始走向互联网。目前，世界上大部分的天使投资者网络已实现网络化，天使投资网络已在实现信息共享、在小企业与潜在投资人之间架构桥梁方面发挥了重要作用。在美国，天使投资网络已发展至成熟阶段，相当多创业企业与天使投资者借用网络服务寻求配对；在英国，天使投资网络已在这片古老的土地上迅速成长壮大；瑞典国家工业科技发展局通过介绍精英企业的经营理念和计划给天使投资者、创业资本家和机构投资人，使企业获得创业资本；在韩国，政府通过税收优惠等新措施，激励天使投资者有组织地促使投资机构为小企业融资。由此可见，互联网已赋予传统的天使投资方式以新的活力，推动着天使投资业的快速发展。

天使投资往往采取一种非公开或私下的权益资本投资模式。之所以采取权益资本的方式，是基于这种投资的高风险性。一般情况下，天使投资家向小型、新兴的企业投入少量的资金，以换取一定的股权。

二、我国天使投资发展状况

纵观国外成熟的资本市场，天使投资以其特有的优势，成为资金供给链上最基础、最重要的一个环节，天使投资对处于创业阶段的中小企业的孵化作用已被市场充分肯定。我国众多的中小企业在成长过程中都会遇到不同的困难，其中资金短缺、融资困难是中小企业共同存在的难题，很多有前景的企业因此而流产。如何借鉴国外成熟资本市场的发展经验，培育天使投资群体，改善资本市场结构，是我国资本市场发展目前亟待解决的问题。

中国天使投资人的来源主要可分为三类：

一是海外归国的高学历的新富阶层和外企中的中方高级管理阶层。这类人群的特点是学历高，具有复合型的知识结构，掌握和了解世界科技和管理发展的最新动态。

二是国内的一些个体经营者，包括个体公司老板、一些行业的高收入个人等群体。这类人群资金实力较为雄厚，头脑灵活，而且很多人具有创业经验。

三是一些手上拥有家族几代积累的大笔财富，在目前增值乏力的市场情况下需要有所投资，但又缺乏好的投资方式的群体。中国在经过 20 多年的改革开放之后，民营企业已成为中国经济发展不可缺少的一部分。20 世纪 80 年代和 90 年代，中国诞生了一批百万富翁和千万富翁，而且，近几年，中国的民营企业以年平均 20% 的速度增长。如果中国继续保持低储蓄利率的政策，一部分民营企业家将会进行天使投资的尝试，特别是在浙江、江苏和广东等经济富裕省份。因此，成功的民营企业家和一些富有人群有可能成为未来中国天使投资人群体的主力军。

根据成员之间的联系紧密程度，天使投资俱乐部分为两种形式：松散型和紧密型。松散型投资俱乐部成员每个月开会一次，彼此交换新发现的投资项目、投资过程中的相关法律问题等；紧密型投资俱乐部的成员将自己的资金集合为一个整体，共同研究并通过一个财务人员对外统一投资。以深圳为例，由于深圳地区高新科技企业星火燎原般地崛起，有越来越多的人投身于天使投资人行列。为减少投资风险，天使投资人往往结成一个团体，通过组成投资俱乐部的形式，有时每个人只需投资 1 万元即可。

至于建立天使投资俱乐部的关键成功因素，一般至少有三个：

一是选择有优势的地点。在技术、人才密集的区域，面临的机会更大。

二是选择合格的成员。为了保护投资人的利益，投资对象应该是具有一定经济基础和抗风险能力的人。

三是聘请优秀的管理人。根据经验，仅仅有资金和热情并不能保证获利，需要职业经理对诸多投资项目进行筛选，提高投资的成功率，只要能选中“黑马”，所得就很可观，这也有利于将投资者与管理者的利益结合起来。

然而，我国创业投资中，政府出资高居内资创业投资之首，民间投资所占比例连 10% 都不到。相对于我国创业投资发展现状而言，民间投资的比例太低。我国并不是缺乏私人资本，但为何涌现不出一批天使投资人？从当前的国内形

势来看,主要有以下几个原因:

首先,一部分人可能由于自身的素质和观念,规避风险的意识太强,难以勉为其难。

其次,一部分群体对风险投资比较陌生,不敢贸然进入这个领域,但又渴望有好的投资回报。

再次,我国目前的风险投资机制和投资环境尚未完全成熟、健全。

最后,我国风险投资还存在着三大约束:一是法律约束。《证券投资基金法》2003 年才出台,《合伙企业法》也未对有限合伙制度有明确规定,现有法律对个人投资的保护有待加强。二是资本市场不成熟,融资渠道不畅。风险投资的最大障碍就是其退出机制不健全,这一原因也大大削弱了天使投资者的投资意愿。三是我国目前这方面的专业人才相当匮乏,相应的风险投资家更是奇缺。这三方面的约束使得我国的天使投资业步履蹒跚,很多天使资本对新创企业投资望而却步。当然,天使投资举步维艰,还与前一时期的互联网低潮有关,所谓"一朝被蛇咬,十年怕井绳"的投资心理,使得一部分天使资本不敢再涉足创业投资。

与美国的天使投资相比,中国的天使投资还需要逐步建立相应的机制,具体包括以下几个方面:

第一,加强天使投资的教育和宣传。很多民营企业家或者私企业主有闲置资金,但缺乏投资高科技的意识,他们不愿意投资于"高风险、高收益"的行业。因此,专业机构,比如投资机构或者投资公司,可针对此问题举办这方面的培训或者研讨会。

第二,建立比较紧密的天使投资人团体。比如投资人俱乐部或者天使投资俱乐部等。如果民间资本能够以集体的形式出现,则易于建立相对稳定的管理机制和投资机制,有益于整个天使投资行业的成长。

第三,建立校友投资人网络。亲戚和朋友虽是很好的天使投资人选,但如果他们没有资金,则只好找其他具有相同特征的群体了。由于校友之间有很多相同特征,而且都接受过良好的高等教育,因此很容易建立彼此之间的信任关系。以清华大学为例,一方面,清华每年都有很多校友出国留学,这些人将来无论在国内外发展,都会有较好的薪水待遇,相对比较富裕,如果有很好的投资机会,他们也会参与投资;另一方面,清华校友中有很多企业家,他们一般都有较好的知识结构,也有投资能力。

三、外资风险投资机构在中国的发展

1993 年,美国国际数据集团(IDG)在中国内地设立了第一支基金"美国太

平洋技术风险投资基金”,这是外资风险投资进入中国内地市场的开始。之后十余年,外资风险投资在中国内地始终占据主导地位。

2004年,许多新的海外风险投资机构在众多利好因素的驱动下,纷纷进入中国,并进行实质性投资。海外风险投资机构不但推动了盛大、蒙牛、腾讯、李宁等公司在海外上市,还投资了阿里巴巴、分众传媒、大唐微电子、唯上科技、天融信、银联商务、宁夏红等企业。新进入中国的海外机构名单中,包括TDF风险投资公司、美国高盛公司、美国3i公司、英联投资、凯雷投资等国际风险投资业巨头。

据中国风险投资研究院(CVCRI)统计,2015—2013年外资风险投资规模呈较为明显的上升趋势,项目投资数也有小幅增长。2009年前,外资风险投资规模与本土风险投资规模相比明显占主导地位,且其投资项目数量占所有风险投资项目数量的40%。2008年金融危机后,外资风险投资的资金来源受到影响,同时中国加强了对本土风险投资的支持,使得外资风险投资在投资数量和规模上的比例都有明显下降。

中外风险投资机构投资额、总体实力此消彼长。进入中国的外国创业投资机构不仅为中国带来了风险基金,而且也带来了国际化的企业运行机制和管理方法。在这几年中,凡是获得外国风险投资的企业,在较短时间内也完成了企业运行机制和管理模式的现代化和国际化改造。如1997年8月,三家著名国际高技术创业投资集团(包括华登基金、罗伯特·史蒂文技术投资银行)同意向四通利方增加65万美元的创业投资,成为四通利方新股东的同时,也为四通利方注入了新的经营机制。在签订的合同中,一是国际创业投资集团为四通利方注入创业投资的同时,同意保留10%的股份,作为期权给公司的重要管理人员与技术骨干,为公司注入了新的激励机制;二是将四通利方的经营目标转向了互联网站和网上电子服务相关的一切业务;三是调整了公司的最高管理人员;四是1998年11月,四通利方成功并购了海外最大的华人互联网站公司华渊资讯,组建新浪网。通过以上一系列改造,企业实现了资金、管理、市场和人才全方位的国际化。

与国内的风险投资机构相比,外资风险投资机构在中国市场上已经处于优势地位,并且差距还在进一步拉大。2011年,在来源于海外的风险资本中,机构投资者(主要包括养老基金、银行/金融机构、保险公司、捐赠基金等)投入的资金比例最高,占新募集海外资本的81.56%;其次是来自FOF(Fund of Fund,基金中的基金),占比8.5%。

四、外资风险投资机构的特点

(一)“两头在外”的运作模式

20世纪90年代以来,外资风险投资机构在中国的风险投资绝大多数都是采取“两头在外”的运作模式,即投资在外,退出在外(以海外上市为目的)。

一般而言,通行的运作程序可划分为以下三步:

1. 在离岸中心设立壳公司,实质是境内公司的“镜像公司”,没有任何资产。

2. 壳公司募集收购所需的资金。由于离岸公司只是一个空壳,要让其运转起来,以其为主体来收购境内企业的资产,必须向其注入外汇资金。一般情况下,壳公司获得外汇资金主要有两种途径:一是借助于“过桥公司”,这种公司一般境内外都有业务,在境内付给“过桥公司”人民币,从“过桥公司”在境外的企业收回外汇,注入壳公司,中间桥公司会收取“手续费”;二是寻找战略投资者(其中主要是指风险投资基金),设在离岸金融中心的壳公司通过出售境内的企业资产来获得海外战略投资者的投资,或者通过抵押境内资产获得海外投资商的贷款,从而将离岸金融中心壳公司转型为投资公司。

3. 收购境内企业资产。没有资产和业务的公司是无法上市的,因此,位于离岸金融中心的壳公司需要买进资产,充实业务。获得贷款或投资的壳公司,再按照中国《外国投资者并购境内企业暂行规定》收购境内企业的全部股权,从而将境内企业转型为由离岸金融中心壳公司持有100%权益的外商独资企业。通过离岸资本运作,最终使境内企业成为境外壳公司的下属子公司,而境外壳公司成为拥有境内企业全部资产和实业的投资型公司,可以直接在境外证券市场上市。

(二)投资主要集中在企业的扩张期和成熟期

外国投资主要集中在企业的扩张期和成熟期,多用于企业的技术改造项目。直接投资种子期和成长期的较少。

(三)投资的企业类型有所改变

2011年上半年,在披露被投资企业所属行业的440个项目中,传统制造业领域的投资项目数量最多,共60个;投资项目数量紧随其后的是电子商务、互联网、消费及服务,分别为55个、51个、39个。金融服务领域吸金最高,涉及投资金额315.54亿元;其次是电子商务领域,涉及投资金额138.63亿元。

获得风险资金的国内企业一般具有国际化背景。获得国际风险资金的国内创业企业的管理者大都有国外留学经历。海外风险投资公司比较看重企业家是否懂得西方管理模式。如何规划公司远期发展,如何建立强有力的管理层,是否在市场、技术、财务等方面实现国际化操作,是否知道如何制定一个完善的商业计划并用这个商业计划去说服风险投资公司,这是海外投资商非常关注的问题。

(四)投资集中于东部发达地区

近几年来,进入中国的国际风险投资机构的投资区域主要集中在中国的东部发达地区，北京、上海、广州、深圳是风险投资机构的重点投资区域。这说明，国外创业投资商在投资中，除注重投资企业的类型以外，还十分重视企业所在地区的环境。

（五）分散投资和资产组合投资相结合

国际风险投资机构的投资都采用了规避风险的分散投资和资产组合投资的方式。如 1999 年 10 月，新浪从国际风险投资机构中得到了一笔 6 000 万美元的风险投资，这次投资以美国戴尔电脑为首，其中还包括来自美国、日本、新加坡和我国香港等亚洲地区的投资者，参与这次融资的大投资商就有 8 家。

（六）国内外风险投资机构的合作正在加强

2002 年以来，中外联合投资和多个外资风险投资机构强强联合、共同投资，成为业内津津乐道的一个话题。与其他行业相比，风险投资行业很特殊的一点就是基本没有竞争，只有合作。中外风险投资机构联合投资有很多方面的好处。首先，可以实现双方的优势互补，不论是行业知识、管理经验、对本土环境的熟知，还是人才储备等各个方面，都可以实现互补；第二，可以分担风险，联合投资各方需要投入的资金都会相对小些；第三，可以加强对被投资公司的控制，一般来说，风险投资是不倾向于控股的，但是中国有它特殊的一些国情，在单个风险投资坚持不控股的一般前提下，联合投资可能使得利益一致的风险投资公司在遇到特殊情况时有更多的发言权。

（七）风险投资成为外资实业企业中国战略的重要组成部分

近几年来，中国 GDP 持续保持较高的增长速度，中国加入 WTO 后，随着市场的逐步开放，中小企业的发展有了千载难逢的良机，同时，中国的 IT、通信和医药等领域继续保持较高的增长率，这也对国外风险投资机构和战略投资机构进入中国产生了强大的吸引力。与此同时，一些大型企业，尤其是产业化或跨国型企业，在原有市场份额的占有率基本趋于饱和以及竞争日益激烈的情况下，都在积极采取措施，为刺激核心业务、减少竞争及寻找新的经济增长点，积极寻求与公司战略相吻合的投资机会。越来越多的外资企业充分利用其现有的资源（如资金、技术、销售网络及经验），不断积极主动地在中国内地进行策略投资（包括兼并与收购或股份转让等）。如，北大青鸟策略投资搜狐、中芯国际等，NEC 战略投资中讯软件集团，日本东芝策略投资 TCL，联想策略投资中望和汉普公司，等。此外，国内外企业开始积极尝试在中国进行与公司长远战略相符合的风险投资，即投资于一些早期的创业企业。近两年来，一批大型企业纷纷通过在中国成立战略型风险投资部门或战略型风险投资机构进入中国。

(八)收购性投资基金存在着对风险投资政策的滥用

网络狂潮在中国退潮后,像IDG这样花费5~7年功夫"孵化"高新技术企业的风险投资基金渐趋低调。近年来在市场占主流的基金,则是华平、凯雷、高盛和摩根士丹利等以股权收购为特征的收购基金式的风险投资企业。收购基金式的风险投资企业甚少表现出培育中小企业和使高新技术公司快速健康成长的"孵化"功能,更多的是把优秀企业和资金丰厚公司的资产从国内转移到海外。在软银亚洲和凯雷的"顺驰项目"中可以清晰地看到,它们带给顺驰真正的增值服务,也只不过是起到了"过桥资本"的作用。事实上,风险投资只是私募股权投资的一种,属于投资于早期和成长期企业的创业投资;而私募股权投资方式还包括,投资扩展期的产业投资或直接投资,与管理层收购有关的投资,投资过渡期企业的过桥融资或上市前融资。收购基金是私募股权投资中专门进行股权收购买卖的一种投资方式。

同为投资于企业,收购基金与风险投资基金其实有极大的不同。风险投资主要投资于创业型企业,而收购基金选择的对象是成熟企业;风险投资对企业控制权并无兴趣,而收购基金意在获得目标企业的控制权——这里的关键词是控制权。如果足够,收购目标企业20%的股权也可以满足;如果必要,收购目标企业100%股权也在所不惜。目前,在全球私人股权投资业,投资扩展期和过渡期的资金已经是投资创业期资金的3倍。尤其是收购基金,在国际私人股权投资基金行业中更是占据着统治地位。据英国行业研究机构Almeida Capital数据,2004年度全球私人股权投资基金募集资金总额为1 290亿美元,其中927亿美元流向美国,这之中又有约510亿美元是流入美国的收购投资基金。这一数字比流入风险投资基金的资金多出1倍以上。因此,更准确地讲,软银亚洲在盛大项目上的暴富,华平"完美收购"哈药,凯雷"收官"徐工以及以新桥资本、高盛和摩根士丹利等为代表的投资基金,应该属于私人股权投资中的投资于扩展期、过渡期和股权收购有关的收购基金,而非风险投资。其项目选择未必会像风险投资那样投资于高新技术,其唯一标准是能否带来高投资回报。现在,许多以风险投资面目出现的收购基金走政策灰色地带的行为,正在对中国整个风险和风险投资行业产生巨大的负面影响。

案例

国外风险投资机构对我国企业的投资案例——亚信公司

亚信公司是由中国留美学生在美国创立的,于1995年3月移师北京。亚信自创建之初便与风险投资结缘，经历了从天使投资人、机构投资者到基金投资、战略投资几番融资，最终于2000年3月在美国NASDAQ成功上市，成为国内迄今为止最完整、最具现实性的VC案例，其不同阶段的商业模式和融资需求，各类投资方在融资过程中的技术操作，以及对企业内部产生的影响，都极具代表性。

一、初期融资——天使资本

1993年，“信息高速公路”的概念开始出现，留美多年的田溯宁和他的创业伙伴敏感地发现一个商机，即利用Internet技术创建一个信息交流平台，为中国和美国提供双向的信息服务，将中国企业及中国经济发展的信息介绍给美国，同时将美国经济及美国企业的信息传递给中国。但田溯宁对于中国高新技术前景的预测并没有得到华尔街的认同，无法从那里融得创业所需的初始资金。最后，经中国驻美大使馆人员介绍，田溯宁结识了著名华侨、地产开发商刘耀伦先生，他同意投资亚信。1994年，以刘耀伦先生的50万美元天使投资为基础，田溯宁、丁健等几名中国留学生在美国达拉斯创建了Internet公司——亚信(AsiaInfo)，希望公司未来的业务能够拓展到整个亚洲地区。刘耀伦先生出任董事长，田溯宁任总裁，丁健为公司董事兼技术总监。

初生的亚信被誉为“大陆新一代留学生、学者与新一代华人走出的一条高科技报国之路”。但由于当时国内的Internet还是一片空白，硬件技术的不平衡无形中卡断了亚信的双向信息服务，业务难以为继。在内部原因和外部互联网氛围的影响下，亚信决定放弃信息服务业务，先将Internet网络技术引入中国。1995年3月，亚信总部移师北京，定名亚信科技(中国)有限公司。当时，美国Sprint公司正在负责建设ChinaNET，亚信顺利承接了北京、上海两个节点的工程。国内拥有类似工程经验的公司并不多，很快，大批项目找上门来，亚信开始步入发展轨道。

二、第二次融资——国外风险基金的注入

随着业务的不断扩大，加上系统集成商预先垫付货款的行规，亚信面临着流动资金不足的问题。而公司又缺乏担保资产，无法获得银行贷款，解决资金问题迫在眉睫。1997年1月7日，亚信的主要创业者在美国召开了一次会议，大家对公司未来三年的发展规划达成共识，一致希望引入风险投资，引入外部投资人的经验和帮助，引入职业经理人(尤其是财务总监)，从而帮助公司摆脱发展资金、内部管理以及治理结构的困境。同年6月，亚信邀请美国投资银行Robertson Stephens & Company作为融资中介，在它的协助下，华平(Warburg Pincus)、中创(ChinaVest)、富达(Fidelity)三家基金作为联合投资者，对亚信注入了1 800万美元，其中，华平1 000万美元，中创600万美元，富达200万美元。

这些风险投资机构为亚信公司带来了很多宝贵资源，成为真正具有“附加价值的投资人”。

第一，管理资源。这些著名风险投资基金具有大量管理高速成长企业的成功经验，对于亚信这样高的高速成长的企业应采取的管理机制和发展策略具有深刻的认识。风险基金加盟以后，亚信公司改组了董事会，规范了公司决策过程，明确了公司人力资源政策，形成了适合亚信高速发展的一流的管理体系。

管理是一个公司尤其是一个高速成长公司的核心。不合理的管理会将一个好的商业机会搞砸，而好的管理将能促进企业的健康发展。所以，风险投资给亚信带来的世界一流水准的管理是非常宝贵的资源。

第二，业务网络资源。由于风险基金集中投资于它们非常熟悉的行业，它们在长期经营中积累起来的广泛的业务网络也是一笔宝贵的资源。投资于亚信的这三家风险基金对信息行业十分熟悉，它们的经验能帮助亚信采取适当的经营策略，选择正确的研发方向，制定合理的战略目标，从而保证亚信的顺利发展。

第三，社会资源。加盟亚信的三家风险基金各具特色。它们与亚信的战略联盟有利于亚信提高竞争力，在竞争中稳定发展，实现其战略目标。

E. M. Warburg Pincus 在 IT 行业投资了十多家企业，亚信成为 Warburg Pincus IT 家族的一员，从此告别了孤军奋战的局面，可以在技术上得到相互支持；China Invest 与中国政府有着密切联系，对中国的政治、经济环境非常熟悉，与 China Invest 的合作有利于亚信更好地把握中国经济的脉搏，同时在宏观和微观层面参与到中国信息业的规划、发展过程中去，为亚信带来很多社会资源；Fidelity 是世界上规模最大的投资基金之一，它的加盟为亚信提供了稳定的、源源不断的资金来源。

这三家风险基金在全球具有较高的知名度，与它们的合作进一步树立了亚信的社会形象，提高了企业的知名度，增强了客户、雇员对企业的信心。同时，也促使亚信公司在管理、经营、开发等方面均以世界一流水准为标准，并提出了更高的战略目标：“把亚信建设成由中国人经营的世界性的民族高科技企业。”这一目标为亚信的长期发展指明了方向。在 VC 的协助之下，亚信很快完成了四件工作。

第一件，也是 VC 对亚信提出的第一个具体的要求，引入 CFO。在华平公司的坚持下，亚信花重金从惠普公司挖来了韩颖女士，迅速理顺了公司财务。于此之后，亚信内部的管理逐步完善，不仅强化了公司信息的流通，也使决策和信息实现了更高的透明度。

第二件事，是完善了已有的员工股票期权计划，诸如定价、接受资格、时间、方式及税收之类的细节问题都得到了清晰地界定。

第三件事，重点提升软件开发业务，对公司的战略方向进行部分调整。软件一直是系统集成业务重要的组成部分，1997 年后，互联网在中国如火如荼地发展起来，为了找到适合中国的软件，亚信被迫开始软件研发。1997 年 7 月，它推出了电信 IP 计费、VoIP 计费、手机移动计费以及大容量电子邮箱系统等一系列产品，并占据了很大的市场份额。虽然当时软件业务很不起眼，然而却成为亚信今天着力开发的又一大“金矿”。在 VC 的建议下，公司管理层下大决心在已有的系统集成业务基础上进行软件开发，并收购了专门从事无线计费系统的德康公司，积极推动国内电信运营商综合业务的发展。

最后，亚信整体性地规划了企业的市场营销框架，使之更好地实现了内外部的协调。

三、第三次融资——联手战略型风险投资公司 Intel Capital

从 1998 年开始，亚信陆续承建了中国主要的骨干网络，包括电信、ChinaNet、移动、联通、网通、吉通等，从建设、设计、维护、服务到应用一应包揽下来，亚信的名字已经成为国内 IT 业的代名词。但与此同时，处于起步状态的软件业务还需要不断投入资金，公司当年 200% 的增长速度对资金的需求，使得亚信融资的步伐并没有就此终止。

1999 年 4 月，公司高层开始考虑挂牌上市的问题。对于当时的 IT 企业，IPO 是比较通行的方式，为保险起见，亚信决定以新的一次融资作为上市的铺垫，并如愿找到了一个战略型风险投资公司 Intel Capital。

这是一家典型的战略型风险投资机构，除了遵循一般的 VC 原则，Intel Capital 还强调被投资公司业务发展是否符合 Intel 本身的发展战略，无疑亚信是非常合适的投资对象，而 Intel 的加盟也将极大地帮助亚信实现产品升级，开阔市场思路。

亚信明晰的财务状况和管理制度加速了尽职调查的进行，谈判后，双方很快达成协议，Intel 投资2 000万美元，获得对方 8% 的股份。这次迅速融资，亚信仅花费了 20 万美元费用。假设最初投资计划不变，亚信单依靠这笔资金就可以支撑到 2000 年底，也就是公司预期赢利的时间。

这次合作使得 Intel 将亚信的产品放入其支持的平台中，而亚信产品也增加了对 Intel 产品的支持。更为重要的是，亚信从这次融资过程中进行了一场上市模拟，从而为下一步 IPO 做好了充分准备。

2000 年 3 月 3 日，亚信在美国纳斯达克成功上市，时机把握得相当好。亚信估价 12 亿美元，当日超额认购 50 倍，共计融资 1.38 亿美元。由此，风险投资机构的股权成为流通资本，随时可以变现退出。

四、总结

亚信的成功，成就了中国风险投资史上一个经典中的经典。亚信发展过程中遇到的资金等各方面问题，是任何高科技创业企业都难以避免的，因此，其随之产生并证明是相对可行的融资途径，也具有更为普遍的意义。应该说，亚信为众多企业指出了一条道路，通过它，那些先行一步的现代高科技企业完全有可能借助外力实现飞跃。

亚信的多轮融资历程让我们清楚地看到，风险投资机构能给创业企业带来丰富的资源，不仅仅是资金，还有观念的洗礼、经验的输导。然而，企业必须首先清楚自身的需要，了解不同风险投资机构的优势所在，才可能最大限度地利用这些资源。

复习思考题

1. 简述风险投资机构的定义及其融资的具体方式。
2. 分析政府风险投资运作模式。
3. 概述中国政府参与风险投资的现状。
4. 试述企业参与风险投资的动因及其参与的主要方式。
5. 外资风险投资机构的特点是什么？
6. 试述我国企业参与风险投资的现状。

第四章

风险投资的主导组织形式

本章提要

本章主要介绍有限合伙制的起源、主要特点以及有限合伙制的契约特征。

学习要点

通过本章的学习，了解风险投资的主导组织形式——有限合伙制，并比较风险投资几种组织形式的优劣。

熟悉有限合伙制的起源，了解有限合伙成为风险投资主流形式的原因。

掌握有限合伙制的特点与契约特征。

近年来，在政府的推动下，许多国家的风险投资事业得到了迅速发展，因各国经济发展水平、制度安排及资金来源等的差异，各国的风险投资机构的组织形式有所不同。但从20世纪80年代以来，有限合伙制风险投资公司得到了迅速发展，目前美国大约有700多家风险投资机构，其中80%以上的风险投资机构采取有限合伙制的组织形式。有限合伙制风险投资公司是目前风险投资市场中最主要和最活跃的运作者。

有限合伙制作为一种企业制度，是一种较为古老的商业组织形态，距今大约有1 000多年的历史。它的产生和发展，是为了适应不同投资者的需求。随着经济的发展，特别是在以知识经济为核心的新经济时代，有限合伙制作为一种古老的组织形式，将焕发出强大的生命力。

第一节　有限合伙制的起源

一、有限合伙的萌芽：与普通合伙的分离——适应高风险投资的需要

有限合伙的前身为康孟达契约，其后为两合公司。一种新型的商业经营方式——康孟达于11世纪晚期在意大利、英格兰和欧洲的其他地方逐渐被使用。这种经营方式调动的资金一般用于长距离的海上贸易，不常用于陆上贸易。康孟达最早的前身可能是穆斯林的一种商业惯例。这种惯例在8～10世纪传播到拜占庭，包括南意大利的港口城市。在北意大利和阿尔卑斯山的那一边，康孟达开始可能是被作为一种借贷契约，但它很快发展成为一种单一经营——通常是来回航行于中东、非洲或者西班牙之间——的一种合伙协议。一方合伙人被称为stans，他提供资金但是待在家里；另一方合伙人被称为tractor，他从事航行，作为完成艰难而危险的航行的报酬，从事航行的合伙人通常获得1/4的利润，而冒资金风险的合伙人则获得3/4的利润。洛佩斯评论道："这种经营方式似乎不公平，但是在12和13世纪，生命是廉价的，资金则非常短缺。"康孟达的一个变化形式是海上合伙，在这里，从事航行的合伙人提供1/3的资金，不从事航行的合伙人提供2/3的资金，利润双方平分。可见，与普通合伙相比，这时候的康孟达契约已经具有如下特点。

（一）适应海上贸易高风险的投资需要

由于中世纪的海上贸易尤其是远洋贸易是当时风险最大，同时利润也最丰厚的贸易，有足够资本的投资者即希望通过投资来获取高额利润，但是，他们却不愿意承担高风险带来的无限责任；船主则往往苦于缺乏足够的资金来造船、购货，于是产生了船主企业家和银行投资家之间的新式联合——康孟达契约。康孟达和海上合伙所具有的极大好处是，投资者的责任被限于他们最初投资的数额，在这方面它很像近代的股份公司，而且投资者还可以把他们的钱分散在几个不同的康孟达之中，以减少风险；而船方承担无限责任，获取资金，双方各自得到了经济上的满足。而同时代的陆上合伙，则往往是由同一个家庭成员组成的联合体，最终由外人加入，因此，陆上合伙人都负无限责任，其中最根本的原因，应当是相对于海上贸易来说，陆上贸易的风险要小得多。

（二）康孟达的短期性为投资者的退出提供了便捷通道

康孟达一般是一种短期联营，在完成了它的特定航行之后就解除了，它是在一个短暂的期限里，为了一个特定的目的而建立的，完全是一个时间意义上的东西。而与此同时代的陆上合伙，则在持续多年的一段时间里从事多种多样的贸易活动，它常常具有规模庞大、持久存在和行动灵活的属性，足以使它在不同的城市建立自己的分支机构。从两者的时间长短可以看出，康孟达的短期性可以使投资者在获得利润之后迅速退出以回收投资，而陆上合伙（或者称普通合伙）则更倾向于营业的持久性，投资者的投资较为稳定。

（三）管理结构的不同需求

由于当时的教会法禁止收取利息，因此采用投资的方式进行收益成为许多拥有资本的人的选择。但与普通合伙人相比，有限合伙人（投资者）可能并没有愿望参与经营，只希望从投资中获得利润。而普通合伙人则往往是对经营较为精通的人士，希望通过经营管理获得更大的利润。双方对管理结构的不同需求在有限合伙中都能得到确实的满足。

事实上，11 世纪晚期和 12 世纪，新的法学为按照秩序和正义的新概念把各种商业关系制度化和系统化提供了一种构架。假如没有诸如流通汇票和有限责任合伙这些新的法律设计，没有对已经陈旧过时的商业习惯的改造，要求变化的其他经济社会压力就找不到出路。有限合伙的出现显然是当时投资需要和经济发展的双重产物。

二、有限合伙的发展——多种法律和经济因素的综合选择

在有限合伙产生和发展的同时，另一种与有限合伙相类似的商业组织形式——两合公司（一部分股东承担有限责任，另一部分股东承担无限责任的公司）也产生了。但是迄今为止，两合公司的数量很少，有些国家甚至根本不承认两合公司的存在，其主要的原因是，两合公司不仅设立过程复杂，而且公司的治理机构也相当复杂，而以合伙形式存在的有限合伙不仅设立简单（比如美国的《统一有限合伙法》规定：建立有限合伙只需要向州的相关机构递交相关的文件，取得证书即可，该法 1985 年的修订版要求提交的文件则更少），且有限合伙的运作一般按照合伙协议进行，灵活性也很强。更为关键的是，由于人们向企业资本投资的决定在很大程度上取决于税收，而有限合伙恰恰具有公司所不能比拟的纳税方面的优势。如，根据德国的法律，普通商事合伙和有限合伙的合伙人，就其基于合伙份额获取的利润收入交纳税金，合伙本身不需要交纳所得税，但是合伙财务报告中所显示的年度赢利，必须包括在合伙人的报税单中；而在美国，对大多数投

资者来说，最理想的商业组织形式是合伙的纳税优势和公司企业的有限责任特色的结合，有限合伙正是兼具了这两方面的优势。

三、有限合伙的新生——多样化商业组织形态的需求

合伙虽然是一种古老的形式，但是它始终随着时代的步伐前进，从普通合伙到有限合伙，合伙跨越了从合伙人无限责任到有限责任的屏障；从民事合伙至商事合伙，合伙更适应了交易主体稳定性的需要。而在当今时代，随着经济和科技的发展，为了最大限度地降低商业成本，合伙更是体现出多样的形态，以适应人们多样化的商业需求。这一点尤其体现在有限合伙发达的美国。在颁布了《统一有限合伙法》之后，为了适应合伙人内部的不同责任要求，出现了有限责任合伙（LLP）。到 1997 年，美国几乎所有的州都颁布了有限责任合伙法。LLP 的一个最主要的优势在于，它允许合伙仍然作为税收的"传导体"。但是，作为普通合伙形式存在的这种合伙又限制了合伙人无限责任的范围，尤其是在合伙制律师、会计师事务所中，采用这种方式，可以避免某一合伙人因为其他合伙人的过失以及不法行为承担连带责任，比如在得克萨斯州、北卡罗林那州等地区，法律免除无过失的合伙人对于合伙中因其他合伙人的过失、恶意等行为产生的侵权责任所承担的连带赔偿义务。由于 LLP 的基本结构仍然是普通合伙，因此，将普通合伙转换成 LLP 也是相当简单的。同时，在实践中还产生了有限责任有限合伙（LLLP），使有限合伙中的普通合伙人也可以承担有限责任。另外，在传统的公司形式之外，美国又在 1996 年通过了有限责任公司法。这种有限责任公司同样可以让股东承担有限责任，但是又可以以合伙方式纳税。可见，合伙内部责任的多样化需求使合伙的形态也丰富起来，合伙在新的需求的作用下得到了新生。

第二节　有限合伙制的特点

一、有限合伙制成为风险投资主流组织形式的经济和法律原因

首先，投资者作为有限合伙人，仅以其出资为限承担责任，与个人的其他财产无关，这使得投资者可以将其风险控制在可预期的范围内。一些机构投资者如养老基金、大学捐赠基金、保险基金等，他们拥有资本，却不具备自己

从事风险投资的能力。与此同时,具备行业技术专长、拥有企业管理经验、通晓财务知识等的风险投资家们需要借助有限合伙来实现自身价值。这样,有限合伙将投资者的资金和风险投资家的智慧有机地结合在一起。

其次,有限合伙能够解决信息不对称问题。普通合伙人专门负责有限合伙人的投资的运作,有限合伙使投资者与作为融资者的创业企业家结合,并通过组织结构和契约安排,处理好投资者、普通合伙人和创业企业之间的利益分配关系。

再次,有限合伙风险投资的兴起受益于政府支持。这主要体现在税收优惠上,政府对有限合伙的收益不征收所得税,仅当其分配收益时由合伙人缴纳一次个人所得税。

最后,灵活且严密的合伙人协议有效地解决了有限合伙人与普通合伙人之间的信息不对称问题,这也是风险投资采取有限合伙制的最为重要的原因。合伙人协议是一份技术性很强的法律文件,它对普通合伙人、有限合伙人的责、权、利等都做了严格的规定。其中,作为基金委托人的有限合伙人如何建立激励机制,使得管理人(风险投资家)为他们的最大利益而努力工作,是有限合伙协议的焦点。

二、有限合伙制的制度特征

(一)含义

有限合伙制公司是合伙企业的一种,通常由两类合伙人组成,即有限合伙人和普通合伙人。通常,有限合伙人负责提供风险投资所需要的主要资金,但不负责具体经营;而普通合伙人往往是有着丰富经验的风险投资经理人,他们负责合伙企业资金的运营,是企业的经营者,并对企业的运营风险承担无限责任。为了规范普通合伙人的行为,合伙企业往往要求风险投资机构的专业管理人员统一管理投资机构的业务,同时也要对机构投入一定量的资金。

有限合伙制企业和普通合伙制企业的差别在于,前者有一个或多个没有经营权并承担有限责任的合伙人。有限合伙制企业必须至少有 1 个一般合伙人。在美国,有限合伙制风险投资机构一般有 2 ~ 5 个合伙人,大一点的公司常雇用 2 ~ 5 个产业分析人员,并聘请一些兼职分析人员,机构规模在 5 ~ 10 人之间,最大的不过 30 人。其资金主要来自机构投资者、富有的个人和大公司,以私募形式募集,主要投资于获利阶段以前的新兴公司,通常是高科技公司,一般在企业成熟后即以上市或并购等方式撤出。

这种合作通常是有期限的,一般在 7 ~ 10 年,但主要依据公司投资生命周期和主要合伙人的意愿。有限合伙制的基本架构见表 4 – 1。

表 4-1 有限合伙制的基本架构

参与者	普通合伙人	有限合伙人	风险基金	创业企业家
责任	1%资金投入及无限责任	99%的资金投入及有限责任		
收益	1% ~3%的管理费和10% ~30%的资本收益	70% ~90%的资本收益	部分资本收益	投资

(二)分配形式

分配形式在协调风险投资家与有限合伙人之间的利益关系中起着非常关键的作用。如表 4-1 所示,普通合伙人的报酬,包括了固定报酬和变动报酬两个部分。固定报酬可按照以风险资本总额的 2% ~3% 收取管理费("东海岸交易"),也可以是已投出资金的一个百分比("西海岸交易")。变动报酬是股权上市或出售投资后取得的 10% ~30% 的收益提成。也就是说,普通合伙人虽然只投入了资金的 1%,却享有10% ~30% 的投资收益提成。普通合伙人相当于用 1% 的资金投入得到了可高达 30% 的企业股权,这主要是因为普通合伙人付出了艰辛的劳动,可认为是普通合伙人知识资本(专业特长、经验和业绩)的注入,从而要求相应的资本权力(剩余索取权)。这种分配形式,使普通合伙人有从事能增加其利润提成价值活动的动力,这种行为的预期效果是能为有限合伙人带来更多的财富,从而普通合伙人的利益与有限合伙人的利益相互一致起来。

(三)组织形式和运营

与普通合伙制企业相比,有限合伙制企业需要更加正式的设立程序。有限合伙制企业必须得到所有必要的中央或地方政府的许可与批准;如果有限合伙制企业名称与合伙人的姓不同,那么它必须在企业所在地的公司登记处登记其名称,并获得"名字认可证明";企业名称中必须包含"有限合伙制企业"字样;企业必须从有关当局得到一个业主证号;需要一个书面的有限合伙协议;有限合伙制企业必须获得"有限合伙制企业证";有限合伙制企业必须保存某些记录。

(四)合伙人的集资形式

合伙人的集资(Pool)有两种形式:一种是基金制,即大家将资金集中到一起,形成一个有限合伙制的基金;另一种是承诺制,即有限合伙人承诺将提供一定数量的资金,但起初并不注入全部资金,只提供必要的机构运营经费,待有了合适的项目,再按主要合伙人的要求提供必要的资金,并直接将资金汇到指定银行,而主要合伙人并不一定直接管理资金(No Siting in Money)。这种方法对有限合伙人和主要合伙人都十分有益。首先,对有限合伙人来讲,可以降低风险;而对主要合伙人来讲,省去了平时确保基金保值增值的压力。所以,后一种形式已被越来越多的有限合伙制风险投资机构所采用,特别是在美国西部地区。

(五)税收

与普通合伙人不同,有限责任合伙人从合伙企业中所分得的收入不需要纳税,但它在经营管理活动中取得的固定收入需要纳税,这些收入包括工资和专业费用等。税收不从合伙人的分配中提取,每一个合伙人缴纳预估的税收数额。出于风险规避原则,有限责任合伙人冲销亏损的权利受到限制。例如,风险规避原则不允许有限合伙人冲销亏损的数额超过他自己出资的数额。有限合伙制企业不需要缴纳所得税,但是它必须编制年度收入报表。

(六)责任

普通合伙人承担无限责任,他的个人财产处于风险之中。普通合伙人对企业的债务承担无限责任。有限合伙人的责任限于他的投资额,而不对企业的债务承担无限责任。一个有限责任合伙人,只有其在企业中的出资处于风险之中时,他才必须对所有借贷和债务负责。但下面两种情况除外:①个人对自己承诺的贷款或借款负责;②如果有限责任合伙人是企业经营者。

(七)运营期限

有限合伙企业的运营期限一般为10年,但不是固定的,它可能由合伙人协商解散,或因为一个合伙人的死亡或退出而解散。如果一个合伙人退出或死亡,可以通过协议避免企业的解散。

(八)清算

如果一个有限合伙企业清算,它必须完成以下事项:终结业务;偿还所有借贷,缴纳应缴税款,进行合伙人之间的财产分配;取消合伙企业的账户;获得书面解散证明。

第三节　有限合伙制的契约

一、有限合伙制与普通公司的区别

国际上的商事组织基本分为合伙(Partnership)和公司(Corporation)两类。合伙制与普通公司最主要的区别在于:

第一,与大陆法系国家不同,合伙在英美法系国家中被视为自然人的聚合,因而不具备独立的法人资格;公司则是独立于投资人的法人。虽说合伙制的实体可以其名义诉讼与被诉讼以及偿付与被偿付,但其真正的法律责任、税负和债务最终仍然是由具体的合伙人承担。公司的情况则不同,公司是独立的法人,投资人的债务、税负和法律责任仅以其出资为限。

第二,合伙是一级税负制,避免了双重征税,合伙人仅以个人名义申报已实现的资本利得和损失;如果以有价证券形式进行收益分配,不会产生即时的应税收入。这使合伙人可以递延确认利得(或损失),直到有价证券被出售的那一天;普通公司则是二级税负制,即公司赢利必须缴纳企业所得税,公司税后赢利分给投资人的个人收入还需再缴纳个人所得税。

二、有限合伙制的契约特点

有限合伙制风险投资机构有两种合伙人,即有限合伙人(Limited Partner)和普通合伙人(General Partner)。有限合伙人是大部分风险资金的提供者,他们可以是个人,也可以是诸如养老基金或保险基金那样的机构;普通合伙人通常是一群(约2~5人)有经验的风险投资家,负责管理多个风险基金或基金集团,每个风险基金上都分别对应一个法律上独立的有限合伙关系。风险投资机构中的有限合伙制契约具有如下一些特征。

(一)法律结构

有限合伙制组织这一形式具有很重要的税收和法律方面的考虑。如上所述,有限合伙企业的收入不必缴纳公司所得税,而是作为合伙人的收入按其个人的税制结构进行纳税处理。此外,有限合伙制风险投资机构可以通过向其合伙人分配有价证券的形式,避免产生即时的应税收入——只有当证券被出售时,其利得或损失才被确认。具有这种税收待遇资格的有限合伙关系必须满足以下条件:

1. 在签订合伙协议之前,必须已经确定了经合伙各方同意的风险资金终止日期。

2. 有限合伙人所有权的转移要受到限制。与大多数经过注册的有价证券不同,它们不能轻易地买卖。

3. 禁止在到期日前随便撤出合伙企业。

4. 只要有限合伙人仅以出资为限承担有限责任,就不得参与风险资金的管理。普通合伙人因承担无限责任,所以他们可以预料的损失比他们投入的资本多得多。但在一般情况下,无限责任的后果并不严重,因为有限合伙风险投资机构通常不借债,它们面临资不抵债的风险也很小。

尽管对有限合伙人参与管理的权力有诸多限制,但通常允许他们就重大问题,如在个别有限合伙协议条款,在契约中止前解散合伙企业,延长风险资金的期限,更换普通合伙人以及评估资产组合的价值等情况下有投票权。尽管合伙协议各不相同,但一般都要求有 2/3 以上的多数合伙人投票通过才能使协议变更生效。

(二)出资

在一般情况下,有限合伙人提供 99% 的风险资金,而普通合伙人只提供 1% 左右的风险资金。《风险经济学》(1987)的调查表明,在美国 76 家有限合伙制风险投资机构中,有 61% 的机构的普通合伙人提供了超过 1% 的资本。这种出资可以且经常用本票而不是以现金方式支付。

(三)经济寿命

《风险经济学》(1987)的调查表明,有 72% 的风险基金的经济寿命设定为 7~10 年。所有合伙协议都有延长风险资金寿命期的条款,但有 52% 的合伙协议要求征得有限合伙人某种程度上的同意,另外有 48% 的合伙协议把决定权交给普通合伙人。最常见的延长期是 3 年,最长再增加 1 年。在风险资金到期时,为了把所有的现金和有价证券分配给合伙人,还需要进行一次账目结算。

(四)出资时间

合伙人的钱并不是一次到位的。合伙人的集资较多地采用“承诺制”,通常在缴付出资时,有限合伙人只需投入出资额的一定比例,其余的可以分期投入。大多数协议要求以现金方式支付总出资额的 25% ~33%,剩下的投资可以到未来某一天再投入(如每年 25%)。普通合伙人将监督有限合伙人按时缴纳出资。

如果合伙人毁弃出资承诺,就会受到处罚。例如,将其出资的所有权比例降低一半或者限制他们撤销已投入的资本等。但同时有限合伙人设计出“无过错离婚”(No - fault Divorce)条款,即便普通合伙人没有重大过错,只要有限合伙人丧失信心,就会停止追加投入,并保留撤销后续资金的权利。尽管这可能会造成其初期注入资金的部分或全部损失,但却有效地激励和限制了普通合伙人的资金运用。

(五)报酬

报酬体系的设计能给风险投资家以最适当的激励。普通合伙人从其管理的每个有限合伙制基金中得到的报酬一般来源于两个方面:一是管理费(Management Fee),二是每个风险基金的资本利得提成(Carried Interest)。

每年的管理费一般为风险资金总额的 1% ~3%;也有的管理费不按出资额计算,如可以是投资组合价值的一个百分比。管理费通常不随着所管理资金数额的增长而下降。风险投资家在合伙制解散后得到风险资金已实现的资本利得的 10% ~30%,作为其报酬的主要来源。

(六)分配

约有一半以上的风险投资合伙协议要求把当年已实现的利润全部进行分配。也有的合伙协议把是否进行分配的决定权交给普通合伙人。绝大部分的有限合伙制要求只有当有限合伙人收回全部累计投资之后,普通合伙人才能得到 10% ~30% 的利润分享(即“提成”)。普通合伙人可以选择以现金、有价证券或两者混合的形式进行分配。通常,风险投资机构不会也不能够在首次公开上市时将其拥有的股权变现。这些股份可以按有限合伙人的出资比例直接分配给他们,也可以由风险投资机构继续持有并承担在未来某一天对其进行分配的责任,或者通过二级市场将其转换成现金。如果以股份形式向有限合伙人进行分配,其价值按分配前股票市场上最后的成交价计算。

(七)报告和会计政策

所有风险投资企业都向有限合伙人提供有关被投资企业价值和进展的定期报告。大多数资金被投入具有高度不确定性的私人企业,评定其价值非常困难。通常,合伙人同意立即确认损失,但只有在重大的公平交易中出现更高的出价时才可以记入增加的价值。如果既没有这样的交易发生,也不大可能会发生损失,就以成本作为报告的基础。这种政策的结果是,大多数风险投资机构在前三年报告的收益率通常是负的。

(八)特殊的利益冲突

大多数合伙协议都明确规定了风险投资家分配在管理每个风险资金上的时间。有少量的合伙制限制普通合伙人与被投资公司进行共同投资或接受被投资公司持有的有价证券。有些合伙制限制后续成立的风险资金投资于由同一个风险投资家管理的前一个风险资金所持有的有价证券。其他合伙制不允许普通合伙人募集新的风险资金,除非现有风险资金的一定比例(如 50%)已被投出。

(九)专门的顾问委员会

在《风险经济学》(1987)调查的 76 个有限合伙风险投资机构中,有 41 个成立了正式的顾问委员会;有 17 个设立了非正式的顾问委员会。在那些设立正式顾问委员会的合伙企业中,有 19 个要求由有限合伙人担任代表。另外,还有 18 个合伙企业设立了只包括有限合伙人代表的委员会,这些委员会完全独立于顾问委员会。设立顾问委员会和只有有限合伙人代表的委员会的目的通常是为了提供获取项目和技术专家的途径。有些委员会的结构类似于传统的董事会,对风险投资资金的运用提供指导和监督。还有一些顾问委员会负有特殊的责任,其中最重要的是确定投资组合的价值。

（十）限制性合同条款

风险投资合伙协议中，每一种限制性条款都同普通合伙人可能进行的一种机会主义行为相联系，并且限制性条款的数目会随基金潜在代理问题和风险投资服务供求的变化而变化。也就是说限制性合同设计的目的就是为了解决不同类型的潜在代理问题。一般来讲，风险投资合伙协议中的限制条款可以分成三大类：与全面基金管理有关的限制性条款，与普通合伙人行为有关的限制性条款和与允许投资类型有关的限制性条款。这三大类条款又可细分为14类主要的限制性条款。

1. 与全面基金管理有关的限制性合同条款。与全面基金管理有关的限制性合同条款可分为四类：

（1）限定对单一创业企业的投资额。这类条款试图保证普通合伙人不能通过追加大笔投资的形式来挽救先前对业绩较差企业的投资。这一限制性条款通常表述为对单一创业企业的投资额占基金承付资本（Committed capital）的最高百分比。另外一种表述方法是基金资产当前价值的一定百分比。

（2）限制债务的用途。作为期权持有人，普通合伙人可能通过基金的财务杠杆来增大投资组合回报方差。增大投资组合的风险将会增加他们所持有的看涨期权的价值，但这可能会损害投资者的利益，因此合伙协议往往会限制风险投资家擅自举债或为所投资的企业的债务提供担保。合伙协议把债务限制在承付资本或资产的一定百分比之内，在某些情况下还会限制债务的期限，以保证所借债务是短期的。①

（3）限制风险投资机构对筹集时间不同的基金进行共同投资。许多风险投资机构管理着数只成立时间相隔数年的基金，这有可能导致机会主义行为。例如，一家风险投资机构的第一只基金投资于一个遇到困难的创业企业，普通合伙人可能会将第二只基金的资金也投到这个企业，企图挽救其先前的投资。为了筹集第三只基金，风险投资家可能会歪曲第一只基金的回报以吸引投资者。许多风险投资基金都会抬高它们上一轮所投资的企业相对于所投资资本的价值。通过将第二只基金的资金投入到第一只基金所投资的、夸大价值的企业中，风险投资家就可以（暂时）夸大第一只基金的报告业绩。所以第二只基金或其后基金的风险投资合伙协议要求基金顾问委员会对这类投资进行评审，或者规定这类投资必须征得大多数有限合伙人的同意。还有一种做法是，只有当一

① 一个几乎出现在所有合伙协议中的相关条款是有限合伙人将回避营业外应税收入（Unrelated Business Taxable Income，UBTI），UBTI被定义为从任何与该机构主营业务中所取得的总收入，如果风险投资机构从债务融资支持的资产中获得大笔收入，那么有限合伙人就要承担纳税义务，在下文的分析中，当论及基金的债务限制条款时，我们只是指除涉及UBTI条款之外的限制性条款。

个或多个非附属风险投资机构对这一估价进行评估时,该项投资才可进行。

(4)限制用利润进行再投资。由于种种原因,风险投资家可能将资本利得进行再投资,而不是将其分配给有限合伙人。利润再投资需征得顾问委员会或有限合伙人的同意。另一种方法是,在一定日期之后或投资额超过承付资本的一定百分比之后,利润将被禁止用于再投资。

2. 与普通合伙人行为有关的限制性合同条款。与普通合伙人行为有关的限制性合同条款分为五类:

(1)限制普通合伙人将个人资金投入创业企业。如果合伙人对筛选出的创业企业进行个人投资,那么他们就会把过多的时间花在这些企业上,一旦这些企业陷入困境,他们也不会及时终止投资。

(2)限制普通合伙人合伙股权的出售。为了不承担所选择投资项目的风险,普通合伙人可能将他们占有的基金权益份额转售给其他投资人。有限合伙人担心这样会减少普通合伙人监控投资项目的激励因素,因此合伙协议会明确禁止普通合伙人转售权益,或者要求这种转售必须征得大多数有限合伙人的同意。

(3)限制筹集新基金。筹集新的基金会增加风险投资家的管理费用收入,但会减少风险投资家对原有基金的关注。风险投资合伙协议可以规定在现有基金资本的一定百分比(例如50%)被投出之前或在一定日期之前,禁止普通合伙人筹集新的基金或限定筹集基金的规模和用途。

(4)限制普通合伙人的外部活动,因为外部活动有可能会分散普通合伙人对投资项目注意力,所以风险投资家会被要求将其大部分时间用于有限合伙的投资事业,或被限制参与不属于风险投资基金所投资的企业。[①]

(5)限制增加新的普通合伙人。通过吸引一些经验不够丰富的普通合伙人加入,创业企业家的压力将会减轻,但管理质量可能会下降。所以,许多基金规定新的普通合伙人的加入必须经由顾问委员会或一定比例的有限合伙人的同意。

3. 对投资类型加以限制的限制性合同条款。对投资类型加以限制的限制性合同条款可分为五类:

(1)对向其他风险投资基金投资的限制;

(2)对公共证券投资的限制;

(3)对 LBO 投资的限制;

(4)对外国证券投资的限制;

---

① 这些限制性条款一般在有限合伙的最初几年或一定百分比的基金资本被投出之前,因为这段时间是最需要普通合伙人特别关注创业企业发展的时期。

(5)对其他资产投资的限制。

这类限制性条款的构成一般比较相似,即基金对某一类资产的投资不能超过资本或资产价值的一定比例,如有例外也须先征得顾问委员会或一定比例的有限合伙人的同意。对投资的这些限制是出于两种担忧:

首先,与某类资产的其他投资者相比,普通合伙人所得回报可能过高。例如,投资于公共证券的普通基金经理收取的年费用为资产的0.5%;而风险投资家所得为利润的10%～30%,再加上相于资本额2.5%的年费用。所以,有限合伙人试图限制风险投资家投资于公共证券。类似的,典型的投资经理(投资顾问)一般收取相当于资本1%的一次性费用,作为将机构资金投资于风险投资基金的回报,因而合伙协议条款通常还限制普通合伙人将资本投入其他风险投资基金。

其次,普通合伙人会选择他们所不熟悉的资产类型进行投资以获取经验。

案 例

英国的风险投资——有限合伙制和信托基金制

英国是欧洲风险投资的发源地。20世纪70年代后半期,风险投资在英国出现,但1979年英国风险投资协会成员的风险投资额仅为2 000万英镑。经过20年的运作,英国的风险投资业已当之无愧地位居欧洲首位,在世界上也仅次于美国,排名第二,1995年海内外投资额达到185.28亿英镑。目前,其投资额占整个欧洲的40%以上。自1983年以来,共有230亿英镑投入到1.6万家以上的新创企业中。1996年英国的风险投资收益率为42.9%,三年平均为26.6%,五年平均为25.7%,十年平均为15.7%①。总体而言,和美国一样,英国也具有活跃的证券市场,活跃的创业精神,在养老机构投资方面也没有限制,因此风险投资的运作和美国有很大的相似性。

一、有限合伙制的运作

英国最大的民间风险投资公司——工业投资者公司(Investment In Industry,简称3I),是由英格兰银行(掌握3I公司15%的股权)及其他一些主要清算银行于1945年共同创立的,其目的是为新兴企业提供长期财务支持(不一定通过股权交易形式)。3I公司的运作模式与美国的有限合伙制基本一致,但其赢利方式却有所不同。3I公司不同于纯粹的风险投资企业,它不是通过

① 英国风险投资协会,British Venture Capital Association,BVCA,1997年年报。

公开上市时将手中掌握的投资对象的股票抛售给第三者而获利，它主要靠收取投资对象上缴的利息或股票红利赚取利润。其原因在于，3I 公司的基金本身大部分来自借款，其净基金中大约有一半是通过银行借款及发行债券募集的，这些借款及债券的利息靠投资对象缴纳的费用、红利及利息来偿还。1984 ~ 1985 年，3I 公司向外贷款的平均回报率为 13%，股票平均回报率为 10.5%，而自身欠款所需偿还利息的利率为 10.5%。

有时 3I 公司也会采用"纯粹"风险投资机构的获利方式——投资股票，获取资本收益。据 BVCA 1994 年的报告，3I 公司手中掌握着大约 20 亿英镑资金，投资了近4 000家企业。除 3I 公司外，还有产业权益资本（Equity Capital for Industry，简称 ECI），它是由 350 家金融机构（包括 3I 公司）为响应当时工党政府的建议而于 1976 年成立的。1980 年以前，该公司坚持投资上市公司，此后也陆续为 35 家未上市企业提供资金。与 3I 公司相比，ECI 规模要小得多，其管理的资金只有 5 000 万英镑。

二、信托基金制

与美国不同的是，信托基金这一传统的投资方式被英国广泛用于风险投资。这和特殊的历史文化背景有很大的关系。

1. 良好的基础。信托基金主要通过公司法或契约的形式对投资进行约束，因此，法律制度的安排对信托基金的发展有至关重要的作用。英国是投资信托基金的创始国，早在 1900 年英国已有 100 家投资信托基金。投资基金在英国的运作十分规范，各种法律法规很健全。风险投资借助于这种规范的组织形式，可以很快地为中小企业服务。

2. 保守的文化。从美国风险资本发展的历史来看，在风险资本的起始阶段，天使资本起了很大的作用。所谓天使资本是指那些由个人直接投向企业最初阶段的风险资本，它是由个人分散而不是有组织地进行投资，这要求投资者有较高的风险承受能力。而英国文化偏重稳重、保守，天使投资并没有很好的发展空间，因此造成大量富余资金的闲置。借助风险投资信托基金这样一种方式，可以使这些资金投向高科技企业。同时，风险投资信托基金作为一种公开上市的投资工具，其目的在于鼓励个人投资于规模较小的非上市公司。如果符合一定条件，个人投资者就能够获得资本利得税等税收豁免。

3. 风险投资信托法案。1995 年，英国通过了《风险投资信托法案》，对向风险投资信托基金（VCT）投资的个人实行信托优惠，旨在鼓励个人通过风险投资信托基金对创新企业进行间接投资，以便有效地降低投资风险。对于每个风险投资信托基金，该法案要求：基金必须上市以方便投资者退出；基金资产的 80%以上应投资于未上市企业。投资通过股权方式和债权方式均可，但股权投资比例应在50%以上(基金投资的企业上市后未转让的份额以及增资扩股部分均可计入股权);70%的基金资金应在3年内投出;所投资的未上市企业净资产应低于1 000万英镑;对单个企业,每个基金的投入不应超过100万英镑或总资产的15%。个人投资者可享受的税收优惠包括:对持有5年以上的风险投资信托基金股份,可按其投资额的20%抵减个人所得税;对风险投资信托基金的分红不征税,对风险投资信托基金股份的出售所得免征资本所得税。此外,还规定个人对每个风险投资信托基金的投资限额为每年10万英镑。

英国第一个风险投资信托基金成立于1995年,到1997年中期,风险投资信托基金共募集了3.5亿英镑。1997年的调查表明,由12个最初的风险投资信托基金支持的企业一半以上是早期和扩展期企业,其余主要用于内部并购(管理层并购,又称MBO)和外部并购,平均的投资额是50万英镑。

复习思考题

1. 概述有限合伙制的发展过程。
2. 为什么有限合伙制会成为风险投资组织的主流模式?
3. 有限合伙制有哪些制度特征?
4. 探讨适合中国的风险投资的组织形式。
5. 有限合伙制契约的特殊性表现在哪里?

第五章

风险投资的运作过程

本章提要

本章介绍了从项目初选到尽职调查与项目终选及合同谈判这一整个风险投资的运作过程，详细阐述了这一过程相关的程序及评价指标。

学习要点

了解项目来源以及与项目初选有关的投资政策与评估指标。
熟悉尽职调查的内容与程序。
了解项目终选的评估指标。
了解合同谈判的内容。

风险投资可分为三个基本阶段：第一阶段是项目的筛选和评价，做出投资决策。该阶段的主要问题是，风险投资机构如何从不同的项目中挑选可供投资的项目。第二阶段是经营投资项目。相关的内容包括：对创业企业的管理活动进行监督；向创业企业的管理层提供咨询和建议，以使投资收益最大化；帮助企业的经营活动实现专业化，并把经过“包装”的企业推销给外部股东。第三阶段是风险资本退出。该阶段的核心问题是，如何在保证资本增值的前提下退出现有投资。

第一节　项目初选

选择什么样的项目或企业进行投资，如何确定较优的投资方案，并且能进行有效的评估，不仅是选择项目阶段成败的关键，同时也是整个风险投资活动成败的关键所在。而一个优秀的创业企业又是保证风险项目得以顺利实施，从而降低投资风险的重要途径。因此，确保一定数量的项目来源，并对众多的项目进行科学有效的筛选和评估，从中挑选出高质量的投资项目，就成为整个风险投资活动中最重要的工作之一。

一、项目来源

自从人类进入创业型经济时代以来，创业热可谓一浪高过一浪。有资料显示，美国在进入20世纪90年代时，每年有100多万个新企业创立，在每8个就业人员就有1个是自我雇用的创业家；1993年大约有200万美国人通过创业而成为富翁。因此，对风险投资公司及其经理人而言，投资项目的产生不是什么问题，最难的是怎样能找到真正好的项目。为此，必须建立多渠道的项目源，形成充分的项目流，这是能够寻找到好项目的重要渠道，也是风险投资公司及其经理人不可忽视的工作之一。

一般来说，风险投资公司项目的来源主要有以下四种渠道：

第一，风险投资机构通过发布投资项目指南，由创业企业提交项目投资申请，再由风险投资机构进行评审筛选。

第二，风险投资机构主动出击，积极寻找投资项目。

第三，风险投资机构原项目库中的项目。

第四，风险投资网络的推荐。

二、投资政策与项目筛选

一般情况下，风险投资公司收到的商业计划书远比它能够或愿意投资的项目数量要多得多。根据国外已有的经验，通常在1 000份项目经营计划或可行性研究报告中，只有100份左右会引起投资经理人的兴趣，他们会约见提交这100份建议书的企业家，然后根据会谈情况，从中又筛选出约50个有价值的项目，并展开尽职调查，最后根据调查结果，选出其中10个左右的项目进行投资。也就是说，最后真正能够得到风险投资家支持的项目的遴选率仅在1%左右。

这就构成了风险投资项目筛选的金字塔结构。

项目筛选的金字塔结构是通过一套筛选标准体系形成的。尽管对于不同的风险投资机构而言,这种标准的确定千差万别,但已有的经验表明,任何一家风险投资公司都应该有一套自己的投资政策,包括投资规模,投资产业的选择、投资阶段的选择和地点偏好。投资政策的明确和公开,有利于风险投资公司保持一致的公司形象,吸收对口的风险项目,也便于创业企业选择对应的风险投资公司。同时,在进行项目初选时,如果某一项目不符合公司的投资政策,则很快可以做出放弃决定,以缩短投资决策的时间。构成一家风险投资公司项目筛选标准的内容一般包括以下几个方面。

(一)投资规模

投资规模指投资的项目数量以及最小和最大投资额。由于风险投资公司要参与受资公司的管理,因此,它们所投资的项目数量要受到自身人员数量的限制。另外,为了降低投资风险,任何一家风险投资公司都不会把所有资本都投入到一个或极少数几个投资项目中。考虑到管理投资所需的时间和所要花费的成本,它们也不会投资于太多的小项目。投资项目数量的上限除了依据自身人员的数量以外,还要根据其自身资本额及投资多样化的原则确定。投资金额的最大值和最小值则由自身资本额及投资项目数来确定。在许多情形下,风险投资公司简单地把单项投资额限制在自身资本额的10%左右。对于超过最大值的项目,他们也会尝试与其他同行业企业进行联合投资,低于最小值的项目一般不投,否则,分散资金投入太多项目,会提高管理成本。

(二)投资行业

风险投资大都以高科技产业作为投资目标。众所周知,人类的资源是有限的,以消耗资源和利用传统技术带来经济增长的工业经济必将被主要依靠高新技术运用、生产高附加值产品的知识经济所代替,知识资本将会在生产要素中起主导作用,创业资本介入企业经营,实现了知识资本和金融资本的完美结合。

明智的风险投资机构需要力图定位于一两个相关产业,如生物和医药,或电子和通信,或计算机集成和软件服务,或网络和资讯管理,等等。只有定位在某一相关技术行业,集中在某一领域,才能更熟悉该领域,从而在短时间内做出可靠的决策。只有大型的风险投资公司才能投资五六个行业,这些风险投资公司历史悠久,经验丰富,并拥有不同行业和专业的风险资本家。尽管没有任何人对风险投资的客体加以限制,但多数的风险投资家都热衷于把资金投入到从事高新技术创新的中小企业。这类企业主要分布在计算机行业、半导体行业、生物工程行业、软件行业等,风险投资业的成功典范也都来自这些行业。

不同的行业,风险自然不同,面临的问题和挑战也不同。不过,风险投资基金和风险投资公司往往并不借助于在不同行业间进行组合投资来分散风险，而是以某种熟悉的行业为核心进行投资，凭借已有的专门人才、专业知识、社会关系资源、市场营销网络和风险投资家在该领域日积月累形成的特有直觉等所积累的在该行业的优势来抵御风险。风险投资公司和风险投资基金一般不轻易涉足不熟悉的行业领域，因为这样做带来的风险不仅难以预测，而且由于知识、能力的限制，更加不易把握。

（三）投资阶段

投资阶段分为种子期、创立期、成长期、扩张期等。只有定位在某一投资阶段，才能熟悉该阶段的投资策略和操作技巧等。通过定位，才能积蓄核心竞争能力，提高竞争优势。

风险投资要考虑被投资企业是处于哪个发展阶段上，每一个发展阶段对资金、技术的要求有所不同，其运营管理也不一样，从而会影响到投资的成功与否。对发展阶段的偏好与风险投资机构所处的地区、资金来源、自身经验及行业的竞争程度有关。

种子期投资是指投资于作为一个实体前的受资对象。风险投资公司很少进行种子期投资，创业家在这个时候的资金来源往往是其他渠道。致力于投资创立期企业的风险投资公司会强调自己的投资政策的特点，因为只有一些优秀的风险投资公司和经验丰富的风险投资家才会致力于并能够从事创立期企业的投资。一般的风险投资公司投资于成长期和扩张期企业，以规避风险，或者对投资阶段的偏好不明确，以便随机应变，寻找适合自己专长的项目。

（四）地点偏好

如果被投资企业的地理位置远离风险投资机构，将会给风险投资家的参与造成极大的不便，并带来很高的成本。而且，即使风险投资家并不刻意追求地理位置的集中，他们的投资组合也会自然而然地表现出集中这一特点。所以，风险投资公司一般倾向于向公司所在地的附近区域或主要大都市的企业投资，以便于对企业有全面的了解和有效的监管，可以定期考察、调查。当已有另外一些风险投资公司共同投资于某一项目，而又很容易去往受资公司所在地时，这家风险投资公司也会忽略这些地理因素的限制。

目前，中国有许多地方政府出资建立风险投资公司，其运作的主要目的是发展当地的高新技术产业。因此，在它们成立之初，地方政府就对其进行了限制：只能投资于本地区的高技术企业。这种做法当然也有好处，将投资的范围限定在本地区内，可以节省、控制管理成本，同时也便于管理。但是，随着风险投资业的竞争加剧，这种区域性基金可能会失去竞争优势。现代的通信手段为风险投资提供了便利条件，因此，某地的风险投资机构可以在异地建立永久性的代表处,以便能及时抓住商机。当然,为了节省成本,可以与当地的投资咨询公司建立合作关系。

三、评估指标与项目筛选

风险投资项目的初选过程分为三个步骤:审查投资建议书,审查商业计划书,约见创业家。通过审查投资建议书,根据上述投资政策进行项目初选后,一般还会剩下 20% 的项目可供选择,这些剩下的项目可能还很多,所以还必须做进一步的选择。这时,可要求创业公司提供详细的商业计划书进行审查。审查的最可行方法之一是用评估指标法。创业资本家认真审阅商业计划书后,会考虑其中大约一半的候选投资项目,并约见创业家,询问有关问题,并让创业家就一些关键问题作一次口头介绍,让创业家来说服创业资本家,创业资本家也从中考察创业家的信心和对项目的把握。一份准备充分的商业计划书反映出创业家清晰的思路和周密的计划,也反映了创业家的管理素质。

根据初选使用的评估指标,可以很快地进行评估和选择。对于不同的投资领域、不同的投资阶段,评估指标应该是不同的。原则上,对于初选项目的评估指标不宜太复杂,应该简单易行。

(一)种子期和创立期的评估指标

在种子期这一阶段,产品和经营方式还停留在一个概念和计划阶段,此时的内部风险有:设计的产品可能无法生产或产品成本太高,产品开发延迟,等等;外部风险有:市场潜力不够,技术发展迅速使新产品淘汰过快,等等。

在创立期这一阶段,企业开始生产运作,内部风险有:产品性能不佳,管理层无法吸引人才,资金消耗过度,销售量不够,等等。外部风险有:潜在市场份额不够,竞争者领先占领同类产品市场,等等。

由此可见,在这两个阶段,创业公司能否顺利发展,所面临的最主要的风险是技术风险和市场风险。因此,在这两个阶段进行项目初选的评估指标包括:创业者的信誉和可合作性;产品的唯一性和不可替代性;产品的专利保护能力;创业者的技术创新能力;进入市场的难易性;市场需求和市场潜力对竞争者进入市场的防护。

其中,进入市场的难易性有如下几方面的含义:①用户不需要培训,也不需要具有很高的受教育程度,能方便地使用该产品。②拥有的推销员既有很强的推销能力,又具有面对用户解决产品问题的能力。③产品可以制作成标准型,而不是对不同的用户需要制定不同的标准。④没有市场方面的障碍,如产品目前虽然可能可以生产和销售,一旦政府出台环保管理条例等限制性条件,就可能因为对环境构成污染而不得不停产或需要增加投资。

市场需求和市场潜力对竞争者进入市场的防护的含义是:①存在相当数量的用户群。②用户会为产品做广告(已有用户与潜在用户通过相互交流,不仅是最便宜的广告,而且是最有效的)。产品在初期的生产与销售阶段,不需要大面积做广告,就会引起别的公司的注意,引来竞争者;一旦别的公司发现该产品很有市场且公司效益很好,该产品和企业很有竞争力时,公司已经成长并已立于不败之地了。③具有最优的性能价格比。

(二)成长期和扩张期的评估指标

在成长期这一阶段,产品开始销售但尚未赢利,这时的内部风险有:创业者管理能力不够,制造成本过高,财务控制失当。外部风险有:产品竞争力不够,市场增长缓慢,企业营销策略错误,新产品、新技术出现。

在扩张期这一阶段,企业开始赢利,但现金流量少,这时的内部风险有:管理不够规范,无法适应扩大了的企业的规范运作,管理者流失,财务控制失当,赢利不足以支持企业继续扩大。外部风险有:预料之外的竞争者出现,市场需求衰退,市场增长率降低,公司上市受阻。

由此可见,在这两个阶段,创业公司能否顺利发展,面临的最主要的风险是管理风险和市场风险。因此,在这两个阶段进行项目初选的评估指标包括:经营管理能力,历史业绩,最低获利点,市场规模,兼并能力,最低边际风险的防护能力。

其中,经营管理能力和历史业绩有如下几方面的含义。

1. 管理队伍。主要包括:

(1)管理队伍的团队精神。风险投资家不会支持仅由一个企业家操纵的公司。一方面是因为一个人不可能具有全面的经营才能,而且过分强调个人的作用,会导致个人独裁,使得风险投资家对其不能进行有效的控制;另一方面,当这个企业家离开公司时,会导致公司的解体,加大其投资的风险。

(2)管理队伍的年龄范围。风险投资家希望管理队伍的年龄范围在35~50岁之间。在这个年龄范围的人,既拥有丰富的实际经验,思想又很活跃,能较快吸收新知识和新信息。这样的管理队伍是很有活力和进取精神的。

(3)管理队伍的个人素质。理想的管理队伍应包括精通每个主要部门业务的能力很强的个人。一般考察的是管理队伍中每个人的学历和职业生活履历。创业资本家对有过经营失败记录的管理者是持谨慎态度的。当主要的管理部门存在人才缺陷时,或者由于公司的规模不同,使得各部门不能及时调节他们工作的角色时,可通过聘用在这一领域具有丰富经验的专家,作为公司的非执行董事,协助管理队伍进行公司的日常管理。

(4)创业领头人。尽管在前面强调了一个企业需要一支管理队伍,但是,要取得成功必须还需要一个领头人,并以他为核心组成一个协调的队伍。

2.经营记录及商业计划。包括:

(1)主营业务收入。主要考察公司的销售水平、产品创新的能力和占领市场的能力。

(2)日常的费用。考察费用开支的合理性,哪些是必须和必要的开支,哪些是额外开支。

(3)资产结构。一个公司经营不善是由于资产结构不合理造成的,一般不会引起创业资本家的关注。

(4)管理质量。主要是通过评价公司竞争力的强弱,分析公司在经营管理方面的优劣。

(5)财务分析。主要是考察公司的销售水平与生产能力的关系,销售费用的情况,原材料的价格水平。

(6)计划文件。计划文件应包括年度计划的概要,还应包括资金需求的项目和有关交易结构。

具体操作时,可将上述评估指标分成四个等级:差=1,一般=2,好=3,很好=4。然后召集有关人员对上述指标进行打分,并对打分的有效性进行检验。最后根据分值的高低进行项目初选。

通过上述三个过程的项目初选工作完成之后,一般只剩下5%的项目,下一步的工作是对审查通过的项目进行最终的评估与选择,也就是项目选择的第四个步骤:尽职调查评估阶段。

第二节 尽职调查和项目终选

风险投资公司在对风险项目进行初步筛选以后,即对入选的项目展开尽职调查。尽职调查,有时也称审慎调查(Due Diligence),是指风险投资人在投资前对创业企业现状、成功前景及其管理团队所做的独立调查。由于调查的内容非常广泛,远超出一般的商业调查,因而需要花费几个月的时间。

一、尽职调查的内容

尽职调查习惯上包括对管理团队的背景的调查了解,对商业计划书发表独立审查意见和对创业企业的产品与市场进行分析研究等内容。主要包括:

第一,管理者。企业家的素质和能力,其他管理人员在各自领域的管理经验与技能,团队精神。

第二,产品市场情况。能否创造新市场,市场的成长性,市场容量,市场份额等。

第三,产品和技术特性。技术和产品的独特性、先进性、成熟性,产品的市场导向是对技术和产品评价的中心。通常考虑如下因素:科技含量,产品推向市场的时间,竞争优势,产品的市场接受程度,是否符合产业政策导向,经济周期等。

第四,财务。风险投资家将对创业企业的财务报表进行深入广泛的评估,既评价以往的业绩,也对业务的前景进行预测。

第五,退出机制。包括退出的时机、渠道。

第六,相关法律事务。包括:①法人。评审公司的法人结构,包括子公司或附属机构、业务用名、股票发行情况、公司债券发行情况等。②资产。评估公司拥有的资产,包括不动产、知识资产、契约和无形资产,这些资产的所有者以及与这些资产有关的抵押或责任的清单。③知识产权。确认知识产权的所有者。④合同关系。审查与供应商、客户、关键雇员、战略伙伴建立的重要合同关系、许可证、合同等。⑤雇员。公司的标准雇佣合同、与关键人员的关系、员工持股计划、公司历史上的劳动争议等。⑥诉讼。任何涉及公司的现行或有可能的争议或诉讼。

其中,法律事务一般委托专职的律师协助进行。风险投资公司的尽职调查主要用于管理评估、市场评估、产品或服务评估和财务评估。

二、尽职调查的方法和程序

尽职调查通常以向公司员工和管理人员提出种种问询来进行。此外,绝大多数的风险投资家还会去和公司的供应商、客户、竞争对手以及其他熟悉该公司业务的相关行业的人员进行交谈。他们还将进行深入取证,仔细地分析企业的经营计划和实际及预测的财务报表,并视察场地和设备等。有些风险投资机构甚至还征求其他风险投资人的意见。

风险投资尽职调查的一般程序如下:

第一,会见管理层的所有成员。观察他们的素质,了解他们的经验和专长,必要时对管理者的工作风格和心理素质作一定的测试分析。还要看几个主要管理层成员的经验和个性是否匹配、相互取长补短,能否形成一个强有力的组织与管理结构。

第二,实地考察公司资产设施和经营业绩。对比商业计划书中所提到的资产数据,核定拟投资公司的净资产和开发新项目应有的设备,对公司现阶段的管理状况作一评估。通过审核账目和财务报表，了解公司的资本结构、偿债能力、经营能力、获利能力和现金流量状况。

第三，调查公司产品的技术特性、销售前景和市场价值。向产品专家咨询，了解拟投资公司的产品性能、技术水平，看是否有可能被其他新产品、新技术所替代，以及行业和技术的发展趋势；联络当前或潜在的客户和供应商，看看产品的市场销路如何，市场潜力的大小和增长速度快慢，生产产品所需要的原材料的价格、质量和各供应渠道畅通与否；通过市场调查，确定拟投资公司在未来的价值和赢利前景，以及所投入资金可以在该公司所占的股份。

第四，会晤创业企业的董事和主要股东。风险投资家与企业的每个董事交谈，了解他们如何成为董事会成员，对公司的现状和前景有何看法；与主要股东交谈，了解他们如何成为公司股东，为什么认为对该企业的投资是一项有价值的投资。

第五，接触创业企业的员工。在听取管理团队所谈的业务前景之后，风险投资公司将接触创业企业的中下层员工，听取财务、生产、销售人员对企业现状、前景及管理团队能力的看法。如果普通员工对企业没有信心，风险投资家将很难相信这是一项好的投资。

第六，进行广泛的相关调查。主要包括：①寻求联合投资的其他风险投资公司的意见。他们的意见，可以帮助全面地评估拟投资公司的现状和发展前景，并与联合投资者达成共识。②联络创业者的前业务伙伴和前投资者。了解他们对创业家的评价，了解他们为什么建立合作和终止合作，进行投资或终止投资的原因，兼听则明。③向拟投资公司的竞争对手咨询。了解企业的竞争对手对拟投资公司的产品性能的市场竞争力和占有率以及对管理人员素质的评估，从另一侧面了解公司的情况。④寻求其他创业企业管理层的意见。了解相关行业的创业企业管理层对新项目的评价，包括对技术、市场潜力、创业家素质的评价。⑤向银行、会计师事务所、律师事务所咨询。了解拟投资公司过去的融资、偿债和资信状况以及财务报表的准确性，专利、案件诉讼方面的情况。

尽职调查中各项活动的频数见表5－1。

表5－1　尽职调查中各项活动的频数

活动	频数
会见管理团队的每个成员	100
查看企业资产和设施	100
联络创业者的前业务伙伴	96
联络当前或潜在的客户和供应商	92

续表

活动	频数
调查同类型公司的市场价值	86
向技术专家咨询	84
与竞争对手接触	71
与其他风险投资公司接触	52
与其他创业企业的管理层接触	52
与银行/会计师咨询交谈	50

资料来源:詹继生、尹世洪主编:《风险投资实务》,江西人民出版社2004年版,第86页。

在这些详尽的尽职调查中,除了要充分收集有关拟投资公司的信息以外,还要结合公司提供的商业计划书进行交叉检查,分析相关信息的有效性和准确性。

三、项目终选的评估指标

根据上述分析,从风险投资项目终选的特征出发,设置6个一级指标,29个二级指标,构成风险投资项目终选的评价指标体系。

(一)人员素质

1.经营管理能力。即创业企业的管理人员对整个公司的运作能力,对风险控制、销售方式、融资渠道和其他方面做出正确决策的能力。

2.市场开拓能力。即创业企业在对现有市场的市场划分、竞争水平、目标客户群的了解的基础上,通过各种方式不断提高自己产品的市场占有率和进行市场竞争的能力。

3.融资能力。即创业企业为自身的发展需要,不断从各种金融机构吸纳资金的能力。

4.技术实现能力。即创业企业所拥有的技术和研发能力,能否使企业的产品满足市场的需要,为产品的后续技术服务提供保障。

5.经营管理团队。即创业企业是否拥有一个具有积极进取的团队精神,强烈的创新意识,丰富的管理经验,朝气蓬勃的良好团队。

(二)市场前景

1.进入市场的难易性。即现有目标市场是否有较大技术壁垒、贸易壁垒,主要竞争对手的市场竞争实力,有无政策性的准入因素与专利保护等使新的竞争者难以进入的因素。

2.市场需求。即市场目标客户群对目标产品的需求。

3.市场规模。即市场目标客户群对目标产品需求的总体容量。

4. 市场潜力。即市场潜在客户群对目标产品在未来的潜在需求容量。

5. 对产品限制的条件及其自由度。即政策、质量、市场准入与其他因素对产品有无限制。

6. 对竞争者进入市场的防护。即企业的目标产品是否有足够的壁垒，用以防范新的竞争者进入。

(三)技术水平

1. 产品的唯一性、新颖性和先进性。即是否拥有国际或国内领先的专门技术、版权、配方、品牌、专营权、特许经营权等。

2. 产品的专利保护能力。即现有的和正在申请的知识产权(专利、商标、版权等)。

3. 与供应商和客户的讨价还价能力。即考察供应商和客户的集中程度，替代品的替代程度以及成本的高低。

4. 生产能力。即考察产品生产制造的方式、生产设备状况、质量保证体系和产品成本控制措施等。

5. 目标市场更新周期。即明确市场的更新周期，现有的技术是否能适应对目标市场更新的周期，并能提前对产品进行技术革新。

6. 竞争优势。即现有的技术在同类竞争者中是否有绝对或相对优势，能否在以后的工程中继续保持。

7. 售后服务和用户支持。即对客户服务的质量和水平是否足以巩固现有客户群，并为潜在客户群的发展提供良好基础。

(四)财务状况

1. 资本结构。指标有：资产负债率、资本化比率、固定资产净值率、资本固定化比率等。

2. 偿债能力。包括：①短期偿债能力，指标有流动比率、速动比率、现金比率、现金对流动负债比率、应收账款周转率、存货周转率等；②长期偿债能力，指标有股东权益比率、长期负债比率、股东权益与固定资产比率、利息支付倍数等。

3. 资金经营能力。即衡量公司在资产运作和管理效率方面的财务指标，主要有现金周转率、应收账款周转天数、存货周转天数、营业周期、总资产周转率等。

4. 获利能力。即赚取利润的能力，主要指标有主营业务利润率、销售净利率、资产收益率、市盈率等。

5. 现金流量状况。主要指标有主营收入、收益指数、偿债保障比率、每股现金流量等。

（五）退出机制

1. 公司未来的上市能力。若一个公司发展迅速、业绩良好，预期能在较短时间内达到上市公司的要求，则具备了未来上市的能力。

2. 公司未来的转售、并购能力。即寻找到能够充分利用并购公司的资源并具有与本公司战略目标一致的战略投资者的能力。

3. 公司未来的管理层收购能力。管理层的创新能力、经营能力和以往的业绩决定了未来的收购能力。

（六）社会环境

1. 经济周期对产品市场的影响。即指国民生产总值、就业、通货膨胀、利率以及其他经济变量或多或少地、定期地发生偏离增长趋势水平的各种动荡的汇集，通俗地说，就是总体经济活动扩张和收缩交替反复出现这种过程对产品市场的影响。

2. 税收优惠政策。即享受哪些政府提供的优惠政策及未来可能的情况，特别是市场准入、减免税等方面的优惠政策。

3. 与其他投资形式相比的收益率。即与银行储蓄、债券、股票、货币市场工具、基金、房地产等投资相比的收益率。

四、项目综合评价

设上述一级指标值和一级指标权重分别为 $x_i, w_i, i=1,2,\cdots,6$；二级指标值和二级指标权重分别为 $x_{ij}, w_{ij}, i=1,2,\cdots,6, j=1,2,\cdots,n_i$，其中 $n_1=n_4=5, n_2=6, n_3=7, n_5=n_6=3$；综合评价值为 y。则可得项目终选综合评价模型如下：

$$y=\sum_{i=1}^{6} w_i x_i=\sum_{i=1}^{6} w_i\left(\sum_{j=1}^{n_i} w_{ij} x_{ij}\right)$$

式中：

$$\sum_{i=1}^{6} w_i=1, \sum_{j=1}^{n_i} w_{ij}=1, i=1,2,\cdots,6.$$

指标值 x_{ij} 的确定办法是，将每个二级指标分为 5 个等级，并赋值：很差 =1，差 =2，一般 =3，好 =4，很好 =5，再根据审慎调查分析的结果确定 x_{ij}，取其中之一的值。

权重 w_i, w_{ij} 的确定办法如下：

第一，根据项目初选时的投资政策，对符合投资政策重点考虑的项目所在行业对应的风险状况进行分析，风险大的指标所对应的权重赋予较大值。比如，有的行业技术风险大，则 w_3 赋予较大值，而有的行业市场风险大，则赋予 w_2 较大值。

第二，根据前述投资阶段的风险分析结果，由于不同投资阶段的风险集中在不同的指标上，所以权重的赋值也应根据投资阶段做相应的变化，风险大的指标所对应的权重赋予较大值。比如，种子期和创立期投资的技术风险和市场风险较大，且这个时期创业者的素质非常重要，故可将 w_1 赋予最大值，w_2 次之，w_3 再次。相应地，w_{12}，w_{14}，w_{21}，w_{26}和 w_{31}，w_{32}应分别赋予较大值。而成长期和成熟期投资的管理风险和市场风险较大，故可将 w_1，w_2 赋予较大值，相应地，w_{11}，w_{15}和 w_{23}，w_{24}应赋予较大值。

实际应用时，往往有一个项目选择评估小组，可让小组成员分别确定 w_i，x_{ij}，w_{ij}的值，再取其平均值，然后得出各个项目的综合评价值 y，最后根据 y 进行选择，即选择 y 为最大值的项目。

第三节　合同谈判

无论是风险投资者还是创业者，无论双方前期作了多少准备工作，只有洽谈才是双方合作的实质性接触的第一步。这一步至关重要。一旦洽谈成功，双方便结成了利益共同体，在这个共同体中，各自的利益在此阶段得到了初步确定。因此，双方不可避免会发生利益冲突。双方各自以自己的某种利益出发，企图说服对方接受或理解自己的观点以维护自己的基本利益。这样，就使得洽谈常处于艰难之中。一般来说，这种艰难的洽谈会持续数周甚至更久。站在中间立场来说，双方的共同利益构成双方合作的基础，双方应相互理解和沟通，以便共同设计出一套良好的交易结构或协作机制，尽量缩小双方在利益或观点方面的分歧，最终达成互惠协议。毫无疑问，风险投资的谈判最终谋求的是双赢，而不是非得分个输赢高低，拼个你死我活。

一、双方的主要需求

企业的成长是双方共同关注的问题。但如何使得企业快速成长呢？企业成长过程中产生的剩余价值如何分配呢？企业一旦失败，如何使己方的损失最小化呢？类似的问题，最容易形成争执的焦点。因为投资者和被投资者的主要需求有较大的不同，看问题的角度和形成的观点也随之不同。唯有正视对方的主要需求，才可能寻找到一个平衡点，从而使双方形成有效的合作。

（一）投资者关注的主要问题

投资者关注的主要问题大致有以下几个：

1. 在既定的交易风险水平下取得合理回报。

2. 出资数额与股权设计。

3. 创业企业的人员组织设计和双方担任的职务，风险投资人通常要求出任创业企业的董事。

4. 投资者监督权利的利用与界定。

5. 保障投入资金一定程度的流动性以及使交易产生的现金纳税最小化。

6. 投资者权利的行使。

（二）创业者关注的主要问题

创业者关注的主要问题大致有以下几个：

1. 要求获取合理的利润回报。

2. 要求能够基本控制和领导自己的企业。

3. 要求尽可能多地提供企业运作的资金。

4. 要求尽可能使税负最小化。

从上述双方主要关注问题的对比中可以看出，获得合理的利润回报是双方共同的需求。但回报是否合理或合理的程度有赖于对项目风险的评估。

风险投资者言必称风险，因为只有正视风险，才可能防范风险和驾驭风险，并从风险中获取高额利润。而一些创业者往往讳言风险，要么是不懂有何风险，要么是隐瞒风险。实际上，风险投资者在洽谈之前早已将企业或项目的风险掂量过了。因此，创业者坦言风险并无实质性的坏处，反倒体现了坦诚的美德。

双方一旦进行洽谈，往往会发现需要洽谈的东西比原先预想的还要多。即使对方一再强调："这已经是我们的底线了，再不接受，那就只有放弃了。"其实，洽谈依然是可以继续进行的，直至双方达成彼此满意的协议为止。无论洽谈如何艰难或曲折，双方都应当遵守以下原则：

一是要把人和事区分开来。分清利益与关系，引导对方的看法，并在讨论中充分顾及对方的颜面。

二是要以利益为中心。把焦点集中在利益上面，淡化立场的争论。在争取己方利益的同时，识别双方的利益所在，并加强双方利益的沟通。

三是要提供多种选择，把构思与判断分开。充分发挥想象力，提供扩大选择的领域和天空，也使对方易于做决定。

四是要坚持客观标准。援引先例或惯例，或者利用客观模式，尽量设计客观标准来解决所遇到的难题。既不屈服于对方压力，也不要把己方标准教条化而强加于人。

二、洽谈条款清单

按照国际惯例，通常会在洽谈之前，先拟出一个洽谈条款清单，用以约定双方要讨论的有关事项。当然,该条款清单本身不是任何形式的协议,也不是有法律效力的文本。但该条款清单的使用,可以加快洽谈的进程,并使洽谈有个大致的方向。条款清单列举了将要洽谈的主要问题,其中有些问题是至关重要的,如:①投资形式。股票数目、类型和组合(可能是股票和债务的组合)及其影响投资回报率的各种附带特点(如买方选择权)。②撤资和股权转换等行动的金额和时机。③债务融资或优先股融资的利率。④董事会组成。董事会中的董事席位数以及谁将代表投资者。管理团队和董事会组成人员可能发生的变化。⑤投资者股票认购权数额(在记名公开上市情况下)。⑥将来融资。授予投资者对今后的私募资金行动或首次公开上市行动的第一否决权。⑦股票托管计划和安排。⑧法律、会计、咨询付费或其他的与达成交易有关的费用。⑨财务状况披露。⑩交易达成的前提条件。⑪核心人员的招募。⑫资金使用的安排。⑬其他股东的义务。⑭风险投资的退出渠道安排。

在每个大类下,还应当标明一些具体的问题,如共同销售条款,反稀释股权保护条款,强制买断,要求认购权,强制赎回优先股等。如果参加洽谈的人员不熟悉这些问题,很可能把它们当作普通问题一带而过,弄不好很可能使己方背上沉重的负担。

三、风险投资协议

风险投资者与创业企业经过洽谈,就投资形式、项目价格、股权保障方式、参与经营管理的方式、注资和退出方式及其时间安排等等问题达成一致意见,洽谈双方要将谈判结果形成书面的投资协议。投资协议是规范的、标准的法律文本,它是协调或处理风险投资者与被投资企业关系的指南,是风险投资者与被投资企业双方维护自身利益的法律保障,也是风险投资者与被投资企业双方共同的权利和义务的基石。按照惯例,投资协议通常由投资方担任起草工作。

当然,投资协议对于洽谈双方来说都应当是有利的。双方应当事先确定,协议的措辞要明确无误,无懈可击。如果协议中带有含糊的措辞,则可能缺少必要的约束力,那么在一般情况下,总会有一方从中获得的利益多于另外一方。对于协议中的法律用语更要有足够的警觉,因为它可能形成法律上的直接依据。

风险投资协议的主要条款包括以下一些内容。

(一)投资金额与投入时间的安排及其检查标准

要预定一定时期的财务或经营目标。风险投资者对这些目标进行跟踪评估,以便决定是否要调整目标、是否抽资、是否继续投资。这是一种渐进式的投资目标,旨在严格控制创业企业的风险因素。

（二）作为投融资工具所使用的证券类型与构成

如债券、普通股、可转换优先股、参与优先股或可转换债券及其不同的组合。

（三）股份比例和证券转换价

该条款一般融入了反摊薄条款（Antidilution Provision）的内容,即:

1. 当未来出现约定的特定事项时,风险投资者的股权份额才可以减少。这些特定事项可能是必须经历一定的时间,或者是新融资达到某一约定规模以及其他约定的事项。在约定的事项出现之前,创业企业增加新的股份时,必须无偿或按双方认可的价格给予风险投资者更多的股份。

2. 创业企业股份将以低价出售给后来的风险投资者时,必须无偿给予原始投资人一定的股份。这种反摊薄权利称为"棘轮（Ratchet）"。

3. 当增发新股的价格低于原始发行价格或新股发行数量超过约定数量,为了保证原始投资人权益,创业企业允许原始投资人购买额外的股份。

4. 给予优先权（Preamptive Rights）并授权原始投资人在未来获得一定百分比的流通股,而不采取固定股份数量的做法。

（四）有关表明和保证,承诺条款,违约及补救措施

1. 表明和保证条款。表明（Presentative）和保证（Warrantis）条款明确规定,创业企业为风险投资者提供的现有财务和经营信息是确定的、充分的、完全的,是按照有关的标准制定的,特别是关于公司的资本、股份分配、资产、或有负债、未决诉讼、法定专利权等。这种书面保证的目的是明确:不管投资者有没有做尽职调查,做到什么程度,他们所做的决策从法律上都取决于企业所提供的资讯,企业需承担法律责任。如果发现被投资企业违反协议,比如发现被投资企业所提供的信息明显错误,或发现大量的负债,被投资企业要承担相应的责任。协议中的补救条款规定:风险投资者可调整优先股转换比例,提高投资者的股份,减少企业或企业家个人的股份,将股票权和董事会席位转移到风险投资者手中,解雇管理层等。

2. 卖出选择权。卖出选择权（Put Option）为风险投资者保留了一条退出通道。当创业企业因种种原因未能上市时,风险投资者可以行使卖出选择权,将股份转让给创业企业或其他股东。而当风险投资者想将股权转让给第三者时,创业企业就可以行使买入选择权（Call Option）,以同样条件、同样价格购买该股权,以避免所有权和经营权的变动。

3. 限制条款。该条款主要由肯定盟约（Affirmative Covenants）和否定盟约（Negative Covenants）构成。

肯定盟约是指创业企业及其管理层同意在风险资金注入企业后会遵循的一些合约条款。通常包括以下几个方面:①提供经营、管理记录的渠道(Access to Records);②提供财务报表(Financial Reports);③提供年度计划、财务预算(Budgets)等报告;④财务存续与保全(Existence and Maintenance of Property);⑤保险(Insurance);⑥债务偿付与税款支付(Payment of Debts and Taxes);⑦资金使用(Use of Proceeds);⑧给予风险投资公司优先购股权,或者是与股东相同的优先权;⑨告知重大决策;⑩确保风险投资公司参加董事会与监事会的会议(Board of Director)。

否认盟约强调创业企业及其管理层在某一时间内不得从事某种行为或效果相似的行为,如:①禁止未经许可的并购,以维护风险投资公司的利益;②禁止高级管理人员向第三者转让股份;③禁止改变核心经营业务;④禁止未经许可的增资扩股行为;⑤禁止从事与业务不相关的投资活动等。

(五)红利政策

如红利是否可累积或不可累积,如何由董事会决定,在什么情况下支付,或债务利息的支付方式,公司一旦清算时的解决方案。

(六)股权回购的方式(Put 或 Call)

Put 是规定风险投资者有权要求创业企业回购其持有的股票,Call 是规定创业企业有权收回风险投资者所持有的股权。

(七)上市和股票套现

协议规定,由企业负责所有股票的登记和提出上市申请,风险投资者有权在企业套现股票的同时套现所持有的股票,但在操作上,风险投资者通常根据股票的市场行情和自己的投资组合的目标,采用不同的套现方法。

上市是风险投资最理想的退出方式。该条款中的上市登记权条款主要包括以下内容:

1. 要求登记权,即风险投资公司有权随时要求创业企业为其持有的股票申请上市,而不受其他股东决定的影响。

2. 附属登记权,即当创业企业首次公开发行或上市后增资扩股时,风险投资公司有权将手中原有股票或增资扩股股票同时出售,但具体数量要由承销商视市场对创业企业股票的要求而定。

3. 优先登记权。创业企业在上市前若接受众多投资,早期投资者为保有其优先出售股票的权利,会在协议中明确其售股优先权,或限制后续售股条件不得优于自己。

(八)管理者和员工

管理者和员工的聘用条款,持股计划以及认股权的计算和发放。

(九)信息披露程序

风险投资者有权检查所有信息。

(十)董事会

董事会的组成和调整及其相应条件,董事会主席的任命和权限分配。

(十一)违约责任

双方违约的处理方式。

(十二)其他条款

双方认为需要写入的其他条款。如,有关风险投资者的保护条款。

1. 业绩条款与没收条款。该条款规定,创业企业经营者如不能达到预期的经营业绩,风险投资公司可以将其所持有的股权没收。没收的股权将转让给新的经营者。

2. 雇佣合约。该条款规定,创业企业对创业者而言,是一种雇佣关系。

3. 控制条款。该条款规定,创业企业每年必须聘请国家承认的会计师事务所审计财务报表;风险投资公司有权任命经理人员;依据所持股份,风险投资公司还可以将一个或几个代理人纳入董事会;重大决策必须经风险投资公司同意,等。

4. 股东协议。该条款规定,股东出售股票时,应先向企业及协议成员出售;企业新发行股票时,应当向当前股东按持股比例出售,以保证当前股东的股权不被稀释。

一般来说,投资协议99%的内容是明确规定的,其他的1%则隐含在协议当中。在实践当中,往往明确规定的未必都能做到,隐含着的部分随着双方关系的发展反而得到体现。说到底,再详细的协议也还是不完全的,何况现实生活中千千万万的变化。风险投资者固然期望以投入资本的方式赢得利润,但这些利润是要通过具体的人来运作资本而产生的。协议的宗旨是要双方满意和认可。双方满意和认同的程度愈高,协议的执行质量也就愈高。

本章附录

商业计划书

商业计划书是包括企业筹资、融资等活动在内的企业战略谋划与执行等一切经营活动的蓝图与指南,是行动纲领和执行方案,也是企业管理团队和企业本身给风险投资方的第一印象,是评估的第一关。

一、何谓商业计划

商业计划,英文名称为 Business Plan,国内也有人译为经营计划,似乎后者较前者更能体现 Business Plan 的特性。商业计划是企业为完成某种经营目的而拟订的"计划",事实上,这个"计划"不同于汉语中的计划的含义,也不完全等同于管理职能中的计划职能的意义。从某种角度讲,这个"计划"落实于文字中,更像个报告或申请,所以国内以前也常用可行性报告或项目论证书来替代商业计划。在实际操作中,其主要用途是递交给投资人,以便于他们能对企业或项目做出评判,从而使企业获得融资。但是商业计划发挥的作用却是方方面面的,可以毫不夸张地说,商业计划对于企业特别是创业企业的成败有着极其重要的意义。

二、编制商业计划的基本思路

(一)编制计划表

企业向外界寻求资金支持,在"Hot Money"(热钱)越来越多的今天也是一件极其不容易的事,因为绝大多数投资人都会很审慎地安排其资金流向,对于风险投资家这些以理性和敏锐著称的专业投资人来说更是如此。因此,企业编制出的商业计划必须要全面、准确而且充满诱惑力,编制这样的商业计划,其难度是可想而知的。一份精彩的商业计划需要企业投入一定的人力、物力和时间。因而,企业在编制商业计划前应初步拟订一个时间表,对于商业计划的各部分工作进行有效的分工。这"计划的计划"不仅不多余,一些企业家自豪地声称"事实上,从企业的实际看,它不仅帮助我们更快更合理地完成商业计划,而且这样的商业计划更加全面,并突出了重点"。此外,在允许的情况下,企业也可以选择一些类似顾问或咨询公司这样的中介服务公司来帮助或代理编制商业计划,他们的专业经验对于企业无疑是极其重要的。但同时,这更加需要企业内部各方面与代理人之间进行良好的沟通,因为代理人也只能知道企业的资金需要,但并不了解企业的实际情况,这需要双方的互相交流。对企业来说,一方面存在着如何把真实想法和实际情况传递给代理人的问题,另一方面则是寻求代理人的成本问题。

在考虑时间表时,应在紧凑的时间安排之后考虑留有一定的时间余地,这是由于企业在编制商业计划过程中,可能会发现需要对一些涉及如最初的融资目标这样的大方向问题做出调整。编制商业计划的时间应因企业的不同而各异,对于规模较小的企业,安排5~10天的计划较为适宜。因此,在开始正式编制商业计划前,企业应考虑以上这些工作。

(二)资料收集工作

企业在商业计划的编制过程中,将要用到许多相关的资料和数据,这些资料不仅有企业自身的,也有不少是关于企业外部的,诸如市场的状况等。在正式编制前,应尽力做好这些资料的收集工作。从另一个角度来说,对各种相关信息的收集、汇总和整理,应该是企业管理和运作中必不可少的重要工作,而且对一个现代企业来说,这是必不可少的基础性工作。管理信息系统(MIS)、决策支持系统(DSS)乃至企业信息主管(CIO)、ERP(企业资源计划)等名词已成为今天企业里常见的词汇。对于一个创立不久的中小企业来说,加强内外信息的收集整理工作,决不仅是为了融资编制商业计划的需要,更是企业发展所必须要进行的工作。文件和资料内容包括:

1. 企业现状(含资金状况、人员状况、甚至企业已拥有的和将要拥有的资源状况);

2. 市场状况和简单的行业分析;

3. 竞争对手状况。

(三)确定商业计划的具体要素

根据企业的情况,企业可以对商业计划书的具体内容加以选择,但一般说来,以下几项内容是必不可少的。

1. 实施提要。如果说商业计划是企业获得资金支持的必经关隘的话,那么实施提要就是商业计划这个关隘上的大门。企业应该在这短短的篇幅里将自己的设想和抱负作一个清晰而简明的概述,使投资者能一下把握住这份商业计划的实质并引起他继续深入了解的兴趣。这就是实施提要所要完成的任务。

因此,可以毫不夸张地说,一份商业计划的实施提要如果未能吸引住投资者,那么这份商业计划将很难成功。实施提要的内容事实上也就是这份商业计划的浓缩精华。说它浓缩,这是因为依据经验,一份实施提要不应超过两页,要在两页里将整个商业计划加以提炼。说它精华,这又是因为实施提要不能简单地将商业计划压缩,还必须抓住整个商业计划最关键、最精彩的内容,因为只有它才能引起投资者的兴趣。

至于实施提要在商业计划编制过程中何时完成,有人建议在整个商业计划前,也有人说在商业计划具体内容完成之后。这一点并不重要,重要的还是实施提要能否发挥其首要效能——吸引投资者继续关注的兴趣。

2. 企业使命。向投资者展示出企业的精髓是必要的。

主要内容有:企业的经营宗旨,经营理念,经营方针,企业的经营方向和实现目标的手段,企业的发展战略等。

3. 公司介绍。简要介绍企业的一般情况。

其内容有:企业的组织结构,法律形式,背景,主要社会关系,目前所处的阶段,企业的历史与经验等。

4. 产品或服务。向投资者展示企业的产品或向社会提供的服务。企业应根据企业自身产品或服务的独特性质来展开介绍,其中应有一些相应的认证证书的说明和简单的技术内涵的解释。

5. 市场。对企业的产品和服务所处的行业环境和市场特征进行分析和预测,其中对企业的产品在市场上的地位等也应进行分析。

6. 营销计划。根据上一部分对市场的分析和预测,系统地提出企业的营销战略和策略。

7. 生产计划。介绍企业的生产准备和安排情况,包括供应商的渠道和产品的生产规划。

8. 竞争。详细分析市场上各种已有的和潜在的竞争力量,并讨论企业应有的竞争策略。

9. 机会和风险。紧接上面的市场分析和竞争分析,讨论企业的优势、劣势,探讨企业所面临的机会和威胁(SWOT 分析法),指出企业抓住机会、规避风险的措施。

10. 管理团队。向投资者详述企业的管理班子(含董事会和监事会)关键成员的背景、经验。

11. 资金需求计划。提出企业的资金需求数额,经预测和计算后的收益率,资金的退出方案设计。

12. 财务计划。根据以上的分析和预测,推断出企业的财务预测,并依此编制出企业在未来数年内的各张财务报表,并作说明。

13. 其他要说明的部分和附件。此处是对正文中尚需补充说明的部分进行详细阐述,并列出在正文中提及的需要参考的资料的详细说明和出处。

三、正确使用商业计划的格式

在 30 年以前,商业计划没有固定的格式,关键在于企业能否抓住投资者的嗅觉,突出投资者的偏好,并最终让投资者意识到风险回报最大的必然,从而认可向该企业投资。一句话,当时的商业计划更强调如何能让投资者意识到,他做出向该企业投资的决策,虽不完全是明智之举,但也是个不错的选择。在这样的环境下,商业计划的格式成为一种可有可无的东西。当年 Bob Noyce 为英特尔公司所做的商业计划书总共才 1 页,但却赢得了亚瑟·罗克的青睐,并获得了 250 万美元的投资。

时代在前进,虽然即便在今天,要在商业计划中强调内容的重要性仍然是颠扑不破的真理和制胜的最终秘诀,然而对商业计划形式的注意却提到了新的高度。其原因在于,首先,创新事业的竞争是如此的热烈,每天风险投资家们都要拆开数以百计甚至上千份激情洋溢的信件,都要翻阅几十份甚至上百份来自全国各地甚至全球的商业计划,可以想见,在这么多的文件中,风险投资家的关注点肯定不完全是计划的内容能够概括的。其次,由于融资市场上的竞争激烈,今天的创业者们更加强了他们在管理、金融等方面的学习,或者他们更乐意就此向专家请教,他们能更熟悉融资的运作,并深刻理解如何赢得投资者的青睐。优秀的企业家们必然对商业计划书的内容和格式都会加以重视。最后,一份格式清晰明了、内容严谨的商业计划也正是一个有希望的风险投资公司及创业企业家的写照,它从另一个侧面反映了企业及企业家的素质。

商业计划的格式我们可以散见于各种相关资料,事实上,格式的选择同样也与企业的项目情况和对融资对象的选择有关。在此我们推荐使用以下格式。

(一)封面

封面应用大写字体指出是××公司商业计划,并注明公司地址、通信方式。特别要注意的是,要指出公司的指定联系人的姓名和电话。此外,应注明商业计划书相应的完成日期。封面应该简洁明快,纸质坚硬耐磨,可依公司风格选择彩色或素色的纸张,也可采用透明胶片。

(二)扉页

虽然名为扉页,但却是十分重要和具有实质意义的一页,这一页应向意向投资人出具关于本商业计划的保密须知或保密协议,其目的在于保证商业计划中的内容不致外传和泄露。企业为了顺利地获得融资,不得不在商业计划中披露一些对企业来说十分机密的内容,如企业的技术、未来的竞争策略、营销计划以及财务状况等等。这些秘密一旦泄露,将会对企业的未来发展造成不可估量的损失,因此,在正式交付商业计划前,应与投资方约定好保守商业机密的协议,在对方许可之后,方可转交,并且在商业计划中附上此协议。

(三)内容参考格式

以下是商业计划书的大致内容、格式,仅供参考。

第一章　摘要

第二章　项目概述

　一、公司简介

　二、管理团队

三、项目特点
第三章 项目必要性
一、国际现状
二、国内现状
三、国内外差距
四、公司现状
第四章 项目可行性
一、宏观环境
二、政策导向
三、市场需求
四、可借助的优势
五、可参考的经验
六、融资的运作条件
第五章 经营发展规划
一、经营发展宗旨
二、公司长期发展战略
三、产品与服务
第六章 市场与销售
一、市场计划
二、销售策略
三、销售渠道与伙伴
四、销售周期
五、定价策略
六、宣传与推广
第七章 项目的实施
一、公司的治理结构
二、管理水平及架构
三、激励和约束机制
四、组织结构
第八章 资金筹措方案及投资估算
一、募集资金规模
二、投资估算
第九章 经济效益分析
一、投资总额和构成
二、投资效益
三、敏感性分析
四、盈亏平衡分析
五、投资回报及盈利预测

六、公司财务现状

第十章　风险分析与对策

一、风险因素

二、风险对策

第十一章　结论

第十二章　附录

一、市场分析

二、竞争性分析

案　例

詹尼泰克公司

詹尼泰克公司是风险投资行业自身脑力劳动的产物。它的首席执行官和共同创始人罗伯特·斯文森(Robert Swanson)曾是克林伯肯(Kleiner Perkins)公司的一个合伙人。他决定离开克林伯肯公司去创建自己的公司,他的兴趣在生物技术行业。通过阅读科学文献,斯文森找出了一些杰出的科学家并和他们进行了接触。

别人都说斯文森进入得太早了。人们认为哈勃·鲍伊尔(Herb Boyer)要用10年的时间才能从人体荷尔蒙制造出微生物,要开发出具有商业价值的产品或许要用20年。1976年初,斯文森来到位于旧金山的加州大学,亲自向DNA重组专利共同发明人哈勃、鲍伊尔教授请教。他们一见如故,马上同意共同开发DNA重组技术的商业价值。鲍伊尔把他们的创业企业命名为詹尼泰克,这是一个集成名字,意思就是:遗传工程技术(Genetic Engineering Technology)。

斯文森从克林伯肯辞职后,依靠他以前的积蓄,和鲍伊尔一起拟定了一个商业计划。在这份计划中,他们预期能在超乎人们想象的短时间里开发出商业产品。为此,他们打算和加州大学的科学家密切合作,一起研制一种新药。

几个月后,斯文森又回到了克林伯肯公司,这一次他带来了一份詹尼泰克公司的计划书。第一次见面后,他就用公司25%的股份换取了一笔10万美金的资金。正是在这笔风险资金的帮助下,斯文森和鲍伊尔开办了他们的公司。随着业务的展开,克林伯肯公司又在9个月以后为他们提供了第二笔资金。这笔资金有85万美元,换取了詹尼泰克公司25%的股份。又过了7个月,詹尼泰克公司发布了它的第一个成功的消息。他们依靠遗传工程技术,研制成功了一种人体荷尔蒙(Somatosin)。按照斯文森的说法,他们成功地把10年期的研制期缩短为7个月。这时,风险投资家已是急切地要提供资金了。但这一次,95万美元的风险资金只能换取8.6%的股份了。在16个月的时间里,詹尼泰克公司的价值从40万美元上升到1 100万美元。这个例子说明，早期投资的风险资本风险大，收益也高；反之，晚期投资的风险资本风险小，收益也低些。

在早期成功的基础上，詹尼泰克公司的成长可谓一帆风顺。1980年，公司终于上市。这时，幼年的生物技术产业已经一改往日“光说不练”的形象，吸引了众多投资者的目光。詹尼泰克公司的首次公开发行(IPO)是一个惊人的成功，它用公司12%的股份募集了33 600万美元的资金。投资者对公司的估价是3亿美元，即使是在一个股价全面上涨的行业中，詹尼泰克公司的成绩也是非常出色的。为了把他们的研究和开发项目进行下去，生物技术公司对钱总有一种贪得无厌的欲望。由于研制药品的时间长，加上联邦药品管理局(FDA)对新的遗传工程产品(特别是药品)的批准程序耗时较长，公司很难指望依靠公司内部的资金运转下去。詹尼泰克公司在筹资方面有很多的方法，除了风险资金和IPO方式外，他们还可以通过研究开发的伙伴、资金充足的战略伙伴以及在欧洲发行可转换债券的方式来募集资金。1986年，詹尼泰克年销售额达4亿美元，利润达到4 000万美元。它把自己60%的股份卖给如瑞士的药业巨人瑞克(Roche Holdings)公司，作价21亿美元。詹尼泰克公司募集资金的历史已经成为其他成功公司仿效的典范。越来越多的小型生物技术公司从药业巨人得到了资金。1986年，世界上的药业公司已和37家生物技术公司建立了联盟关系，到1990年，这个数字已增长到167家。

自从归属瑞克公司以后，詹尼泰克公司不仅是风险投资的投资对象，也成为风险资金的提供者。它把公司7亿资金储备的一部分给了新建的创业企业，詹尼泰克公司的目的是要把它的技术和一种新的方法结合起来，去开发合成化学药品。

创业企业运用尖端技术在高新技术领域大显身手，从某种意义上讲，是理所当然的。不过，就生物技术领域来看，创业企业的活跃程度尤为突出。这大概是因为，生物技术是一个值得创业企业大力开发的新领域。同时，它又是一个新的行业。这使那些富有冒险精神的企业家认为，只要“优秀的科学家”和“风险资金”结合起来，要成为第二个Sony，第二个IBM也不是不可以实现的梦想。詹尼泰克公司的成功就证明了这一点。1980年，尽管当时詹尼泰克公司尚未完全确立大批量生产干扰素的技术，但富有冒险精神的斯文森和富有创造力的科学家鲍伊尔的结合，却给了投资者极大的信心。当詹尼泰克公司的股票在纽约证券交易所上市时，仅仅20分钟时间，股票价格就从35美元上涨到89美元。最初投资500美元的鲍伊尔一下子就成为身价3 000万美元的千万富翁。

复习思考题

1. 风险投资项目有哪些主要来源?
2. 筛选风险投资项目的投资政策和指标体系有哪些?
3. 试分析尽职调查的内容、方式、程序及重要意义。
4. 试阐述签订风险投资协议的过程。

第六章

风险投资的管理

本章提要

本章介绍了风险投资管理的内涵，特点及其内容和模式，并从理论和实践两方面阐述了控制权分配，阶段性投资等风险投资管理中的核心问题。

学习要点

了解风险投资管理的内涵、特点、内容、模式、方式和影响因素。

熟悉创业企业控制权分配的特征，阶段性投资的影响因素、效应和金融投资工具的选择。

风险投资的一个重要特点是风险投资机构一般对创业企业不仅仅只是投入资金，还会在投资后适度参与创业企业的经营管理。一方面，由于代理问题的存在，创业企业家与风险投资机构之间目标函数的不一致性，会导致利益冲突的存在，风险投资机构通过投资后对所投资企业经营管理的适度参与和监控，可以有助于改善风险投资机构和创业企业家之间的信息不对称，从而降低代理成本，减少投资风险，更好地保障投资者权益。另一方面，风险投资机构往往具有创业企业家所不具备的某方面的知识和经验，风险投资机构利用自己在该方面的优势，参与创业企业的经营管理，为创业企业提供增值服务，将有助于创业企业绩效的提高，从而提升创业企业的价值。还有，风险投资机构通过投资后的后续管理进行资本运作，可以促使创业企业价值得以体现或实现，并在资本退出的过程中获得高额投资回报。因此，投资后的后续管理在风险投资中具有重要意义。

第一节 风险投资管理概述

一、风险投资管理的内涵及特点

（一）风险投资管理的内涵

所谓风险投资管理，是风险投资家与创业者签订投资合约后，风险投资家积极参与创业企业的管理，为其提供增值服务并对其实施监控等各种活动的统称。具体说来，风险投资管理是风险投资整个运作过程的最后一个阶段，起自投资合约的签订，止于风险资本的退出。风险投资管理是一个具有特定内涵的专业术语，是一个广义的概念，不能简单地理解为狭义的投资后对企业的管理，更不能理解为投资后的风险管理，它涵盖了投资后风险投资家对创业企业所实施的监督与控制以及所提供的各种增值服务（包括管理）。

美国的资料表明，风险投资公司将大约一半的工作时间用于所投资企业的后续管理，平均每人负责 9 个企业，每个企业年均消耗 110 个小时。

（二）风险投资管理的特点

风险投资管理有如下基本特点：

第一，风险投资管理的主体是风险投资公司（风险投资家）。风险投资管理是从风险投资家的角度，研究探讨如何对创业企业进行监控和服务，其管理的主体是风险投资公司（风险投资家）。这与通常所说的企业管理和创业管理不同，企业管理内容十分广泛，管理的主体是企业管理者；创业管理则是从创业者的角度研究探讨如何对创业过程进行管理，其管理的主体是创业者。

第二，风险投资管理的重点是战略和策略问题。风险投资家往往通过在董事会中的席位影响企业的决策，通过在产品市场、原料市场和资本市场上的优势帮助企业发展，一般不过多涉及企业日常管理。企业的日常管理由创业者及其管理团队来完成。

第三，风险投资管理的方式是间接的。风险投资家通常只与创业企业的高层管理人员接触，向他们提供一些有创意的经营管理思路或方法，很少或根本不与基层经理人员接触。换言之，风险投资家是通过提供自己的学识、经验以及广泛的社会联系来间接地管理创业企业。

第四，风险投资管理的目的是实现增值。风险资本是一种权益资本，风险投资家一旦与创业者签订合约，两者就形成了生死与共、同舟共济的合作关系。风险投资家积极参与创业企业的管理，提供增值服务，为的是帮助创业者办好企业;实施监控为的是规避企业发展过程中的风险特别是创业者的道德风险。与一般风险管理只是为了减少损失不同,无论是增值服务还是监控,风险投资管理的根本目的都是为了实现创业资本的增值。

二、风险投资管理的内容和模式

风险投资管理侧重于战略规划、人际沟通、社会资源网络和风险控制等方面的内容,主要分为增值服务和监督控制。通常,人们将风险投资家为创业企业所提供的一系列咨询服务、战略管理统称为增值服务(Value Added Service);而为使创业企业按照投资合同所设定的目标发展,控制项目实施过程中的各种风险,特别是创业者的道德风险,风险投资家采取的各种具体办法被称为监控措施。风险投资家通过这两种形式的管理,最终达到帮助创业企业实现并购或公开上市,从而实现风险资本的增值。

(一)增值服务管理

尽管不同类型的风险投资机构为被投资创业企业提供增值服务的深度和侧重点不一样,比如独立的风险投资公司(基金)通常比公司附属风险投资机构能提供更深层次的增值服务(参见表6-1),但一般来说,任何专业风险投资机构都可以寻求从如下五个方面尽可能多地为投资创业企业提供增值服务。

表6-1 风险投资提供增值服务活动的分布(%)

提供增值服务的内容	独立风险投资公司	公司附属风险投资机构
制订规划	95.1	93.2
后续融资	93.9	86.4
人事安排	73.2	56.8
营销	63.4	50.0
供应商关系	9.8	6.8
日常经营	7.3	4.5
其他	12.2	6.8

资料来源:刘健钧:《创业投资原理与方略》,中国经济出版社2002年版,第297页。

1. 目标战略管理。风险投资人利用其在董事会或者监事会的席位,影响创业企业的行业选择和市场定位,对创业企业的重大经营问题与影响风险资本未来运作的战略规划和经营计划提出建议。对创业企业尚未觉察到的一些重大战略问题及时召开董事会或股东会,或根据公司章程赋予的权力,积极地讨论和解决,提高创业企业的管理能力。

2. 资源和社会网络管理。资源管理包括资源的策划和控制,是风险投资项目管理的核心环节。风险投资公司通过参与创业企业的战略规划过程,影响项目的资源配置。此外,由于风险投资公司旗下拥有较多的创业企业,各企业可能位于产业链的不同位置,并且风险投资公司拥有较为丰富的无形社会关系网络,他们不仅可以帮助受资企业募集资金,寻找重要的客户和供应商、合适的管理人员,而且还经常为其提供合适的销售商,帮助企业顺利进行生产、销售和售后服务。

3. 帮助企业筹集后续资金和并购上市。风险投资家运用自己在资本市场上的金融网络、良好的信誉和技能,为创业企业的进一步发展筹集后续资金,协助被投资企业短期融资,解决流动资金不足问题。为了实现组合投资,还要邀请其他风险投资公司一起投资。此外,风险投资公司将协助创业企业寻找新的合作伙伴、并购对象,寻求企业辅导上市,引入证券公司开展辅导工作,并利用自己在资本市场的关系,推荐并购的相关企业或上市的证券交易所,以完成企业的资本运作。

4. 协助组建管理团队,进行人员管理。风险投资人参与受资企业的结构确定、人员分配、团队开发工作,他们利用自己的人力资源网络,为被投资企业挑选高级管理人员和律师、技术专家、财务专家、营销专家,并实现他们的有机结合。此外,他们还检查和评价被投资企业的经营管理人员,做好撤换和补充后续人才的服务工作。但是一般情况下,风险投资家并不积极参与整个挑选过程,只是凭借其在董事会的席位来影响决策。

5. 风险投资项目的沟通管理。沟通管理包括沟通规划、信息管理与沟通控制。风险投资管理与传统投资不同,也不同于一般的企业管理和项目管理,因为风险投资家与项目之间存在间隔,项目信息的传递需要一定的渠道才能顺利进行。通过电话或会晤等信息沟通渠道,定期或不定期地获取企业经营信息,并对其进行综合分析、评价,从而把握企业的经营动态,影响创业者的经营理念和运作原则,帮助创业者建立完善的管理团队和组织制度,实现创业企业的快速增值。

6. 项目管理咨询服务。同其他投资者不同,风险投资公司在完成投资以后,将充分发挥自身的智力优势,向企业提供一系列顾问服务。利用风险投资公司广泛的信息资源网络,协助被投资企业收集相关的市场信息、技术信息以及竞争对手的情况,使企业在竞争中处于有利地位。利用风险投资公司自身的行业经验及敏锐的洞察力,为被投资企业的发展战略和经营决策提供意见和建议。

(二)监督控制管理

高风险是风险资本的基本特征,可以说风险存在于风险资本运作的融资—

投资—管理—退出的所有环节之中。为了规避经营中的风险,使创业企业按照投资合同所设定的目标发展,风险投资公司会对项目进行监督控制。以风险投资公司的角度看,项目的实施过程中,主要存在着市场风险和项目经理人的道德风险。解决了这些风险带来的问题,自然就解决了风险管理问题。

1. 直接监控。风险投资公司对企业进行直接监控,是保护自身利益的有力措施。这些措施主要包括:

(1)参加董事会。在董事会中至少拥有一个席位,以便有效地参与企业的管理,并及时获得相应的信息。风险投资家的管理介入将大大减小风险投资家与创业者之间由于信息不对称而可能出现的代理风险,使创业企业尽可能朝着资本增值的目标发展。

(2)表决权的分配。通常情况下,风险投资公司持有的可转换优先股可以拥有和普通股一样的表决权,长期债权人也可以拥有一定的表决权。

(3)追加资金。不断提供资金也是增强控制力度的重要筹码,特别对新成立的创业资本企业而言更是如此。

(4)分期注入资本。即风险投资机构按照创业企业发展的不同阶段,分期投入风险资本。如果创业企业运行一段时间,经对投资效果和项目开发前景的考察,认为发展趋势不好,且又找不到适当的补救措施,风险投资家就应当机立断,中止投资,赶紧处理已有资产和经营成果,尽可能减少损失。

(5)适时替换不称职的管理人员。如果不能拒绝向企业投资,风险投资家还可以通过解雇不称职的管理者或者使其降职的办法约束他们。这将有效规避管理者的道德风险,确保企业目标的实现。国外有关研究表明,40% 的业绩较好的创业企业和 70% 的业绩较差的创业企业至少换一次首席执行官。

(6)其他监控手段。包括查看企业的设备、账簿,及时获得有关财务报表,了解创业企业业务进展情况、财务控制能力和潜在的问题;未经风险投资方的同意,不得出售股权或签订重要合同等。

2. 间接监控。风险投资公司还可以通过公司治理结构来分散经营过程中的风险。由于信息不对称与内部激励问题,被投资企业管理层将出现以投资者受损为代价谋求自己利益的行为,滋生潜在的道德风险和经营风险。所以,必须建立有效的激励和约束机制,来协调管理层和投资者之间的关系,保证投资者的利益。

经营业绩的激励机制包括:

(1)管理层持股。在创业企业中,管理层在企业股权中占有很大份额,同时还允许管理层在达到经营目标后增加其持有的股份。

(2)风险投资者的股权性质。风险投资者所持股权的性质较多为可转换的优先股,可获得优先清偿权。这种股权性质,一是为了减少风险投资公司的投资风险,二是为了激励管理层。

(3)管理层雇佣合同。在公司章程的雇佣条款中,通常规定在什么情况下可以撤换管理层,并购回管理者所持有的股份。

三、风险投资管理的方式

由于新生企业不确定性大,面对的管理问题、技术问题、市场问题更加复杂,风险投资家与企业家之间委托—代理关系中的信息不对称问题更为突出,需要有效的机制来保证信息充分披露,保证企业的经营活动不损害风险投资家的利益,并从客观上把二者的利益结合起来。

风险投资家一般通过以下几种方式,进行风险投资管理。

(一)参加创业企业董事会

风险投资家们都是积极的内部投资者。创业企业的董事会对企业的经营状况负责,包括聘任或解雇企业总经理,监督与评价企业的经营状况。几乎在每一轮风险投资之后,风险投资家都会要求在创业企业的董事会中占有1~2个席位,如果是辛迪加(Syndicate)投资,则一般会委派第一投资人(Lead Investor,或称“领投”)参与董事会。风险投资家很少参与创业企业的日常管理,因而他们都把出席董事会作为提出自己的建议、影响创业者决策、保护自身利益的极好机会。

(二)审查创业企业经营报告

风险投资家往往要求创业企业每月送交1份经营报告,通过报告中的数据,了解创业企业的业务进展情况。风险投资家应密切注意企业出现的下列问题:支付延误亏损,财务报表呈报日期延误,财务报表质量不佳,资产负债表项目出现重大变化,企业家回避接触,出现大额财产被盗情形,管理层出现变动,销售及订货出现重大变化,存货变动异常,缺少预算和计划,会计制度变化,失去重要客户和供应商,出现劳工问题,市场价格和份额变化等等。同时,风险投资家还要密切关注关于企业生产所需技术的变化,企业所在行业的变化及政府政策的变动等外部预警信号。

(三)与创业企业高层管理人员通电话或会晤

风险投资家常常采取电话或会晤等方式,与创业者或创业企业重要管理人员进行交谈和接触,了解创业企业情况,进行指导或咨询,实现有效的沟通。根据国外调查统计,风险投资家平均每年到每个被投资企业视察19次,通过面谈或打电话与企业进行直接沟通共花费100个小时。

据我国有关调查显示,我国风险投资机构对创业企业的投资后的后续管理通常选择的方式依次为:参加董事会,提供管理咨询,派驻高层管理人员,派驻财务人员。可见,这些选择与国外风险投资机构的做法也大致相同。

四、风险投资管理的影响因素

根据国外经验,风险投资家在确定风险投资管理的方式与参与程度时,主要考虑以下这些因素。

(一)创业企业的发展阶段

根据创业企业所处的发展阶段不同,风险投资管理的方式和参与程度应有所不同。在创业企业的早期阶段,由于创业者一般缺乏创业管理的经验,管理班子往往不健全,各种关系网络特别是市场网络尚未建立起来,这时风险投资家的积极介入对创业企业的成功与否十分关键。

此外,创业者在企业开始创办的阶段常常会遇到各种挫折或障碍,并且往往伴随着孤独。风险投资家的介入,不仅在商业上而且在情感上给创业者以支持,使创业者能够调节情绪,摆脱孤独。随着创业企业的发展壮大,增值服务的方式和内容也将随之变化,风险投资家介入的程度可能没有早期那么深,而且更多的是提供战略管理方面的帮助。

(二)股权比例

风险投资公司根据投资于创业企业股权比例的不同,确定风险投资后的后续管理的方式和参与程度。一般来说,股权比例越大,风险投资家分担的风险越高,进行风险跟踪管理的动机越大;参与越深,选择的方式越多。比如,股份很少,可能只参与股东大会,行使股东权力即可;股份较多,则可能参加董事会、监事会,甚至派专员出任总经理(或副总经理)、财务部经理等,显然后者参与的程度要深得多。

(三)投资行业

根据所投资的行业的性质不同,风险投资公司投资后管理的方式和介入的程度也不同。一般而言,对于高新技术企业,由于其不确定性大,风险投资家介入的程度较深;反之,其他非高新技术企业,则介入的程度可以浅些。此外,风险投资家往往选择自己较熟悉的行业进行投资,这样可利用自身优势对创业企业提供增值服务,其介入的程度将比投资于自己不熟悉的行业要深。

(四)投资效果

一般而言,在创业企业运行正常时,风险投资家介入的程度可以浅些;而在创业企业面临困境,出现经营困难时,风险投资家往往挺身而出,积极支持创业企业。新企业可能遭遇诸如未能如期生产出商品、大客户撤回合同、关键人物突然辞职等困境。风险投资家在这种时候仍然要有耐心,并提供必要支持,使企业渡过难关。倘若风险投资家解决危机的各种措施都无济于事，则应尽早退出，以免造成更大的损失。

需要指出，在确定风险投资后管理的方式与参与程度时，除了考虑以上四个因素，还必须考虑风险投资机构和创业企业的实际状况。如，美国的风险投资机构和英国的风险投资机构所采取的方式就有所不同。前者主要是积极干预型，后者则采取自由放任型。原因在于美国风险投资家多投资于初创时期的企业，而英国风险投资家倾向于向企业提供后期融资。

第二节　控制权分配

一、创业企业控制权的经济意义

风险投资家每年都要从上百件项目建议书中筛选出他要支持的公司和团队。任何一个创业企业的成功或失败，除了创业企业所不能控制的外部因素（如国家宏观经济政策）外，还有创业企业家的努力程度和素质这一决定性因素。但是，由于风险投资家和创业企业家之间形成了委托—代理关系，作为委托人的风险投资家不容易对创业企业家的行为进行监督，作为代理人的创业企业家拥有信息上的优势，风险投资家和创业企业家之间存在信息不对称问题。即使信息相同，他们也可能会在某些基本问题上出现分歧，这些问题包括如何注入资金及何时注入资金、是否及何时放弃一个企业等等。为了解决这些问题，风险投资家有必要掌握创业企业的控制权。另一方面，作为创业企业创始人的创业企业家要承担创业企业的大部分风险，也必然追求企业的控制权。

此外，由于高技术本身先进性、可靠性和实用性的不确定性，高技术投资分析的不确定性，以及高技术产品市场的不确定性，导致风险投资回报具有高度不确定性，从而形成了风险投资的高风险性。风险投资的高风险性，投资回报的高度不确定性，风险投资过程中普遍存在的信息不对称问题，以及在风险投资项目经营过程中不可避免地出现的风险投资家和创业企业家之间利益不一致的情况，都会使风险投资中控制权的分配逐渐成为关系到风险投资项目成败的关键问题。风险投资家在投资时，常常要求得到一部分风险投资项目的控制权，以减少信息不对称所带来的代理风险，提高投资收益率，最终达到保护其利益的目的；而创业企业家为了维护自身利益，不会轻易放弃风险投资项目的控制权。风险投资家和创业企业家之间利益的分歧，使控制权如何在二者间进行分配成为焦点。

在风险投资实践中,风险投资家所获得的控制权与其所持的股权并不成比例,即控制权并非按照“一股一票”的规则来分配。风险投资项目的控制权究竟应如何在风险投资家和创业企业家之间进行分配,这是个非常值得探讨的问题。

二、创业企业控制权的含义及其配置的特征

(一)创业企业控制权的含义

企业所有权可分为剩余索取权(Residual Claim Right)和剩余控制权(Residual Rights of Control)。而 Crossman 和 Hart 则将企业所有权定义为剩余控制权。本节讨论的控制权既包括剩余索取权,如现金流权(Cash Flow Right),也包括剩余控制权,如投票权、清算权、投资权等企业重大决策权等。

与规范的上市公司中相关利益者的权力安排不同,创业企业的控制权分配在很大程度上是双方谈判的结果。控制权的分配与转移是风险投资家与创业企业家之间委托—代理关系中的核心内容之一,这是因为,控制权的分配影响投资双方的行为尤其是非合同化行为,进而影响企业的价值和双方的利益。因此,能否有效地解决他们之间的利益冲突,在很大程度上取决于控制权的合理分配。

(二)创业企业控制权配置的特征

传统企业理论的一个核心观点是,企业是一系列契约的有机组合,而契约的不完备性导致最优的企业所有权配置是企业的剩余索取权与剩余控制权相对应。这种企业所有权对应配置的特征,往往是最优的所有权安排决定于每类成员在企业中的相对重要性以及对其监督的相对难易程度。这一结论背后的逻辑是,在给定契约不可能完备的条件下,让最重要同时又最难监督的企业成员拥有所有权,可以使剩余索取权和控制权达到最大限度的对应,从而使代理成本最小。

但是,20 世纪 90 年代以来不断涌现的成功的创业企业,却表现出与上述观点不同的所有权配置特征。

1. 控制权在风险投资家与企业家之间的分配与转移是随“状态”而变化的,也就是说,控制权是一种“状态依存权”。风险投资企业中的“状态”,既可以是财务指标(如未来现金流量、利润、净资产等),也可以是非财务指标(如专利、新产品投放市场等企业发展过程中的一些重要成果或业绩),在创业初期,非财务指标可能更显重要。如果企业处于逆境或“状态”不佳,风险投资家就应该拥有剩余控制权;随着企业经营业绩的改善,创业企业家则拥有更多的剩余控制权,

同时剩余索取权也会有所增加。因为，随着时间的推移（一般 3 ~5 年）和业绩的改善，企业家的股权将逐步得以实现；如果企业的业绩具备公开上市的条件，风险投资家会只保留剩余索取权，而放弃绝大多数的控制权（即将控制权转移至创业企业家）。

有人曾以 1987—1999 年间美国 14 家风险投资机构对 118 家创业企业的 200 轮风险投资业务为样本，经统计分析发现，创业企业中的剩余索取权和控制权的配置常常是分离的：创业企业家获得相对较多的股权，而风险投资家获得相对于其股权比例而言更大的控制权；而且，控制权在双方之间配置的比重，是随着创业企业发展绩效的变化而动态地调整的，表现出一种状态依存控制权（State-contigent Control）特征，即随着企业绩效的不断改善，风险投资家除了保留现金流要求权（Cash Flow Rights，可以理解为一种剩余索取权形式）外，会将控制权（如投票权、董事会表决权、清算权等）逐渐转移给创业企业家，后者因此才使其拥有的剩余索取权与控制权逐步对应起来。

2. 剩余控制权与剩余索取权可以分离且不必完全对应。只要企业的经营业绩满足风险投资家的价值最大化条件，风险投资家就愿意放弃大多数剩余控制权，只保留剩余索取权，这表明，风险投资合同中剩余控制权与剩余索取权是可以分离的。与其他融资方式不同的是，风险投资中的风险投资家不仅提供风险资本，而且有动力和能力参与企业的管理监控，风险投资家主要通过影响或控制企业董事会的方式，对企业经营中的重大决策行驶控制权。但拥有控制权不是目的，通过适当的退出渠道（如 IPO）获得理想回报才是根本目的。放弃剩余控制权意味着企业经营状况良好，这样，风险投资家就可以将更多的精力与时间放到其他投资组合中去。这说明，剩余控制权虽然重要，但只有在影响剩余索取权时才是最重要的，剩余控制权只是影响剩余索取权的数量与获取方式；此外，上市公司普遍实行“一股一票”制，是因为剩余控制权与剩余索取权至少在形式上相互对应的，而在风险投资中，风险投资家不仅拥有所占股份应有的投票权或董事会席位（风险投资家拥有的可转换优先股具有与普通股一样的投票权），还具有合同中规定的其他控制权，如超级投票权、未来融资权以及退出方式决策权等，也就是说，如果风险投资家不能通过多数投票权或董事席位来行使控制权，也可以通过合同赋予的特别权利来行使控制权。因此，风险投资家拥有的剩余控制权与剩余索取权是不完全对应的。

3. 剩余控制权的转移为创业企业家提供了一种隐性激励机制。创业企业家在创业过程中，可能时刻面临着中断投资、清算企业甚至被解雇而丧失私人利益和未来股份收益的威胁，而创业企业家对自己亲手创办的企业赋予很高的私人价值，在这种激励与约束机制下，创业企业家通常会努力工作。如果能将企业培育壮大并公开上市，风险投资家所拥有的可转换优先股会自动转换成普通股并变现退出，企业即进入下一轮融投资，风险投资家同时失去了合同规定的优先股控制权，即使风险投资不退出，由于公开发行股票会使其股份大大稀释，剩余控制权也将大大削弱，相应地，创业企业家就获得了相对更多的剩余控制权，尤其是在以市场监控为主导的美国治理模式下，股权分散，CEO实际拥有的控制权更大。因此，这种潜在的退出渠道（在事前是不确定的）就为创业企业家提供了一种隐性激励机制，同时也是双方所愿意看到的结果。

4.剩余控制权的分配影响社会资源的配置效率。从风险投资家的效用函数可知，在给定创业企业家所占股份的情况下，假定创业企业家从管理或经营该企业得到的私人利益的价值不变，这时二者的目标函数是一致的。但现实中，创业企业家的人力资本等投入是一种"沉没资本"，在未来预期收益不确定的情况下，对剩余控制权赋予了很高的价值，因此，从理论上讲，只要分配给企业家剩余控制权，在企业处于逆境时仍然选择继续投资并管理该企业，必然会造成社会资源的浪费。在企业由于技术、产品等原因而处于逆境时，由风险投资家行使剩余控制权（如中断投资、清算企业等），才可能避免社会资源配置无效率，如果原因出在创业企业家的管理能力上，则可以通过CEO的替换，实现社会资源有效率的配置（创业企业家的私人利益不会消失）。实际上，风险投资家非常关心创业企业管理层的职业化，当发现企业原有CEO或其他高层管理人员不适应企业发展时，他们通常会利用广泛的社会网络和行业经验寻找适合的管理人员，并通过行使控制权达到这种目的。据调查，美国硅谷创业公司创业头20个月，CEO被替换的可能性是10%，40个月时为70%，而80个月时为80%。可见，有限合伙制风险投资治理结构的有效性在于能够通过控制权的合理分配，实现社会资源的合理配置。

那么，创业企业的所有权尤其是控制权的配置为什么具有上述特征呢？海尔曼（Hellmann）指出，由于创业企业家面临财富约束，他必须在股权和控制权（可以为其带来私人利益）之间进行权衡。而对风险投资家来说，持有相对较大的控制权，能够避免被创业企业家事后"套牢"（Hold Up）的风险，因而较大的控制权是对风险投资家进行投资的一个激励。这样，为获得风险投资，创业企业家常常以放弃较多的控制权为代价。国内学者陈永庆、王洗尘（2002）在同时满足风险投资家和创业企业家参与激励的条件下，分别研究了基于创业企业家最大化利益原则、风险投资家最大化利益原则和社会福利最大化原则之上的创业企业最优股权结构的配置。这些研究在控制权的处理上，都隐含地假定它在某一时刻已经完全配置给某一企业成员，且固定不变。

另一些研究则强调了创业企业控制权配置中的动态性特征。如在阿吉翁(Aghion)和波尔顿(Bolton)运用不完全合同理论提出的控制权转移模型(Control Rransfer Model,CTM)中,企业家受财富约束并拥有不可证实且不能转移的私人利益(非货币利益),这就导致单纯追求货币利益最大化的投资者与同时追求货币利益与私人利益最大化的企业家之间存在着利益冲突。为缓和这一冲突,最佳的控制权结构是:①单边控制。当货币利益与总收入是单调递增关系时,投资者控制最有效;而当企业家私人利益与总收益是单调递增关系时,则企业家控制最有效。②相机(Contigent)控制。当上述货币利益和私人利益与总收益间不存在单调递增关系时,控制权的配置是随着企业经营状况的不同而改变的。企业经营状况好时,企业家获得控制权;经营状况不好时,控制权则转移给投资者。另外,在企业发展的后期,由于可证实的货币收益会越来越高(意味着此时的代理问题不再严重),企业的外部融资能力因此而得以加强,这样,企业控制权就会更多地转移给企业家。德瓦庞德(Dewatripont)和泰勒尔(Tirole)(1994)在CTM模型的基础上,研究了控制权与现金流权(Cash Flow Rights)之间的关联性,认为仅有以业绩为基础的货币激励是不够的,还必须在必要情况下给予投资者控制权,尤其是在企业经营状况不好时。上述研究具有重要的理论意义,即创业企业的控制权与其剩余索取权之间的配置并非如传统理论要求的那样总是保持一致,而是具有一种动态的可调整性,以此解决投资者和企业家之间的风险分担和激励问题。

三、实践中的控制权分配措施

在实践中,为激励创业企业家努力工作,创业企业家不仅持有相当一部分企业股份,还持有相当比例的股票期权。而且,考虑到创业企业家人力资本对初创期企业的重要性,风险投资家还尽可能多地保留创业企业家对企业的控制权,以使其能更为自主地运营企业。在给予创业企业家激励的同时,为控制风险和提高投资成功率,风险投资家常常要求通过明确的契约条款,获取一些相对于其持股比例而言更大的特定控制权,这也意味着创业企业家必须为融资成功而放弃相当的控制权,并为此承担相应的风险。实践中,控制权分配的具体措施有以下几个方面。

(一)分阶段注资

风险投资家很少将资本一次性全部投入,他们有权按照企业发展的不同阶段和绩效,选择分阶段、多轮次投入,这实际上是在创业企业家和风险投资家之间创造了一种重复博弈的格局,即上次博弈会影响下次博弈的结果。这样,风险投资家不仅能避免了一次性全部投入导致创业企业家的股权被稀释过多所引发的激励不足问题，也能对创业企业家实施严格的约束。比如，当创业企业家的行为有损风险投资家的利益时，后者有权停止后续注资，或者再次增加的投资将以更高的比例稀释创业企业家的权益份额。另外，风险投资家通常会向从事同类技术创新的一家以上的创业企业进行投资，这样就可以把多家创业企业捆绑在一起，借助分阶段注资的权利，以"联赛竞争"的方式对创业企业家形成激励与约束——胜者与风险投资家分享新产品的市场价值，败者不再有后续投资，从而激励创业企业家努力工作，并部分地弥补风险投资家对落选企业的投资损失。

（二）可转换证券的使用

可转换证券包括可转换优先股、可转换债券或附认股权的公司债券等。这些可转换证券的关键特征是将风险从风险投资家转移到创业企业家，而且创业企业家对契约条款的反应又使得风险投资家拥有更多的评估信息，从而降低了双方之间的信息不对称程度。可转换证券通过设定一些特殊的条款，使风险投资家拥有相对于其股权比例而言更大的控制权。比如，在风险投资家最常使用的可转换优先股投资方式中，当企业经营不善甚至清算时，风险投资家拥有优先清偿权；而在企业发展良好时，风险投资家又有权将优先股转换为普通股，从而分享企业成长的潜力。同时，这种优先股还拥有特殊的表决权，赋予风险投资家对企业重大事务享有与其所持股份不相称的权力（比如一票否决权力）。这样，当企业经营不善时，风险投资家就有权接管董事会、撤换企业管理层，以及通过收购、兼并、清算、股份回购等方式将投资予以变现等。

（三）股票延期套现条款和非竞争条款

如果创业企业家的人力资本在创业企业中的作用非常关键（尤其在企业初创阶段），那么创业企业家被替换的威胁就较小。相反，此时的创业企业家却可以通过威胁离开企业来"套牢"风险投资家，从而使创业企业家能以较低的成本，按照自己的意愿修改初始契约，以谋求更多私人利益。为防范被"套牢"的风险，风险投资家普遍采用了股票延期套现条款（Time Vesting Clauses）和非竞争条款（Non-Compete Clauses）。前者是指在投资契约中，规定创业企业家所持有的股份只能在规定的时间段后才能套现，若创业企业家提前离开，风险投资家有权以较低的协议价格购回创业企业家的股份。这样，当创业企业家持有的股票价值具有上升潜力时，创业企业家离开企业的成本将很高，从而促使创业企业家努力工作。后者则规定一旦创业企业家离开企业，他不得在规定的时间里，在同一行业中的其他企业就职，这就对创业企业家形成了很强的约束。

第三节 阶段性投资

一、风险资本的阶段划分

任何一家新企业的发展，都要经历开始的构想、开业、发展乃至成熟等阶段。西方的企业理论研究表明，企业的发展存在生命周期。一般来讲，一家新成立的企业，从构想到成熟的过程要经过6个发展阶段，每一阶段在公司规模、资金需求、市场开拓以及公司成长等方面都有明显的差别。相应地，风险投资家不会将风险资本一下子全部投入到创业企业，而是针对创业企业的不同发展阶段，不断地分期分批投入。这样做既可以减少风险，又有利于资金周转。一般来讲，风险资本所投入的资金会在企业滞留相当长一段时间，平均投资期为5～7年。

从资金投入的时期看，风险资本可划分为以下几种。

第一，种子资金（Seed Capital）。当创业家提出其创业构想，同时欲再进行深入研究并将其商品化时所需要的资金，称为种子资金。此类投资的目的在于使创意构想能够商品化，投入的资金量不大，一般在几千美元到几万美元不等，但投资的风险很高。此时注入的种子资金主要用于新技术、新产品的开发，用于购买设备，支付专利费用、研究人员工资、专家咨询费用和样品或样机试制费用等。

第二，导入期资金（Start－up Capital）。这一阶段，所投资的公司在它的新科技、新专利基础上开始了初步的运行，进入了产品的研发和实验阶段。

第三，第一轮资金（The First Round Capital）。此阶段为产品原型已经完成，并准备设厂进行生产。此时的投资金额较大，风险程度仍很高。在企业创立阶段最需此类资金。

第四，第二轮资金（The Second Round Capital）。产品虽然已经上市，但仍未达到损益平衡点，此时仍需投入相当多的资金供其运转。这阶段所需资金金额很大，但风险程度已降低许多。在企业成长阶段的早期所需的资金都属此类。

第五，第三轮资金（The Third Round Capital）。处于成长阶段的企业，已达到损益平衡，但为了再进一步扩充，需要外部资金的支持。此类资金的金额很大，但风险程度不高，处于成长阶段后期的企业最需要此类资金。

第六，第四轮资金（The Fourth Round Capital）。处于成熟阶段的企业，已展现其发展潜力,此时所需资金极大,已非风险投资事业所能提供,因此需要安排股票上市。股票上市前,为增加企业的价值,可能需要一笔资金对企业进行改造,金额名目有所不同,但风险程度最低。这种资金又可分为过桥融资(Bridge Financing)、杠杆融资(Leverage Financing)和再生融资(Turn Around Financing)。前二者的目的在于提供资金,供风险投资的企业用于改良企业的部分结构,以提高企业价值;或进行财务结构的改善,以利于股票上市运作。至于再生融资,是指创业企业已面临较大的危机,需要注入资金,重整企业的经营,除了投入资金之外,更需要投入新的经营方式,激发企业活力,有助于提高企业价值。

这6种资金中,前四种资金一般也称为早期阶段的风险资本,后两种资金也称为晚期阶段风险资本。

二、分阶段投资的结构特征

分阶段投资是风险投资的重要特征之一,风险资本分阶段注入是风险投资家所能采用的最有力的控制机制。风险投资家很少把创业企业完成商业计划所需的资本一次性全部投入,而是根据创业企业发展的阶段性特点,将资本分期分批投入。为了推动创业企业持续不断地发展,多轮次的后续投资不可避免。各轮次投资阶段的投资在时间、金额上会产生一个结构问题,这就是分阶段风险资本投资结构。分阶段风险资本投资结构表现为各轮次的投资规模、投资存续期(指前后连续两轮投资之间的时间间隔)、整个投资规模和投资轮数,其中,整个融资规模等于各轮次融资规模之和。一般来说,各轮次融资的分水岭有可能是企业的不同发展阶段。由此可见,分阶段投资是指风险投资家提供确保企业发展到下一阶段的资金,同时严格实行预算管理,反复评估企业的经营状况和潜力,保留放弃追加投资的权利,也保留优先提供企业追加融资和购买发行股票的权利的一种有效的制度安排。这种制度安排可以有效地控制风险,避免或减少企业可能的资金浪费。

分阶段投资策略表明,风险投资有明显的期权特征,两者紧密相连。迪克斯特(Dixit)和平迪克(Pindyck) (1994)描述了风险投资项目的特征:投资的序贯性(Sequence),投资的不可逆性,期权特征——可推迟或终止项目投资。这些特征,都与风险投资的高风险性紧密相关。

投资的序贯性是指风险投资家采取分阶段投资策略,而风险投资决策是个序贯决策,现在的投资可以看作是购买了对创业企业进一步投资的期权。由于许多风险投资项目周期都很长,而且不确定,并可以中止,在项目生产周期内,市场环境及其他许多不可控因素可能发生很大变化,因此,投资市场环境是序贯的,“在干中学”在风险投资中十分重要。

投资的不可逆性是指资金一旦投入，除非项目生产周期完成并取得成功或者破产清算，否则资金无法撤回。

投资的期权特征是指现阶段的投资者有继续为下一阶段投资的权利而不是义务。在每一阶段，投资都可能逾期或终止。投资者将对项目进行持续评估，以决定是继续还是延期甚至终止投资。投资决策对项目未来的预期价值或完成项目所需的成本十分敏感。但是，分阶段投资带来的一个问题是，创业企业家可能追求眼前的短期效益，以获取进一步的投资支持，此即所谓的“窗口效应”。海尔曼（Hellman）（1992）认为，加强监控可以解决这个问题。

由于企业是否达到了某一阶段的目标，在有着不同利益的人看来，会有不同的判断，所以分阶段投资的一个重要变体——里程碑式投资日益流行。它是在风险资本投入之前，预先确定好双方一致同意的某些关键事件，作为企业发展到一定阶段的标志——里程碑（如新产品面市、现金流平衡点、盈亏平衡点、实现了资产回报率的预期水平、IPO 等）。风险投资家承诺，在企业达到某一里程碑后，继续注入下一阶段所需资金。

三、分阶段风险资本投资结构的影响因素

影响风险资本存续期和投资规模的因素，可以根据代理理论进行分析。风险投资家在代理成本和监控成本之间进行权衡，以确定对项目进行再评估和追加资本的频率。风险投资家担心的是创业者从某些投资或策略中所得的私人利益与投资者的货币回报不完全相关。因为监控成本很高，监控不可能持续不断地进行，所以风险投资家通常采用的办法是，定期对项目状况进行检查，并保留退出投资的权利。投资的存续期以及监控的严密程度和预期的代理成本相关。代理成本随着有形资产的下降而增加，随企业价值成长和期权份额的增加而增加，随特定资产的增加而增加。

（一）信息不对称条件下的代理成本是阶段性投资结构的重要制度影响因素

创业企业家比风险投资家掌握更多的关于投资项目的私人信息，更可能从自己的利益出发，形成较大的代理成本。创业企业中存在两种相互联系的代理成本：①创业者可能专注或投资于那些为他个人带来高回报而为投资者带来低预期货币回报的策略、研究或项目。由于创业者的权益实际上是一种看涨期权，所以存在着执行高风险策略的诱因，如某一种新产品还未得到进一步测试，便将其推向市场。②如果创业者在拥有私人信息，并且选择继续运作净现值为负的项目时，那么他正在进行的经营行为就是无效率或高代理成本的。在阶段性融资的机制下，风险投资家将定期检查创业企业的运营情况，如果创业企业

预期收益的净现值已降到止损点(Stopping Point),在不能迅速改变现状的前提下,风险投资家将会利用自己掌握的信息,做出终止向该项目继续投资的决策。

(二)监督成本也是影响阶段性融资结构的制度因素

风险投资家在完成项目筛选、尽职调查、评估、签约并对创业企业进行首轮投资后,随着内外部环境的变化和创业企业运营中出现的问题和情况,仍需要支付收集信息的成本、合约重新谈判的成本和合约履行的成本。这就是说,风险投资家对创业企业进行监控和注资是有成本的。如果风险投资家要对项目进行检查,读创业者提供的报告,停止其他活动,那么这些成本就会相当大。订约成本、花费的时间成本以及风险投资家的资源都要计算在内。当注入资本时,要谈判,要签约,还要聘请律师,此外还有其他一些相关成本。这些成本决定了资金分阶段注入是妥当的。

监督成本的高低和创业企业的融资阶段直接相关,对起步阶段的创业企业的监督比发展阶段或成熟阶段的创业企业的监督难度大,因而这一阶段融资存续期较短,或阶段性的投资规模较小;监督成本的高低和投资规模也正相关,投资规模越大,监督成本越高。如果监控和收集信息有重要作用,那么风险投资家也应该对那些可能存在较大程度的信息不对称问题的企业进行投资。对于这类企业而言,监控的价值也比较大。早期阶段的企业历史很短,或根本无历史可供考察,因此,很难进行评估。类似地,具有相当的高成长机会和高 R&D 密集型产业中的企业,通常需要严密的监控。因此,风险资本投资的相当大一部分是投入早期阶段的企业和高科技企业。

如果风险投资家利用信息进行投资决策,那么对成功项目的总融资额和融资轮数应超过失败的项目。风险投资家在对项目的进程进行监控时,一旦发现有关企业未来前景的负面消息,就会停止对该项目的融资。那些公开上市的创业企业所获得的总融资额和融资轮数应当多于那些被并购或清算的创业企业。

(三)企业资产的性质对预期代理成本和分阶段风险资本投资结构有重要影响

许多文献强调代理成本在决定财务杠杆中的作用。使债务预期代理成本增加的资产特性会降低财务杠杆,并使监控更有价值。因此,降低杠杆的因素会缩短风险投资的存续期限。而威廉姆森(Willianmson)指出财务杠杆与资产的清算价值正相关。清算价值高意味着拖欠的成本较小。清算价值与有形资产正相关,因为有形资产较之无形资产较易出售变现,而且较大部分的账面价值可以收回。施莱佛(Shleifer)和维什尼(Vishny)发现,拥有较多的产业和企业特有资产的企业(诸如发电厂、矿山开掘企业等)所需要的债务较小,因为资产的专用性大大降低了清算价值。高 R&D 密集型企业一般拥有企业或行业特有资产。由此可见,资产的专用性会影响分阶段风险资本的投资结构。一方面是企业无形资产比例越高,融资的存续期限越短;另一方面是 R&D 密集性越高,融资的存续期限越短。在分阶段投资中,无形资产总是与较高的代理成本联系在一起。随着有形资产的增加,融资的存续期限相应延长。同样,R&D 密集性高的产业创业者有很大的投资自主性,导致预期代理成本增加和融资存续期缩短。

(四)创业企业的市场价值/账面价值比率是阶段性融资结构的技术影响因素

创业企业的市值越高,说明投资者对创业企业未来成长性的期望值越大,如果预期的市场价值远远高于创业企业的账面价值,那么一方面,将对融资提出更高的要求(如在快速成长阶段的创业企业融资存续期一般较短,或者投资规模较大);另一方面,可能促使风险投资家更容易做出投资决策,特别是启动风险加大的项目,这会产生更高的代理成本和监控成本,也导致投资规模的扩大。Mayers(1997)认为,价值主要取决于未来成长期权的企业一般较少使用债务,企业的市场价值/账面价值比率可能与由未来成长机会构成的那部分企业价值有关。实证研究证实了这一推测。在那些企业价值主要由未来成长机会决定的产业中,创业者更有可能采取能为自己带来利益而给股东造成损失的投资策略。市场价值/账面价值比率高的企业更易受这类代理成本的影响,这就增加了风险投资家监控的价值,缩短了融资的存续期限。

(五)风险投资产业的成长[①]构成了阶段性风险资本投资的环境作用因素

Gompers 和 Lerner 的理论和实证研究(1999)表明:融资存续期和每轮融资额对风险投资业的成长也较敏感。流入新风险投资基金的承付资金额(New Commitmts)的增加,缩短了融资存续期,增加了每轮融资额。他们发现,流入风险投资基金的新承付资本超过一个标准差的增长,会导致融资存续期缩短 2 个月,平均每轮融资额增长约70 万美元。如果风险投资家面临资本约束,那么,现金支付资本的增加,将使风险投资家更频繁地投资于能产生正净现值的项目,从而浪费更多的现金。20 世纪 80 年代中期,新的缺乏经验的风险投资基金经

① 这里是站在风险资本形成、募集(流入),即资金的流入量或资本供给(以及与之相连的风险投资家的经验)增长的角度,来衡量风险投资产业的成长。

理的进入,导致了投资质量和监控水平的下降。自由现金流理论(Free Cash Flow Theory)(1986)认为,风险投资基金承付资本的增加将导致投资数额和投资频率的增加。风险投资家将把新增承付资本投入使用。布兰查德(Blanchard)、洛佩兹(Lopez de Silanes)和施莱佛(Shleifer)(1994)探讨了自由现金流代理成本问题,并指出,现金意外增加会对企业投资行为产生负面影响。胜利者似乎更愿意向较差的项目投资,而不是把既得的现金收益分配或返还给投资者。如果自由现金流的问题影响风险投资家,那么更大笔、更频繁的投资意味着风险投资家可能在过度投资。

四、分阶段投资对创业企业治理的效应分析

资本分阶段注入是风险投资家所能采取的最有力的控制机制,上述研究表明,分阶段注入资本使风险投资家能够收集信息、监控企业进程,并保留定期退出低劣投资项目的选择权。作为风险投资的一个主要特点和一种有效的制度安排,分阶段投资对创业企业的治理问题有着深远的影响。分阶段投资的制度安排对公司治理的作用主要表现在,它可令风险投资家对创业企业的前景和创业企业家的表现进行周期性、阶段性的重新评估,然后根据评估结果选择是否继续注入资金,从而起到减少错误决策、抑制创业企业家机会主义行为的作用。

(一)分阶段投资能减少不确定性,形成中断机制

创业企业的不确定程度越高,阶段性评估越能在一定程度上减轻不确定性带来的风险。风险投资家可以根据项目的进展判断发展前景,对前景黯淡的项目果断停止投资,这就是所谓的中断机制。

(二)分阶段投资能够减缓信息不对称性,强化风险投资家的控制权

由于信息不对称性,创业企业家比风险投资家拥有更多的私人信息,这可能会误导风险投资家的投资决策。而分阶段投资可以使风险投资家随着项目的进展,了解更多有关企业和项目的信息。一般来说,风险投资家会在各轮次资金注入的间隙,高频次、周期性地考察创业企业。Gorman 和 Sahlman(1989)通过调查,研究了风险投资家对其所投资企业的监控,发现他们一般不会参与日常管理活动,对进程的主要评审和广泛的审慎调查主要集中在再融资这段时间。融资轮次之间的检查主要是为了限制创业者在两次评估之间的机会主义行为。作为一个多轮次的重复博弈,创业企业家在首轮投资开始时就认识到,他能得到的资本只能支持他达到实现这个阶段的目标。如果达不到契约中规定的阶段性业绩目标,风险投资家就会相应调整决策(会减少下一轮的投资额,要求更多的股权份额,甚至撤换管理层)。这样,分阶段

投资实际上强化了风险投资家对创业企业家及经理层的控制。Yuk - Shee Chan(1990)认为,风险投资契约双方都有能力控制企业,但创业企业家的能力在缔约时双方并不明确,随着项目的进展,企业家的能力逐步显示出来,由此决定了第二阶段谁来控制企业。两者之间学习过程的存在,使得契约具有明确的条款,保证风险投资家有控制权和让渡能力。

(三)分阶段投资能在制度上解决单向承诺问题

Neher 和 Darwin Victor(1994)认为,创业企业家由于自身独特的人力资本使其项目增值。当创业者必须从外部融资时,这就带来了单向承诺问题(Commitment Problem)。即他不能许诺在将来不通过从项目中撤走其宝贵的人力资本来中断与风险投资家的关系。假定对创业企业的投资是一次性的,而创业企业家事先能承诺给风险投资者的回报非常有限,结果就会使许多有利可图的项目无法融资。从制度上克服单向承诺问题的办法,是根据风险资本进程,采取分阶段投资的方式,随着企业的发展,更多的外部投资会被吸收进来。

(四)分阶段投资还会对创业企业家产生激励作用

风险资本是十分宝贵甚至非常稀缺的资源。在创业企业正常按双方的合理预期发展的情况下,分期融入资本可以避免创业企业家的股权在一开始被稀释得过于严重,这样可以激励创业企业家。另一方面,如果创业企业发展不顺利或项目可能失败,风险投资家将给予创业企业家严厉的惩罚,这通常会有两种方式:第一,风险投资家再次注资时,将要求以更高的比例和较低的价格稀释创业者的权益份额;第二,分阶段投资过程使风险投资机构有权彻底关闭、清算创业企业。此时,创业企业家随时会面临不得不被动放弃在经济上、技术上仍然可行的项目的可置信威胁,这是风险投资家保护其投资得到良好利用,而不至于使创业企业家借口创业企业无形资产比例高、资产专用性程度高而滥用资金的重要措施。这样也减少了风险资本被套牢的风险。

当然,尽管风险投资家坚持保留随时放弃受资企业(项目)的权利,但他们还是希望在企业由于正当理由需要额外资本时,能够注入更多的投资。

(五)分阶段投资也提供了一种衡量监控强度的方法

一方面,我们从上面的分析中不难得出结论:风险投资家每一阶段投资的存续期越短,投资轮次越多,其对创业企业监控的频率和强度就越大。这也是有利于创业企业顺利实现 IPO 的一个重要信号。事实表明,风险投资家利用他们的行业知识和监控技巧,对那些具有相当不确定性的项目进行分阶段投资。经典风险投资家的投资集中于早期阶段的创业企业和高科技企业。

另一方面,风险资本融资总额和融资轮次也可衡量风险投资家监控的强度。对风险资本融资总额最重要的影响因素是企业获得的融资轮次。一般而言,市场价值/账面价值比率高的企业,即有较高成长机会的企业和R&D密集性高的企业获得的融资轮次要多于未上市企业,而被并购或破产企业所获得的融资轮次则少于未上市企业。随着时间的推移,风险投资家能够得到更多有关投资项目潜在盈利性的信息。如果风险投资家得知创业企业有公开上市的潜力,那么他就会继续对该项目进行投资。如果该项目可行,但无上市的潜力,那么风险投资家就会尽快将其出售,没有潜力的企业则被清算。总而言之,有许多证据表明,风险投资家主要担心的是,当项目的失败已是显而易见时,创业企业家仍不愿意终止该项目。风险投资家通过较频繁地注入资本(融资轮次增多)来加强监控。

五、阶段性投资的基本原则

如前所述,阶段性投资是风险投资公司直接监控创业企业,保护自身利益的一种有效措施。为了通过分阶段投资,真正实现主动控制风险投资的高风险和降低投资成本的目的,通常应当把握好以下三大原则。

第一,因企业制宜,在尽可能适时、适量保证企业资本供给的情况下,充分维护风险投资方的权益。一方面,分阶段所投入的资本既不至于造成创业企业的资金过多闲置,又不至于造成创业企业的资金过于紧张;另一方面,要充分运用自身的资金优势,在股权安排上按照最有利于风险投资方的方向签订有关协议,包括反摊薄条款。即在企业创业顺利,朝着预先设想的目标发展时,风险投资方即可按照既定的金额和价格追加投资;当企业创业遇到挫折但扭转还有望时,风险投资方可以按照重新评估的较低价值对企业进行追加投资;当企业陷入困境且扭转无望时,风险投资方则应采取断然措施,诉诸清算并申请优先清偿权。

第二,量力而行,关键在于保持所持股份的价值不被稀释。即在风险投资方无法适时、适量保证企业资本供给的情况下,可以帮助创业企业物色新的投资人与自己联合投资,或允许创业企业自主引进新的投资人与自己联合投资。

第三,在投资方式上,首期投资应尽可能以可转换优先股、可转换债券等方式进行,以保证投资方具有优先收益权和资产清偿权。追加投资则可根据创业情况而定:当企业创业顺利,实现了投资预期目标时,则可以考虑按照普通股方式进行投资,以尽可能地获得资本增值收益;但当企业创业遇到挫折时,可以仍然采取可转换优先股、可转换债券等方式进行投资。

六、从两个案例看阶段性投资策略

(一)苹果电脑案例

苹果电脑公司在创业过程中共获得三轮风险投资资本。第一轮风险投资是1978年1月,风险投资方以每股0.09美元的价格共投资518 000美元。8个月后的1978年9月,由于苹果电脑创业顺利,所以,在进行第二轮风险投资时,每股价格便上升到0.28美元,投资金额为704 000美元。到1980年12月进行第三轮风险投资时,价格更是增长到0.97美元,投资金额为2 330 000美元(表6-2)。从苹果电脑的三轮风险投资看,每股价格和每轮投资额之所以逐步增长,是因为随着苹果电脑的创业与发展,与企业前景相联系的不确定性问题逐步得到了解决。尽管追加投资的成本高于第一轮投资,但对风险投资而言,投资风险越来越低了;对创业方而言,资金的利用率也提高了。

表6-2 苹果电脑分阶段投资的股份与股价变动表

资本来源	日期	投资额(千美元)	累计(千美元)	认股数(千股)	总股份(千股)	认股比例(%)	资产值(千美元)	股价(元)	占最终股份总额的比例(%)
创业者	1977年3月	1	1	16 640	16 640	100.0	1	0.00	30.7
创业者	1977年11月	115	116	27 120	27 120	38.6	298	0.01	19.3
风险资本	1978年1月	518	634	32 640	32 640	16.9	3 062	0.09	10.2
创业者	1978年7月	426	1 060	37 376	37 376	12.7	3 362	0.09	8.7
风险资本	1978年9月	704	1 764	39 879	39 879	6.3	11 216	0.28	4.6
风险资本	1980年12月	2 330	4 095	43 306	43 306	5.5	42 061	0.97	6.3
上市	1980年12月	101 200	105 295	54 215	54 215	8.5	1 192 730	22.00	20.1

(二)联邦快递案例

与苹果电脑截然不同的是,联邦快递公司则是另一种情形。尽管联邦快递也曾获得三轮风险投资,但在第一轮投资后,由于石油涨价导致运输成本猛增,企业经营遇到极大困难,以至于产生财务亏损和企业价值缩水,所以,第二轮与第三轮风险投资的股价均低于第一轮。

从表6-3看,联邦快递的资产价值从1974年1月第一轮投资时的32 667 000美元缩水到第二轮投资时的7 574 000美元,相应地,股价从第一轮风险投资时的每股204.17美元下降到第二轮投资时的8.34美元。这样,以相对少的资金(6 400 000美元)反而购买了更多的股权,并占有更多的认购比例。

在进行第三轮投资时,企业经营状况不仅没有改变,反而进一步亏损,企业总资产更缩水到4 521 000美元的地步。因此,股价更进一步下降到0.63美元。这样,即能以更少的资金购买更多的股份数额。尽管第三轮风险投资的数量最小,但终期的占股比例却最大,占到45.8%。

表6－3　联邦快递分阶段投资的股份与股价变动表

资本来源	日期	投资额（千美元）	累计（千美元）	认股数（千股）	总股份（千股）	认股比例（%）	资产值（千美元）	股价（元）	占最终股份总额的比例（%）
创业者	1972年8月	4 745	4 745	100	100	100.0	4 745	48.45	0.7
风险资本	1974年1月	12 250	16 995	60	160	38.5	32 667	204.17	0.4
风险资本	1975年1月	6 400	23 395	872	1 032	84.5	7 574	8.34	6.4
风险资本	1975年4月	3 876	27 271	6 200	7 232	85.7	4 521	0.63	45.8
上市	1976年3月	25 800	53 071	6 303	13 535	31.8	81 210	6.00	46.6

第四节　金融投资工具的选择

风险投资家在对创业企业的投资价值进行全面综合评估后,如果选中了该创业企业,接下来的重要工作就是选择一种有效的金融投资工具(或几种金融投资工具的组合),将风险资本分阶段注入创业企业。在选择金融投资工具时,风险投资家关注的事项主要包括:①在一定的交易风险下,取得合理的投资回报;②在创业企业中占有一定的董事会席位,对创业企业决策施加足够的影响;③享有一定的控制表决权,以便在创业企业业绩恶化的情况下能够更换管理层;④金融工具具有较强的流动性,能够变现。而创业家考虑的问题主要有:①能够对自己所创立的企业有足够的控制权,领导企业发展;②希望从外界获得足够的资源,充分发展企业的业务;③尽可能使纳税最小化;④从创业企业的创业过程中获得合理的投资回报。因此,金融投资工具的选择过程,实际上是风险投资家与创业家反复协商和博弈的过程,他们最终所选择的金融投资工具,必须能够满足双方利益与风险的平衡。

一、金融投资工具与激励、控制权的关系

风险投资家采用不同的投资工具,必然带来创业企业不同的资本结构(Capital Structure)。创业企业资本结构是指企业负债与总资产的比率。资本

结构不仅影响企业的资本成本和企业总价值，而且还通过激励机制和控制权的分配，对企业的相关利益者的行动产生影响，进而影响风险投资家的利益。

（一）金融投资工具与激励

Jensen 和 Meckling（1976）认为，企业经理人员和风险投资家之间的目标函数是不一致的，风险投资家只关心企业价值最大化，而经理人员不仅关心企业价值最大化，而且还享有控制企业日常经营活动而带来的私人利益（如在职消费等）。由于信息的不对称，创业企业家的努力水平不能被观察到，因而不同的资本结构能产生不同的激励作用。如果风险投资家采取股权方式投资，则企业家必然要放弃一部分股权，企业家努力的成本更多地由自己负担，而努力的收益则与风险投资家分享，这样，企业家的最优努力水平就会下降，他们就有积极性追求私人利益（因为成本是分摊的，而私人利益只能归属于企业家）。如果风险投资家采取债务投资方式，企业家拥有 100% 的股权，企业家则会选择最优努力水平而不追求私人利益（相当于业主制企业）。但是债务是要还本付息的，这就产生了成本与风险的权衡问题。高负债会促使企业家过度冒险，因为如果成功，收益全部归企业家，而如果失败，损失最大的是风险投资家。因此，风险投资家与企业家之间的利益冲突带来的代理成本决定了股权与债权的比例，而总代理成本最小的债权与股权比例，就是最优资本结构。

不同的资本结构对企业家产生不同的激励作用。Green（1984）认为，将债务和普通股两种投资工具结合起来（类似于可转换债券），与单独债务投资相比，能够有效地减少创业企业家的过分冒险行为。Gompers（1993）的研究表明，可转换债券不仅能激励企业家努力工作，还有筛选不合格企业家的作用。在 Berglof（1994）的不完全合同模型中，当企业以收购方式退出时，收购者与企业家的谈判可能会损害风险投资家的利益，认为可转换债券既可以保护风险投资家的利益，还能够保护企业家私人利益免受损失。在 Bergemann 和 Hege（1997）的动态道德风险模型中，随着时间推移，风险投资家与企业家对项目质量的了解也就越多，将普通股与债务混合或者通过可转换优先股，可以在每个时期作出最优的清算或继续投资的决策。在风险投资家与企业家之间存在双重道德风险的情况下，使用可转换优先股，风险投资家在预期收益低时，可以得到应有的回报；在收益高时，则可以得到更高的回报。可转换优先股正符合这种收益规则。

（二）金融投资工具与控制权

Aghion 和 Bolton（1992）认为，企业家拥有不可证实且不能转移的私人利益，单纯追求货币利益最大化的风险投资家与同时追求货币利益与私人利益最大化的企业家之间存在着利益冲突。最佳控制权结构是：

1.单边控制。即如果货币利益与总收入是单调递增关系，则风险投资家控制是有效的；而如果企业家私人利益与总收益是单调递增关系，则企业家控制是有效的。前一种情况下，企业发行有投票权的股权融资；后一种情况下，企业发行没有投票权的股权融资。

2.相机控制。上述货币和私人利益与总收益间不存在单调递增关系，那么究竟谁拥有控制权，取决于未来随机变量（信号）的实现与否。因此，这个模型被称为控制权转移模型，该模型认为，只有债务融资能够实现这种最优控制权安排，企业家在企业经营状况好的时候获得控制权，而状况不好的时候则将控制权转移给风险投资家。此外，Hart 和 Moore（1998），Myers 和 Fluck（1998）以及 Bolton 和 Schartstein（1990）认为，最优的融资工具应具有类似债务请求权的性质，即①企业家承诺给风险投资家固定支付；②如果支付不能履行，则风险投资家得到控制权并清算资产。

Chan，Siegel 和 Hakor（1990）认为，控制权的实施是有成本的（精力、时间等）。开始时企业家拥有控制权，如果他的能力能通过业绩体现出来（如现金流），他将拥有控制权；如果能力不足，则将控制权让渡给风险投资家是有效率的。Dessi（2001）认为，可转换证券以及所附带的控制权条款能够达到两个目的：①使风险投资家能够积极地介入企业管理、监控，以防止创业企业家自利的机会主义行为，这种积极的监控需要足够的控制权，以便在必要的情况下进行干预；②使风险投资家通过可转换证券以及附带的回购条款实施清算权。

二、常用的金融投资工具分析

在风险投资的发展过程中，发达国家开发并发展了大量的金融投资工具，为风险投资家与创业家提供了充分的协商和选择余地。在发达国家风险投资市场上，常用的金融投资工具有普通股、优先股、普通债券、可转换债券、可认购股票债券等多种形式。普通股和普通债券是两种极端形式的金融投资工具，而其他的几种投资工具则是结合了普通股和普通债券优点后所产生的复合式投资证券（Hybrid Securities），如图 6－1 所示。

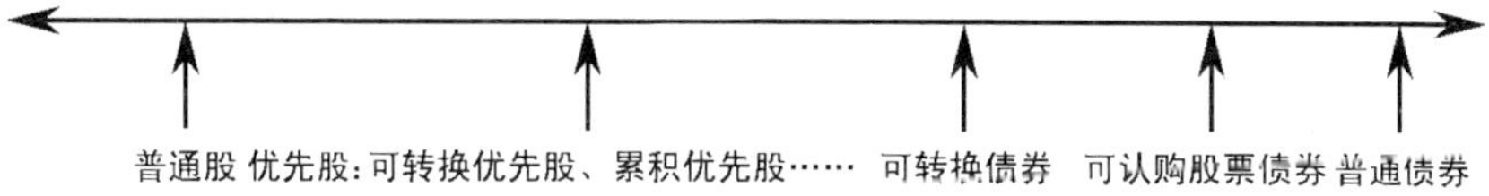

图 6－1　常用的金融投资工具

（一）普通股

普通股（Common Stock）是一种纯股权式的金融投资工具。选择以普通股为投资工具，表示风险投资家以购买普通股票的方式向创业企业注入风险资本，并分享与普通股相关的权益。以普通股的方式参与风险投资，主要有以下特点：

1. 有限责任。尽管普通股股东是公司的所有者，但仅以出资额为限负有限责任。当被投资的创业企业破产清算时，不管企业亏损多少或负有多少债务，普通股股东最多损失参与投资股份的本金。

2. 投票权。普通股股东对公司的重要事务有投票权，通常是一股一票。由股东选择董事会，再由董事会选择董事长。风险投资家向创业企业第一次注入风险资本时，由于只是拥有创业企业的少数股份，通常很难拥有创业企业的决策权，他们的利益将受到创业企业多数股东的影响。

3. 资本保全的风险大。普通股是一种对创业企业资产具有最低级别求偿权的证券。创业企业如果经营不善，首先削减的就是普通股股东的股息。如果破产，所有创业企业的债权人、债券所有人和经理们都在普通股股东之前得到赔偿，普通股股东将最后一个得到偿付。因此，以普通股股东参与风险投资，缺少安全性，资本保全的风险很大。

4. 股东能分享创业企业成长的收益。如果创业企业成长迅速，赢利能力强，普通股股东不仅能获得企业较高的股息，而且还能分享企业价值上升的收益。

（二）普通债券

普通债券（Common Bond）是一种债务式的金融投资工具。与普通股不同，普通债券是一种债务凭证，而不是所有权的象征。它是借款人和贷款人之间的一个债务与债权的合约。普通债券一般都规定，债券的发行人（借款人）要向债券持有者（贷款人）定期付息，到期偿还本金，并享有与债权有关的权益。对风险投资家而言，普通债券投资的优点是赢利稳定，安全性高，可定期取得固定的利息收入，在被投资的创业企业破产清算时享有优先的清偿权。主要缺点是无法对创业企业拥有足够的影响力和控制权，无法分享创业企业的成长收益。发达国家的经验表明，普通债券投资不适用于早期发展阶段的创业企业，因为处于早期阶段（尤其是种子期和创立期）的创业企业通常没有销售收入，没有赢利记录。风险投资家以普通债券参与投资，不仅会剥夺创业企业宝贵的现金流，还会因资本结构中的负债率过高而影响创业企业的后续投资，尤其是债务投资。

（三）优先股

优先股是一种所有权证券，它兼具普通债券和普通股的一些共同特点，因而是一种复合式证券投资工具。如同债券一样，优先股股东可以按期获得固定不变的股息，该股息率是每股面值的一个百分比，不受创业企业经营状况和赢利水平的影响。在某种程度上,优先股与普通股具有某些类似之处,如优先股代表被投资创业企业的所有权,但不同的是优先股股东通常不具有控制权,即优先股的股票不含投票表决权,优先股股东无权过问创业企业的经营管理与决策,被认为是一种沉默的入伙人。此外,优先股也没有先买权,在企业发行新的股票时,企业没有义务把股票先卖给已有的优先股股东。

优先股相对于普通股来讲具有若干优先权,如优先股股东先于普通股股东获得创业企业的股息收入;当创业企业破产清算时,优先股股东先于普通股股东分得创业企业的剩余资产。此外,还可以通过公司章程或投资合同明确规定优先条件。如:①优先股股东的权利、义务;②优先股股东行使表决权的条件、顺序和限制;③优先股股票分配股息的顺序和定额;④优先股股东分配企业剩余资产的顺序和定额;⑤优先股转让股份的条件;⑥优先股股票的赎回等。

优先股的种类很多,常用的有可赎回优先股、可转换优先股、参与可转换优先股、可累积优先股、调息优先股等几种形式。

1. 可赎回优先股(Callable Preferred Stock)。可赎回优先股是给发行者(创业企业)一种选择权利,允许发行者以一定的价格收回股东手里的优先股。当市场利息率远低于优先股的股息率时,发行者往往执行赎回的选择权以降低其投资成本。大多数优先股是可以赎回的,且在一般情况下,都会在风险投资家与创业企业的投资合同中用专门的条款来明确规定优先股的赎回条件与方式。赎回方式通常有三种:溢价方式、偿还基金方式和转换方式。溢价方式是指根据事先约定的价格,按优先股面值加一笔“溢价”作为补偿费予以赎回;偿还基金方式(Sinking Fund)是指公司在发行优先股时,从所收取的股金中提取一部分,设立偿还基金,用于赎回已发行的优先股;而转换方式则指将优先股转换成普通股,这种处理方式类似于可转换优先股。

如果一个创业企业继续经营直到成功地实现公开发行上市的话,那么风险投资家就会期望通过可赎回优先股的赎回而收回他原来以优先股的形式向企业投入的那部分资金,但是又不影响他在普通股方面拥有的基本股权头寸。这样事实上,他可以在取回他的钱的同时,又保持他的投资份额。这种“双渗透”的性质,会让企业家感到苦恼。而且,当从公开发行中获得的收益的重要部分都被用以回购风险投资家的优先股时,该公司的市场价值会受到极大的负面影响。可赎回优先股的这些副作用,使得私人权益交易中开始使用可转换优先股。

2. 可转换优先股(Convertible Preferred Stock)。可转换优先股是一种介于普通债券与普通股之间的复合式金融投资工具,它既可以像债券一样取得固定的利息收入,也可以按照规定的条件和规定的价格,将优先股转化为普通股。通常情况下,选择可转换优先股作为金融投资工具,在风险投资家与创业家订立投资合同时，都要设置转换比例（或价格）条款。如某投资协议规定，可转换优先股的持有者可在5年内以1∶5的比例转换为普通股。根据该协议，可转换优先股持有者一般会选择有利的时机，如在创业企业经营状况良好，赢利能力快速增加，普通股的价值大幅上扬时予以转换，以便分享创业企业快速成长的收益。是否转换为普通股，完全由可转换优先股的持有者自行决定，这是他们的权利而非义务。可转换优先股近年来受到了风险投资家和创业家的共同关注，并在风险投资领域得到了广泛的应用。

从风险投资发展的历程来看，20世纪70年代的私人权益交易中，主要使用的是可赎回优先股结构，这反映了那个时候只有少量可以利用的资本。随着风险投资机构化，市场变得更有竞争性，可转换优先股成为常用的风险投资证券工具。之后，多轮风险资本融资模式开始盛行，晚期的风险投资家比初期的风险投资家支付的价格明显高得多，他们坚持采用优先股工具，这种优先股相对于普通股和低价优先股，在清偿方面拥有优先权利。[①] 20世纪90年代，随着晚期投资者支付越来越高的价格，这种趋势得到加速发展。在私人公司出售中，出售的价格可以让早期投资者获得惊人的回报，但是那些支付了高价且希望公司以公开发行上市的形式退出的晚期投资者却只能获得相当有限的回报，这些晚期投资者坚持要公司采取一种可以使他们从公司出售中分享更多收益的融资结构安排。满足这种要求的结构，就是参与可转换优先股。

3. 参与可转换优先股。参与可转换优先股是增加了这样一种特征的优先股，即在公司出售或者清偿的时候，其持有人有权获得面值补偿并且可享有部分的普通股权利（就如同转换成了普通股）。与可转换优先股一样，这种优先股带有强制转换条款，在公司公开发行上市的时候就会执行。从实质上看，这种优先股在公司没有公开上市的时候，其作用就像是可赎回优先股；在公司公开上市之后，它就转换成了普通股。

参与可转换优先股的一个重要的伴随条款就是确定何时参与条件（即参与普通股股份，也就是转化成普通股）生效的条款。通常该条款的内容是"在公司出售或者清偿的时候"，并且继续定义清偿是任何形式的合并或者改变了公司控制权的交易。这样的规定导致的结果是，在两家私人公司合并成一家公司的交易中，合并后的私人公司发行新的优先股以交换原来

① 在公司进行多轮融资、股价大涨的情形下，晚期投资者和早期投资者的关系与早期投资者和公司创建者之间的关系是一样的。如果初始融资时的价格是每股1美元（也就是说，1美元每"普通等价股"——由可转换优先股的总价格除以它转换成的普通股的数量得到），晚期投资者的价格是每股5美元，那么早期投资者和公司管理者就愿意出每股4美元的价格来购买公司股份。除非晚期投资者拥有清偿优先权，否则它就会在这样一笔交易中赔钱。

公司的优先股时，这些条件可能就会被激发生效。这样，就可能导致参与可转换优先股的持有者即要求根据老优先股的面值获得新的优先股，同时还要参与（即要求通过转换而获得）新公司的普通股。所有这些事情都可能在没有真正出售公司使之变现的情况下出现。

如果公司的投资条件中包含有这种参与特征，晚期投资者就愿意支付很高的价格购买这家公司的股份，这就推动了人们对参与可转换优先股的普遍接受。如果公司公开上市，这种会对公司股权造成高度稀释的参与性特征就会自动失效。① 因此，如果公开市场行情不错，并且公司又有自身成功的业务，其公开上市的可能性很大，那么公司和它现在的股东就有信心发行这种投资工具。

表 6－4 总结了这 3 种优先股工具。

表 6－4　投资者获得的收益

收益额	可赎回优先股	可转换优先股	参与可转换优先股
等于优先股面值（FV）	都给投资者	都给投资者	都给投资者
从超过优先股面值（FV）到投资时公司暗含价值（IEV）	FV 加上 IEV 中按照投资者拥有的普通股股权的比例计算出来的部分	只给投资者等于 FV 的部分	FV 加上 IEV 中按照投资者拥有的普通股股权的比例计算出来的部分
从超过投资时的公司暗含价位（IEV）到公司公开上市发行	FV 加上 IEV 中按照投资者拥有的普通股股权的比例计算出来的部分	按照投资者拥有的普通股的相应比例分配给投资者	FV 加上 IEV 中按照投资者拥有的普通股股权的比例计算出来的部分
公开上市发行后的收益	FV 加上 IEV 中按照投资者拥有的普通股股权的比例计算出来的部分	按照投资者拥有的普通股的相应比例分配给投资者	按照投资者拥有的普通股的相应比例分配给投资者

4. 累积优先股（Cumulative Preferred Stock）。累积优先股是指企业在任何营业年度内未支付的股息可以累积起来，在以后的赢利年度一同支付全部优先股的股息。创业企业在创业过程中，会经常出现某些年度经营状况不良，没有赢利而难以支付股息，或者是赢利过少而不足以支付全部固定股息的尴尬局面。如果选择累积优先股的金融工具进行投资，创业企业就可以把未支付的股息累积起来，到企业的经营状况改善时一起付清所欠的

① 晚期高价融资的数量都比较大，因此参与性特征会使公司管理层和现有股东的股份大大稀释。

全部股息。创业企业只有将所欠的全部优先股股息付清之后,才能支付普通股股东的股息。如果创业企业没有能力付清所欠的股息,累积优先股的股东就没有合法的追索权。近年来,越来越多的创业企业选择累积优先股为投资工具,而选择非累积优先股为投资工具的风险投资企业越来越少。

5.可调息优先股(Adjustable Preferred Stock)。这种优先股的主要特点是,股息率不是固定的,而是可以调整的。但是,股息率的调整与公司的经营业绩无关,而是根据证券市场价格的升降或银行存贷款利率的变化进行适当的调整。可调息优先股是为了适应近年来国际金融市场动荡不安,各种有价证券的价格和银行存贷款利率经常波动的特点而产生的,目的在于保护股东的权益,扩大公司股票的发行量。

(四)股权分期到位

股权分期到位的内涵很简单。它坚持这样一种理念,即企业家只有在公司待了一段特定长的时间后,或者只有在公司增值事件出现后,他的那部分股权才能真正被他所拥有。通常,股权授予是在一段时期内完成的,在这段时期内,股权将会按照比例逐渐到位(企业家拥有的是非实质性的股权)。为了管理方便,股权授予通常都是按照季度进行的,有时候是按年,甚至也能按月。但通常创业企业的投资条件中,会规定在公司被收购时对某些管理者的股权按照25%~50%的比例进行加速授予。这是基于以下理由:①公司被收购时管理者会失去工作,管理者为公司创造了价值,而这种实现股东价值的活动(出售公司)使管理者丧失了其创造的价值的大部分,这是不公平的。②在未来收购事件发生时,管理者和主要员工的合作是非常重要的。股权加速授权是保证各方齐心协力完成交易的激励因素。当然,股权加速授予对收购主体是不利的,因为对这些已经从加速授予中受益的员工,收购公司还要抽出一部分股票期权来对他们进行激励。同时,股权加速授予也不利于非公司管理层股东的利益,因为这一行为实际上会增加出售的股份数量。这样,经协商确定的固定的股价就要被更多的股份来分配。由于以上原因,加速授予通常只限于少量员工并且只是部分而非全额授予。

通常,优先股结构安排能更好地实施"按劳分配"的原则,因为它依据的是投资的最终价值。而且,股权授予是用合同来规定的:如果股权授予要完成与优先股一样的作用的话,那么必须要预计到可能发生的事件和可能出现的情形,并以书面形式加以规定。但是,股权授予可以阻止员工离开公司并带走与他在公司所待时间长短不相称的价值,在这方面它是非常有用的。股权授予创造出了"金手铐",在员工面临其他公司的工作机会时,它能鼓励员工留下来,因为现在的公司运营不错,他又拥有现在的公司价值不菲的期权或者股权,一旦他在特定日期或者时间前离开公司,就会失去这些股权或者期权。在这样的情况下,员工过早离开公司的可能性就大大减少了。

通过股权授予还可以将一些在某种程度上"未完成工作"的雇员的股份收回,用到激励的股权份额中去,这样就有用于激励的股份可以授予后来接任的员工。这样,在确保不会受到股权更替影响的条件下,公司就可以按照数量或者任务来计划使用他们的激励股权。

(五)可转换债券

可转换债券(Convertible Bond)是企业发行的一种债券,其持有人可以按照约定的条款(如转换期限、转换价格和转换比例等)将债券转换为发行人的普通股票。可转换债券通常涉及面值、票面利率、转换期限、转换价格和转换比例等五个基本要素。面值是可转换债券计算利息的基础,也是债券终止日的赎回价格;票面利率是可转换债券在转换为普通股票之前,发行企业向债券持有人支付的固定的年利息率;转换期限是可转换债券持有人有权将手中的债券转换为普通股票的约定期限,通常为3～5年;转换价格是可转换债券持有人将债券转换成普通股票的每股价格;转换比例是指每一份可转换债券可换多少股普通股票,实际上也是转换价格的另一种表现。

与可转换优先股一样,可转换债券是一种兼具普通债券和普通股票双重特征的复合式金融投资工具,能够较好地平衡风险投资家和创业企业双方的利益,满足双方各自的要求,因而在风险投资领域也得到了广泛应用。对风险投资家而言,可转换债券具有普通债券的特点:一是若债券持有人没有行使换股的权利,可按期获得票面规定的利息率,并在债券终止日收回本金,因此具有较高的安全性和固定的回报率;二是当发行企业经营状况良好,并取得显著的经营业绩时,债券持有人可以趁机按照约定的条款把所持有的债券转换成普通股票,由此获得对创业企业一定的控制权,并分享企业成长的利益。对创业企业来说,可转换债券也有明显的优势:一是可转换债券拥有兑换成普通股的权利,相对于银行贷款和普通债券来说,发行利息成本较低(我国规定可转换公司债券利率不超过同期银行的存款利率);二是可转换债券通常有较长的期限,符合创业企业投资周期长的特点,有利于企业长期经营和稳定发展;三是可转换债券兼有债权和股权的双重特征,是债权向股权转换的桥梁,为创业企业提供了债权利益向股权利益转化的途径,进而缓解了企业债权利益和股权利益之间的矛盾,有利于优化创业企业的资本结构。

（六）可认购股票债券

可认购股票债券(Attachable Stock Option Bond)是发达国家近年来出现的一种新的金融投资工具,是指风险投资家以债权资本形式向创业企业注入风险资本的同时,获得了创业企业赋予的一项认购股票的选择权,即风险投资家可以在将来某一规定时间内按照确定的价格购买一定数量的股票。因此,可认购股票债券在本质上是普通债券和股票期权的结合。可认购股票债券对风险投资家具有很强的吸引力,其优势体现在两方面:一是可认购股票债券和普通债券一样,债券持有人可按期获得固定的年利率,具有债权资本安全性高和风险锁定的特点;二是当被投资创业企业经营业绩显著增长时,债券持有人有权按照约定的条款认购创业企业一定数量的股票,通过股权的形式参与创业企业的经营管理,分享创业企业高成长的利益。而创业企业之所以愿意选择可认购股票债券作为投资方式,关键在于:一是可认购股票债券兼具风险锁定和成长机会分享的特点,其利率普遍低于普通债券的水平,降低了创业企业的资本成本;二是当可认购股票债券持有人行使权利时,创业企业由此可以再次获得股权投资的机会。

通常风险投资公司不单纯要求一种形式,而是要求一个组合,如一部分为可转换优先股,一部分为可转换债券,一部分为次级债券等。不同的投资者对风险与收益的各种组合有着不同的偏好,实践中的投资组合形形色色。但有一种"黄金组合"的说法,即62%为可转换优先股,30%为可转换债券,8%为其他形式。这种组合的好处是:一旦风险投资成功(企业上市),可转换优先股能以事先确定好的价格转化为普通股,通过二次上市即可获得现金回报;一旦企业不能上市,优先股可获得分红的优先权(有时优先股还要求以事先确定的利率获得利息)。同样,一旦风险投资成功(企业上市),可转换债券能以事先确定的价格转化为普通股;一旦风险投资失败(企业清算破产),可转换债券拥有优先于股份获得本息并分享企业剩余资产的权利。

当然,由于创业企业所处的产业类型与发展阶段的不同,风险投资公司资本结构与规模的差异,以及不同国家(地区)法律制度和创业文化传统的差异,风险投资家与创业企业所选择的金融投资工具在不同的国家(地区)以及在同一国家(地区)不同的被投资对象之间都会有很大的差别。例如,在美国的风险投资市场上,可转换优先股得到了最为广泛的应用,并已经成为风险投资金融工具中的主流品种;而在加拿大,普通股、次级债券和可转换债券三种金融投资工具的使用则较为普遍。

案 例

风险投资的注入给三晶公司带来新生

1994年，中国科学技术大学博士生刘原平未完成博士学业就开始与同窗彭代勇共同出资12万元，创办自己的企业——合肥中达敏感材料研究所。1996年成立合肥三晶敏感元件有限责任公司（下称“三晶公司”），开发出属国家“九五”重点攻关项目的“单端型热敏电阻”产品。由于产品技术含量高，市场前景好，产品供不应求。但是，公司资金需求量也不断增加。为解决资金周转困难，刘原平想到了风险投资，尝试通过引入风险资本解决公司的资金需求问题，这引起了安徽省科技产业投资公司和合肥高新技术产业开发区创业服务中心的兴趣。经过多次洽谈、评估，三方最终签订了投资协议书，三晶公司出让40%多的股权，融入风险资本100多万元。

通过融资，三晶公司对原热敏电阻、温度传感器生产线进行了改造和扩容，加强了内部管理和市场开拓的力度，增加了对新产品研制的投入。由于措施得当、有力，三晶公司2000年销售收入比上一年翻了一番多，并通过了ISO 9002质量体系认证，提前完成了公司年初提出的经营管理目标。毫无疑问，这些成绩的取得与风险资本的注入是分不开的。

风险资本注入创业企业，创业者的股权均会受到一定程度的稀释，创业企业投资主体的多元化自然会引起企业治理结构和运行机制的变化。提供风险资本的风险投资公司作为外部人拥有了创业企业的部分控制权，他们可以根据企业业绩的好坏来采取相应的对策。当企业业绩优良时，投资公司就会不干预企业事务，而业绩欠佳时就会加强对企业的干预，这对创业者的经营决策将产生一种压力。与此同时，随着风险资本的注入，民主决策、科学决策的机制由此引入到创业企业中来，创业者作为股东，其激励问题应该说得到了解决，而自主意识往往十分强烈的创业者，其自律性问题将随着风险资本的引入得到一定程度的解决。

风险投资不仅解决了创业企业在发展过程中遇到的资金不足问题，也不仅提供了管理咨询等增值服务，而且更重要的是解决了创业企业的创业者的观念问题、企业法人治理结构问题和决策机制问题。经营民主的观念使企业科学决策有了思想基础，多元化的投资主体和合理的法人治理结构使科学决策有了组织保证，冲动决策受到了制约，创业者在现代市场经济竞争中将逐步走向成熟，真正的企业家将由此产生。

复习思考题

1. 阐述风险投资管理的内涵、内容、方式及影响因素。
2. 分析创业企业控制权分配的制度特征及其原因。
3. 试说明阶段性投资的影响因素、效应与原则。
4. 分析各种金融投资工具的利弊。
5. 分析比较各类优先股的特征。

第七章

风险投资的退出

本章提要

本章介绍风险投资退出的一般情况，着重介绍公开发行、股份回购、兼并收购、企业清算四种退出方式的特点和方法。

学习要点

理解退出在风险投资中的作用。
了解四种退出方式的一般情况、过程和特征。
了解风险投资退出的绩效评价指标体系和IPO退出的优点。

所谓风险投资的退出，是指风险投资机构在所投资的创业企业发展相对成熟或不能继续健康发展的情况下，将所投入的资本由股权形态转化为资本形态，以实现资本增值或避免和降低财产损失的整个环节。从风险投资运行机制可以看出：风险投资的退出机制是整个风险投资运作过程中一个重要的组成部分，退出是风险资本流通的关键所在，它既是过去的风险投资行为的终点，又是新的风险投资行为的起点。

风险投资公司和风险投资家投资创业企业的根本目的和动机，是希望通过投资具有较高增长潜力的创业企业，在投资后协助创业家进行经营管理，为企业提供一系列增值服务，以促进企业快速成长。在投资创业企业后的一定时间内，风险投资将所持有的股份通过转让的方式，收回现金或流动性较强的证券，并获得达十倍、百倍的高额投资回报。风险投资不是为了掌握公司控股权，也不是为了持有该企业股权进行长期经营。如果没有高额回报的吸引和诱惑，风险投资公司和风险投资家是不会冒着高风险去投资的，这样风险资本市场也就无从发展，风险资金就会成为无源之水、无米之炊。因此，无论以何种形式组成的风险投资基金，都会在持有创业企业股份一定时间后，选择适当时机退出创业企业，收回原来的投资。当风险投资从创业企业顺利撤出资本后，它将寻找新的机会，进入新的创业企业，从而实现风险投资资金的良性循环。所以，风险投资的成功与否取决于其能否顺利退出创业企业。

第一节　风险投资退出的作用

一、风险资本退出主要原因

资本的生命在于流动，风险投资者一旦投资于高科技企业，资金就固化为资产，在没有退出机制的情况下，这些投资通常只能通过企业的正常分红获取回报，但高科技和高风险又决定了绝大部分投资将无法收回，因此，退出机制对风险投资来说至关重要。风险投资的退出，主要基于以下原因。

第一，创业企业利润发生了变化。风险投资以投资高新技术项目为主，追求的是创业企业成长所能得到的高额投资利润。而高利润必然伴随着高风险，以高新技术开发为主的创业企业，一旦发展到成熟阶段，其投资回报将随着企业风险的降低而表现为常规利润，而常规利润已不是风险投资追逐的目标。同时，处于成熟阶段的企业已经有了吸引非风险投资跟进的条件，因此，风险投资家便有可能以接力赛的形式，及时将创业企业交给以投资风险较小的常规企业为主的投资银行和商业银行等新的投资者。

此外，当被投资的创业企业进入成熟阶段以后，成熟的技术往往会使技术壁垒在同业竞争中不断消除。随着竞争者的大量进入，拥有高新技术的创业企业的垄断利润会逐渐消失。这也迫使风险投资在企业成熟阶段必须退出，去寻找新的高新技术项目，进行新一轮的风险投资。

第二，风险投资的阶段投入性。风险投资的运作是以追求在资本流动中释放风险，以收回投资成本并获取高额投资回报为目标。分期或阶段性投资以及循环投资是风险投资的一个重要特征。在累计投入资本很大的情况下，风险资金若不能适时退出，就不可能有新的资金从事新的投资。

第三，风险基金投资者要求定期得到支付。在基金制的风险投资组织形态下，一家风险投资公司往往同时管理着几个风险投资基金。风险投资家在募集一只基金并管理运作3~5年后，将继续募集新的风险投资基金。当一个基金存续期届满而清算时，新的基金开始设立并进行风险投资的运作，由此形成风险资金在时序和空间组合上的不断投资循环。

第四，创业企业的发展。对于创业企业来说，在企业成立之初，风险投家不但提供资金，还提供相应的管理技术。风险投资者提供的金融资本弥补了创业企业迅速成长的巨大资金缺口；风险投资者提供的非金融资本支持了企业的市场开拓、产品营销和资本运营，保证了创业企业运作的高效率和高成功率，但是，随着创业企业获得了自己的管理经验和能力，并建立了自己的声誉，创业投资提供的价值增值服务的边际收益会逐步减少。风险投家常常再没有什么特别的管理技术可以提供，或者说，风险投资家对这种发展程度的企业的经营管理不再熟悉。此外，成熟期的创业企业正需要大笔资金以实现企业的规模生产和技术的产业化经营，风险资本市场规模相对较小，而融资成本相对高昂，使它不再是创业企业的最优选择。而且，企业积累了一定的有形资产以后，就有了一定的负债能力去吸引银行贷款，或在公开资本市场上发行证券，这就拓宽了创业企业的融资渠道，并使风险投资的退出成为可能。因此，企业在成熟期的发展和未来的长远发展，将主要依靠公开资本市场连续筹资的机会。相对于风险资本市场，信息相对充分、有效的公开资本市场将为企业的持续发展提供更强有力的资金支持，使其快速成长。因而，成熟的创业企业更倾向于离开风险投资而去上市，或者转向银行融资或寻求与其他公司兼并。当创业企业成功时，风险投资者的资本应当回收，并重新投资于新一轮处于早期阶段的企业，以获得更高回报。

二、退出的作用

在缺乏退出机制的情况下，投资者往往难以实现资产变现、获取收益的最终目的，风险资本也难以开始下一轮循环。建立健全有效的退出机制，是风险投资的一个中心环节。风险投资退出是风险资本循环的有机组成部分，建立和完善风险资本的市场退出机制，是扩大风险资本来源、保障风险投资和整个资本市场顺利发展的关键因素。风险投资退出机制的作用主要表现在以下三个方面：

第一，实现收益，补偿风险。由于风险投资的失败率很高，如果成功的项目没有很高的回报率，投资者损失的资金将无法得到补偿，风险投资活动也将难以继续下去。风险投资者之所以愿意承担高风险并涉足风险投资领域，其基本动力在于追求经济上的高收益。具有完善的风险投资的退出机制，成功项目的投资收益就可以实现，失败项目的投资损失也就能够得到补偿，风险投资活动也就可以周而复始地进行下去。风险投资以其异乎寻常的高风险和高收益展示其独特魅力，通常，风险投资是在创业企业发展初期投入风险资本，待其发育相对成熟后，通过市场退出机制将其所投入的资本由股权形态转化为资金形态，收回投资，取得高额风险收益。风险投资追求超常规的股权投资收益，之所以敢冒风险，进入前景不明的产品领域，是谋求通过企业股票公开上市、兼并收购或回购等途径，实现丰厚的投资回报。这正是风险投资的一大特点，这一特点在客观上要求有一个顺畅地退出通道。没有便捷的退出渠道，风险投资就无法实现资本增值和良性循环。

第二，评价投资活动，发现投资价值。风险投资的对象是极具发展潜力的新兴企业，这些企业是新思想、新技术、新产品和新市场的综合集成者，其价值不可能通过简单的财务核算来确定，只能通过市场来评价和实现。风险投资的退出机制，为风险投资活动提供了一种较为客观的评价方法，风险投资效率和价值的高低，最终体现为风险投资退出时风险资本增值的大小。

第三，保持资产的流动性，促进投资的有效循环。风险投资是一种周期性投资，是由筹资—投资—撤资三个环节构成的连续的商业投资活动，如果没有退出机制，风险投资活动的链条就会中断，风险投资就无法实现投资增值和良性循环。而且，风险投资者的风险投资资金有限，必须具备一定的流动性，才能不断地扶持新企业。如果风险资本不退出，就不可能有资金从事新的投资。风险投资家在创业企业的创业阶段投入资金，一旦创业成功，他们即在风险市场上转让股权或抛售股票，收回资金并获得高额利润，转而寻求新的风险投资机会。风险投资退出机制不完善、不健全，成功项目的投资收益就很难实现，失败项目的投资损失也无法从成功项目中得到补偿，风险投资活动也就难以为继，因此也就无法产生示范效应，无法吸引和动员社会资本加入风险投资行列，风险资本的规模就会不断萎缩，最终可能趋于消亡。

总之，任何一项投资活动都是在风险性、收益性、流动性的辩证统一中进行，从高新技术企业的性质来看，创业企业的高风险决定了它要想吸引风险资本的介入，不但要保证有较高的回报率，还必须保证资本的高度流动性，要有顺畅的资本退出渠道。风险资本的顺利流动是保持其活力的基本前提，而顺利流动的决定因素是退出渠道的畅通无阻。可以说，没有退出机制或退出机制不完善，风险投资就很难生存和持续发展。风险资本的一次运行过程结束于风险资本的退出，要实现资本的高额增值，退出可谓风险资本运行过程中“关键的一跳”，风险资本能否安全撤出，能实现多大程度的回报，最终都落实在风险投资退出的顺利及安全与否上。因而，成功的风险投资家总是在酝酿投资计划之初，就精心设计退出路线，并一直关注项目进展和创业企业外部情况的变化，以求在最佳时间以最佳方式退出。

第二节　风险投资退出的方式

目前风险投资的退出路径主要有四种：①在二板市场（也称创业板市场，如美国的纳斯达克，伦敦的 AIM 和香港的创业板市场等）上首次公开发行（IPO）；②创业企业或创业家股份回购；③创业企业被兼并收购；④创业企业清算。创业企业在二板市场上首次公开发行股票上市是风险投资的最佳退出方式。相对于风险投资的其他退出方式，这是一种具有较高投资回报的退出方式，也是风险投资家呕心沥血、孜孜以求的目标。创业企业或创业家股份回购和创业企业被兼并收购是风险投资的另外两种退出方式，虽然这两种退出方式的投资回报没有首次公开发行股票上市退出方式的投资回报高，但它们与首次公开发行股票这一上市方式相比，可以在较短时间内收回投资，实现较满意的投资利润，因此也是风险投资家乐于选择的退出方式。而创业企业清算的退出方式则是企业经营状况恶化且形势难以扭转时为减少损失的最后办法。本节就风险投资的四种退出方式作详细介绍。

一、首次公开发行

（一）概述

首次公开发行（Initial Public Offering, IPO）是指风险投资公司通过将所投资的创业企业的股票首次公开发行上市，出售其所持有股份，以实现退出和资本增值。这种方法可以使风险投资家的资本安全退出，并有可能获得高额回报，同时还使公司获得了在证券市场上持续筹资的渠道。通过股份上市退出企业，是风险投资家最经常采用的一种方法。

IPO 收益的历史纪录非常诱人。1995 年 8 月，成立仅有 16 个月，从事网络浏览器开发且从未赢利的网景（Netscape）公司股票公开发行上市。证券界权威人士事先预测每股能卖 14 美元，但开盘结果为每股 58 美元，这家上市前资产只有 1 700万美元的小企业一鸣惊人，威震股坛，一夜之间公司的资产就暴升至 20 亿美元，增值 100 多倍，成为继微软公司之后的又一个奇迹。风险投资家克拉克原来投资在网景的 400 万美元变成了 5.6 亿美元，一跃成为亿万富翁。像网景公司这样通过上市取得巨额投资回报的例子还有很多，如，苹果公司首次公开发行股票上市给老股东带来 235 倍的投资回报，莲花公司是 63 倍，康柏公司是 38 倍。

正是借助股票上市这一手段，使创业家和风险投资家能够通过证券市场取得巨额投资回报，获取前所未有的暴利。在工业经济时代，许多人必须经过一生的奋斗，有时甚至是几代人的努力，不断积累财富，才能逐步成为石油大王或钢铁大亨。但在今日，在知识经济时代，一些技术专家利用风险投资进行创业，并借助二板市场将公司上市，一夜之间，名不见经传的小人物立即成为百万富翁乃至亿万富翁。

根据威廉姆·D. 拜哥利夫和 J. A. 蒂蒙斯对 1979—1988 年美国首次公开发行股票市场的统计研究，通过首次公开发行股票方式退出的风险资本投入的总回报为：第一投资期 22.5 倍，第二投资期 10 倍，第三投资期 3.7 倍（详见表 7－1）。

表 7－1　风险资本投资回报

阶段	首次公开发行股票收益（倍）	第 1 年[①]	第 2 年	第 3 年	第 4 年
第一期	22.5	42.1	40.8	39.2	61.7
第二期	10.0	13.9	20.2	21.6	38.1
第三期	3.7	5.4	5.0	6.3	13.5

注：①风险资本退出时间。

资料来源：威廉姆·D. 拜哥利夫和 J. A. 蒂蒙斯：《处在十字路口的创业资本》，哈佛商学院出版社 1992 年版，第 170 页。

再从表 7－2 可以看出，通过首次公开发行股票方式退出的创业资本逐年增加。可以这样说，首次公开发行股票上市是风险投资的最佳退出方式。因为公开发行股票上市是证券市场对公司生产和经营管理水平的一种肯定，同时也使公司获得了今后在证券市场上连续融资的渠道，这将使风险投资家所持有的创业企业股票的价值大幅升值。据美国风险投资业的统计，风险投资的各种退出方式的年平均回报率是：破产清算为 0，回购和并购为 14.9%，IPO 最高，平均在 30%～60% 之间。创业企业的上市使风险投资获得了其他退出方式所不能比拟的巨额投资回报。

表 7－2　创业企业首次公开发行股票情况（1984—1994 年）

年份	首次公开发行股票数量（家）	平均募集资金（百万美元）	创业企业在首次公开发行股票时的平均年限（年）
1984	53	65.9	5
1985	47	69.7	3
1986	98	86.7	5
1987	81	85.1	5
1988	36	91.8	5

续表

年份	首次公开发行股票数量(家)	平均募集资金(百万美元)	创业企业在首次公开发行股票时的平均年限(年)
1989	39	100.0	6
1990	42	109.3	6
1991	122	118.5	6
1992	157	101.7	7
1993	165	100.8	7
1994	136	86.8	7
总计/平均	—	—	5

资料来源:《风险资本》杂志,1995 年第 4 期,第 45 页。

首次公开发行这种方式不仅对风险投资家有利,而且对创业家也有利。创业家可以借助股票上市,卖出一部分自己所持有的股权,通过股票市场获取高额创业利润,并可将自己的投资收益投资到其他领域,通过分散投资,可以使创业家无后顾之忧,即使企业今后出现意想不到的失败,企业家生活也有了保障,这会大大降低创业家的创业风险。当然,公司在上市初期,创业家出售股权会受到交易所一些规定的限制,因此,在上市初期,只有少数缺钱的创业家才会出售小部分股票,大多数创业家会继续持股,以分享股票上涨所带来的收益。

创业企业上市是一件非常困难的事情,也是创业企业发展历史中的一件大事。大多数创业企业一般会选择在企业发展成熟阶段的后期上市,这时企业失败的风险已大大降低,其发行的股票也容易被二板市场和投资者所接受。股票的承销商一般要看该企业每年是否有 30% ~50% 的业务和赢利增长,并且只有在确定企业今后发展前景良好且仍有较高增长性的前提下,才会协助创业企业上市。由于公司上市的机会只有一次,创业家和风险投资家不会随便就将公司上市,只有在股票发行价格合理和公司急需大量资金的情况下,创业家和风险投资家才会选择将企业公开上市。

(二)首次公开发行的时机选择

创业企业首次公开发行必须考虑和选择一个最佳的运作时机,时机的好坏是创业资本退出成功与否的关键。只有获取了最佳的发行时机和发行价格,风险投资家才能顺利实现退出。为了成功地退出,风险投资公司在私募的时候,就要考虑与股票公开发行有关的问题。

在首次私募时,风险投资公司往往需要制定一些措施。由于股票注册发行要得到创业企业的同意与合作,所以私募时必须加入关于注册登记权和获取财务信息权利的协议条款。通常,在注册权谈判中所花的时间要比其他事务都要长得多。风险投资家最希望在私募协议中获得不受限制的权利条款,这样,他们可以按照自己的意愿注册适当的股票份额,同时,他们还希望限制创业企业高级管理层的注册权。

1. 风险投资协议应包括以下关于投资者注册权的条款:

(1)当股份被非公开转让时,注册权也可以被转让。

(2)当由于他人原因而使风险投资公司违反证券法,涉及诉讼时,投资者应受到补偿。

(3)鼓励提供创业企业的季度财务说明(至少是未经审计的)和年度财务报告。

(4)对于给风险投资家和承销人提供关于证券公开发行意见的审计人员和发行顾问,创业企业应支付费用。

2. 此外一些可以协商的其他条款:

(1)根据承销商接受股票的意愿,可以在首次发行上附加一定的权力。

(2)投资公司在注册登记后有一定的控制期(例如,在注册登记后 90 ~ 180 天股票不得售出)。

(3)注册费用的支付及所需的数量限额可以协商。

(4)讨论注册时间的长短。

(5)在不同的司法规定之下,为获取注册发行资格,各方必须尽最大努力。

(6)选择承销商的过程可以协商。

尽管协议中有这些内容,但风险投资家的股份究竟是可以在首次发行中退出还是必须持有一段时间,仍要在将来经过承销商认可后才能确定。

(三)首次公开发行的步骤

为使公司股票首次公开发行成功,必须满足有关机构的要求,这包括投资银行、证券交易委员会、股票交易所、证券监管部门及券商等。一般来说,整个发行过程要花3 ~ 5个月时间,大约分为如下阶段:

1. 第一阶段:选择合适的投资银行家或股票承销商。当风险投资公司的普通合伙人和有限合伙人认定公司的经营已经十分成功时,他们就开始筹备发行工作。为了公开发行公司股票,他们总是要去找一家承销商,而不是自己直接公开发行股票。

寻找和选择最有可能的承销商并与其进行谈判和磋商是十分重要的。承销商按其规模、能力以及与小公司打交道的意愿可以分成不同类型。除非有兴旺的发行市场,否则较大的投资银行一般将拒绝为 5 年累积赢利(税后)不到 200 万美元的公司发行证券;更大的承销商一般不接受少于 2 000万美元的发行业务,小规模的发行对他们来说发行情况不稳定、不好处理,更重要的是,发行成本太大,没有规模经济。而且,像所有商人一样,他们必须使他的承销满足客户的要求。例如,短期资本的持有者对大承销商不感兴趣,却对小规模的、单位价值低的发行商感兴趣。选择承销商的最佳方式是:

(1)准备一份简短的公司简介,以描绘公司未来的发展前景,前景中应与已成功首次公开发行的公司进行比较。

(2)编一个表格,列出那些相关投资银行的名单。这些投资银行应在同一产业中帮助同样规模的公司实现了公开发行。

(3)尽量与这些投资银行有个人联系。

(4)从报纸、专业刊物之类的信息源中选择中意的投资银行。

(5)从这些名单中圈出最有可能的10家,列出其基本情况和他们的顾客类型。

(6)对那些做出反应的投资银行家进行访问以获得更多的信息。

(7)通过调查问卷选定最后的候选人,并审查其资格。

(8)举行一次“竞标会”,让承销商展示他们各自预备的报价和对未来合作方式的研究报告草案。

这里要注意,一旦选择了主承销商,它就代表销售方管理这一活动已经开始。已被指定的主承销商很少会让发行公司来告诉他下一步如何走。在法律关系上,发行者是一方,承销人是另一方。但是,主承销商当然应考虑发行公司的建议,并也会很乐于知道究竟哪些机构对这次承销表示感兴趣并有可能加入这次承销。

2. 第二阶段:与承销商谈判。与承销商谈判是发行公司发现合适的主承销商的重要过程。这里的发行公司是指受风险投资支持的创业企业。因为承销费十分标准化,因此,谈判的重点放在承销方式以及对股票发行企业的支持力度上。股票的最后的价格在很大程度上将取决于承销商在初步计划书发布之后对市场的感觉,以及发行开始前几天的市场条件。

例如在美国,全美证券经纪商协会规定了各种情况下承销费的最高额度。在典型的首次公开发行中,承销商将要求得到与最近相似规模的发行相当的平均费用。费用一般应是筹措资金的5%～10%,具体比例取决于发行的规模。一个较小的承销商也可能会要求附加担保,作为其在发行之后支持公司的报酬。它也可能会要求得到公司今后发行业务的优先权,指定一人作为董事的权力,数年的财务咨询费以及其他费用补贴。在风险较大的承销中,全美证券经纪商协会的费用限额和控制变得更为重要。即使发行未能成功完成,较小的承销商仍将要求创业公司承担它的合法耗费(3万～7万美元)和其他耗费。意向书将包括所有这些约定内容，以使创业企业与承销商清楚地理解彼此的意图。

3. 第三阶段：签订承销意向书和协议。在创业企业与承销商之间，承销承诺的证券类型、发行价格、发行数额、费用和其他基本的承销条款将由承销商在意向书中提前订立，并由创业企业和证券持有人签订。

承销意向书一般声明它对承销的承诺不具法律约束，但对于声誉比较好的大承销商来说，他们一般会按照意向书的约定执行。直到公开发行的申请被有关机关正式批准后，承销商才会按照意向书的约定与股票发行公司正式签订承销协议，这份承销协议才具有真正的法律约束力。一般而言，承销协议是一份内容十分完善、十分详细的法律材料，协议的条款基本上是前面所述的内容。

4. 第四阶段：注册和股票销售。创业企业收到承销意向书后，注册的实际工作就开始了。律师和会计师开始准备注册说明书。注册过程通常要持续数周。注册生效后，承销商将按照承销意向书中约定的内容全面开展工作，包括组织、推销、宣传、确定具体运作方案等，直至最终与股票发行公司签订承销协议，并力争在最短时间内将股票公开发行上市。

（四）公开上市的费用

公开上市的回报或者说利益是巨大的，但是公开上市的费用也不少，具体可分为以下几类：

1. 承销费用，包括：

（1）佣金。公开发行中最大的单项支出就是承销商的佣金，也称承销商的销售折扣。佣金是因为承销商销售了股票，帮企业融到了资金而索取的，它一般按每售出一股股票的一定比例来计算。对首次公开发行来说，承销商索取的佣金的最高比例为10%。理论上，这个比例是双方协商的，主要由发行规模、承销方式、企业的价值、发行过程的复杂程度以及类似发行的佣金的多少等因素来决定，但在实际发行过程中，主要还是承销商说了算。

（2）不可列支费用。它是承销商收取的另一笔费用，而且是不能列入公开发行费用的整体预算中的一笔费用。它是作为对承销商在承销过程中没有列入预算的现金支出的补偿，这些费用包括邮资、电话费、印刷费、招待费、市场营销费及法律费用等。此外，还包含首次公开发行的部分宣传费用及承销商对本次发行进行的尽职调查费用。

2. 专业顾问费用，包括：

（1）法律费用。公开发行一般要求律师出具法律意见书，内容包括公司的经营历史，公司是否拥有其他公司的股份，公司是否在其他国家或地区开展经营活动，公司是否拥有必须披露的专利，等等。法律费用是除承销费用之外最大的一项费用开支。在美国，一般要3～17.5万美元。

(2)会计费用。同法律费用一样,会计费用的波动范围很大,视公司创办的历史及会计和审计工作的复杂程度而定。在美国,对于刚成立的公司,会计费用大约为5 000~15 000美元,如果企业会计信息不完全或者某些数据看起来相当可疑,将会使企业的会计费用增加。

(3)投资银行家及顾问费用。投资银行家和顾问自始至终都参与了首次发行的全过程。对于想公开上市的企业来说,投资银行家和顾问是其能寻求帮助的专家,这些专家了解问题并能解决问题,他们可以将其带上成功的道路。投资银行家及顾问通常要收取一定的费用,有时也采取费用加股票或股票期权之类的收费方式。

3. 其他必要费用,包括:

(1)印刷费。包括注册申请报告、递交给证券交易委员会及相关政府部门的各种说明等文件的排版、打印、印刷等费用。

(2)注册费。当企业要为公司发行注册时,必须向有关监管部门缴纳一定的费用。

4. 隐藏的和后续的费用。在公司公开上市的漫长过程中,往往还会产生一些额外的没有包括在预算之内的费用,包括预算之外的顾问、律师、会计师、承销商招待费用,文件的修改及印刷费用,为了扩大发行的知名度而支出的宣传费用等,这些都属于隐藏的和后续的费用。

二、股份回购

(一)概述

股份回购(Buy-back)是指创业企业或者创业家本人采取现金或票据等支付形式,或通过建立一个员工持股基金,来买断风险投资者持有的创业企业的股份。通常,发行股票上市的退出方式对创业企业的要求较高,一般此时的创业企业已闯过了技术风险和市场风险等险关,成长为一家较有发展前途的中型企业,并已基本达到了在二板市场上市的条件。但对许多创业企业来说,二板市场上市的条件仍然过高且难以达到,风险投资无法选择以这种方式退出。此外,发行股票上市的退出方式还存在退出周期较长,退出费用较昂贵,先期出售的股票有比例限制等不足。因此,对于那些达不到上市条件或不愿接受股票上市种种约束的创业企业,风险投资一般会选择其他方式退出。股份回购方式即为风险投资另一种主要的退出方式。股份回购只有风险投资不是很成功时才使用,事实上它更像一个对创业企业的投资者进行保护的预防措施。

1. 股份回购的类型。股份回购主要有两种类型:创业企业股份回购和创业家股份回购。创业企业股份回购是指创业企业采用现金或票据等形式,从风险投资家手中购买他所持有的创业企业的股份，并将回购股票加以注销的一种方法。而创业家股份回购是指创业家采用现金或票据等形式，从风险投资家手中购买他所持有的创业企业的股份。股份回购后，创业企业就100%由创业家和其他股东所拥有，风险投资则完全退出了创业企业。

2. 股份回购的条件。股份回购在实施时一般须具备一定的条件：

（1）在引入风险投资时即已由投资双方签订关于在若干时间后回购股份的协议。在协议中，风险投资家可能要求创业家列出所拥有的资产权益、资产负债等各种证明文件，同时制定今后股份的回购条款。可以是给予风险投资家卖股期权，或是给予创业家买股期权，在适当的时机由创业企业或创业家回购风险投资家所持有的股票。通过卖股期权，风险投资家可以在公司经营状况不力或发展不明时，及时地从创业企业退出。

（2）创业企业签订协议后，虽然经营状况并非太差，也有足够的能力支付回购股票所需的资金，但由于创业企业的失败率非常高，有时即使是在风险投资进入前签订了回购协议，也会因公司的发展超过预期，致使创业企业或创业家根本无力按照回购协议来支付资金。在这种情况下，股份回购就不能顺利进行，风险投资将受到较大的损失。

3. 股份回购的支付方式。创业企业或创业家对风险投资家所持股份的回购一般采用现金、票据等形式支付。如果公司没有现金，也可以通过向银行贷款来支付回购所需的资金，但公司的负债率将大幅提高。如果公司具有其他固定资产，或是其他公司的股票，也可以用来交换风险投资家手中的股票。这种交换一般以股票互换、土地和建筑物换股的形式进行。

有时创业企业也可通过建立一个企业员工持股基金来买断风险投资家手中的股份。员工持股基金类似于养老基金或利润分成计划，唯一的不同之处在于，它买进的不是上市公司的股票，而是未上市的本公司股票。员工持股基金可以从公司的税前赢利中划拨，也可先向银行贷款，然后在公司今后一定年度的税前赢利中扣除。由于员工持股基金是从公司的税前赢利中划拨的，因此它是可以免税的。

股份回购一般可以通过卖股期权和买股期权来实现。所谓卖股期权，即是在引入风险投资签订投资协议时，由创业家或创业企业给予风险投资家一项选择权，允许风险投资家可以在今后某一时间要求创业家或创业企业按照预先商定的形式和股票价格购买他手中的股票。与此相似的，买股期权则是给予创业家或创业企业一项选择权，让其在今后某一时间能按照预先商定的形式和股票价格购买风险投资家手中的股票。两种期权实质上非常相似，都是风险投资家向创业家或创业企业卖出股份，区别仅在于是把权利赋予哪一方而已。

在股份回购时到底采用卖股期权还是买股期权,这主要看创业企业对风险投资吸引力的大小而定。如果创业企业是许多风险投资公司普遍看好的一家公司,则可能会采用买股期权;如果是创业企业急需引入风险投资,则可能采用卖股期权。绝大多数股份回购一般是采用卖股期权方式进行的。

股份回购对于大多数风险投资家来说,是一个备用的退出方法。当创业企业不是很成功时,为了保证已投资本金的安全,便可采用这种方式退出。因此,股份回购是风险投资控制风险的一种重要的保证措施。

(二)股份回购中股票价格的确定方法

在股份回购中,股票价格的决定是股份回购能否成功达成的关键。如果股票的价格定得过高,那么作为回购方的创业家或创业企业就要支付较高的回购资金;如果股票的价格定得过低,风险投资家就只能回收较少的资本金或获取较低的投资收益。因此,股票的回购价格一般由风险投资家和回购者在事先协商,并以协议的形式确定。股票定价的形式多种多样,一般以创业企业的某些经济指标作为股票定价的依据。最主要的定价方有以下 5 种。

1. 市盈率定价法。最流行的股票定价方法是将公司的股票当作已上市企业来对待。在进行股份回购时,首先计算公司股票前一年度的每股税后赢利,然后参照证券市场上当时同行业股票的平均市盈率,以前一年度每股税后赢利乘以当时同行业股票的平均市盈率,作为股票回购时的价格。这是一种相对较为简单的定价方法,这种股票回购的定价方法对风险投资家较为有利,因为这种定价法没有考虑公司的上市费用,因此一般股票的定价会比其实际价值相对要高。有时,为了公平起见,回购双方会对价格减让一定比例的折扣。

2. 销售额估算税后赢利定价法。市盈率定价法对于一些刚刚起步的企业来说是不适宜的。因为在企业开办初期,企业的广告费用、折旧费用和研发费用相对较多,投入远远多于产出,因此,公司往往需要经过几年的时间才能获利。在此期间,公司一般处于亏损或微利状态。当公司处于亏损状态或税后赢利很少时,就无法采用市盈率定价的方法。因为此时或因股票的每股税后赢利为负值,无法计算股票的价格;或因每股税后赢利很小,按此方法计算出的股票价格极低,可能远低于其实际价值,失去了股票定价的意义。

在公司处于亏损或微利状态下,为了合理估算股票的价格,有时会采取以销售额估算税后赢利的方法来估算股票的价值。假设与该公司同行业的其他公司的税后赢利为销售额的 10%,可以简单地根据这一百分比数,用创业企业的销售额来估算其税后赢利,从而计算出公司的每股税后赢利,再以市盈率定价方法来计算出公司股票的价格。对于创业家和创业企业而言,采用此法估算的价格回购风险投资家的股票,有时代价会较高。因为销售额有时可能会因产品的畅销或广告的大量投入而大幅增加,在此情况下,创业家或创业企业采用此法,就会付出较高的代价。但从风险投资家的角度来看,公司的销售额是不会随意变动的,因而它是衡量股票价值的较为公平的指标。

3. 销售额倍数定价法。在某些行业中,某些公司的价值是根据公司销售额的一定倍数来确定的。例如,传统上广播公司的价格是其销售额的2~3倍。如果公司的价值可由其销售额的一定倍数计算而得,那么用公司的价值除以公司的总股本就可以作为其创业企业股票的价格。这是一种较为简便的估算方法,但它只能适合某些特殊行业的公司。

4. 现金流量倍数定价法。对于某些公司来说,用公司的现金流量比用现行会计准则中公司的赢利指标更能准确地反映公司的实际价值。因此,会用事先确定的一定倍数的公司现金流量来估算公司的价值,从而定出公司股票的价格。现金流量定价法比较适合较为稳定的公司。

5. 专家评估定价法。寻找几个相关行业的专家或资产评估公司,组成一个专家组,对风险资产的价值进行评估,再除以总股本,从而得出公司股票的价格。资产评估公司在评估公司价值时,一般会在综合考虑公司历史上的各种经济指标如销售额、净资产值和税后赢利等数据的基础上,推算公司未来的赢利能力,最后估算出公司的实际价值。

这是一种公平的股票定价法,一般较容易为股份回购双方所接受。因为作为评估者的专家或资产评估公司,一把都是在社会上公开执业的评估机构或人士,具有较高的公正性和权威性,不会偏向某一方;而且资产评估公司在评估时是在综合考虑各种经济指标的基础上,才估算出公司的实际价值,与上面其他只考虑某一指标的定价法相比,其评估结果应更为准确。但是,用这种方法,需要支付较高的资产评估费用。

(三)股份回购的特点

1. 股份回购只涉及创业企业或企业家与风险投资机构两方面的当事人,产权关系明晰,操作简便易行。

2. 股份回购几乎不受管制,风险资本可以迅速退出,并取得合法、可观的收益。

3. 股份回购可以将外部股权全部内部化,使创业企业保持充分的独立性,并拥有足够完整的资本进行保值增值,预留了巨大的升值想象空间。

正由于股权回购是创业企业和风险投资公司的"双赢"策略,因此近年来在风险投资领域得到了广泛的应用。但是,许多风险投资者在考虑回购时仍有不少顾虑,因为它往往要求风险资本投资于企业之初就签订回购协议,而如果到期时企业经营得更好,回购协议就会限制风险投资者获取更高的收益。

三、兼并收购

(一)概述

所谓兼并收购(Mergers & Acquisition,M&A)是指一个公司通过产权交易取得其他公司一定程度的控制权(包括资产所有权、经营管理权等),以实现一定经济目标的经济行为。有时创业家也可以与风险投资家一起把整个创业企业出让给另一家公司,即创业企业被另一公司兼并收购。兼并收购是风险投资机构退出风险投资的一种主要方式,通过公司兼并收购,不仅风险投资家可以收回投资并达到退出创业企业的目的,而且创业家也可收回其投资并实现其高额的风险投资利润。与企业回购相比,兼并收购通常是经营较为成功的创业企业采取的方式。近年来,以并购的方式退出在迅速发展的风险投资业中所占的比例越来越大,并已经超过了 IPO 方式。

创业企业被兼并收购又可细分为两种方式,即"一般并购"和"第二期收购"。

1."一般并购"。"一般并购"是创业企业出售中最重要的方式,指公司间的收购与兼并,如创业企业被大公司、其他企业收购或兼并,通常是指同行业或相关的产业集团收购或兼并创业企业,使之成为产业集团的一部分。

创业企业的一般并购事实上和其他企业的并购并无多大区别。一般企业的并购可以分为如下三种主要类型:横向兼并、纵向兼并和混合兼并。

(1)横向兼并。是指在同种商业活动中经营和竞争的两家企业之间的并购,其目的往往在于消除竞争、扩大市场份额、增加并购企业的垄断实力或形成规模效应。

(2)纵向兼并。是指在处于生产经营不同阶段的企业之间的兼并,即优势企业将与本企业生产紧密相关的处于不同生产、营销过程的企业收购过来,以形成纵向生产一体化。

(3)混合兼并。指既非竞争对手又非现实或潜在的客户或供应商的企业间的兼并,其主要目的在于分散处于一个行业时带来的风险,提高企业对经营环境的应变能力。

2."第二期并购"。"第二期并购"是指风险投资家将持有的创业企业股份再卖给另一家风险投资公司,尤其是卖给致力于创业企业扩张期和后期的风险投资公司,由新加入的风险投资公司对创业企业进行下一期的投资。风险投资公司可能出于种种原因急于从创业企业撤资,而创业企业在其发展到一定规模以前,圈外人士往往难以判断该企业的经营前景,因而难以对创业企业进行合理的估价。此时,作为内行的其他风险投资公司会对该创业企业的发展进行较为准确的判断，一旦认定其具有投资价值，便会从原有的风险投资公司手中认购该企业股份。这种“圈内交易”比较容易在对创业企业的价值评估方面达成一致。对创业企业进行风险投资的第一个风险投资公司很可能是“所有者权益导向”型的，专门投资于处于早期创业阶段的创业企业；而接手投资的第二个风险投资公司则偏好于在创业企业发展稍后阶段购买所有者权益。采用第二期收购时，创业家并没有退出创业企业。

据不完全统计，在风险投资的退出方式中，一般收购占 23%，二期收购占 9%，股票回购占 6%。

对于风险投资家而言，由于被兼并收购的退出方式可以立即收回现金、票据或可流通权益，使得风险资本可立即从创业企业中完全退出，因此具有较大的吸引力。但同 IPO 的退出方式相比，其投资收益率大约只有 IPO 方式的 1/5，且创业企业的公司管理层通常并不欢迎这种退出方式，因为创业企业一旦被一家大公司收购，其独立性就会被大大削弱，公司原有管理层的权利也会受到影响。

（二）创业企业价值评估的内容和方法

创业企业在被并购时，首先必须确定其资产的价值。公司资产的价值一般由公司的有形资产和无形资产两部分的价值相加而成。有形资产主要包括土地、房地产、机器设备和产成品等；而无形资产则由各种专营权、特许权、专利权和商誉等所组成。

在对创业企业进行资产评估时，不仅要了解公司有形资产的数量及其产出能力，而且还要了解公司无形资产如专营权、特许权、专利权等的有效期和综合赢利能力；不仅要对公司历史的生产能力和赢利情况有所知晓，而且还要对公司未来的市场条件、增长潜力和赢利能力有一个合理的预测。这是因为，公司的价值是由多种可变要素所构成的，公司资产的产出赢利能力是其特殊的使用价值。由于各公司所处的市场环境、生产资料质量、行业特点及结构的不同，再加上劳动者素质存在着差异，账面价值相同的资产在不同的公司具有不同的产出赢利能力。此外，不同公司在产品价格、市场策划和资金筹集渠道等方面的差异，也决定了不同公司资产的赢利能力也有所不同。因此，资产评估的主要内容应该包括有形资产的评估、无形资产的评估、公司现在与未来经营能力的预期和对并购后产生的赢利增值等方面能力的研究分析。无形资产是公司资产中一种无长期固定形态、价值变化较大的资产，评估起来较为困难，需要特别加以重视。从狭义的角度讲，无形资产主要是指产品的商标权、专卖权、专利权、土地使用权、租赁权和服务标记等；而从广义角度来说，无形资产还应包括生产工艺、配方、经销渠道、企业规章制度、员工素质和劳动力结构等生产经营要素和公司在行业中的知名度以及商誉等。尽管在账面价值上无法予以准确定量，无形资产对公司的产出能力起着十分重要的作用，其在公司经营和产品销售方面所起的作用不容低估。因此，它也是创业企业资产评估中的重要组成部分。

创业企业资产评估的方法很多，并购的公司可根据各自并购后目标公司的具体情况和并购后的不同目的，分别采用不同的评估方法。资产评估的方法主要有以下四种。

1. 市场效率法。市场效率法是根据证券市场上公司现在股价反映公司价值的准确程度来评估公司资产价值的方法。西方财务理论专家通常认为，市场的效率性可以分为弱式效率性、次强式效率性和强式效率性三种类型。

弱式效率性是指在市场中，所有包含过去股价变动的资料和信息并没有完全反映在股票现在的市价中，因此，投资者在投资股票时，并不能从与股价趋势有关的公司资料和信息中获得任何帮助。

次强式效率性是指市场中股票的现在市价已反映出所有公开的资料和信息。在一个具有次强式效率性的市场中，投资者就算充分分析了股票有关资料，仔细地阅读了年度报告或其他刊物，也无法获取超常利润。但公司的董事、经理和高级管理人员等内部人员，却能利用他们的有利地位，取得其他投资者所无法得到的资料，通过买卖自己公司的股票获取超额利润。

强式效率性是指股票的现在市价已反映了所有公开或未公开的信息。因此，任何人均无法在股市中获取超额报酬。

由于证券市场处于均衡状态，其股价反映了投资者对公司未来现金流量、市场风险和赢利的预期，可以近似以其市场价格来评估其市场价值。市场效率法依据已上市公司股价或目前市场上有成交公司的价格来作为评估未上市创业企业的标准，它具有计算容易且资料真实、可信度较高的特点。在进行创业企业评估时，一般采用以下指标作为评估标准：

(1)公开上市交易的公司股价。对未上市创业企业价值的评估可根据同类型已上市公司的股价作为参考，据以计算其价值。此法的优点是：资料可靠，且可根据分析者目的的不同，采用不同的比较标准，像营业收入、净收入、税后利润等，这可使创业企业的评估价值更为合理。但使用此法的缺点和难点是：对公司管理部门和董事会要求较高，且要求评估者要有一定的经验与技巧，常见的错误是高估或低估创业企业的经营价值，甚至可能低估创业企业未来发展的机会或隐藏的价值。

(2)同类型公司过去的并购价格。此法在实际操作中具有以下优点：①并购公司自由支付按创业企业的真实价值计算的价格；②创业企业继续经营的溢价或清算时的折价均已包括在公司并购的成长价格中；③通过上市公司与非上市公司的差额，可以计算清算折价比率；④可以多次使用资料评估类似的并购业务，特别是在股权并购的情况下，选择同类型公司过去的并购价格作为标准确实非常明智。但是，运用此法有时很难找到经营项目、财务状况、规模和赢利水平等相似的公司，且无法区分不同的并购公司对被并购公司溢价比率的估计。因为有些并购公司主张单独考虑被并购公司价值，认为无须为并购后被并购公司能创造出的综合效益多支付一部分报酬。

（3）新上市公司的发行价。对于创业企业的价值评估，也可依照并购时在市场上公开发行股票公司的初次发行价格，作为评估创业企业市场价值的比较标准。创业企业也可将按公开发行价格评估的价值与出售、清算或继续经营下去的公司的价值进行比较，以做出最有利的决策。但是，许多新上市公司为刚刚成立的公司，每股利润较低，其股价的可参考性大受影响，且由于刚公开发行股票的公司股票的发行量较少，价格波动较大，股价更容易被市场投机者所操纵，容易脱离其实际价值，这就会严重影响本法评估结果的准确性。

2. 未来赢利还原法。未来赢利还原法是目前美国公司并购时常用的评估方法。与市场效率法相比，它着重于对创业企业的了解，着重于对创业企业未来赢利的分析，因此，尽量避免了并购中的市场短视现象。由于要正确估计创业企业未来的赢利情况，并购公司必须对其所在行业的市场前景有所了解。这可以避免像市场效率法那样，由于缺乏对行业的了解，在并购后骑虎难下，左右为难。此法的基本原理是，若公司并购创业企业着重于未来的经营业绩，则公司应基于将并购后的未来预期利润予以资本化后的价值作为购买价格。传统的以会计利润为基础估算公司价值的方法忽略了货币的时间价值，且未考虑公司经营管理和财务上的风险，无法反映并购后继续经营的价值。此外，由于未曾考虑并购后可能增加投入的经营资金或固定资产投资，且会计赢利即税后利润的计算也受到会计处理方法的影响，因此经常高估被并购公司的价值。这使并购公司在并购以后经常发生其股票价格下降，并购方公司股东蒙受损失等现象。

由于公司未来现金流量的估算不仅涉及行业前景，而且涉及被并购公司的赢利能力，并购公司可以根据被并购公司过去的财务报表资料进行预测，但必要时须进行必要的调整。常见的调整项目一般有异常项目、存货及计提所使用的折旧方法，高于正常市场利率的存贷款和非经营资产与负债等。除进行财务数据分析外，对于足以影响投资者对公司信心及印象的有关财务指标，如资金支出预测、加权平均资金成本、税前赢利、有形资产账面价值、长短期负债和非营运资产等，并购公司均应予以充分重视，并进行认真细致的评估。

3. 盈余倍数法。盈余倍数法的基本原理是指并购公司愿意支付多少价钱以购买创业企业目前的赢利。此法的使用准则是:如果收购后能使并购公司每股赢利增加,则进行收购;如每股赢利没有增加则不进行收购。例如,若创业企业每股赢利1美元,并购公司愿意以目前赢利的20倍作为支付价格来购买其股票,则每股价格为20美元。但是,此法未考虑并购后产生的综合效益,因而并不十分准确。

4. 会计评价法。会计评价法是对创业企业有形资产的估算,是并购创业企业后再次出售时的最低价格,并购的公司由此可以衡量其并购的风险。此外,在会计评价法下的价值评估适合向金融机构融资,尤其是那些对以资产作为抵押物具有偏好的银行。并购公司可根据创业企业重估后的价值和并购的目的与规划,适当地在有形资产和无形资产间进行分配。一般来说,用此法评估的公司价值往往较低,并将被并购的创业企业视为不适合继续经营。并购公司对被并购的创业企业的价值常用的计算标准有以下三种:一是清算价值,即创业企业按清算价格出售,这时的创业企业价值为并购后创业企业不再存在时其资产的可变现净值;二是净资产价值,即总资产减负债后创业企业的权益净值;三是重估账面价值,将资产的历史成本标准换为现行成本,即以资产现行成本作为公司价值评估的计价基础。

但会计评价法未能考虑公司的赢利和现金流量,而且,对不同类型的资产需使用不同的分析方法,计算复杂烦琐,也无法评估公司的无形资产。

(三)兼并收购的有关程序

1. 拟订创业企业的出售方案。由创业企业召开董事会,通过公司出售的决议草案,然后提交股东大会讨论通过。

2. 创业企业的出售协议需由有法律效力的股东大会会议提出,并经参加股东大会的股东所持表决权的2/3以上多数通过。

3. 公告公司债权人。由并购双方签订并购协议并编制公司资产负债表和资产清单,自并购协议生效之日起10日内通知公司的所有债权人,并在30日内在报纸上至少公告3次,债权人自接到公告之日起30日内或第一次公告之日起90日内,有权要求公司清偿债务或提供担保,否则并购协议无效。

4. 公司产权的变更登记或注销登记。

5. 并购后按照法定的法律程序,向有关部门办理各种所有权权证的过户变更手续,并交纳有关的税费和手续费。

(四)公司兼并收购中有关的法律文件

1. 并购协议。并购协议是并购双方就创业企业产权转让的价格、转让的时间、转让的方式,创业企业的基本情况,并购后公司的股权结构、组织结构、员工的安置等问题，经过协商而达成的合同文件，是并购双方真实意愿的具体表现。并购协议一般应包括如下内容：

(1)标的物。作为产权转让的标的物是全部产权还是部分产权，是实物资产还是无形资产，在协议中应做出明确的规定。

(2)产权的价格和其支付的期限、支付的方式等。这主要应包括，产权的价格；以何种货币计价，如是外汇，应确定以何日何市场的汇率为基准；收购价款是一次性支付还是分期支付，如是分期支付，则应规定每次的支付比例和支付时间，产权最终转移的日期；收购价款是以现金还是以票据的形式支付，等等。

(3)公司产权或其主要资产是否存在抵押、典当、承包或租赁等情况。

(4)公司所定的重大合同及其履行情况。

(5)公司债权、债务的处理方案。

(6)并购后现有企业员工的安置方案。

(7)公司的交接方式和日期。

(8)产生争议时的解决办法。

(9)违约责任和免责条款等。

并购协议只能就并购过程中的一些可预见的问题做出规定，有些重大、细微和不可预见的问题，应由其附件规定或者注明。并购协议主要应包括下列附件：公司财务审计报告、资产评估报告、土地转让协议、固定资产和机器设备清单、流动资产清单、并购的谈判记录和有关的决议等。

2. 其他有关的法律文件。包括：

(1)聘请有关中介机构如会计师事务所、律师事务所和资产评估事务所等的委托协议或委托书。在委托书中，应注意与上述机构签订保密协议，使这些机构承担起在并购中介活动中保守有关商业秘密的法律责任，一旦这些机构存在泄密行为，权利人就可按有关协议和法律责任，向侵权人要求赔偿。

(2)与债权人和债务人就有关债权债务的重组达成协议，并获得明确的确认。

(3)创业企业与员工签订的劳动合同，与其他企业签订的购销合同和与保险公司签订的保险合同等。

(五)创业企业被兼并收购的主要支付方式

1. 以现金作为支付形式的并购。现金收购是一种单纯的收购行为，它是指由收购者支付一定数量的现金，从而取得被收购的创业企业的所有权。一旦创业企业的股东得到了对所拥有股份的现金支付，就失去了任何选举权或所有权。这是现金收购方式的一个突出特点。一般而言，凡不涉及新股发行的收购都可以被视为现金收购，即使由收购者直接发行某种形式的票据完成收购，也是现金收购。在这种情况下，创业企业的股东可以取得某种形式的票据，但其中丝毫不含有股东权益，只表明是对某种固定的现金支付所做的特殊安排，是某种形式的推迟的现金支付。从收购者的资本使用角度出发，可以认为这是一种融资方式，直接由被收购企业的股东提供融资，而不是由银行或其他第三方提供。

在决定是否采用现金收购方式时，收购企业主要考虑如下几个问题：

（1）短期的流动性。现金出价要求购买者在确定的日期支付一定数量的货币，立即付现必然会在资产负债表上产生现金亏空，于是有无足够的付现能力，是企业首先要考虑的问题。

（2）中期或中长期的流动性。主要是以较长期的观点看待支付的可能性，有些企业可能在很长时间内还难以从大量的现金流出中复苏过来，所以收购企业必须认真考虑现金回收率，或者是回收年限。

（3）货币的流动性。收购者还需要考虑的问题是自己拥有的现金是否是可以直接支付的货币，或是可自由兑换的货币，企业回收的是否是可自由兑换的货币。

现金收购是最简单、迅速和方便的并购支付方式，是由并购方以现金的形式来购买创业企业的产权。但对并购方而言，并购所需资金是一笔巨大的即时现金负担，且有时要通过融资的方式来解决，这可能要承担较高利率的债务，公司的负债率将大幅上升；而对于卖方而言，能够立即收回投资并可能实现巨额投资利润，但当年的所得税会大幅增加，这必然会加重并购双方的心理负担。

因此，并购双方有时会经过商议，采取分期付款的支付形式来进行并购。这可使并购方避免在短期内出现巨额的现金支出，大大减少公司并购时的现金压力，并可减少财务费用并降低并购方的资产负债率；卖方则可以享有税负延后的好处，因为在分期付款情况下，卖方支付的所得税也可以分期支付。

分期付款对并购方的另一个好处是可以防止被并购的创业企业人才流失。有时并购方看重的主要是创业企业的人才，如果采用一次性支付现金的方式，创业企业的人才就可能会流失，这样并购的风险较大；而采用分期付款的方式，可以增加特别条款。例如，可以要求并购后创业家继续作为经营者留在企业，且可要求在并购完成后，还有部分产权价格未确定，需根据未来被收购企业的经营业绩而定。譬如，并购方可同意先给卖方一定的预定金额，如果被并购企业在并购 2 年内每年赢利增长 15%，则再按协议支付其余金额。

如果并购方要求卖方同意采用分期付款方式，且部分支付价格按其经营业绩的一定比例支付，这种支付方法有助于拉进并购双方在并购价格认定上的差距，可使卖方在并购刚完成时，能够努力保持公司的正常经营，以证明公司的价值;而并购方也可保护自己,以免公司业绩在收购后急剧下降。当然,并购双方也可按商定的价格的一半支付现金,另一半视未来某一时点的业绩情况决定是否及如何支付。

2. 以票据作为支付形式的并购。并购方也可用票据(如本公司的债券或其他公司的债权、期票等)的形式来支付卖方。也就是说卖方不能立即得到现金,而是通过卖出创业企业的产权来换取票据,并且,在今后的一定时间(如几年)内,卖方才能逐步收回并购款项。在风险投资这一行业中,人们把这种支付形式戏称为“白条子”。这种支付方式如果搞不好,支付的票据就会成为一张废纸,一文不值。但使用票据支付的形式是非常常见的,因为这对卖方也有好处,即可以通过推迟收款达到所得税税负延后的好处。但在卖股换票据时,有时会引起与毫不相关的第三者打交道的麻烦,如果并购方是一家大公司,产生问题的可能性较小,如果是小公司或个人,则麻烦有时会很大。为了避免换得票据可能引起的麻烦,一个简便的方法是将创业企业的资产作为票据的担保。

3. 以支付上市公司股票形式的并购。如果并购方本身是一家已上市的公司,则可以自己公司的股票作价,支付给创业企业的股东,即以换股的形式并购创业企业。此种换股并购的形式与现金支付的形式相比,对并购方而言,完全没有了现金支付的压力,公司的负债和负债率不会大幅增加,因此并购方的心理压力相对较小。

在这种换股形式的并购中,并购方(上市公司)必然要考虑目前自身股票价格的走势以及各种长期性的税负问题。并购方若是业绩优良的上市公司,其用股票支付方式比用现金方式会更受卖方欢迎,因为现金必须在当年度申报所得,缴纳所得税,而若以股票支付,卖方只有在卖出股票时,方需对所得缴纳所得税,因而,此支付形式对卖方较为有利,也较受卖方欢迎,这种方式有时可大大压低创业企业的卖出价格。

但是,在决定是否以换股形式并购时,并购双方对并购方股票的价格是否有一致的认识至为关键。在估算时,卖方需考虑并购方如发行新股,则必然会摊薄每股赢利而使股价下降,而且最重要的是,在完成并购后,所取得的并购方的股票的价格是否会大幅下降。要解决这个问题,并购方就必须以足够的理由证明,采取股票支付形式不会使该公司股价下降。只有这样,才能增强卖方的信心,顺利完成并购交易。

换股形式对并购方的不利之处,是会降低其作为大股东持股的比例,影响其对公司的控制权。因为换股形式一般是由并购的公司定向向创业企业股东增发股票用以换股,这样,并购的公司总股本增加,而大股东的持股数量并没有随之增加,其持股的比例必然下降。

因此,有时并购的公司会采取发行无表决权的优先股来进行换股,这种股票在股利发放方面享有优先权,但不会影响大股东的控制权。而且,不同于公司债券(不管公司当年有无利润均应发放利息),优先股在公司没有利润时可以不用派发股息。但从税赋的观点来看,公司债券的利息可在税前利润中扣除,而优先股的股息是在税后扣除的。

4. 以支付未上市公司股票形式的并购。有时并购方本身并不是一家已上市的公司,它只能用其未上市的股票来支付卖方。这对并购方而言,是一种较好的并购形式。因为并购公司不出一点现金,就可以通过并购来扩大公司的规模。

对于卖出方来说,是否采用这种换股形式出让股权,主要是由并购的公司今后的发展前景来决定。如果并购的公司今后的发展前景较好,在短期内有上市的可能,则这是一种可以接受的形式。因为未上市的股票定价一般偏低,换股时,创业企业的股东可以换得更多的股票。一旦并购的公司股票上市,其价格会成倍上涨,这时的获利数量会比用已上市公司股票并购的形式来的高。如果并购的公司今后的发展前景一般,且难以有股票上市的可能,则这种并购形式对卖出方不利,卖出方一般也不会接受这种并购形式。

(六)兼并收购的特点

1. 直接现实性。兼并收购的最大优势在于,风险投资机构在风险资本退出时,可以拿到现金(或可流通证券),而不仅仅是一种期权。同时,交易的复杂性较低,花费的时间也较少,风险资本可以迅速从创业企业中撤出。与企业回购一样,并购能比 IPO 更快地收回投资,且适用于大多数不能上市的创业企业。

2. 完全、彻底性。在创业企业发展过程中,创业企业家有时愿意与风险投资机构联手,将创业企业整体出售,换取足够的自有资本,并重新用自有资本开办其他企业,在完成原始积累后,彻底摆脱风险投资公司的束缚。

3. 灵活性。兼并收购的退出方式,给予了投资人以最大的灵活性来撤出资本,以保证资金的赢利与循环。只要风险投资公司愿意,他们可以在种子期、起步期、成长期、扩张期和成熟期的任一阶段,将自己拥有的某一项目的股权随时变现,来调整投资组合或修正投资战略,从而使整个公司的收益最大化。虽然这种方式不及首次公开发行收益高,但资金更快地撤出可以提高资金的流动性,避免潜在风险,所获得的收益可以投入下一个项目,从而带来新的回报。一般说来,应该选择在企业未来投资收益的现值比企业的市场价值高时把企业出售,这样有利于和购买者进行价格谈判,从而有利于风险投资机构赚取最大的投资收益。

兼并收购方式这种干净、利索、简易的特点,使其作为次佳退出方式,越来越受到欢迎和关注。一些风险投资公司甚至专门将兼并收购作为他们投资的最主要的退出方式,因而,兼并收购市场为风险投资机构的顺利退出提供了广阔的空间。

四、破产清算

(一)概述

清算是指当创业企业经营每况愈下且难以扭转时,为避免更大的损失,对其进行破产清算以收回部分投资。由于高科技创新所具有的巨大的不确定性和高风险性,大部分的创业企业不是很成功的,相当一部分创业企业最终会以失败而告终。特别是对于处于萌芽阶段的创业企业,失败的比率非常高。对于风险投资家来说,一旦确认创业企业失去了发展的可能或者成长太慢,不能给予预期的高回报时,就要果断地撤出,将能收回的资金用于下一个投资循环;若不能及时抽身而退,只能带来更大的损失。因此,从降低风险、减少损失以及避免由于资金沉淀而造成的机会成本的角度看,清算也属于风险投资一个必不可少的退出渠道。

风险投资的巨大风险,反映在高比例的投资失败上,越是对处于早期阶段的创业企业进行的风险投资,失败的比例越高,失败的项目以及部分受到挫折的项目只能以公司清算的方式退出风险投资。关于创业企业的成功与失败,美国硅谷有一个在科学意义上并不算太精确的大拇指定律,即一般每 10 个创业企业中会有 3 个以清算的形式结束,另有 3 个停留在 2 000万 ~3 000万美元规模的小公司水平,还有 3 个能够上市并有较高的市值,只有一个会成为大拇指——最成功的公司。

可见,相当数量的创业企业是不成功的。如果是投资在萌芽期的创业企业,则风险投资失败的比率往往更高。当风险投资家确认某个创业企业不能安全运行或成长太慢,甚至已出现赔本迹象,无法保证预期的巨额投资回报时,他就会果断地选择以清算的方式从创业企业退出,并将尽量回收的资本用于下一次的风险投资。据统计,以清算方式退出的风险投资占全部风险投资项目的 32%,而且这种清算一般只能收回原来投资的 64%。

以公司清算的方式退出,对风险投资家来说是十分痛苦的,但这是在企业经营状况恶化的情况下必须采取的措施。因为创业企业的投资风险非常大,同时风险投资必要的投资收益又必须有所保证,如果不能及时退出前景不好的创业企业,只能给风险投资带来更大的损失。即使仍能继续经营的企业,如果成长缓慢,年收益较低,一旦被认定没有发展前途,风险投资家也会果断决定立即退出。因为经验证明,沉淀在这一类企业中的资金的机会成本非常大,风险投资家一般不愿把资金投入这类没有发展前途的企业中。

公司清算的意义在于，避免风险投资对没有前途的项目投入过大，以免将更多的资本变成死账、呆账；同时，也只有通过大量痛苦的清算退出，风险投资家才能在众多的高风险项目中积累宝贵的经验教训，寻求真正的市场机会。从这种意义上讲，公司清算退出反映了市场淘汰劣质项目的过程，大量的公司清算为捕捉高回报的市场机会开辟了道路，具有积极的现实意义。

许多风险投资家就是通过这种退出方式与创业企业分道扬镳的。如果创业企业的经营业绩不佳，把企业清算并分散变卖其所有有价值的资产，比把企业整体变卖来得容易，有时还可以卖出一个更好的价钱。例如，在过去的许多年份，药品批发商的经营利润非常高，并由此积累了巨大的账面价值，但随着药品批发行业的巨大竞争，这一行业的利润一落千丈。一些公司在收购这些药品批发商时，一般只愿支付它们账面价值的一半左右，因为他们卖出时的公司收益太低，账面价值不能代表他们的实际价值。但有一些聪明的药品批发商采取把公司分散卖出的方式，他们把存货和客户名单卖给感兴趣的同行业的厂商，然后再变卖剩下的土地、厂房、机器设备和其他形式的有形资产，这样分散卖出的收入比公司整体卖出的价格来得更高。

创业企业的清算一般采用普通清算的形式，很少以破产清算的形式进行。普通清算的基本条件是：

第一，企业资产能够抵偿债务，如果清算过程中发现企业财产不足以清偿债务，则要转为破产清算。

第二，企业的董事会或管理机构能够自行组织清算，如果由于某种原因不能自行组织清算，则可转为特别清算。

由于创业企业在清算时，一般都是企业所有者主动结束公司经营，收回投资者投资，并非创业企业被申请破产清算，且此时企业资产一般都足够抵偿债务，并有较多的剩余资产可供公司所有者分配，因此，创业企业一般是以普通清算的方式进行清算。

创业企业的清算由企业的董事会按照法律规定的程序，自行组织对本企业债权债务及财产进行清理结算的活动。普通清算的基本要求是：组织清算委员会或清算组，并依照法律规定的程序和要求进行清算。

（二）创业企业清算的组织

创业企业清算的组织一般叫作清算委员会或清算组。根据我国《公司法》的规定，有限责任公司的清算委员会由股东组成，股份有限公司的清算委员会由股东大会确定人选。逾期不成立清算委员会的，人民法院经债权人申请，指定清算委员会成员。《中外合资经营企业法》实施条例规定，董事会负责提出清算委员会人选，其成员一般应从董事中选任。董事不能担任或不适合担任时，合资企业可聘请在中国注册的会计师、律师担任。审批机构认为有必要时，可以派人进行监督。《外商独资企业法》实施细则规定，清算委员会应当由外资企业的法定代表人、债权人代表以及有关主管机关的代表组成，并聘请中国的注册会计师、律师等参加。

创业企业清算委员会或清算组的职权主要有：①通知或者公告债权人，召集债权人会议；②处理与清算企业未了结的业务；③清缴所欠税款；④接管并清理企业财产，编制资产负债表和财产清单；⑤收回债权和清偿债务，包括追回股东应缴而未缴的款项；⑥分配企业的剩余财产；⑦代表企业参与民事诉讼活动。

（三）创业企业清算的主要步骤

创业企业的清算程序通常包括以下几个主要步骤：

1. 成立清算委员会。创业企业决定或者依规定终止的，应当在 15 日内成立清算委员会；逾期不成立清算委员会进行清算的，由债权人申请，人民法院及时指定清算委员会成员进行清算。

2. 停止业务活动。创业企业决定终止之日起为企业进入清算之日，清算期间除为清算目的或为了企业日常维持所必需的开支外，企业不得开展新的经营活动。

3. 接管企业事务。创业企业清算委员会自成立之日，接管企业一切事务，企业的管理机构和法定代表人终止对企业的管理权和对外代表权。

4. 通知和登记债权。创业企业清算委员会应当自成立之日起 10 日内通知债权人，并于 60 日内在报纸上至少公告 3 次。债权人应当在接到通知书之日起 30 日内，未接到通知书的自第一次公告之日起 90 日内，向清算委员会申报其债权。债权人申报其债权，应当说明债权的有关事项，并提供证明资料。清算委员会应当对债权进行登记。

5. 清理财产。创业企业清算委员会在了结企业未了业务和收回企业债权的基础上，清理公司财产并进行必要的变现。在编制资产负债表和财产清单后，清算委员会应当制订清算方案，并报股东会或者有关主管机关确认。

6. 清偿债务。创业企业财产能够清偿企业债务的，依次支付清算费用，职工工资和劳动保险费用，缴纳所欠税款，清偿企业债务。若发现企业财产不足清偿债务的，清算委员会应立即向人民法院申请宣告破产。企业经人民法院裁定宣告破产后，清算委员会应当将清算事务移交给人民法院。

7. 分配剩余财产。创业企业按规定清偿之后的剩余财产要分配给股东或投资者。法律规定，有限责任公司按照股东的出资比例分配；股份有限公司按照股东持有的股份比例分配。外资企业、合资企业经清算后，其资产净额或剩余财产超过注册资本的增值部分视同利润,应依法缴纳所得税。

8.报告和注销登记。创业企业清算结束后,清算委员会应当制作清算报告,报股东会或有关主管机关确认,并报送企业登记机关。申请注销企业登记,公告企业终止。不申请注销企业登记的,由企业登记机关吊销其营业执照,并予以公告。

第三节　风险投资主要退出方式的比较

在上节所述的风险投资四种退出方式中,公开上市即首次公开发行尽管所占的比例相对而言不是非常突出(在美国,约20%的风险资本采取了这种退出方式,见表7-3),但公开上市通常是创业投资最佳的退出方式,它不仅可以使创业资本家持有的不可流通的股份转变为上市公司股票,实现盈利性和流动性,而且这种方式的收益性普遍较高,是金融市场对该公司业绩的一种确认。而且,这种方式保持了公司的独立性,并有助于企业形象的树立以及保持持续的融资渠道。

一、风险投资退出绩效评价指标

风险投资的退出绩效是指风险投资的资本增值能否顺利、如期实现以及所实现的创业资本增值程度的高低。风险投资退出绩效的评价标准应该包括效益标准和效率标准两个方面。对于风险投资而言,其退出效益的衡量较为特殊。在风险投资正式退出时,风险投资家关注的是一次性的变现回报,它可以由静态的利润指标来衡量,即风险投资家转让创业企业的股份所获得的一次性变现收入。任何投资者都追求资本增值,风险投资的特殊之处就在于它追求超常规的高额资本增值,而这是通过风险投资家转让创业企业的股权来实现的。在风险投资正式退出之前,风险投资家必须关注该企业未来的价值增值,因为无论选择何种方式退出,只有当该企业未来的价值增值足够大时,风险投资家才有可能获得一个好的"卖出"价格。创业企业的价值增值回报只能通过动态的价值指标来衡量,凡影响创业企业成长的因素都可能影响该企业的价值评价。高回报率是对利润指标和价值指标的综合。高回报率(High Return)和高流动性(High Liquidity)是衡量风险投资是否成功退出以及在多大程度上获得风险资本增值的退出绩效评价标准。以下通过风险投资退出绩效的评价指标体系,对首次公开发行(IPO)和兼并收购(M&A)进行比较。

（一）退出收益

退出收益（Exit Return，ER）是指风险投资退出时，风险投资家通过转让创业企业股份所获得的现金收入、股权收入或债权收入。它是衡量风险投资回报率最基本和最重要的指标。所指的退出收益均是扣除了初始投资之后的净收益。在评价风险投资的退出绩效时，既要考虑退出当时的一次性变现回报，也要考虑退出之前的创业企业价值增值回报。前者是风险投资家转让创业企业股份时所获得的一次性收入，它直接反映了退出收益的大小；后者是指在风险投资家和创业企业家的共同努力下，创业企业的价值伴随产品开发和市场开拓的进程不断增加，从而使创业企业在未来获得较好的退出收益，它间接反映了退出效益的大小。

表 7－3 对风险投资的几种退出机制做了比较，很明显，在剔除一系列影响因素后，仅就退出收益而言，IPO 退出方式获取的回报较其他非 IPO 退出方式更高，大约是其他方式的 3 倍左右。

表 7－3　风险投资退出机制比较

退出方式	平均持有期（年）	平均投资额（千美元）	平均收入（千美元）	回收倍数	所占比例（%）
首次公开发行	4.2	814	5 804	7.1	20
收购	3.7	988	1 699	1.7	25
企业回购	4.7	595	1 268	2.1	10
二次出售	3.6	715	1 431	2.0	25
清算	4.1	1 030	198	0.2	20

数据来源：盛立军：《风险投资操作、机制与策略》，上海远东出版社 1999 年版，第 98 页。

（二）退出价格

退出价格（Exit Price，EP）是指风险投资退出时，其持有的创业企业股份的转让价格。退出价格直接影响退出收益，不同的风险投资退出方式具有不同的定价模式，因而其退出价格所反映的资本溢价程度也不尽相同。

首次公开发行的定价通常是一种充分的市场定价机制，此外，就 IPO 而言，风险投资家既可以选择在 IPO 当天抛出股票，赚取高额的初始回报，也可以选择继续持有创业企业的股票，直到股价上升到令人满意的程度时再抛出，因此，创业企业上市后的市场表现也会直接影响风险投资的退出价格。可见，风险投资以 IPO 方式退出时，如果选择继续持有创业企业的股票，有可能获取更高的收益，但也面临很大的退出价格风险，而以 M&A 方式退出时，面临的退出价格风险就相对较小，因为企业并购的价格一经确定就不会再有太大变化。

作为风险投资的退出方式，首次公开发行和企业并购的定价机制有所不同，企业并购定价机制相对更具灵活性。

（三）退出成本

退出成本（Exit Cost，EC）是指风险投资实施退出战略时所产生的费用和花费的时间成本。这里所指的退出成本与退出效益当中提到的退出成本是两个完全不同的概念，前者反映的是各种不同的风险投资退出方式的运作成本，后者是指风险投资投入某创业企业的资本成本，是与风险投资退出后获得的变现回报相对应的概念，在考察退出收益时已被扣除。退出成本的大小通常由中介费用、交易时间成本等因素来反映。从退出成本看，企业并购略低于首次公开发行。

（四）内部控制权激励效应

内部控制权激励效应（Internal Control Stimulating Effect，ICSE）是指创业企业内部控制权安排对创业企业家的激励程度。对创业企业家而言，首次公开发行可使他们在较大程度上保留对创业企业的控制权，因此，若风险投资采用首次公开发行的方式退出，对创业企业家是一种有效激励，激励他们在上市前更好地为该企业创造价值。与之相对，若风险投资采用企业并购的方式退出，则很有可能使创业企业家彻底丧失对该企业的控制权，不利于激励他们在风险投资退出前很好地为该企业创造价值。因此，内部控制权激励效应的大小与企业价值增值回报的多少直接相关，它也是衡量风险投资退出绩效的一个效益指标。

（五）现金偏好性

投资者对现金具有偏好（Cash Preference），风险投资者不断地寻找新的项目，也需要有一定的现金储备和较好的现金流动性。相对而言，公开上市可以迅速实现现金回报，而并购可能由于交易方式的设计等原因，不能及时实现现金回报。

（六）退出时效性

退出时效性（Exit Timing Flexibility，ETF）是指风险投资退出方式在退出时机选择上的灵活性。由于风险投资存在严格的退出时间限制，退出时效性高的退出方式能够在不同的市场环境中均被采纳，这就意味着风险投资在最佳退出时机，即使面临不利的市场环境，也能顺利实施其退出战略，这样的退出方式具有很高的流动性。退出时效性是评价风险投资退出绩效的一个重要的效率指标。IPO 市场准入较严，申报程序复杂，所需时间较长，因而从退出时效性来看，企业并购的退出绩效优于首次公开发行。

（七）退出市场容量

退出市场容量（Exit Market Capacity，EMC）是指风险投资退出时，资本市场或产权交易市场对风险投资家拟发行或转让的创业企业股份的吸纳能力。风险投资退出的同时,意味着后续投资者的进入,退出市场容量也就是潜在的后续资本供应量。高回报率的退出方式可能受潜在后续资本供应量的限制而无法实现其预期的退出效益,因此,在评价退出绩效时应当考虑退出市场容量,它是衡量各种风险投资退出方式的流动性的一个重要指标。

对比整个指标体系(见表7-4),从影响风险投资退出绩效的回报率和流动性来看,首次公开发行回报率远远高于其他退出方式,流动性比其他退出方式稍差。综合起来说,首次公开发行退出绩效高于企业并购。但从不同的风险投资个案以及风险投资发展的不同时期来看,这一结论并不一定具有普遍意义。

表7-4　风险投资两种退出方式的绩效评价指标体系

评价标准	评价指标	公开上市	出售或收购
回报率	退出收益	高	低
	退出价格	欠灵活,高风险	灵活,低风险
	退出成本	高	低
	内部控制权激励效应	高	低
流动性	现金偏好性	高	低
	退出时效性	低	高
	退出市场容量	低	高

一般认为,IPO是风险投资退出的最佳渠道,原因是IPO退出不仅使风险投资者的风险资本得以退出,获得较其他退出方式更高的回报,而且企业也获得了再融资的机会,同时还可以保持创业企业的独立性和管理层的稳定性。

从历史上看,IPO方式比非IPO方式取得的回报更丰厚,但是,通常只有发展较成熟的公司才有可能走向IPO,而无论是处于困境中的企业还是取得巨大成功的企业,非IPO的退出方式都可以适用。非IPO退出方式不是退而求其次的办法,与IPO方式相比,风险投资可以更为灵活地在公司的不同发展阶段使用不同的退出方式,非IPO退出方式有着非常广阔的适用空间。一般说来,创业企业发展越成功,风险投资的退出渠道就越多,退出过程就越迅速,退出时增值程度也越高。

从美国的统计(见表7-5)可以看出,尽管IPO的退出方式回报倍数最高,但其发生的概率在各种退出方式中仅占20%,与此同时,并购占25%,企业回购占25%,转售占10%,清算占20%。这表明,相当多的创业企业在风险资本退出时得不到公开上市的机会,非IPO的退出方式仍占有相当重要的地位。

表 7－5　风险投资退出方式比较

背景	退出方式	转让客体	转让对象	市场性质	投资年限	回报倍数	发生概率(%)
完全失败	清算	资产	企业家	产权市场	4.1	0.2	20
情况一般	转售	股权	风险投资机构	产权市场	3.6	2.0	10
比较成功	企业回购	整体或大宗股票	创业企业	产权市场	4.7	2.1	25
	并购		大公司	产权市场	3.7	1.7	25
完全成功	IPO	股票	股民	股票市场	4.2	7.1	20

二、IPO 的利弊

首次公开发行(IPO)是指风险投资者通过创业企业股份公开上市，将拥有的私人权益转换成为公共股权，在获得市场认可后转手，以实现资本增值。股份公开上市可以让风险投资家取得高额回报，因而被一致认为是风险投资最理想的退出渠道，但公开上市有好处也有弊端。

(一) IPO 的主要优势

1. 为创业企业的发展筹集大量资金。创业企业在发展过程中需要大量资金，特别是在企业发展的中后期，对资金的需求量较早期相比有数十倍甚至百倍的增长，这时单纯依靠企业自身积累、创业家和风险投资家的投入，已远远不能满足企业发展的需要，企业发展迫切需要资本市场的支持，因此，多数创业企业一般都选择在企业成熟阶段的后期公开发行股票上市。通过股票上市可以筹集大量的社会资金，并为企业今后利用证券市场进行多次筹资打下良好的基础。

2. 具有高收益性。风险投资支持的企业公开上市后，有时会取得惊人的回报，高达初始投资 50 倍甚至更高的回报也时有发生，这使得这些企业的投资者一下子获得了巨大收益。风险投资经济学家的研究表明，最有吸引力的退出方式是 IPO，投资 1 美元于一个最终上市的企业，在平均 4.2 年的持有期内可以获得年平均 170% 的回报，同样数量的投资用于被收购的企业，在 3.7 年的持有期内只获得年平均 46% 的回报(见表 7－3)。

3. 有利于企业控制权的转移。企业家对其创办的企业有相当大的私人利益，控制企业从而实现非货币利益，这正是很多创业家的愿望。由于企业创办早期失败率较高，如果没有较大的控制利益，很多潜在的创业家不会选择离开他的稳定工作而去创办企业。在企业进行风险资本融资时，创业家需要给予风险投资家一定的控制权，而当风险投资退出时，成功的企业家从风险投资家手中重新获得控制权也非常重要。创业企业上市后，风险投资家持有的股份可以直接销售，或者创业企业在 IPO 时也可以将股份卖给投资者，使得风险投资在创业企业内的持股比例下降,风险投资家在企业董事会中的席位也随之减少。因此,按照风险投资基金与创业企业之间的契约,最初给予风险投资家的重要控制权以及一些特殊的控制权将在 IPO 时终止或者减少,风险投资家只保留较弱的控制权,控制权将转移给创业家。所以,如果创业企业实现 IPO,重新获取控制权的机会会给企业有力的激励。

4. 有利于增强创业企业员工的凝聚力。人力资本是创业企业成功的关键。对于高新技术型创业企业,企业员工具有公司核心产品方面的隐含知识,掌握相关的专业知识以及研究成果,一旦这些员工离开企业,企业的整个性质都会发生变化,甚至难以维持下去。IPO 退出方式能实现风险投资家与创业家控制权的顺利转移,从而有效地避免了运用其他退出方式时,企业核心员工随创业家一起退出企业的尴尬局面。而且,许多创业企业员工,尤其是核心员工本身又持有企业股份,企业上市实现价值资本增值本身就会使他们拥有的财富直接增加,从而使 IPO 受到他们的欢迎。因而,IPO 退出方式有利于创业企业保持员工的稳定性,增强企业的凝聚力,从而保持企业原来的核心竞争力。

5. 有利于提高创业企业的知名度。公司因所发行的股票上市而成为上市公司,这本身就说明这家公司是一家不错的企业。为了保护投资者的利益,上市必须符合一定的条件,交易所在公司上市时已对其作了严格的资格审查,若公司素质较差,满足不了上市条件,就无法成为上市公司。上市后,公司会不断规范自身运作,提高财务透明度,改善经营管理效率,树立良好的企业形象,使创业企业更具有发展潜力和发展空间。另外,因广大股民参与上市公司股票的买卖,使得人们更加关注上市公司的情况,证券传媒也会对公司情况不断进行报道,这无疑会大大提高公司的知名度,其市场效应是任何广告所难以达到的,这对于创业企业推销自己的产品极为有利。

6. 分散投资风险。众所周知,投资必然存在风险,所不同的只是风险的大小而已。在创业企业上市之前,企业的投资风险全部由创业家和风险投资公司承担。在企业上市之后,原来控股股东只需保留一定比例的股权,就可控制上市公司的经营活动,实现运用社会资金来发展企业的目的。今后即使公司投资遇到损失,创业家和风险投资公司也仅承担公司风险的一部分,其余风险则由其他股东分担。

(二)IPO 的弊端

尽管 IPO 有诸多好处,但是也要看到,创业企业上市并非有百利而无一害。公开发行上市需要市场环境的配合和较高的进入条件,而且通过 IPO 退出的费用也比较昂贵。创业企业在二板市场上市存在如下弊端。

1. 公司受强制信息披露制度的制约。创业企业上市要受股票交易所的监管,还须向公众披露创业企业大量的内部信息。根据交易所的规定,上市公司必须遵守公开原则,除每年定期向公众报告其每季和全年的经营业绩和财务状况外,公司所发生的重大事件也必须及时披露。而对于公司来说,这些资料是极不愿意让外人知道的。公司的竞争对手和客户可以从这些公开信息中了解到许多有用的资料,这会使公司在市场竞争中处于不利地位。

2. 不利于创业企业原有大股东把持公司控制权。这可从两个方面来理解。一方面,根据交易所的上市条件,股票上市公司的股东必须达到规定的最低人数以上,以使其股份尽量分散,否则不能上市。这便意味着在其他条件不变的情况下,创业企业原有大股东要以某种方式降低原来持有的股份比例。另一方面,股票上市后提供了被人收购的机会。如果原有大股东未持有公司50%以上的股份,则存在着因被收购而失去公司控制权的可能。这对于公司规模不大,既无力绝对控股又想继续把持公司控制权的创业家来说,是一个极大的威胁。

3. 受上市股票出售限制。创业企业上市后,其大股东所持有的股票的出售在股票上市初期有一定的比例限制,这会延长风险投资的退出时间。首次公开发行需要的时间周期比较长,由于监管的原因,创业资本不能马上退出,按有关规定,风险投资公司在IPO后,在1到2年内不能出售公司股票。这样,在未出售前,风险投资公司持有的仍然是不具有流动性的股票,还是不能进入下一轮投资。此外,还涉及如何选择合适的方式、时机将股票或现金分配给各个风险投资家等问题。承销商会限制风险投资家在首次公开发行和以后6个月内销售股票的数量,以避免由于风险投资家抛售股份而向市场传递创业企业前景不利的信息。

4. 上市过程费时费力。对于风险投资者而言,要进行首次公开发行,就必须做大量的准备工作。公开发行市场准入较严,要负信息披露的责任,一般都要将以前公司的财务状况以及公司发展战略等信息向外公布,以使广大投资者能充分了解公司真实的经营状况,以期得到积极的评价,吸引更多的投资者,避免由于信息不对称而使公司股票在IPO时被过分低估,从而使风险投资者蒙受不必要的损失。同时申请程序较复杂,所需时间较长,律师费、会计师费和承销费用等上市费用往往高得惊人,使关联交易的空间也会大大缩小。

5. IPO受二级市场影响较大。二级市场走势的好坏直接影响到退出回报率的高低乃至IPO本身的成败。公司上市后,管理成本会加大,这对公司来说是不利的。而且一旦创业企业成为上市公司,所有股民都希望公司业绩优异,一旦公司经营业绩下降,股民就会争先恐后抛售公司股票,使股价一路下跌,这也会大大影响公司的市场形象。

从现实情况来看,通过IPO方式退出所占的比例不大,而且上市公司受到

“限制出售条款”的制约，但是，由于 IPO 退出方式保持了企业的独立性，实现了企业控制权的顺利转移，从而使这种方式受到创业家、企业管理者和员工的欢迎。同时，IPO 的高收益性，也受到了风险投资家的偏爱，企业上市以后，还可以通过证券市场继续融资，保证了企业稳定发展所需的资金供应。

此外，发达的 IPO 市场意味着大量上市公司的诞生，这些上市公司往往为风险投资的另一个退出渠道——收购兼并提供了买主，有效地支持了非 IPO 方式的退出。总体而言，IPO 不失为最优的退出方式。

案　例

通过管理层收购(MBO)实现风险资本退出

深圳市大族激光科技有限公司(以下简称“大族激光”)是由深圳市高新技术产业投资服务有限公司(以下简称“高新投”)和深圳市大族实业有限公司共同发起的高科技企业。主要从事激光加工设备的研发、生产和销售。该公司是我国工业激光设备制造业的开拓者，是亚洲最大、国际知名的激光加工设备生产厂商，同时也是深圳国家科技成果推广示范基地重点推广示范企业。

1998 年，学激光制导的高云峰创办了“大族激光”，专门生产激光雕刻机。创业时高云峰把自己的房子、车子都算进了公司，注册资本只有 100 万。在深圳上步工业区 200 平方米的办公室里，他和 20 多个员工一心想做中国激光雕刻机市场的主人。

当时，大族激光实业公司在经济上遇到了困难，找到了以担保为主要业务的“高新投”，但因为其净资产只有 100 万元。按规定，“高新投”无法对其提供担保，但在双方的接触中，“高新投”的决策者发现，这是个好项目，因为这个产品有一个扩张性的市场。而且，大族具有技术上的核心竞争力——拥有自主知识产权的软件。经过详细地调查和分析，“高新投”终于“动心”了。

如果 1998 年底“高新投”就投资 200 万元给高云峰的话，那么他可以占公司 51% 的股权，但到 1999 年 4 月份正式投资的时候，为了占 51% 的股权，“高新投”必须投资 438.6 万元，4 个月的时间大族激光的市场价值就增加了 200 多万元。最后经过慎重研究，“高新投”还是将资金投给了大族激光。

这笔风险资本虽然数量不多，但恰如及时雨，对大族激光的发展起到了至关重要的作用。投资当年，大族激光就在产品开发、生产和销售等方面呈现出飞速发展的势头。到 2000 年，全年销售额突破了6 000万元人民币，2001 年销售收入更是突破了亿元大关。

鉴于大族激光已经进入成熟期,“高新投”决定退出,以便将变现的资金资助更多嗷嗷待哺的高新技术创业企业。

然而,如何退出成为“高新投”决策者们面临的难题。IPO 在当时显然还遥遥无期,而且上市公司股票不能全流通也阻碍了股权变现;虽然可以考虑 MBO 或者转售,但没有可以参考的价格,变现收益难以保证。最终,“高新投”决策者决定在深圳市产权交易中心挂牌交易,让市场为大族激光定价。

2001 年 4 月 4 日,随着拍卖师的一声锤响,深圳“高新投”拥有的 46% 的大族激光股权,由大族激光创始人以2 400万元人民币的价格成功回购。这是深圳市个人购买国有股权成交额最大的一宗案例。回购完成后,“高新投”仍保留了 5% 的股权。

“高新投”退出后,仍然为大族激光提供了总计4 000多万的贷款担保。但这时的大族激光已经不再为资金发愁,不仅股东多了起来,融资渠道也越来越宽,诸如中小企业担保中心、银行等都纷纷为其担保或直接贷款。2001 年 9 月,大族激光成功实行了股份制改造,吸纳了红塔集团、华菱管线、招商局集团等机构投资者。2004 年 06 月 25 日,大族激光成功在深圳交易所上市,成为深圳中小企业板开市以来首批上市的 8 家企业中的一员。

复习思考题

1. 风险投资为什么会选择退出?退出有什么作用?
2. 什么叫“卖股期权”和“买股期权”?它们有什么区别?
3. 如何确定股份回购中的股票价格?
4. 并购时如何评估创业企业的资产价值?
5. 并购时现金支付与股票支付各有什么利弊?
6. IPO 退出方式有何缺陷?
7. 为什么说 IPO 是最好的退出方式?

第八章

二板市场

本章提要

本章阐述了二板市场相关的概念,运行模式、特点和功能,并分地区分别介绍了世界上主要的二板市场的特点、运行状况及上市准则。

学习要点

了解二板市场的概念、运行模式、特点和功能。

了解世界主要二板市场的基本情况、特点及上市准则。

由于相对于正规的股票交易市场所要求的上市条件而言,风险资本所投资的创业企业在企业规模、经营业绩以及其他条件方面都有一段距离,建立适合创业企业上市、可供创业资本退出的证券交易市场就成为创业资本顺利发展的不可缺少的重要环节。这种可供创业资本退出的证券交易市场,被人们称为"二板市场",它是与现有正规的证券市场即主板市场(Main Board)相对应而存在的概念,又称为创业板市场、中小企业或小盘股市场,它是指主板市场之外,专为中小企业和新兴公司提供筹资渠道的资本市场。

二板市场是为创业企业提供上市机会,保证风险投资顺利退出和循环运作,保证风险投资业正常发展的不可或缺的重要机制,也是完成风险投资项目整体市场评判和交易,进而实现风险投资项目升值和风险资本取得回报的主要场所。正因为如此,继 1971 年美国的纳斯达克(NASDAQ)之后,伦敦交易所于 1995 年 6 月设立了另类投资市场(Alternative Investment Market, AIM),这是欧洲设立的第一个二板市场。随后,欧盟"克隆"了一个欧洲的纳斯达克市场——欧洲证券商协会自动报价系统(EASDAQ)。法国和德国也分别于1996年和1997年成立了名为"新市场"的二板市场,并与比利时、荷兰的新市场联合,组成了欧洲新市场(Euro-NM)。亚洲的二板市场不同于欧洲和美国,多为非独立的附属市场,主要有新加坡证券交易及自动报价系统(SESDAQ),韩国的高科技股市场(KOSDAQ)以及香港的创业板市场(HXGEM)。二板市场已成为各国发展风险投资,扶持中小企业,支持高新技术企业发展的重要手段。可以说,没有二板市场的支撑,就不可能有兴旺的风险投资业;没有兴旺的风险投资业,就不可能有高新技术产业的繁荣。

第一节 二板市场的特点、功能及运作模式

一、二板市场的特点

(一)前瞻性

二板市场的主要上市对象是创新型中小企业,特别是高新技术企业,它不把公司的历史业绩和过去的表现作为融资的决定性因素,主要关注的是公司是否有发展前景和成长空间,是否有很好的战略计划与明确的主题概念。如,在纳斯达克市场上市的home network公司,它的主要业务是利用公司在技术上的突破,通过自己的网络提供因特网服务。独特的概念刺激了投资者的需求,公司股票发行首日,涨幅就超过130%,市值达15亿美元。但是,当时公司亏损严重。显然,投资者购买的是一家"概念"公司,而不是一家赢利丰厚的成熟公司。尽管高科技企业在全球二板市场占据着越来越重要的地位,但市场并不苛求申请上市的企业一定是高科技企业,注重的是其发展前景和增长潜力,以及能否为投资者所接受。

(二)高风险性

因为二板市场是前瞻性市场,主要面向新兴中小企业和高科技企业,因此其对上市的规模与赢利条件的要求都较低,大多对赢利没有较高要求。有的市场甚至允许经营亏损或者无形资产比重很高的企业上市。例如,纳斯达克的上市条件比以成熟企业为对象的纽约证券交易所宽松,有些指标比以新兴高科技中小企业为主的美国证券交易所还低,因而比美国证交所更有竞争力。当然,由于上市条件相对宽松,上市公司规模小,业务处于初创时期,大多缺乏赢利业

绩，二板市场无疑是一个高风险的市场。

（三）上市费用低廉

对新兴企业而言，过高的上市费用无异于提高了上市门槛，所以相对于主板市场而言，二板市场的上市费用较为低廉（参见表8-1）。

表8-1 纳斯达克与纽约证券交易所上市费用比较（1996年）

流通股数（百万股）	上市费用（美元）			年度费用（美元）		
	纳斯达克市场		纽约证券交易所	纳斯达克市场		纽约证券交易所
	小盘股市场	全国市场		小盘股市场	全国市场	
1	6 000	10 000	51 550	5 250	5 500	16 170
5	10 000	30 000	84 600	7 250	7 500	16 170
10	10 000	42 500	102 100	9 750	10 000	16 170
25	10 000	50 000	154 600	13 250	13 000	32 340
50	10 000	50 000	242 100	20 000	13 500	48 410
100	10 000	50 000	417 400	20 000	13 500	48 410
200	10 000	50 000	767 100	20 000	13 500	167 640
最高限额	10 000	50 000	3亿股以上1 467 100 + 0.001 9×股数	20 000	13 500	500 000

资料来源：转引自陈德棉，蔡莉：《风险投资运行机制与管理》，北京：经济科学出版社，2003年版，第197页。

（四）主要面向机构投资者

二板市场具有高投资风险的特征，它主要针对的是寻求高回报、愿意承担高风险、熟悉投资技巧的机构和个人投资者，包括专项基金、风险投资公司、共同基金以及有经验的私人投资者。如，美国纳斯达克市场，其资本总额的近一半为机构投资者所有。对于资本总额在1亿~10亿美元的公司，纳斯达克的机构投资者比例明显高于美国证交所；而10亿美元以上的公司，两个市场机构投资者的持股比例则大致相同。

（五）严格的市场监管

由于二板市场上市公司的规模小，交易不如主板市场活跃，资产与业绩评估分析的难度也较大，很容易出现内幕交易和少数人操纵市场的现象。为了保护投资者的利益，二板市场的监管通常比主板市场更为严格。例如，香港创业板市场在信息披露方面，要求上市公司除了必须履行主板市场规定的责任外，还必须交代“活跃业务活动”及业务目标，同时，加大信息披露的频率，要求上市公司提供季度报告而不是半年提供一次报表；在上市保荐方面，在提高保荐人资格要求的同时，又加大了保荐人承担的责任。主板市场保荐人在发行上市工作完成之后即不再承担责任；而在二板市场，保荐人的责任期限为两年。此外，在公司内部治理方面，也加大了管理力度。

（六）电子化交易

二板市场大多采用高效率的电脑交易系统，无须交易场地，因而具有交易费用低和效率高的突出优势，而且交易的透明度极高。如，纳斯达克由场外交易发展而来，从一开始就没有集中的交易场所和交易大厅，而是通过电话和计算机网络进行证券交易。目前，纳斯达克已在 55 个国家和地区设立了 26 万个终端，形成了一个由复杂的计算机和电信网络组成的庞大市场。

二、二板市场的功能

二板市场是为极具发展潜力的中小企业提供超常规金融支持，为风险投资的退出打开通道而设计的。它不仅是中小企业的“龙门”，高科技企业的摇篮，也是创新企业的“孵化器”。它具有以下一些主要功能。

（一）为中小型创新企业提供融资服务

通常，在发展中小企业和高科技产业融资方面，依托主板股票市场存在许多不足，主板股票上市标准高，要求上市公司规模大，赢利稳定，不适合中小高科技企业。而在二板市场，风险投资支持的公司仅需成立几年，甚至不需要有赢利记录，这对中小企业创业者是极大的激励。

二板市场为中小创新企业的可持续发展提供了资金支持，它从风险投资家手中接过“接力棒”，促进企业发展壮大，发挥创新企业“孵化器”的角色。在纳斯达克市场上，高科技公司由小做大的例子比比皆是。以微软公司为例，微软公司创立于 1975 年，发行上市前的 1985 年，其总收入为 1.62 亿美元。1986 年 3 月股票发行上市，为其增资扩张创造了良好的外部条件。现今，微软不仅跻身世界 500 强，而且其市值一度突破 5 000 亿美元，成为世界上最有价值的公司。

（二）为风险投资提供退出渠道

风险投资的退出机制是风险投资存在和发展的必不可少的条件。通过二板市场，创业企业向社会公开发行股票，风险投资家可以得到增值数倍的资本回报，创业人员也能得到较高的报酬。在美国，约有 30% 的风险投资采取这种方式退出。

风险投资的运作过程在美国雅虎公司的故事中可见一斑。20 世纪 90 年代初，风险投资公司红杉公司和软件库公司对雅虎公司的前景看好，先后向雅虎投资,当时雅虎年度收益仅 540 万美元,但是纳斯达克还是张开双臂欢迎它。1996 年 4 月,雅虎在纳斯达克上市。这年,风险投资在股市变现退出,获取高额报酬,而科技发明者与企业创业人员的价值也得到了市场承认。

(三)完善资本市场体系

二板市场的设立,旨在增加资本市场层次,以调整和完善资本市场结构。在金融业发达的国家和地区,作为实体经济的支持体系,资本市场都体现出适应不同资本需求的多层次性。主板市场主要是为在国内乃至全球有影响的大公司提供筹资服务;二板市场则是为一些资金规模不大,但有发展潜力的快速成长的公司进行融资;此外,还有场外交易市场,对一些更小的公司在发展初期提供支持,在美国,甚至有第四、第五层次的交易市场。主板、二板和场外交易市场的上市条件依次降低,对应不同企业,各有一个不同的筛选机制,使企业有可能递进上市、递退下市,从而形成一个完整的市场结构体系。

美国资本市场的活力与高效率与其多层次的资本结构分不开。在美国,既有针对成熟的大型企业上市的纽约证券交易所,也一直存在着为中小企业融资提供服务的市场环境,包括地方证券交易所、场外交易市场和纳斯达克市场。这些市场,促进了众多创新企业的发展,同时,一些企业还转入纽约证交所上市,为纽约证交所提供了新鲜血液。

总之,二板市场为新经济企业提供了直接融资和资本扩张的场所,既促进了创业企业融资渠道的多元化,又催生出一大批著名的高科技公司。可以说,当今风靡全球的新经济,实际上是现代科学技术和金融体系(尤其是资本市场)相结合的产物。

三、二板市场的运作模式

按照二板市场与主板市场的关系以及监管理念、交易系统等的差异,二板市场的运作通常采用以下三种模式。

(一)独立市场模式

所谓独立市场模式,是指二板市场本身是一个独立的证券交易系统,拥有独立的组织管理系统、报价交易系统、上市标准和监管体系,有一套独立的运行机制。这种二板市场实际上完全是另外一个市场,与主板市场分别独立运作。如,美国的 NASDAQ 市场、欧洲的 EASDAQ 市场、日本的 JASDAQ 市场等。这种市场模式有利于形成独特的市场概念,也能够使二板市场的顺利发展较少受到制约。但独立市场模式需要较大的开创成本,组织运行费用也相对较高。

(二)附属市场模式

所谓附属市场模式,是指二板市场作为主板市场的附属机构存在。具体又分为相对独立形式和第二部形式。相对独立形式是指二板市场虽附属于主板市场,但是由主板市场成立一个独立的机构来运作,拥有独立的组织管理系统和监管标准,至于交易系统,有的建立在主板市场交易平台,有的则与主板市场完全不同。代表性的市场主要有:英国的 AIM 市场,新加坡证券交易及自动报价系统 SESDAQ,韩国的 KOSDAQ 市场,以及香港的创业板市场(HXGEM),等。第二部市场一般是主板市场的后备市场,它培育中小公司,并将成熟的公司推荐到主板市场上市,同时接受不符合主板上市条件而从主板市场退出的公司,主要代表有东京证券交易所的第二部市场,曼谷证券交易所的第二板市场,等。

(三)新市场模式

所谓新市场模式,是指以欧洲新市场(Euro-NM)为代表,由德国、法国、比利时、荷兰四国证券交易所的新市场所组成的网络市场。这种市场的会员要求达到最低运作标准,彼此承认会员资格,每个会员都能得到实时的市场行情,使得市场交易能够在更大的市场空间内进行。

第二节　美国纳斯达克市场

一、概述

美国的纳斯达克(National Association of Securities Dealers Automated Quotations ,NASDAQ)是世界上成立最早的二板市场,也是迄今为止最引人注目,也最为成功的二板市场。它创立于1971 年2 月8 日,是由全美证券商协会建立并负责组织和管理的一个自动报价系统。与传统的证券交易所不同,纳斯达克没有证券交易大厅,所有交易完全通过网络化电子交易系统进行,这一方面保证了交易信息的准确和及时传输,另一方面也大大降低了交易的成本。纳斯达克制定的上市标准较低,为大量中小企业融资提供了可能,被誉为“美国高新技术企业的推进器”。

纳斯达克市场的成长史,是一部电子交易技术攻关成功史。

早在纳斯达克创立以前,美国就有场外交易证券市场(OTC),即一些不能完全满足纽约证交所或美国证交所上市条件的小公司,通过电话买卖股票。

1961 年,美国国会责成美国证券交易委员会对证券市场进行调查,以改进对证券业的监管。该委员会 1963 年发表调查报告,认为场外交易市场支离破碎,建议从业者向自动化方向发展,并责成全美证券商协会予以实施。

1968 年,场外交易系统自动化工程开始启动,形成了全美证券交易商协会自动报价系统的雏形,也就是我们今天所说的纳斯达克。

1971 年 2 月 8 日,纳斯达克开始正式自动报价运作,同时展示了2 500种证券双边报价的中位数。全美 50 多家做市商的电脑终端同位于康涅狄格州特兰伯尔镇的纳斯达克中央电脑大厦连接起来。在这场革命性的变革之前,交易报价是通过复印的纸张分发的。

1975 年,纳斯达克规定了上市标准,使纳斯达克的证券同其他场外交易证券分离开来。1980 年纳斯达克耗资2 200万美元,用以提高电脑速度和存储记忆容量,开始展示市场的最佳招标与投标价。

1982 年,纳斯达克上市公司中的一批顶尖级公司按照更高的上市标准组成纳斯达克全美市场体系,另外2 000多家小公司组成纳斯达克小市场体系。1984 年纳斯达克引入1 000股以内定单交割的小额定单电子交割系统。

1986 年,纳斯达克耗资1 730万美元,在马里兰州的罗克维尔市建成纳斯达克业务中心,它成为中央电脑大厦的备用单位,确保电子交易分秒不停。1988 年,建成高级计算交割系统,使得多项订单能自动交割。1989 年,开始提供自动确认交易服务,为当天通过电话谈成的交易提供对照数据,减少了交易风险。1990 年,场外交易报告板设立,向投资者提供未在全国性股市上市的公司股票信息。1990 年,网上谈判交割服务问世,容量大大超过小额订单交割系统。1991 年,横跨大西洋的纳斯达克国际服务开通。

1997 年,纳斯达克推行了新的指令处理规则,该规则要求顾客的有限制指令也要在做市商和无中介电子交易的报价中显示,改变了以往纳斯达克的交易活动一直是由报价驱动,做市商通过显示报价争夺投资者的指令。因此,可以说现在的纳斯达克是由报价和指令共同驱动的,它已经发展成了一个混合市场。

1998 年 10 月 30 日,纳斯达克同美国证券交易所合并,组成了NASDAQ－AMEX 市场集团,但两家市场仍独立运作。纳斯达克将帮助美国证交所提高电子交易技术。

1999 年,纳斯达克同欧亚等地的股市签订了一系列协议,力争使纳斯达克成为第一个名副其实的全球性证券市场。其中包括:建立纳斯达克欧洲市场,使欧洲投资者得到同美国人一样购买纳斯达克股票的机会;以纳斯达克为样板,在日本大阪建立纳斯达克日本交易市场,吸纳日本投资;在中国上海设立纳斯达克办事处;同香港联交所互换股市监管信息,为纳斯达克上市公司在香港上市创造条件。

2002 年 7 月,纳斯达克正式挂牌上市交易。2006 年,纳斯达克获批成为美国全国性的证券交易所,完成了从场外交易市场到场内交易市场的转变。2008 年,纳斯达克与北欧证券交易商 OMX 公司合并,成为纳斯达克 OMX 集团(Nasadaq OMX Group,Inc),极大地拓展了纳斯达克的海外市场和金融服务技术业务。2015 年,纳斯达克 OMX 集团更名为纳斯达克集团(NASDAQ, INC.)。此后,纳斯达克又借助战略联盟、业务合作、技术输出和收购兼并等方式继续拓展市场规模,完善产品业务体系,提升全球竞争力。

纳斯达克鼓励中小企业到纳斯达克上市,口号是公司不分大小,只要公开、诚实就行。公司再大,对投资者不诚实的一概拒之门外。纳斯达克把企业家及其创新成果和风险投资家有机地结合起来。经由投资银行背书的创新者先向风险基金或风险投资家筹集资金,经营一段时间后,让成功企业的原始股通过 IPO 上市。一般来说,这些股票能得到高额回报,足以补偿风险投资者在其他投资上的损失。这样一来,一个创新科技、风险投资和纳斯达克市场连动获利、彼此促进的资金流动和效益增长方式就出现了。20 世纪 90 年代,美国通过风险基金和原始股上市等途径进行的风险投资每年都在 450 亿 ~ 650 亿美元之间,其中纳斯达克吸纳的约占半数。

纳斯达克在 50 多年的时间里发展成了一个上市公司总数和成长速度超过纽约证交所的股票市场,其成交额和总市值等指标也与纽约证交所不相上下。目前,在纳斯达克市场上市的企业共有 3 700 家左右,其中 80% 的公司与高科技产业有关,这就是为什么纳斯达克指数代表了高科技的领先指针。

长期以来,纳斯达克借助宽松的上市条件、多层次的市场板块以及灵活的转板机制,不拘一格,吸纳了大量"名不见经传"的中小企业,帮助它们由小变大,逐步成长为行业龙头企业。无论是 20 世纪 80 年代上市的微软与苹果、90 年代上市的亚马逊,还是 21 世纪上市的谷歌和脸书(Facebook),都借助纳斯达克市场发展壮大,成为科技领域的领军企业。在此过程中,纳斯达克市场也拥有了一批标杆型企业,形成了良好的产业集聚效应,实现了"双赢"局面。目前,在纳斯达克综指中,有近 1/3 的股票来自生物科技与科技板块;纳斯达克 100 指数中,有 40% 为科技公司,10% 为生物科技公司。

二、特点

第一,以技术股为主的市场定位。纳斯达克成立之初,就定位于培育高新技术企业,从一开始就认识到高新技术经济领域中的快速成长型企业首先应将精力集中于增长，集中于市场占有率，而非集中于利润率，因此，纳斯达克市场在上市要求、交易制度、监管准则等规则的设计上不同于其他证券市场，它迎合了处于成长期的高新技术企业的需求，使这些企业在纳斯达克市场上如鱼得水，得到了非同寻常的发展。

第二，入市门槛低，挂牌条件灵活、宽松。纳斯达克允许企业在起初没有利润的情况下挂牌售股，为高风险而且常常没有赢利的技术公司提供融资渠道。纳斯达克分为全国市场和小型资本市场，全国市场有 3 套上市标准，小资本市场有 2 套上市标准，这些灵活的标准，适应了中小公司的特点，使大量技术公司成功地募集了资金。

第三，初次发行市盈率高、筹资量大。纳斯达克市场首次发行平均市盈率在 70 倍左右，比纽约证券交易所高出 50%。因此，在纳斯达克市场上市能筹集到更多资金。

第四，市场的流通性好、交易活跃。做市商是纳斯达克的独特产物，是其交易制度的核心。在纳斯达克，做市商进行双向报价，投资者的买进和卖出订单不直接匹配，所有的投资者均与做市商进行交易。做市商通过报出买卖价格，在既定的报价下买入和卖出，维持某个证券交易的连续性，在谋取自身利益时，减少了市场价格的波动，从而有利于市场的稳定。由于这一特点，使得纳斯达克吸引了大量外国公司前来上市，也吸引了大量的投资者进入，从而使得股票的流通性得到了极大的加强。

第五，严格的退出机制。纳斯达克有严格的上市公司信息披露、市场监管以及摘牌标准，由于坚持严格的继续上市标准和公司治理标准，因此，被逐出市场的上市公司不少。纳斯达克留强汰劣，保证了上市公司的质量，也给许多公司增加了压力，同时，上市股票的这种高度流动性，也促进了美国产业的新陈代谢。

第六，先进的交易系统和完善的市场服务。纳斯达克本身就是高新技术的产物，它不断更新其交易系统，为交易提供一流设备，以保证市场公平，提高市场的效率，这其中，包括 1980 年的小额报价系统（SOES）和 1999 年诞生的最优市场（OptiMark）交易系统。

三、市场结构

2006 年 2 月，纳斯达克宣布将股票市场分为“纳斯达克全球精选市场”、“纳斯达克全球市场”以及“纳斯达克资本市场”三个层次，进一步优化了市场结构，吸引不同层次的企业上市。

一是纳斯达克全球精选市场（Nasdaq Global Select Market）。纳斯达克全球精选市场的标准在财务和流通性方面的要求高于世界上任何其他市场,在纳斯达克精选市场挂牌是优质公司成就与身份的体现。

二是纳斯达克全球市场(Nasdaq Global Market)。作为纳斯达克最大而且交易最活跃的股票市场,纳斯达克全球市场有近 4 400 只股票挂牌。要想在纳斯达克全球市场挂牌,这家公司必须满足财务、资本额和共同管理等方面的严格要求或指标。在纳斯达克全球市场中,有一些世界上最大和最知名的公司。

三是纳斯达克资本市场(Nasdaq Capital Market)。纳斯达克资本市场是专为成长期公司提供的市场,有 1 700 多只股票挂牌。作为小型资本额等级的资本市场,纳斯达克资本市场上市标准中的财务指标要求没有全球市场上市标准那样严格,但它们共同管理的标准是一样的。当小资本额公司发展稳定后,它们通常会提升至纳斯达克全球市场。

四、做市商制度

做市商制度是纳斯达克市场的核心之一,也是纳斯达克不同于其他交易所的区别所在。所谓做市商(Market Maker)是指在证券市场上具备一定实力和信誉的证券经营法人,这些机构不断向交易者报出某些特定证券的买入价和卖出价,并在所报价位上接受公众买卖要求,保证及时成交,通过这样的连续买卖,来维持市场必要的流动性。做市商是活跃在二级市场上的主要力量。

券商在做市之前通常需要垫入一笔资金,买进一定数量的某种证券,从而为该种证券做市做准备。然后,券商面对众多投资者,连续报出该证券的买入价格和卖出价格,投资者可根据券商的报价向它买入或卖出一定数量的该证券。在券商推出的双向报价中,买入价低于卖出价的差额,是券商收益的主要来源。做市商用自己的资金为卖而买,为买而卖,通过自己联系了证券买卖双方,也活跃了证券市场。

(一)做市商制度的特点

1. 所有客户订单都必须通过做市商自己的账户买进卖出,客户订单之间不直接进行交易。

2. 做市商必须在看到订单前报出买卖价格,而投资人在看到报价后才下订单,因此做市商制也被称作报价驱动交易制度。

(二)做市商的职责

在注册成为纳斯达克的做市商后,做市商要承担以下职责:

1. 保持详细的交易记录并坚持财务责任标准。

2. 发布有效的买、卖两种报价,竞争投资者的委托单。同时,做市商的报价必须和市场价格一致，买卖价差必须保持在规定的最大限额之内。

3. 在交易完成后的 90 秒钟内报告有关交易情况，并向公众公布。

4. 保持存货，不间断地为买卖两方面做市，做市商必须随时准备用自己的账户买卖它所负责的股票。

5. 做市商必须恪守自己的报价，必须在它的报价下执行股票的买卖委托单。

6. 提高投资者交易的积极性。

美国证券监督管理委员会对做市商股票报价也作了两项规定，第一个规定是禁止做市商“锁定”或“交叉”市场，当做市商的买方报价等于另一个做市商的卖方报价时，被称为“锁定”；当做市商的买方报价高于另一个做市商的卖方报价时，被称为“交叉”。因此，多个做市商的最高买价必须低于最低的卖方报价。第二个规定要求在报价时，做市商自己的价格必须是内部交易市场（在做市商之间，有一个内部的交易市场，在这个市场上，做市商互相买进卖出，价格通常与他们在纳斯达克公开市场上的报价不同，这就可以利用两个市场的差价获取利润）的最优价格。这两个规定的实施，提高了市场的透明度，杜绝了市场操纵行为，保护了散户投资者的利益。

（三）做市商的功能

1. 提供流动性。在新兴市场里，由于暂时缺乏参与者，市场的流动性非常有限，这就严重制约了市场的发展。有了做市商，他们承担做市所需的资金，就可以随时应付任何买卖，活跃市场。买卖双方不必等到对方出现，只要由做市商出面，承担另一方的责任，交易就可以进行。因此，做市商制度保证了市场进行不间断的交易活动，即使市场处于低谷也是一样。做市商的双边报价为会员提供了充足的流动性，从而促进了更多的会员通过该市场平盘，为新生的市场提供了更高的流动性。

2. 稳定市场。做市商有责任在价格暴涨暴跌时参与做市，从而有利于遏制过度投机，起到市场“稳定器”的作用。此外，做市商之间的竞争也在很大程度上保证了市场的稳定。而且，在多家做市商做市的情况下，市场的信息不对称问题会得到很大的缓解，个别的机构投资者很难通过操纵市场来牟取暴利，市场的投机性大大减少，并减少了传统交易方式中所谓的庄家暗中操纵股价的现象。一个市场的长远均衡，必须由供给和需求互相作用，才能最终达到均衡价格。做市商在市场暂时失衡时，可以提供有限的流动性，以减缓市场价格的波动。

3. 价格发现。做市商作为市场的长期参与者，每日在市场中积极报价，因此也较有可能较早在盘口中得到一些信息。做市商所报的价格是在综合分析市场所有参与者的信息以衡量自身风险和收益的基础上形成的,投资者在报价基础上进行决策,并反过来影响做市商的报价,从而促使证券价格逐步靠拢其实际价值。做市商调整报价,通过一定的做市交易引导市场价格走向,并且能够缩短这种价格调整的时间,增加市场效率。如果某一做市商的报价距其他竞争对手差别太大,其交易量必将受到影响,最终会被淘汰出局。在这一过程中,做市商实现了其价格发现的功能。

纳斯达克市场要求在其上市的每一个公司必须至少有 2 名做市商。一些规模较大、交易较为活跃的股票的做市商往往达到 40 ~ 45 家,微软公司最多时达到 52 家。2001 年 12 月,纳斯达克全国市场的股票平均有做市商 16. 8 家。在有做市商的情况下,证券的买卖双方都无须等到对方的出现才能交易,可以直接与做市商进行证券买卖,从而保持了市场的活跃。众多做市商的存在及其竞争,有利于确定公平的交易价格,保证了市场的深度与交易的连续性,也使得证券交易更具透明度。而且,对于一些存续时间短、公众认知度低、毫无经营业绩的上市创业公司,如果没有知名的投资银行来充当做市商,很难获得众多散户投资者的参与投资。做市商制度是纳斯达克成功的主要因素,也扩大了纳斯达克的影响力。

五、上市标准

纳斯达克三个层次的市场对上市公司的财务、流动性及公司治理有着不同的要求,其中公司治理方面三者基本相同,而在财务及流动性方面,全球精选市场对上市公司的要求最高,全球市场次之,资本市场要求相对最低。三个市场之间也存在轮动,小型公司最开始可能只满足资本市场的上市标准,但若上市之后逐渐发展稳定,则可以提升至全球市场乃至全球精选市场。下面具体介绍纳斯达克对上市公司财务及流动性要求、公司治理要求。

(一)纳斯达克对上市公司财务及流动性要求

纳斯达克对上市公司财务及流动性要求,见表 8 - 2 至表 8 - 4。

1. 纳斯达克全球精选市场。该市场对上市公司财务及流动性的要求参见表 8 - 2。

表 8 – 2

财务标准	标准 1：利润标准	标准 2：市值/现金流标准	标准 3：市值/收入标准	标准 4：资产/权益标准
上市规则	5315(e)和 5315(f)(3)(A)	5315(e)和 5315(f)(3)(B)	5315(e)和 5315(f)(3)(C)	5315(e)和 5315(f)(3)(D)
税前利润	最近三个会计年度均为正，累计≥1 100万美元，且最近两个会计年度每年≥220 万美元	—	—	—
现金流	—	最近三个会计年度均为正，且累计净流入≥2 750 万美元		
市值	—	前 12 个月平均≥5.5 亿美元	前 12 个月平均≥8.5 亿美元	≥1.6 亿美元
收入	—	前 1 个会计年度≥1.1 亿美元	前 1 个会计年度≥9 000万美元	—
总资产	—	—	—	≥8 000 万美元
股东权益	—	—	—	≥5 500 万美元
最低买入价	≥4 美元			
公众持有的非受限股票市值	≥4 500 万美元			
公众持股	①总体公众持有非受限股份 125 万股以上；②其中持有 100 股以上非受限股份的股东数量在 450 人以上，或股东总数在 2 200 人以上；③其中持有 100 股以上股东中至少有一半持有的非受限证券的市值在 2 600 美元以上；④非受限公众持股市值在 4 500万美元以上			

2. 纳斯达克全球市场。该市场对上市公司财务及流动性的要求参见表 8 – 3。

表 8－3

财务标准	标准 1:收入标准	标准 2:权益标准	标准 3:市值标准	标准 4:总资产/总收入标准
上市规则	5405(a)和 5405(b)(1)	5405(a)和 5405(b)(2)	5405(a)和 5405(b)(3)	5405(a)和 5405(b)(4)
基于持续经营而产生的税前收入	最近一个会计年度或最近三个会计年度中的两年≥100 万美元	—	—	—
股东权益	≥1 500 万美元	≥3 000 万美元	—	—
上市证券总市值	—	—	≥7 500 万美元	—
总资产和总收入	—	—	—	最近一个会计年度或最近三个会计年度中的两年均≥7 500 万美元
公众持股数	≥110 万股			
公众持有的非受限股票市值	≥800 万美元	≥1 800 万美元	≥2 000 万美元	≥2 000 万美元
做市商数量	≥3 个	≥3 个	≥4 个	≥4 个
经营历史	—	≥2 年	—	—
最低买入价	≥4 美元			
公众持股	①其中持有 100 股以上非受限股份的股东数量在 400 人以上;②其中持有 100 股以上股东中至少有一半持有的非受限证券的市值在 2 500 美元以上			

3. 纳斯达克资本市场。该市场对上市公司财务及流动性的要求参见表 8－4。

表 8 -4

财务标准	标准 1:权益标准	标准 2:上市证券市值标准	标准 3:净利润标准
上市规则	5505(a)和 5505(b)(1)	5505(a)和 5505(b)(2)	5505(a)和 5505(b)(3)
股东权益	≥500 万美元	≥400 万美元	≥400 万美元
公众持股市值	≥1 500 万美元	≥1 500 万美元	≥500 万美元
经营历史	≥2 年	—	—
上市证券总市值	—	≥5 000 万美元	—
基于持续经营而产生的净利润	—	—	最近一个会计年度或最近三个会计年度中的两年≥75 万美元
公众持有的非受限股数量	≥100 万股		
做市商数量	≥3 个		
发行价或收盘价*	≥4 美元或≥3 美元	≥4 美元或≥2 美元	≥4 美元或≥3 美元
公众持股	①其中持有 100 股以上非受限股份的股东数量在 300 人以上;②其中持有 100 股以上股东中至少有一半持有的非受限证券的市值在 2 500 美元以上		

* 发行价和收盘价的标准中,两者满足其一即可。若选择收盘价的标准,则发行公司需满足以下条件:①最近三年内平均每年 600 万美元的收入;②有形净资产大于 500 万美元;③有形净资产大于 200 万美元,并且拥有 3 年以上的经营历史。

(二)纳斯达克对发行人公司治理方面的要求

纳斯达克对发行人公司治理方面的要求见表 8 -5。

表 8 -5

公司治理要求	描　述	上市规则
年度或者半年度报告发布	公司必须通过电子邮件或通过公司的电子方式通过网站向股东提供有效的年度报告和半年度报告	5250(d)
独立董事要求	独立董事在董事会中必须占多数	5605(b)
审计委员会	公司必须成立审计委员会,其必须完全由独立董事组成,至少包含 3 名成员,其中至少有 1 人具有处理复杂财务的经验	5605(c)
薪酬委员会	公司必须成立薪酬委员会,其必须完全由独立董事组成,至少包含 2 名成员,由其提议或决定公司高管薪酬	5605(d)

续表

公司治理要求	描　述	上市规则
提名委员会	提名委员会不是必需的;如果没有,则由独立董事承担提名董事的职责	5605(e)
行为准则	公司必须采用适用于全体董事、高管及员工的行为准则	5610
年会	财年结束后的1年内必须举办股东大会	5620(a)
代理委托书	公司必须为所有股东征求代理权	5620(b)
法定人数	公司普通股股东大会必须赋权超过已发行、有投票权的流通股的1/3,且法定人数不少于33人	5620(c)
利益冲突	公司必须对所有具有潜在利益冲突的关联方交易进行适当的审查和监督	5630
股东批准	公司发行证券需要得到股东的批准,包括: (1)发行相当于交易前已发行股份的20%或以上的收购;或当关联方对收购目标拥有5%或更高的权益时,其超过交易前已发行股份的5%或以上的收购; (2)导致大股东控制权变动的发行; (3)股权激励计划; (4)以低于账面价值或市值两者之中较高者的价格发行相当于交易前已发行股份的20%或大于20%的私募发行	5635
表决权	公司发行或其他行为不得损害现有股东的投票权	5640

六、市场监管

全美证券商协会是根据1934年的证券交易法成立的,它在美国证券交易委员会监督下工作。为了实行有效的监管,1996年成立了纳斯达克监管公司,承担全美证券商协会的主要职能,扮演证券业主要监管人的角色,对纳斯达克和其他的场外交易进行监管。全美证券商协会通过纳斯达克监管公司制定的规章和措施,对成员的经济活动进行审查、设计和提供市场服务。

纳斯达克注重“预防性监管”,把可能出现的违规、违纪行为扼杀在摇篮中。公司首先找出问题,及时向其成员指出,在违规违纪苗头没有形成重大问题之前,向成员发出警告。纳斯达克从培训和监督两个方面来培育健康有序的市场，为投资者持续进场和资金持续流动创造有利条件。

纳斯达克要求所有经纪人的行为符合市场规范和道德标准。每个初上岗的经纪人都必须具有必要的知识、技能和足够的营业资金。监管公司对从业人员履行严格的登记手续，经常进行教育和测试，对证券公司实行网上考试，确认这些公司和个人的行为符合联邦证券法和其他法律法规。

监管公司还同政府机构和行业组织合作，解决投资者、上市公司和证券公司遇到的问题。此外，监管公司还对投资者和经纪人之间的纠纷进行仲裁和调解，并就证券公司及其销售人员的背景情况向投资者提供电话咨询。对于商业纠纷，纳斯达克尽量采取速度快和花钱少的仲裁等调解手段予以解决，以免当事人向法庭进行不必要的起诉费时费钱。

第三节　欧洲二板市场

美国纳斯达克市场在吸引高成长性企业和高科技企业方面的成功，以及电子交易网络的飞速发展给世界各国和地区已有的证券交易所带来了威胁，欧洲各国推出了多项发展计划，相继建立了多个服务于新型小企业的股票市场。其中，1995 年 6 月英国伦敦证券交易所成立的专门为中小企业提供融资服务的另类投资市场(AIM)取得了骄人的成绩，吸引了2 000多家企业发行上市。欧洲还有两个地区性的欧洲市场：欧盟的 EASDAQ 市场和欧洲新市场(Euro-NM)。下面分别对这些市场进行介绍。

一、欧洲证券经纪商协会自动报价系统

为协调欧洲金融市场，解决欧洲高速成长公司股权融资渠道匮乏的问题，欧洲创业资本协会(EVCA)在 1994 年初提议模仿美国 NASDAQ，成立欧洲股票市场即 EASDAQ。EASDAQ 的目标是发展成一个高度监管的欧洲股票市场，它将是一个流动、高效和公平的市场，通过该市场，那些有着国际化目标的高速成长型公司能够从投资者手中筹集资金。EASDAQ 成立后，正如欧洲创业投资协会所期望的那样，对欧洲企业投资的发展起到了极大的推动作用。

EASDAQ 市场是覆盖整个欧洲大陆的第一个专门服务于高成长、小型企业的独立的股票市场，上市公司行业多为软件行业、信息技术行业、电信业、生物工程以及医药行业。其总部设在布鲁塞尔，但业务面向全欧洲。EASDAQ 是由

来自12个国家(其中9个欧共体成员国)的90多个金融机构所拥有。它于1996年9月30日正式开始交易,到2000年8月25日,上市公司家数为97家,市场总值509亿欧元。EASDAQ的交易规则和交易系统是NASDAQ的欧洲版本,它在报告制度、市场透明度、公司管理和市场责任等方面都是参照美国的规则。

EASDAQ的上市要求是:① 最低总资产350万欧元,净资产最少200万欧元;②可流通股最低为10万股,占总股份的20%以上;③ 进入EASDAQ市场交易时,必须有一个上市推荐人;④ 进入EASDAQ市场交易时,必须有两个做市商,上市推荐人也可充当做市商;⑤ 公司上市后股东不得少于100个;⑥ 首次上市的公司董事的股份在上市后6个月内不得卖出,除非经过特许;⑦ 上市说明书至少有一份用英文书写;⑧财务报告须符合国际公认的会计准则或发行者所在地的会计准则;⑨ 公司能按EASDAQ的要求提供季度报告。

为了吸引上市公司,EASDAQ提供许多便利条件。由于EASDAQ是个泛欧洲的市场,庞大的投资银行和证券商数量使公司股票在欧洲范围内上市,使公司的融资来源多样化;统一的入市和交易规则,使市场维持在最佳透明状态和良好的安全水平之上;EASDAQ在欧洲主要金融报刊和大部分国际电子网络上公布公司信息,提高了上市公司知名度,同时EASDAQ网站随时提供市场行情,使投资者及时了解公司情况;EASDAQ允许已在欧洲、美国、以色列等国上市的公司在EASDAQ上市,其中包括雅虎、微软、戴尔、英特尔等国际大公司。

二、伦敦另类市场

(一)概述

已有300余年历史的伦敦证券交易所是世界挂牌上市公司最多的证券市场。1995年6月,伦敦证券交易所成立的另类投资市场(Alternative Investment Market,简称AIM)是继美国纳斯达克市场之后在欧洲成立的第一家二板市场。开业10年来,先后有超过2 000家公司在AIM上市(其中包括212家国外公司),融资总金额达190亿英镑。AIM在过去的几年里取得了飞速发展。2003年只有750家公司在AIM进行交易;然而,到了2005年7月,在AIM上市交易的公司数量已经超过1 260家。2004年,公司通过AIM市场融资46亿英镑,与两年前的年融资额20亿英镑相比,发行商和融资额都在快速持续增长。2005年,随着58家新的国外公司的加入,在AIM上市交易的海外公司已达到166家,并且分别来自世界17个国家(见表8-6)。

表 8-6　英国另类投资市场(AIM)统计表　　2006 年 2 月

时间	发行公司数量			筹资额(100 万英镑)			市值(100 万英镑)
	英国公司	国际公司	合计	首发	增发	合计	
1995 年 6 月	10	0	10				82.2
1995 年	120	3	123	69.5	25.3	94.8	2 382.4
1996 年	131	14	145	514.1	302.3	816.4	5 298.5
1997 年	100	7	107	344.1	350.2	694.3	5 655.1
1998 年	68	7	75	267.5	290.1	557.6	4 437.9
1999 年	96	6	102	333.7	599.8	933.5	13 468.5
2000 年	265	12	277	1 754.1	1 319.7	3 073.8	14 935.2
2001 年	162	15	177	593.1	535.3	1 128.4	11 607.2
2002 年	147	13	160	490.1	485.8	975.8	10 252.3
2003 年	146	16	162	1 095.4	999.7	2 095.2	18 358.5
2004 年	294	61	355	2 775.9	1 880.2	4 656.1	31 753.4
2005 年	399	120	519	6 461.2	2 481.2	8 942.4	56 618.5
2006 年 2 月	48	11	59	403.2	808.5	1 211.7	65 099.5
总计	**1 976**	**285**	**2 261**	**15 101.9**	**10 078.1**	**25 180.0**	

资料来源:http://www.londonstockexchange.com。

AIM 是伦敦证券交易所向新创建的小企业提供融资服务的金融市场。无论是高科技公司,还是传统的制造行业,抑或是第三产业的服务公司,均可在该市场挂牌上市。目前在 AIM 上市的公司门类已经十分齐全,但技术类公司仍占主导地位。AIM 市场对上市公司的资金实力、企业规模、经营历史、企业业绩以及投资者拥有股份的比例均无任何要求。此外,AIM 虽然附属于伦敦交易所,但它是由交易所内 AIM 自身的管理队伍管理。AIM 有独立的运作规则,而交易所则提供基础设施,以使市场规制与市场运作富有效率。在交易制度上,AIM 采用做市商和竞价相结合的机制。另外,AIM 为升级市场模式的代表,有其本质的特征:在 AIM 上市的企业发展到一定程度时,可转移到主板市场上市,而不需要再次提交全部的细节情况。

(二)市场运作与监管

虽然 AIM 对意欲在该市场上市的公司不带任何入市条件,市场监管相对于主板市场要严格,为确保上市公司能及时有效筹措资金,在市场的检验中体现其价值,并通过股票的挂牌上市来强化企业声誉,提高企业的公众形象,它要求上市公司在挂牌上市前须确定或指派熟悉证券业务的顾问，由顾问来协助公司办理加入二板市场的程序并履行 AIM 对上市公司的有关要求。

被委派和指定的顾问首先要对他为之服务的公司是否适宜加入 AIM 做到心中有数。顾问一经确定，他须按市场规则对上市公司董事会成员进行有关责任和义务的指导。此外，如同委派和确定顾问一样，上市公司还须委派和确定进行证券交易的经纪人，该经纪人必须是伦敦证券交易所的成员。当然，如有需要和可能，公司可委派同一人既做公司的顾问，又身兼经纪人。

公司顾问和经纪人一旦受命，就成了向公司和投资者提供市场信息的中心人物。他们不仅向投资者提供市场行情和对上市公司证券的需求情况，还兼有帮助确保投资者利益的责任。

上市公司顾问和经纪人被认为是最能体现企业价值的关键人物。为防止受委派的顾问或经纪人突然辞职而给公司的运作带来冲击，上市公司对顾问和经纪人的辞职意向和离职的期限须作明文规定。

AIM 的交易采用撮合竞价制，买卖双方可以通过交易中心系统撮合各自的报单。允许一个或多个做市商在那里显示报价，以竞争客户的订单。

为确保二板市场证券交易的公正、公平和投资者利益，上市公司除了须遵循 1995 年英国监管当局颁布的证券公职人员法规，还须符合 AIM 制定的约束包括公司董事会成员在内的股份拥有者的标准法规。例如，该法规明文规定，董事会成员在发表公司年度报告前两个月不能参与本公司股票的交易活动；如上市公司的主体业务经营不到两年，公司董事和拥有 1% 以上股份的职工从股票挂牌上市之日起 1 年内不得出售其股权。金融专家认为，AIM 把上述约束措施扩大到上市公司的董事会成员，将大大增强投资者对持有该市场公司股份的信心。

AIM 对那些不符合规定的公司设立了一系列的制裁措施，主要的方式有私下警告、公开暂停交易乃至停止其股票交易。AIM 还要求上市公司必须及时向投资者公布以下信息：公司高层人士和与公司相关的个人持有的股份发生变更；公司领导层离开或新加入董事会；经 AIM 允许后再次增发新股等。

为了使投资者对上市公司的财务状况包括资产和债务、赢利和亏损以及发行股票的前景和投资者的权益等有一个概括的了解，拟上市公司在向 AIM 提出上市申请时，须提交一份招股说明书及董事会全体人员过去 5 年在公司的履职报告，内容包括尚未履行的法院判决，破产和遭清算情况以及受公众和监管机构的抨击等。专家们认为，鼓励上市公司敢于公布“劣迹”的做法，不仅无损于公司的形象，反而会增强投资者对董事会的信任。

由于与一些主要的二板市场相比，AIM 的上市条件更低一些，从某种意义上说,它带有典型的第三层次市场的特征,与美国的场外交易市场更为接近一些。AIM 主要是为职业性或富有经验的投资者设计的,这些投资者对市场极为熟悉,非常适合那些专注于较小公司的基金进行行投资。

三、欧洲新市场

欧洲新市场(European New Market, Euro-NM)成立于 1996 年 3 月 1 日,是由德国、法国、比利时、荷兰四个国家证券交易所的新市场所组成的网络市场。该市场是通过联合若干已经存在的小盘股市场的交易系统而形成,其会员市场达成最低运作标准,具有实时的市场行情,承认彼此的会员资格。Euro-NM 是一个欧洲经济利益共同体市场,它的目标是通过政策法规的统一化、商业技术活动的一体化和市场的共同化来促进欧洲各市场的协作,实现扩大市场的目的。创立欧洲新市场的宗旨,是为具有创新精神的高成长的中小企业提供融资机会,并为投资者提供买卖这些股票的交易场所。作为联合这些成员的网络,欧洲新市场为成员国高成长的中小企业提供了融资窗口,使它们能够接触到欧洲甚至更广泛范围的投资者。德国的新市场(Neuer Markt)和法国的新市场(Le Nouveau Marche)是其最重要的组成部分。

(一)德国的新市场

德国的新市场(Neuer Markt)是位于法兰克福的德国证券交易所开设的新市场。1997 年 3 月 10 日,德国交易所股份有限公司设立的证券主板市场之外的二板市场——德国新市场(Neuer Markt)正式启动,它主要针对那些营业额和赢利均可望超平均增长水平的新经济类企业。新市场给投资者和新经济类企业提供了新的机会,为德国经济发展做出了很大贡献。新市场一诞生,就因其对新经济的巨大推动作用而备受关注。随着越来越多的投资者的参与和越来越多的企业在新市场上市,新市场股票指数步步走高。

德国的新市场作为法兰克福证券交易所的一个新交易场所出现,除了有二板市场的通用特点外,还具有以下特征:

1. 特殊的信息服务。德国的新市场运行的准则是提供高效信息和保持公正与透明度。提供高效信息的基础是所有股票实行电子交易。德国交易所股份有限公司推出一个叫“财特拉(xetra)系统”的电子交易系统,它将所有的股票买卖单子自动集中到交易中心进行买卖,使市场参与者得到了进入交易的平等权利,这个市场是标准的,但又是灵活的。同时,还提供英文和德文两种语言的信息服务。保持公正与透明度的基础是对股票价格的形成进行监控,这是德国的新市场高质量的体现。交易所的监事会官员和交易监督机构监视着新市场的价格状况,保证交易参与者机会均等,保证价格透明,以取得投资者的信任。

2. 有保证投资者利益的“经济担保”措施。所谓保证投资者利益的“经济担保”措施，是指为在新市场上市的公司发行股票的机构（投资银行或者经纪人公司）必须承担类似“经济担保”的义务，也就是说，必须保证在市面上流通的股票交易量，拥有足够的流动资金，以使投资者放心大胆地将股票买进和卖出。这种做法可以避免价格的暴跌以及因此而可能引起的市面上流动资金的不足。如果德国交易所发现负有担保义务的机构不能保证足够的流动资金，就会撤销发行商在新市场发行股票的资格。

3. 公众参与程度高。股市的健全需要公众的积极参与。德国股民近年来呈上升态势，股民人数达到了总人口的 10%，而新市场已成为德国股民投资的热点。

德国的新市场（Neuer Markt）的上市条件是：①新股价值至少 500 万欧元；②上市流通的股票至少 20%（建议 25%），目的是为了保证股票的广泛传播以及有足够的流动资金；③两家以上的发行商对股票交易负责，它们还要负责保证足够的交易流动金，并在新股发行后负责与投资者的关系；④根据国际标准制定新股价格；⑤新股向公众发行 6 个月后，以前发行的股份方可出让；⑥接受兼并准则；⑦新股可以超过资本的 50%；⑧德语和英语并重，向公众提供信息。

新市场上的企业必须承担以下重要义务：年度结束后最迟 3 个月公布年度报表；报表结算根据国际标准；公开监事会和董事会拥有的股票的份额；季度结束后最迟两个月公开季度报告。

德国证券交易所提供广泛的信息服务，使公众更易于获取企业信息。这些信息服务内容包括：显示新市场以及上市企业的情况，分析投资者的活动，投资计算，举办国内外会议，开展新市场以及欧洲市场的信息活动，加强新闻工作，通过因特网对企业数据和信息进行传播等。新市场不仅可以改善企业的资本结构，而且可以提高他们在国内和国际上的知名度；而投资者可以廉价地了解新市场上企业的信息，比较仔细地分析机会与风险，不必对此付出高昂的信息费。

（二）法国的新市场

法国的新市场（Le Nouveau Marche）是法国证券交易所开设的新市场，设立于 1996 年 2 月 14 日，同年 3 月 20 日开始交易。该市场正努力成为全欧洲的市场。为了实现这一目标，该市场已与布鲁塞尔和阿姆斯特丹等城市的小盘股市场连接，形成了欧洲新市场（Euro-NM）。

新市场的建立，为新生的高成长企业的发展带来了机遇。1996 年 3 月 20 日，新市场开始正式运作。当年就有 18 家公司（其中 2 家外国公司）在该市场上市交易，共筹集资金 2.36 亿欧元。到 2000 年 4 月 30 日，在巴黎新市场上市的公司已达123家,其中7家为外国公司,累计融资22.65亿欧元。在这些企业中,有57家为信息技术类,7家涉足生命科学领域,23家属于新工业部门,另有36家从事商业或服务业。

法国的新市场的目标公司明确为以下四类:①已有融资计划的新生企业;②不断创新的高技术企业;③具有高成长潜力的私人业主企业;④意欲跨上一个新的成长台阶的大发展中的企业。

法国的新市场较主板市场宽松、灵活,新生企业只需符合以下标准即可申请上市:①上市前至少拥有150万欧元的自有资金;②面向公众融资不少于500万欧元;③向公众发售的股份最少为10万股;④必须将所融资金的50%用于公司增值;⑤公众持有的资本不得低于资本总额的20%;⑥企业领导人作为股东,承诺在上市后1年内保留他们所持有的其余80%的股份。

巴黎新市场是一个国际性的股票市场,不仅面向法国企业,而且无论哪个国家和地区的企业,只要符合上市标准,均可在这一市场上市。这种国际性对巴黎新市场的成功起到了积极的作用。

目标公司在申请上市时,必须提出一项可信且结构明确的发展计划,该计划可涉及出口或商务的开拓,生产能力的提高,研究与开发投资,经营多样化,等等。公司在上市后也要承担一定的义务,主要是定期向市场公布有关信息,包括年底账目和年度报告,半年度经营业绩,季度营业额以及在因特网的新市场网站上发布法定信息和新闻公报。

第四节　亚洲二板市场

第二次世界大战以后,由于日本证券交易所关闭,导致原来上市的大部分品种只能进行场外交易,促进了场外交易和柜台市场的形成,作为二板市场的初级形式,柜台市场在日本有了很大的发展。美国经济的持续繁荣和纳斯达克市场在培育高科技企业方面的示范效应,使得亚洲各国都把发展高新技术企业作为一个新的经济增长点。在这种背景下,亚洲许多国家或地区也纷纷建立了自己的二板市场。下面将选择几个较有影响的二板市场予以介绍。

一、香港创业板市场

(一)概述

香港联交所1986年就提出在香港设立第二板市场的构想,希望为一些规模较小,未能合乎主板市场上市要求,但增长较快的公司提供上市集资机会,使其能继续发展业务。但此后十年均因故未有进展。1997 年,联交所成立专责小组,对其可行性进行研究,并将“第二板”改称为“创业板”,旨在表明该市场与原有市场地位相同,无主次之分。1998 年 5 月,联交所着手设立创业板的模式,9 月,联交所理事会正式通过了设立以高科技公司为上市对象的创业板交易市场的决议,该决议随后得到了香港证监会和立法局的支持。12 月,联交所理事会正式通过了创业板市场的初步上市要求,计划在 1999 年第四季度开始运作,首批推荐 20～30 家高素质公司上市。1999 年 3 月底,联交所将拟定的创业板上市规则递交香港证监会审议。1999 年 11 月 15 日香港创业板正式建立,并于 11 月 25 日开始挂牌。至此,经过 13 年不懈探索和努力,香港创业板市场的构想终于付诸实施。2000 年 3 月 20 日,联交所推出创业板指数,以 3 月 17 日收市价为1 000点起计,为投资者提供了评估创业板市场走势的指针。

香港创业板市场(HXGEM)是香港联合交易所有限公司经营的主板市场以外的另一个完全独立的新的股票市场,与主板市场具有同等的地位,不是一个低于主板或与之配套的市场,在上市条件、交易方式、监管方法和内容方面都与主板市场有很大的差别。香港创业板市场的宗旨是为新兴的有增长潜力的企业提供一个筹集资金的渠道。创业板并未规定有关公司必定要有赢利纪录才能上市。创业板接纳各行业中具有增长潜力的公司上市,规模大小均可。其中,科技行业的公司是优先考虑的对象。由于在创业板上市的公司表现好坏存在着极大的不确定因素,风险较大,创业板的规则、要求和设施是为满足那些有兴趣投资于增长型公司的专业投资者和充分了解市场的投资者的需要而设定的。

(二)主要特点

1. 与主板市场地位相同,拥有独立的全面管理系统和上市规则。挑选上市的对象主要是中国内地、中国香港地区、中国台湾地区需要筹资扩张且有成长潜质的中小型公司,上市申请程序简单、快捷。

2. 与主板市场最大的不同在于,申请在主板上市的公司要有 3 年的赢利记录,而在二板市场上市不需要有赢利记录,甚至可以是亏损企业,但需要有 2 年的活跃记录,公司的业务必须单一,管理较好。

3. 采用附属市场模式,在交易所内主板交易市场外开辟独立的交易板面,交易系统以公告形式显示交易情况,与主板市场的上市标准不同,香港创业板市场拥有独立的运作权限和管理体系。

4. 只接受股本证券和熟悉投资技巧的投资者,接受公司的注册地区为所有合法地区,结算及交收由中央结算系统完成。

5. 被视为以信息披露为重的市场,对上市公司信息披露的要求比较严格,披露是该二板市场的精髓。中介机构对公司资料的真实性负责,联交所将提供创业板的独立网页,作为市场参考者的主要信息交流渠道。

6. 创业板的基本监管方针是保护投资者利益,确保市场规范运行。监管制度的最终目标是确保市场使用者、投资者、发行人和中介机构等参与者的利益。保荐人、联交所和证监会负责对创业板的监督,遵循“买者自负”原则。

(三)上市要求

1. 基本要求。主要是:

(1)公司须于下列其中一个地方注册成立:中国内地、中国香港、百慕大及开曼群岛。

(2)公司必须有明确的主营业务,但允许一些支持主营业务的相关业务,不允许综合、投资及信托投资公司上市。换句话说,把不相关的业务捆在一起的公司不适合上市。

(3)上市公司资产无最低规模限制,市值不低于 4 610 万港元即可;最低公众持股量市值在 3 000 万港元,占已发行股本不少于 20%;公众股东数目不少于 100 名,管理层股东和大股东需持有股本 35% 或以上。

(4)公司在上市前 24 个月,必须在基本相同的专有权及管理下运作。

(5)公司必须委任保荐人,以协助它的上市申请,审阅所有有关的文件及确保公司做出适当的披露。

2. 业务披露要求。公司必须披露其上市前两年的活动业务纪录及其上市后两个完整财务年度的业务目标,清楚地说明公司在每一项主要业务活动中的业务方向及目标。

3. 财务要求:

(1)没有最低盈利要求。

(2)公司可自行决定是否做出赢利预测。

(3)申报会计师须提供公司上市前至少 2 年的财务报告。

4. 公司治理要求:

(1)委任董事,而该董事具备适宜担任一家上市公司董事的个性及诚信,并能证明其具备足够的才干胜任该职务。

(2)委任至少两名独立非执行董事。

(3)聘任一名全职资格会计师监督财务、会计及内部监控的事宜。

(4)指定一名执行董事为监事会主席,以促使公司及其董事遵守创业板上市规则;成立公司审核委员会,审查年度、季度及半年度财务报告及内部监控程序。

（四）上市费用

香港创业板首次上市的成本主要包括：

1. 专业费用。包括保荐人费用，公司法律顾问费用，保荐人法律顾问费用，申报会计师费用，物业估值费用，公关服务顾问费用。

2. 印刷方面的成本。包括招股章程、申请表格、股票及其他印刷费、翻译费。

3. 市场推广支出。

4. 其他费用。包括股票过户登记处费用、收款银行费用、包销商佣金（如适用）、首次上市费、交易征费（除首次上市费及交易征费外），上述所有其他费用均可由新申请人与有关方面商议，不过收费多寡会受市场因素影响。

首次上市费一般占首次上市总成本的较小部分，必须于递交上市申请表格的同时向联交所缴付。首次上市费不予退款，并按与上市申请有关的股本证券的预期市值计算。

（五）市场运作与监管

1. "买者自负"的运作理念。由于在创业板市场上市的公司自有资金不足，生产规模较小，加之上市的要求较低，这就使得投资者面临更大的投资风险，投资者要对自己面临的风险有明确的认识，需要签署声明，确认其知道风险并对后果自负其责。这就是"买者自负"原则。香港《上市规则》中明确规定："上市公司要将显有风险的创业板特征声明载于根据创业板上市规则而刊发的上市文件和通函内的显眼之处。"以从正面提高投资者对风险的认识。

2. 加强信息披露。如上所述，在创业板市场上市的公司会给投资者带来比主板市场更大的风险，所以上市公司要及时、经常披露更多的资料，以供投资者参考并进行风险分析。目前香港的创业板市场以发行人自行披露为主，发行人除了要编制年度报表，还要编制季度报表；另外，在上市后两年内，上市公司要将业务进展和上市文件中的业务目标进行对比，以确定业务进展情况。

3. 严格的管理体系。香港创业板市场虽然对上市公司降低了要求，但考虑到其具有的更大的风险，为了保护投资者的利益，市场提出了比主板更为严格的管理规则。表现在：

（1）提高董事的素质，上市公司的董事必须熟知《上市规则》《证监会条例》等有关法律法规。

（2）要求公司加强内部监管，上市公司必须建立一套有效的内部监管体系，包括设立独立的监事会，聘任资深的会计师和审计师对公司的账务、财务进行监管。

（3）对保荐人，市场除了要求其负责上市公司的上市事宜，还要求他对上市公司进行监管。如果上市公司因保荐人的失职出现了问题,保荐人将要负连带责任并受到处罚。

(4)停牌与除牌。上市公司如果不符合市场的要求,或其活动给投资者带来了损害,市场有权对其停牌;如果上市公司严重违反市场规则,市场有权对其除牌。

4. 市场的相对独立性。与世界上其他依附于主板市场的二板市场相比,香港的创业板市场是一个独立于主板市场的市场,它有自身的规章制度、上市标准、监管体系和处罚办法。主板与二板的相对独立,有利于维护创业板市场的形象,突出高科技创业的特点,吸引更多的上市公司和投资者。

二、日本的二板市场

(一) 大阪证交所与纳斯达克日本市场

由于美国本土股票市场日趋成熟,发展空间日趋狭小,全美证券协会把发展目标转向了海外,对美国来说,日本是一个极具吸引力的市场。2000 年 5 月 8 日,美国纳斯达克携大阪证交所和扎布、软件库两家公司在大阪证交所内创设了美国纳斯达克市场的日本据点——纳斯达克日本市场(NASDAQ-JAPAN),同时开始接受上市企业申请,并于 2000 年 6 月 19 日开始交易。纳斯达克日本市场分两大板块:一个是“普通企业板块”,它的上市基准较严,企业须符合其规定的净资产、业绩、上市时的股票总额等一系列条件;另一个是“增长企业板块”,其上市条件较为宽松,主要以创业不久的风险投资企业为对象。纳斯达克日本市场与大阪证交所的关系是,市场交易是在纳斯达克日本市场,对申请上市企业的审查、认可等由大阪证交所担当。为了给申请企业提供方便,大阪证交所于 6 月 1 日在东京设立了事务所。

纳斯达克日本市场的启动,冲淡了日本股市长年以来所带有的浓厚的“官办”色彩,由于新市场的门户也向创业历史较短、经营不稳定的企业开放,它将给更多的企业以筹措资金的机会,并将使股市向以民间为主导的方向转变。

(二) 名古屋、福冈证交所的二板市场

名古屋证券交易所与东京证交所一样,也设有市场第一部和第二部。但是由于主顾都被东京证交所夺去了,它一直冷冷清清。为求生存,名古屋证交所于 1999 年 10 月设立了与已有市场相并列的具有新概念的“增长企业市场”。新市场自然是面向高增长性的企业,上市的条件是看企业销售额的增长率,具体地说,就是最近两年销售额增长率须平均在 10% 以上,而且还须提供最近一年内有增加收益的保证。除此以外,它对行业种类、经营内容、过去的利润和资产一概不问。

此前,福冈证券交易所也设立了面向创业企业的新市场——“Q 板”市场,

它从2000年5月11日开始接受上市申请。

（三）日本的柜台交易市场

目前，日本的大部分证券在柜台交易市场（OTC）进行交易，尤其是债券，即使是在证券交易所上市的证券，也允许在柜台交易市场进行交易。与美国的纳斯达克相比，日本的证券场外交易市场具有自己鲜明的特点，主要体现在，柜台交易市场具有“预备市场”的功能，一些在柜台交易市场交易的公司股票，可以被推荐到证券交易所挂牌交易。日本的证券业协会负责对柜台交易市场进行自我管理，协会制定了公平习惯规则和统一习惯规则。

1. 日本柜台交易市场的发展过程。日本柜台交易市场的发展过程可以分为四个阶段。

（1）第一阶段（1963年2月前），场外交易品种批准制度阶段。第二次世界大战后，日本的证券交易所关闭，导致原来上市的大部分品种只能进行场外交易。1949年5月，东京、大阪和名古屋的证券交易所重新开业，在场外交易市场交易的大部分品种重新挂牌上市。同年6月，日本设立场外交易品种批准制度，制度规定，由证券业协会决定并管理运营符合一定标准的股票，这些股票都是已经发行，但由于各种原因不能到交易所交易的股票。1961年10月，日本各大交易所分别设立了市场二部，同时规定，被批准在柜台交易市场交易的大部分品种在市场二部上市，柜台批准制度被废除。

（2）第二阶段（1963年3月～1983年初），场外注册制度阶段。日本证券业协会于1963年2月公布了上市公司申请发行股票和上市（一般先在市场二部上市）时需要达到注册标准的规定，如股东人数、公众持股数量、交易价格、交易量及发行公司的其他资料等方面的具体要求，达不到市场二部上市标准的股票交易市场随后就自然形成了。为了加强对这些公司的自律管理，有关部门规定，这些公司在进入柜台交易市场时，需要按注册基准进行注册；1971年修改了《证券交易法》，规定注册公司有披露其有价证券报告书的法律义务，并按规定公开企业信息；1976年7月，日本柜台证券股份有限公司成立，柜台交易趋于集中化，有关柜台交易的各种法规更加完善统一。

（3）第三阶段（1983年～1991年9月），改造的柜台注册制度阶段。1983年1月，日本证券业协会起草了一个临时报告，即《加强证券市场功能的措施：关于允许中小型企业进行产权融资的若干问题》，旨在增强中小型企业进行产权直接融资的能力。同年11月，新的柜台交易制度开始实施，与第二阶段的柜台注册制度相比，它具有以下几个方面的改进：① 注册制度方面的改进，要求在更具体、更规范和统一的条件下进行注册；② 可以通过公募发行新股；③ 发行公司信息披露制度的改进；④ 放松了关于吸引投资的有关规定；⑤ 强调了投资者自我负责的原则;⑥ 允许发行公司的股份回购;⑦ 引入注册发行的证券商制度;⑧ 加强了对交易系统的管理。

1983 年 11 月,OTC 的自律管理组织即证券业协会公布了一系列新的规则制度,规定在场外交易的证券必须在日本证券业协会注册;1984 年 7 月,又建立了场外自动报价系统,以加强市场的透明度,同时,奎克(QUICK)股份有限公司的柜台股票信息系统开始运行,1986 年,又允许信托投资基金投资于柜台股票;1987 年还规定进行柜台交易的公司可以发行可转换债券。

(4)第四个阶段(1991 年 10 月至今),JASDAQ 制度阶段。直到 1991 年 10 月,日本柜台交易的最高形式 JASDAQ 系统才开始实施。1992 年 6 月,《证券交易法》得到了修改,柜台市场也作为一种行为规定载入该法;1995 年 4 月,撤销了关于发行股票的公司数的限制(即每周上市和注册公司合计不超过 5 家的限制);1995 年 7 月,新设立柜台注册品牌的特则制度(第二柜台市场),以期为有发展前景且急需资金的企业创造筹资机会。

2. 日本柜台交易的市场监管。日本 OTC 一方面接受大藏省的监管,另一方面又接受日本全国证券业协会的管理。日本证券交易法赋予证券业协会相当大的自律权限,证券业协会通过制定一系列自律规范并监督执行以达到监管的目的。日本证券业协会在东京和大阪分设"株式店头市场监管专门委员会",负责市场监管工作,具体职能为:及时监视 OTC 的交易情况;在行情异常情况下,采取有关措施;专设 OTC 交易室,负责调查分析交易价格、交易额及异常价格形成的原因,查核有无涉及操纵、内幕交易等不法行为。日本 OTC 重要的监管法规是 1976 年协会理事会颁布的《关于 OTC 交易及其交易规则》和《关于 OTC 股票注册及价格制定规则》,其主要内容包括以下几点:

(1)证券商行为的规范。证券商必须按照公平原则为投资者执行订单,且须尽力为投资者争取交易当时的最佳报价;证券商只能接受固定价格交易的订单,不能接受客户按照市价买进时的订单;证券商有必要为投资者讲清 OTC 市场的风险,确信该客户能够对此风险有判断能力并愿意承担此类风险。

(2)有关禁令。禁止从事内幕交易。目前,还禁止从事融资券交易。

(3)争取注册申请及撤销。证券商在详细核查公司运营及财务细节后,向证券业协会推荐,如果协会初步认为公司适合上柜,则该证券商必须将申请书及一切必要文件提交日本证券业协会审核,申请书中必须附有其他证券商的共同签署意见;经审核批准后,即可公告发行和注册。证券业协会可以在公司注册后运行不符合特定标准时,给予公司下柜的处分。

3. 日本柜台交易市场的注册基准。日本公司到东京证券交易所上市的主要基准是:

(1)申请上市的股数在东京或东京附近不少于 600 万股,其他地区不少于2 000万股。

(2)股东权益在 10 亿日元以上,每股净资产在 100 日元以上。

(3)过去 3 年的税前利润稳定,第一年、第二年和最近一年分别至少为2 亿、3 亿和 4 亿日元。

(4)关于股票的分布情况,例如上市股票不超过1 000万股时,股东一般要求在1 000人以上。

(5)设立股份有限公司至少 5 年。

(6)上一财政年度必须有分红,注册(或上市后)预计每股分红在 5 日元以上。

同以上的基准相比,日本 OTC 的注册基准要低得多。日本 OTC 的注册基准一般是指区别于特则制度的注册基准,主要包括以下方面:

(1)最近财政年度平均每年股数在 100 万股以上,注册日(开始交易日)在 200 万股以上。

(2)公开的股数为已发行股数乘以 12.5% 与 25 万股之和,则应在 50 万股以上。

(3)已发行股数未满2 000万股时,股东人数应在 200 人以上,已发行股数在 2 000万股以上时,股东应在 400 人以上。

(4)股东权益(净资产)应在 2 亿日元以上。

(5)最近一年每股的税前利润在 10 日元以上。

(6)允许不分红。

特则制度的注册基准主要有:

(1)注册时股东应在 50 名以上。

(2)不设利润标准,亏损企业亦可。

(3)对已发行股票数也没有规定。

(4)注册时股东权益应在 2 亿日元以上。

(5)研究开发费用须达到该公司全部销售额的 3% 以上。

需要说明的是,由于特则制度于 1995 年 7 月才实施,所以按照该基准注册的公司并不太多。

4. 日本柜台交易市场快速发展的原因。日本第二板市场快速发展的主要原因有以下几个方面:

(1) 20 世纪 80 年代,日本企业发展资金短缺,同时储蓄与投资基金的数额又居高不下,这一矛盾是推动第二板市场发展的根本原因。第二次世界大战后,日本企业的建设资金主要靠银行贷款取得,企业直接融资的能力较小,这主要是日本政府采取低利率政策的结果。然而,进入 20 世纪 80 年代,日本的经济进入了低速发展阶段,企业渴求长期资本的介入,因此,直接融资的作用越来越大。同时,日本一直具有较大规模的储蓄和大量的投资基金。在这种背景下,为了自身的发展,已经存在的中小型企业的融资方式开始由间接融资向直接融资转变,这就推动了第二板市场的发展。

(2)场外交易自动报价系统使信息传递和信息处理的能力提高。证券交易所最初是为了使证券公司能够在统一的场所进行统一的买卖、交易而设立的,因此,投资家和上市公司开始时具有地域性。由于这一历史原因,目前日本有 8 个证券交易所(美国有 9 个证券交易所)。但是,随着计算机技术、卫星通信技术和信息通信等先进技术的发展,在统一的场所进行交易的必要性已越来越小,交易者即使在遥远的地区,通过电话、电脑、通信网络就可以获得证券信息并发出交易指令。日本、美国引进先进的电脑交易系统之后,东京股票交易所(TSE)和纽约股票交易所(NYSE)等大都市的交易所仍保持着发展的活力,而一些地方性的交易所却不甚活跃。与此同时,通过信息传递系统,将以前相对独立的 OTC 系统进行全国性联网而建立的场外交易自动报价系统,赋予了本来具有特殊存在意义的 OTC 以更大的发展优势和发展潜力,从而推动了 OTC 的高速发展。

(3) OTC 同 TSE 相比具有一定的优越性。同在 TSE 上市相比,企业在 OTC 筹集资金具有以下优越性:①注册基准相对较低,这是最主要的优越性;②注册的文件和手续简单,注册后定期披露的文件也比较简单;③筹集资金的成本及注册后运行费用相对较低;④摘牌的风险不大,而且随着企业的发展,还可以在适当的时候转移到 TSE 上市。

(4) 纳斯达克的高速发展,为日本第二板市场的发展提供了借鉴。1971 年,为了提高场外交易市场的运作效率,美国建立了纳斯达克市场,它使投资者可以在任何时间、任何地点通过电脑系统进行证券交易,交易的佣金低,交易速度也快。这种先进交易系统的出现,得到了很多公司的青睐,前来注册的公司逐年增加,进而推进了该系统的壮大,也培育了诸如惠普、苹果、微软等大公司,这也为日本第二板市场的发展提供了包括系统建设、功能拟定、管理方式、交易行为等多方面的借鉴。

三、韩国高斯达克市场

1996 年 7 月,韩国仿照美国的纳斯达克市场,建立了自己的科技股票市场,并定名为高斯达克(KOSDAQ)。

建立高斯达克市场的主要目的,是扶植高新技术产业,特别是中小风险型企业,为这些企业创造了一个直接融资的渠道。但是,当时韩国的创业企业还处于初创阶段,其作用没有受到相应的重视,因而高斯达克市场并不被人们所青睐。1997 年底韩国发生金融危机后,韩国政府进行了强有力的企业结构调整,并针对世界经济向知识经济发展的趋势,决定把发展规模小、科技含量大、经营灵活、回报率高而风险也大的中小型创业企业作为推动经济发展的一种动力,谋求把中小型创业企业与传统产业相结合的新的发展模式。经济发展模式的变化,使韩国的创业企业蓬勃发展。创业企业有的是技术和思路,缺少的是资金。高斯达克市场的作用日益显著,规模日益增大,综合指数不断上扬,交易额连创新高。据韩国证券交易所统计,到 2006 年 2 月,共有 939 家公司通过高斯达克市场发行股票,上市股份为 144.15 亿股,总市值达 678 230 亿韩元。作为韩国的二板市场,高斯达克市场在上市条件、审查产品和健全市场等方面体现出以下风格和特点。

(一)灵活的上市条件

韩国对企业在高斯达克市场登记上市所规定的条件各有不同。对于创业企业,只要其股票分散,公众股所占比例达到 20%,监事认为适合上市,则可登记上市。而对于一般企业,则有三种标准供企业选择:

一是企业建立满 3 年,股东交付的资本金为 5 亿韩元,股票分散率为 20%,有经营收益,无资本蚕食情况,股东所付资本未被逐渐侵吞,负债比例不超过同行业的 1.5 倍,监事没有意见;

二是自有资本为 100 亿韩元,资产总额 500 亿韩元,股票分散率为 20%,无资本蚕食情况,负债比例不到同行业的平均数,监事没有意见;

三是自有资金为1 000亿韩元,股票分散率为 20%,资本金蚕食不足 50%,负债比例不超过同行业的 400%,监事无意见。

一般企业可以根据自己的情况登记上市。

1999 年下半年,高斯达克市场一路涨升,引发了人们对高斯达克市场趋于过热的担心。为了使高斯达克市场健康发展,韩国政府在提出了“健全高斯达克市场的政策”,对企业在高斯达克市场登记、审查、管理、退出以及防止不公正交易等做出了新的规定。

按照这个新规定,一般在高斯达克市场登记上市时,小额持股者必须达到 500 名以上,并要总共持有 500 万股以上,占股票发行总额的 30%。政府提高股票分散比例的主要目的是减少不公正交易的因素。

(二)严格的审查制度

为了阻止徒有虚名的风险投资企业进入高斯达克市场,由风险投资公司等风险金融机构投资的创业企业,在投资一年后才能在高斯达克市场登记,其登记审查所需的材料必须得到定期股东大会的批准。同时，创业企业在登记上市的半年内，对其投资的风险金融机构必须持有10%以上的股份。证券公司对申请登记上市的创业企业必须进行财务状况、营业关系等必要的检查，并制作综合检查表。对于最大的股东和有关特殊人士，在登记上市前的半年内，不允许其持股情况有变动，其目的是为了防止其在企业上市前向有关特殊人士进行第三者增资以获得不正当的收益。

在登记审查方面，韩国决定采用一人常务委员制。这名常务委员由高斯达克市场委员会推荐，并得到证券业协会会员大会的批准。这名常务委员负责直接指挥证券业协会的业务部门，同时也是高斯达克市场委员会的成员。高斯达克市场委员会的人数由过去的9人增加到11人，其结构也进行了调整，减少了业界代表，增加了机构投资者、风险技术专家、会计师等专业人士。专门负责登记审查的业务人员由过去的6人增加到20人。

在管理和退出方面，韩国的高斯达克市场把需要注意的投资项目分为“投资留意项目”和“管理项目”。亏损，经营权转让或被兼并，资本余额被蚕食，营业停止，法庭管理企业等被纳入“管理项目”之内；而被纳入“投资留意项目”的，除了上述几种情况外，还要加上股票交易停滞不前，没有达到股票分散比例，两次企业公示有不诚实行为，拒绝接受监事的意见，没有提出工作报告书等。投资者可以根据“投资留意项目”和“管理项目”的情况来加以识别。

（三）健全市场的措施

为了防止不正当交易，政府规定，从2000年4月1日起，对于不遵守实时公示义务，或者进行虚假公示，将立即进行处理，处以最高为5亿韩元的罚金。与此同时，政府还开发了监视股价的综合计算机系统。韩国金融监管委员会制定了股票公募价格的计算模式，以便企业在高斯达克市场登记时能做到股票公募价格合理化。

按照“健全高斯达克市场的政策”，韩国证券业协会下属的高斯达克委员会和高斯达克证券公司进行了严格的业务分工：高斯达克委员会负责登记、批准上市和取消上市，修改市场运行规则，监视不公正交易，对不诚实公示采取制裁措施等；高斯达克证券公司则负责吸引企业登记，进行企业公示业务以及交易中介、交易停止和解除等业务。

四、新加坡的自动报价系统

1987年2月18日，新加坡股票交易所建立的自动报价系统（Stock Exchange of Singapore Dealing and Automated Quotation System，简称SESDAQ）开始运行。

SESDAQ 建立的目的在于使那些具有良好发展前景的新加坡中小型公司能筹集资金，支持其业务的扩展。它以电脑无票交易方式为基础，并受竞争性的做市商制度（Market Marker Rule）制约。SESDAQ 上市标准较为宽松和灵活，没有具体的公司规模要求，唯一的要求是具有发展潜质，没有量的要求；上市公司若不公开发行证券，部分上市规定还可以放宽。此外，进入成本和年度上市费用也较低。

自动报价系统成立之初，只允许在新加坡注册的公司上市，自 1997 年 3 月起，自动报价系统也向外国公司开放，不论新加坡本地公司还是外国公司，都可以申请在新加坡的自动报价系统上市，对境外公司，新交所在初次上市标准以及其他规则方面都与本地公司一视同仁。到 2000 年 7 月，新加坡自动报价市场共有上市公司 84 家（其中有 3 家是境外公司），总市值 52 亿新元。

（一）上市条件

1. 在新加坡设立一个创业公司。

2. 无须最低注册资本/设立年限和赢利考核要求。

3. 有 3 年或以上连续、活跃的经营纪录，并不要求一定有赢利，但会计师报告不能有重大保留意见，有效期为 6 个月。

4. 公众持股至少为 50 万股或发行缴足股本的 15%（以高者为准），有至少 500 个公众股东。

5. 公司业务在新加坡的公司，须有两名独立董事；业务不在新加坡的控股公司，有两名常住新加坡的独立董事，一位全职在新加坡的执行董事，并且每季度召开一次会议。

（二）上市申请手续

1. 申请发行新股的公司，至少有 500 个股东拥有 50 万股或 15% 需要发行的股票。

2. 上市公司账目被国际通用审计师所接受。

3. 委任会计师/律师和证券银行为代理和保荐人。

4. 在新加坡 SESDAQ 批准上市。

（三）上市时间

1. 设立创业公司时间大约 2 ~4 周。

2. 完成保荐到认购和公开募集最多为 27 周（可以提前完成）。

3. 送交新加坡股票交易所批准 2 周。

（四）上市费用

1. 设立公司费用：1 万 ~2 万新元（根据注册资本大小）。

2. 公司审计费用：1 万 ~2 万新元。

3. 律师费用:2 万~4 万新元。

4. SESDAQ 会员保荐费用:3 万~5 万新元(包括评估报告)。

5. 其他及印花费用等:5%~6%。

(五)转主交易板上市的条件

此外,新加坡证券交易所定期对 SESDAQ 市场向主交易板的转移进行考察。已符合主交易板上市资格的 SESDAQ 公司需向交易所递交书面申请,在符合以下要求之后即可转至主交易板上市:

1. 在 SESDAQ 市场已上市至少 2 年。

2. 符合主交易板上市公司关于最小股本和赢利记录的要求。

3. 公司需要增加发行股本和实收股本比例,以符合主交易板最小股东方面的要求。

4. 股东分布符合要求且无须再对其股份进行市场销售,申请批准之后,公司即可在向股东寄发公告,宣布其股份转入主交易板进行交易。

5. 公司需在其转入主交易板之时,交纳主交易板上市年费。

6. 公司必须向交易所提供遵守交易所主交易有关要求和政策的保证书。

第五节 中国创业板市场和科创板市场

一、概述

(一)深圳创业板市场

我国证券市场自 1990 年建立以来,市场规模不断扩大,技术状况和规范化水平也得到了较大改善和提高,但结构性问题依然比较突出,市场层次结构单一,难以适应企业和投资者多层次的投融资需求。设立创业板,是我国多层次资本市场体系建设的一项重要内容。创业板的建立,有利于在更大范围发挥资本市场的资源配置功能,有利于缓解中小企业融资难的问题,有利于优化我国金融市场的整体结构。创业板市场的重要性十多年前就得到了不少专家的重视并展开了广泛的讨论。1998 年夏,在有关方面的授意下,深交所开始进行国外二板市场的研究工作,并于当年 7 月提交报告,建议在深圳市场进行小盘股或二板市场的试点工作。

最早筹划建立创业板市场是在 2000 年初,当时的想法是在深圳证券交易所直接建立创业板市场。2000 年 10 月,深交所停止在主板市场上发行新股,全面进入创业板的筹备工作。但是，2000年末，世界范围内的股票市场风云突变，随着新经济泡沫的破灭，绝大多数类似创业板市场的股价大幅下跌，成交严重萎缩，后续上市资源极其匮乏，公司丑闻也不断出现，这使全球创业板市场面临严峻的考验，创业板也迅速成为高风险的代名词。在国内，基于创业板上市企业发起人股锁定期满可上市流通的预期，出现了一批专门为在创业板上市套利而组建或包装的公司，创业板拟上市企业的股份在一级半市场（即民间买卖尚未在交易所上市的股票及上市公司尚未上市交易的内部职工股的市场）被热炒。以上这些情况的变化，使创业板的启动面临着很大的风险，中国创业板市场建设激进的步伐也因此戛然而止。

此后，经过多年的探索和筹备，2009年10月23日，中国创业板举行开板启动仪式。2009年10月30日，中国创业板正式开板。创业板设立时，明确了服务创新创业的板块定位，以自主创新企业及其他成长型创业企业为主要服务对象。创业板成立以来，始终坚守定位，深入落实创新驱动发展战略，支持传统产业转型升级，成为战略性新兴产业和创新创业企业聚集地。

2020年4月27日，中央全面深化改革委员会第十三次会议审议通过了《创业板改革并试点注册制总体实施方案》。创业板改革定位为适应发展更多依靠创新、创造、创意的大趋势，主要服务成长型创新创业企业，支持传统产业与新技术、新产业、新业态、新模式深度融合。本次改革既鼓励创新创业企业利用资本市场做优做强，也支持传统产业与新经济融合，推动传统企业转型升级，更好地服务国家战略全局和经济高质量发展。2020年8月24日，创业板注册制首批企业挂牌上市。截至2021年12月底，我国创业板市场有1 104家上市公司，市值高达14万亿元人民币。

（二）上海科创板市场

2018年11月5日，国家主席习近平出席首届中国国际进口博览会开幕式并发表主旨演讲，宣布在上海证券交易所设立科创板并试点注册制。

2019年1月23日，中央全面深化改革委员会第六次会议审议通过了《在上海证券交易所设立科创板并试点注册制总体实施方案》和《关于在上海证券交易所设立科创板并试点注册制的实施意见》（以下简称《实施意见》）。《实施意见》明确指出，上交所新设科创板，坚持面向世界科技前沿、面向经济主战场、面向国家重大需求，主要服务于符合国家战略、突破关键核心技术、市场认可度高的科技创新企业。重点支持新一代信息技术、高端装备、新材料、新能源、节能环保以及生物医药等高新技术产业和战略性新兴产业，推动互联网、大数据、云计算、人工智能和制造业深度融合，引领中高端消费，推动质量变革、效率变革、动力变革。

2019 年 6 月 13 日,科创板正式开板;7 月 22 日,科创板首批公司上市。截至 2021 年 12 月底,我国科创板市场有 387 家上市公司,市值高达 5 万亿人民币。

二、创业板和科创板市场的发行条件

(一)创业板市场的发行条件

发行人申请在创业板上市,应当符合下列条件:

一是中国证监会规定的创业板发行条件。

二是发行后股本总额不低于 3 000 万元。

三是公开发行的股份达到公司股份总数的 25% 以上;公司股本总额超过 4 亿元的,公开发行股份的比例为 10% 以上。

四是市值及财务指标符合《创业板股票上市规则(2020 年修订)》规定的标准。

五是深交所要求的其他上市条件。

红筹企业发行股票的,上述第二项调整为发行后的股份总数不低于 3 000 万股,上述第三项调整为公开发行的股份达到公司股份总数的 25% 以上;公司股份总数超过 4 亿股的,公开发行股份的比例为 10% 以上。红筹企业发行存托凭证的,上述第二项调整为发行后的存托凭证总份数不低于 3 000 万份,上述第三项调整为公开发行的存托凭证对应基础股份达到公司股份总数的 25% 以上;发行后的存托凭证总份数超过 4 亿份的,公开发行存托凭证对应基础股份达到公司股份总数的 10% 以上。

根据《创业板股票上市规则(2020 年修订)》,发行人为境内企业且不存在表决权差异安排的,市值及财务指标应当至少符合下列标准中的一项:

(1) 最近两年净利润均为正,且累计净利润不低于 5 000 万元。

(2) 预计市值不低于 10 亿元,最近一年净利润为正且营业收入不低于 1 亿元。

(3) 预计市值不低于 50 亿元,且最近一年营业收入不低于 3 亿元。

发行人具有表决权差异安排的,市值及财务指标应当至少符合下列标准中的一项:

一是预计市值不低于 100 亿元,且最近一年净利润为正。

二是预计市值不低于 50 亿元,最近一年净利润为正且营业收入不低于 5 亿元。

符合《国务院办公厅转发证监会关于开展创新企业境内发行股票或存托凭证试点若干意见的通知》等相关规定且最近一年净利润为正的红筹企业,可以申请其股票或存托凭证在创业板上市。

营业收入快速增长，拥有自主研发、国际领先技术，在同行业竞争中处于相对优势地位的尚未在境外上市的红筹企业，市值及财务指标应当至少符合下列标准中的一项：

一是预计市值不低于 100 亿元，且最近一年净利润为正。

二是预计市值不低于 50 亿元，最近一年净利润为正且营业收入不低于 5 亿元。

上述所称营业收入快速增长，指符合下列标准之一：

一是最近一年营业收入不低于 5 亿元的，最近三年营业收入复合增长率 10% 以上。

二是最近一年营业收入低于 5 亿元的，最近三年营业收入复合增长率 20% 以上。

三是受行业周期性波动等因素影响，行业整体处于下行周期的，发行人最近三年营业收入复合增长率高于同行业可比公司同期平均增长水平。

（二）科创板市场的发行条件

发行人申请在上交所科创板上市，应当符合下列条件：

一是符合中国证监会规定的发行条件。

二是发行后股本总额不低于人民币 3 000 万元。

三是公开发行的股份达到公司股份总数的 25% 以上；公司股本总额超过人民币 4 亿元的，公开发行股份的比例为 10% 以上。

四是市值及财务指标符合本规则规定的标准。

五是上交所规定的其他上市条件。

红筹企业发行股票的，前款第二项调整为发行后的股份总数不低于 3 000 万股，前款第三项调整为公开发行的股份达到公司股份总数的 25% 以上；公司股份总数超过 4 亿股的，公开发行股份的比例为 10% 以上。红筹企业发行存托凭证的，前款第二项调整为发行后的存托凭证总份数不低于 3 000 万份，前款第三项调整为公开发行的存托凭证对应基础股份达到公司股份总数的 25% 以上；发行后的存托凭证总份数超过 4 亿份的，公开发行存托凭证对应基础股份达到公司股份总数的 10% 以上。

发行人申请在科创板上市，市值及财务指标应当至少符合下列标准中的一项：

一是预计市值不低丁人民币 10 亿元，最近两年净利润均为正且累计净利润不低于人民币 5 000 万元，或者预计市值不低于人民币 10 亿元，最近一年净利润为正且营业收入不低于人民币 1 亿元。

二是预计市值不低于人民币 15 亿元，最近一年营业收入不低于人民币 2

亿元，且最近3年累计研发投入占最近3年累计营业收入的比例不低于15%。

三是预计市值不低于人民币20亿元，最近一年营业收入不低于人民币3亿元，且最近3年经营活动产生的现金流量净额累计不低于人民币1亿元。

四是预计市值不低于人民币30亿元，且最近一年营业收入不低于人民币3亿元。

五是预计市值不低于人民币40亿元，主要业务或产品需经国家有关部门批准，市场空间大，目前已取得阶段性成果。医药行业企业需至少有一项核心产品获准开展二期临床试验，其他符合科创板定位的企业需具备明显的技术优势并满足相应条件。

符合《国务院办公厅转发证监会关于开展创新企业境内发行股票或存托凭证试点若干意见的通知》（国办发〔2018〕21号）相关规定的红筹企业，可以申请发行股票或存托凭证并在科创板上市。

营业收入快速增长，拥有自主研发、国际领先技术，同行业竞争中处于相对优势地位的尚未在境外上市红筹企业，申请在科创板上市的，市值及财务指标应当至少符合下列标准之一：

一是预计市值不低于人民币100亿元。

二是预计市值不低于人民币50亿元，且最近一年营业收入不低于人民币5亿元。

前款所称营业收入快速增长，指符合下列标准之一：

一是最近一年营业收入不低于人民币5亿元的，最近3年营业收入复合增长率10%以上。

二是最近一年营业收入低于人民币5亿元的，最近3年营业收入复合增长率20%以上。

三是受行业周期性波动等因素影响，行业整体处于下行周期的，发行人最近3年营业收入复合增长率高于同行业可比公司同期平均增长水平。

发行人具有表决权差异安排的，市值及财务指标应当至少符合下列标准中的一项：

一是预计市值不低于人民币100亿元。

二是预计市值不低于人民币50亿元，且最近一年营业收入不低于人民币5亿元。

三、创业板和科创板市场发行的上市程序

（一）创业板发行上市程序

申报企业在创业板首次公开发行股票并上市，交易所审核阶段一般要经过

受理、审核、上市委审议等环节，交易所审核和中国证监会注册的时间总计不超过 3 个月，发行人及中介机构回复问询的时间不超过 3 个月，具体程序如下：

（1）申请与受理。发行人应当通过保荐人以电子文档形式，向深交所提交发行上市申请文件。保荐人要同步报送工作底稿和验证版招股说明书供监管备查。深交所按照收到发行上市申请文件的先后顺序，在 5 个工作日内决定是否受理。发行上市申请文件存在与中国证监会和深交所规定文件目录不相符等情形的，发行人应当在 30 个工作日内予以补正。

（2）审核问询。深交所发行上市审核机构按照受理顺序开始审核，自受理之日起 20 个工作日内提出首轮审核问询，发行人及其保荐人应及时、逐项回复问询。回复不具有针对性或信息披露不满足要求，或者发现新的事项的，可以继续问询。问询中存在重大疑问且未能合理解释的，可对发行人及其保荐人、证券服务机构进行现场检查。无须进一步问询的，将出具审核报告提交上市委审议。

（3）上市委审议。上市委召开审议会议，对深交所发行上市审核机构出具的审核报告及发行上市申请文件进行审议，通过合议形成是否符合发行条件、上市条件和信息披露要求的审议意见。发行人存在尚待核实的重大问题，无法形成审议意见的，经合议可以暂缓审议，暂缓审议时间不超过 2 个月。

（4）报送审核意见或者做出终止发行上市审核的决定。深交所结合上市委审议意见，审核通过的将出具发行人符合发行条件、上市条件和信息披露要求的审核意见，并提请中国证监会履行注册程序。

（二）科创板发行上市程序

注册制试点下，上交所负责科创企业发行上市审核，中国证监会对股票发行进行注册。

发行人申请首次公开发行股票并在科创板上市，应当按照中国证监会有关规定制作注册申请文件，由保荐人保荐并向上交所申报。上交所收到注册申请文件后，5 个工作日内做出是否受理的决定。

上交所主要通过向发行人提出审核问询、发行人回答问题方式开展审核工作，基于科创板定位，判断发行人是否符合发行条件、上市条件和信息披露要求。上交所按照规定的条件和程序，做出同意或者不同意发行人股票公开发行并上市的审核意见。同意发行人股票公开发行并上市的，将审核意见、发行人注册申请文件及相关审核资料报送中国证监会履行发行注册程序。不同意发行人股票公开发行并上市的，做出终止发行上市审核决定。

中国证监会收到上交所报送的审核意见、发行人注册申请文件及相关审核资料后，履行发行注册程序。发行注册主要关注上交所发行上市审核内容有无遗漏,审核程序是否符合规定,以及发行人在发行条件和信息披露要求的重大方面是否符合相关规定。中国证监会认为存在需要进一步说明或者落实事项的,可以要求交易所进一步问询。中国证监会在20个工作日内对发行人的注册申请做出同意注册或者不予注册的决定。

四、我国创业板市场设立的意义

第一,促进高新技术产业发展,从而带动国民经济持续、健康、快速发展。

改革开放30年来,我国经济的快速发展,主要归功于生产关系的调整对生产力的巨大推动作用,增长的方式主要是外延扩大型的增长。这种增长方式使得我国在许多传统产业上已经成为世界大国,但并非强国。这就造成了我国产业结构很不合理,尤其是大部分高端产品缺乏竞争力。与此同时,随着中国经济的腾飞,世界经济也在发生巨变,以信息技术、生物技术等高新技术为主要内容的新经济群体迅速崛起,已经引起经济增长方式、经济结构以及经济运行规则的改变。在新经济的带动下,整个20世纪90年代,美国经济保持了3%的增长速度,出现了美国历史上最长的景气周期。

要使我国国民经济保持持续、稳定和快速增长,加快国家竞争力的提高,必须解决经济发展过程中的产业结构调整问题。要解决这一问题,一方面,必须大力发展高新技术产业,增加高技术产业在整个国民经济中所占的比重,另一方面,要利用高新技术对传统产业进行改造,提高传统产业的技术含量和竞争能力。因此,大力发展高新技术产业,已成为带动我国经济健康发展的重要战略步骤。

除了资本市场本身对资源的优化配置功能对高新技术产业的发展具有巨大的推动作用以外,创业板市场的设立,为创业投资特别是风险投资的退出提供了渠道。大家知道,高新技术企业的发展过程一般分为种子期—创建期—成长期—成熟期四个阶段,在前三个阶段中,由于存在巨大的投资风险,企业难以借助传统的商业银行融资体系进行发展,因此,风险投资体系是必需的。但是,在创业投资(风险投资)活动中,撤出是进入的暗含前提,只有建立便捷完善的市场化撤出机制,使创业资本变现回流毫无障碍,才能吸引风险资本的进入。

因此,创业板市场的设立,有利于我国创业投资体系的建立和发展,从而促进高新技术产业的发展,推动整个国民经济的结构调整,进而带动经济的持续健康和快速发展。

第二,启动民间投资,推动经济增长。

近年来,由于政府投资以基础产业为主,产业链较短,对启动民间投资的作用有限,民间投资的增速仍没有明显提高。如何引导数万亿民间的资金向生产领域投资,仍是经济生活中一个亟待解决的主要问题。目前,由于历史原因,沪深两地的主板市场主要的服务对象还是国有大中型企业,因此,创业板市场的设立无疑为启动民间投资铺平了道路。

如果仅从上创业板本身考虑,数千家乃至上万家企业冲刺创业板似有过热之嫌,但若从引导民间资本投资这一角度看,1 家企业上市的示范作用可能为 99 家企业带来它们急需的资金,100 家企业上市的背后可能是 1 万家成长型企业获得民间资本的支持。设立创业板市场,将从根本上改变我国广大中小企业现金少、负债高、资金来源单一的局面,推动我国民间投资高潮的到来,从而使国民经济保持较快速的发展。

第三,进一步推动证券市场的改革和发展。

创业板市场的设立将为主板市场的发展和完善积累经验,从而进一步推动我国证券市场的改革和发展。创业板市场的运作将更多地采用市场化原则,它的设立将减少原来主板市场难以避免的政府过度干预现象,从一开始就以较低的成本建立起符合国际惯例的上市公司运作体系、市场运作体系和证券监管体系。通过对主板市场产生示范效应和扩散效应,推动其结构改革和制度建设,从而大大改善我国证券市场的整体质量和运行效率,更好地为国企改革和国民经济发展服务。

创业板市场的成立,对管理理念、管理水平、市场中介机构等都提出了新的要求。由创业板市场设立带来的变化,将促进管理者、中介机构和投资者全面与国际市场接轨,更好地规范运作。从这个意义上说,创业板市场不仅仅是一个市场的成立,更是对中国证券市场的全面推动;中国证券市场将因创业板市场的设立而更加全面、更加规范、更加完善,也会更好地融入世界证券市场中去。

第四,推动知识经济的发展,提高国民素质。

创业板市场向高科技企业倾斜的市场定位,将催生出无数创业者,并促使无数高科技成果走出实验室,走进市场。一批新经济的弄潮儿将在创业板创造的氛围中迅速壮大。创业企业可以通过股权激励机制等方式对公司高管人员和核心技术人员提供报酬,为广大科研人员提供一条依靠知识致富的途径,使得科技人员的价值得到体现。因此,创业板将造就一大批知识经济的神话。

从一个更长的时间周期来看,创业板的设立和发展,将会实现社会财富的再分配,在中国造就一批具有高素质的新的中产阶级。而这一阶层的崛起和发展,对于提高整个国民素质,推动整个国家的改革和发展,将产生极为深远的影响。

案 例

冲击纳斯达克的中国新军——百度

继2000年我国网络业的三大门户网站——新浪、搜狐、网易向纳斯达克进军后，在全球经济持续低迷，网络行业步入艰难之际，又一批中国概念的网络新军向纳斯达克发起了冲击，而百度就是其中之一。

百度2000年1月创立于北京中关村，是全球最大的中文搜索引擎。

虽然2000年才创业，但对百度的创始人李彦宏来说，开门立户前悄悄地考察从1996年就开始了。利用每年回国的机会，李彦宏在各地转悠，看高科技公司在做什么，大学里在研究什么，老百姓的电脑在干什么。直到1999年国庆，大家的名片上开始印E-mail地址了，街上有人穿印着“. com”的T恤了，李彦宏断定：互联网在中国成熟了，大环境可以了。而李彦宏个人呢，存折上的钱也差不多了。所以，辞职创业的时机到了。

接着是回美国找钱。本来不爱开车的李彦宏整天开车在美国风险投资集中的旧金山沙山路走门串户。拿到钱的那一刻，却也没什么好激动的了：有生以来拿到的数额最大的一张支票——120万美金！激动不已的李彦宏更像是投资人，动听的故事——“中国市场+李彦宏雄厚的技术背景+李彦宏愿意放弃优厚待遇创业的决心”，让本来只要求100万美金的李彦宏多得了20万。

李彦宏立即买机票，在圣诞节之日飞抵北京。

随后公司开张，既没有红绸子也没有红气球，甚至牌子什么时候挂的都记不清了——2000年1月1日清晨，李彦宏把1个财会5个技术员叫到自己和合作伙伴徐勇合住的宾馆房间，说，我们这就开始了，办公室有两条纪律，一是不准吸烟，二是不准带宠物。

再然后就是网络泡沫破灭的创业的第一个春天，李彦宏开始找第二笔钱。有压力，但不怕断炊——当初按6个月拿到的钱，李彦宏留着心眼儿，按12个月来花的。说服投资人比几年前要难，但也没多难——老实地讲现状，更老实地预期前景——9月，1 000万美金顺利到位。

钱不用愁了，客户与日俱增——几乎所有的门户网站都在使用百度搜索的服务。但李彦宏却开始忧虑起来：市场份额已占到80%，还不能挣钱，商业模式肯定不对头。参照一直关注的美国同业overture的经验，李彦宏提出转移方向，做自己的网站引入竞价排名。

百度，2000年年初创立，一直是为国内各网站提供搜索技术服务，2001年推出新的商业模式——搜索引擎排名（针对企业收费，使其在可能的搜索页面上优先排序，从而提高赢得新客户的可能性）。李彦宏称百度2003年第二季度已经开始逐步赢利，其主要收入来自竞价排名（占80%）、卖搜索软件（10%）和为门户网站提供检索（10%）。根据美国著名调查机构Alexa最近的统计，百度在独立搜索引擎市场目前已经名列全球第二，在中文搜索引擎中位居第一。

2005年8月5日，李彦宏创建的百度在美国纳斯达克上市，成为2005年全球资本市场上最为引人注目的上市公司，挂牌首日，以其破天荒的高达354%的涨幅创造了美国股市213年来外国公司首日涨幅的最高纪录。

百度的成功上市，堪称中国拥有自主知识产权的民族品牌在国际资本市场的一次精彩亮相，使海外投资者对中国市场的关注再度升温，成为带动IT产业新一轮投资热潮的标志性事件。

复习思考题

1. 二板市场与主板市场相比有什么异同？二板市场对风险投资起何种作用？

2. 什么是做市商制度？做市商制度有什么功能？

3. 纳斯达克市场有哪些主要特点？

4. 伦敦另类市场有些什么特点？企业如何实现在伦敦另类市场上市？

5. 谈谈你对我国设立创业板市场的看法或认识。

第九章

政府与风险投资

本章提要

本章介绍政府在风险投资中的作用，主要从政府制定公共政策、完善法律环境两方面来讲述政府对风险投资的支持。

学习要点

了解政府在风险投资中的作用。
了解政府对风险投资的公共政策支持。

虽然风险投资是经济发展到一定阶段的产物，但这一过程并不是完全自发的。在风险投资市场成长与发展的过程中，政府起着无可替代的推动作用。各国风险投资发展过程中的政府行为证明，政府导向是至关重要的外部动力，对风险投资业会形成强有力的激励。由于各国市场经济发育状况千差万别，政府干预风险投资的方式也不尽相同。在风险投资领域，政府不仅是制度的设计者、主体的培育者、市场的管理者，还是直接的投资者。

一般来讲，政府对风险投资的促进，主要采取直接干预和间接扶持的手段。直接干预是指政府实施一些政策，直接将资金引入风险投资项目或对风险投资主体产生直接经济影响，如政府出资创办投资公司或风险投资基金，提供税收优惠、贷款担保、政府补贴和政府采购等手段；间接扶持是指政府对风险投资进行的一系列的制度及投资环境建设，如完善与风险投资有关的人才支持环境、资本市场环境、法律制度环境等。

风险投资在一个国家的发展,通常要经过起步和成熟两个阶段。从国际惯例来看,当一国风险投资处于起步阶段时,政府通常是以直接干预为主,这对风险投资的发展会起到积极的推动作用。如在硅谷大发展时期,美国的政府采购一直是高科技产业发展的主要动力之一,它使得电子和信息产业平均每年以15%左右的速度增长。20世纪60年代,硅谷的产品中,政府采购所占的比重都在50%以上,直到20世纪60年代后期,这一比重才降到30%。当风险投资进入成熟阶段时,政府对风险投资的支持转为以间接扶持为主,着重于制定正确的引导政策,充分依靠市场,尊重市场经济规律,创造有利于风险投资发展的外部环境。

本章主要讨论政府扶持风险投资的公共政策和法律制度两方面的内容。

第一节 风险投资与公共政策

一、税收优惠

税收是国家凭借政治权力参与社会产品分配的重要形式。由于税收具有强制性、无偿性和固定性特征,使得它既是筹集财政收入的主要工具,又是调节宏观经济的重要手段。税制的设置可以调节和制约企业间的税负水平,"区别对待"的税制可以达到鼓励一部分企业发展,限制另一部分企业发展的目的。

税收是影响风险投资发展最为重要的因素之一。风险投资者承担风险,对高科技产业进行投资,目的是获得较高的投资回报。影响风险投资者决策的首要因素是其对风险投资预期收益和投资风险的权衡。只有当预期投资收益大于投资风险时,风险投资者才会具有对高技术产业进行风险投资的充分理由。由于风险投资的利润高低和承担风险的大小在很大程度上取决于资本利得税,为了促进风险投资,各国政府都对风险投资有不同形式、不同程度的税收优惠政策。

税收优惠多是以减免应缴税负的办法实现的,它可以有效地降低风险投资成本,使投资者享受到较高的收益,从而吸引资本进入高科技产业。税收优惠有多种方式。如按税收方案设计的基础,可分为前端激励和后端激励。前者是依据已发生的投资来做出税收设计;后者的依据则是退出时所获得的资本收益,如所得税等。就世界范围而言,许多国家采用了抵减所得税,同时又降低资本利得税这种混合形式的税收激励方式。相对而言,发展中国家或地区,或者风险投资刚起步的国家或地区比较偏重于前端激励的形式,比较注重风险投资的数量;而发达国家或地区则偏重于后端激励形式,比较注重风险投资的素质。

以下介绍世界部分国家或地区税收优惠的具体做法。

（一）按税收激励对象划分的税收优惠政策

1. 减免风险投资者个人所得税的优惠政策。如,美国 1978 年颁布的收入法案,把当时实行的资本利得税率从 49.5% 降低到 28%,这一法案致使一年之后的风险资本增长了 10 倍。1981 年,又颁布了经济恢复税法,进一步调低了私人资本利得税率,从 28% 降到 20%,风险投资额的 60% 免税,其余的 40% 课以 50% 的所得税。该法案的实施,使美国的风险投资在 20 世纪 80 年代初以年均 46% 的幅度激增。英国在 1983—1993 年实施了“企业扩大计划”,规定投资者向未上市的创业企业进行投资,可以享受减免个人所得税的优惠,对于一年向小企业投资 10 万英镑的投资者,给予 20% 的税收减免。

2. 减免风险投资公司的税负,包括实行转移税务亏损、加速折旧、减免税收等政策。新加坡政府规定,风险投资公司在最初 5 ~ 10 年完全免税;凡是向政府批准的新技术工业项目投资的本国公司,若项目发生亏损,可以免交相当于投资金额 50% 的所得税;允许风险投资从所得税中扣除因购买风险投资企业股票而造成的任何损失。美国允许资本收益和损失互相冲抵,对于经核准的风险投资公司,可以冲抵 8 年内的一切资本所得。一些国家还允许风险投资公司在某一项目上的损失抵消因另一些项目上获利而应缴纳的税收。美国现行的《促进产业升级条例》对从事高科技产品创新的企业给予加速折旧、投资抵减、5 年免税、未分配利润转增资本所取得的股票红利可缓纳所得税等优惠。在法国,风险投资公司从持有的非上市公司股票中获得的收益或资本净收益可以免交所得税,免税数额最高可达收益的 1/3。

3. 减免创业企业税负的政策。比利时的高新技术企业享受免 10 年金额不超过当年公司自有资本 13% 的所得税,免 10 年资产注册税和资本利得税,免 10 年 25% 的投资税,免 10 年留存利润税和按股分红的所得税,免 10 年不动产预扣税和动产预扣税。

（二）按税种划分的税收优惠政策

1. 资本得利税。资本利得是风险投资最主要的收入来源,而且其资本利得数额非常大,实行累进税率对其影响极大。一般而言,降低资本得利税率对促进风险投资发展具有直接的推动作用。美国风险投资的发展得益于资本利得税率两个阶段的下降,即 1977—1979 年由 49% 下降到 28%,1980—1982 年由 28% 下降到 20%,至 1983 年,美国风险投资规模突破了 50 亿美元。1993 年 8

月,克林顿总统签署的 5 年消减赤字法案规定,将长期资本利得的税率降到 28%,对持有高科技小型企业股份 5 年或 5 年以上的,其资本利得仅按 14% 课税。英国《1998 年金融法案》规定了资本利得税逐渐缩减的原则,即自 1998 年 4 月 5 日起,资产持有的时间越长,其享有的资本利得税税率越低,即由 40% 逐渐下调到 10%;对非营业资产则由 40% 逐步下调至 24%。

资本利得税率下降对风险投资的发展究竟具有多大的促进作用,目前还存在着争议。实际上,资本利得税率的下降并不必然增加风险投资的供给量,反之亦然。如,美国自 1986 年开始,降低资本利得税率对风险投资的促进作用就表现得不是很明显,资本利得税率由 1986 年的 20% 提高到 1987 年的 28%,但同期美国风险投资仍然增加了 2.5 亿美元。资本利得税率的下降,对本身即有税收豁免的养老金和投入创业产业的外资基本上没有吸引力,但与此同时,富有的个人资本在风险投资中所占的比重越来越大,它们不像养老金等机构投资者倾向于后期阶段的风险投资,而是更倾向于投资于种子期和早期阶段,资本利得税率的下调,对风险投资投入到创业企业具有极大的促进作用。英国就是在这种背景下,开始降低资本利得税率的。同时,资本利得税率下降的政策是具有国际竞争力的。在 1976—1986 年间,加拿大转向美国的风险投资数额增加了 4.85 倍,而同期加拿大的风险投资数额只增加了 1.75 倍。

此外,资本利得税的优惠措施还包括:

(1)收窄资本利得税基,即只对部分资本利得征税甚至免税。日本 2000 财年生效的天使投资税制规定:只对天使投资人的资本利得的 1/4 征税;印度对长期资本利得免税;

(2)对风险投资基金持有人获得的资本利得予以税收优惠,如英国对于风险投资信托(VCT)持有人的资本利得,允许其缓交资本利得税;澳大利亚对于组合发展基金(PDF)投资人获得的资本利得则予以利得税豁免。

2. 所得税。世界各国或地区对于所得税(包括个人所得税和公司所得税)的优惠主要表现在允许课税抵扣上。

(1) 对风险投资公司或者风险投资基金予以所得税优惠。巴基斯坦规定,风险投资公司在投资 IT 公司时发生的损失,允许冲抵其他投资项目的赢利;新加坡《风险投资激励计划》规定:风险投资的项目,其出售被批准的创业企业股份所发生的全部损失,可由投资者在其他课税中抵扣,对于股权投资部分,给予 100% 的抵扣;西班牙规定,风险投资基金或风险投资公司获得的股份分红(无论占分红公司的比例是多少),或从其他的投资基金或公司得到的收益和分红(无论持股比例或获得日期),均部分享有公司所得税豁免待遇。

(2)对于天使投资人、风险投资公司(基金)投资人的所得税优惠。日本规定,对处于创业期的天使投资人,其投资时发生的转让损失,可以在 3 年期间进行结转;美国缅因州、俄亥俄州等给予天使投资人以投资课税扣除,一般而言,扣除额相当于投资额的 20% ~30%;加拿大不列颠、哥伦比亚省给予本地居民投资小企业的风险投资相当于投资额 30% 的课税扣除激励,但最高不超过 6 万加元;爱尔兰的“新企业退还所得税税款返还计划”中规定,个人所做的种子阶段风险投资可以分年度抵减应纳所得税款;英国规定,凡是认购风险信托(VCT)新发行的股份,均给予 20% 的所得税抵减,但抵减总额每年不得超过 10 万英镑。

此外,还有部分国家或地区对上述两个方面予以优惠,如特立尼达和多巴哥制定的《风险投资激励法案》规定:对所有投资于政府登记的风险投资公司的个人和公司,按现行最高边际税率 34% 予以投资抵扣,不足抵扣的部分可以顺延至完全抵扣为止。1990 年 12 月 28 日,我国台湾地区颁布的《促进产业升级条例》明确规定:风险投资股东(个人及营利事业)可享受投资资金 20% 的税收抵减;营利事业投资于创投产业收益的 80% 免于计入当年度营业所得额课税;风险投资以盈余转增资时,股东免予计入当年度所得。

3. 财产税。由于德国的信贷投资在传统上与风险投资相比,具有财产税的优惠,不利于风险投资市场的发育,德国宪法法院做出裁决,自 1997 年起,取消财产税;芬兰对于非上市公司进行个人财产税税基的评估较为优惠;瑞典则规定非上市股份不构成财产税税基。

4. 印花税。西班牙对风险投资基金和风险投资公司合并以及增资豁免公司交易印花税,对于公司合并或增资按资本额征收 1% 的印花税;瑞士 2001 年 1 月1 日生效的联邦法案规定,对于合格的风险投资公司捐献给瑞士公司的资本,可豁免印花税,在符合联邦法案的条件下,其资本利得和股份分红可享受税收豁免。

5. 增值税。从增值税的角度看,意大利风险投资基金并不被认为是企业,所以由风险投资基金管理公司向基金收取的管理费用免征增值税;德国有限责任合伙公司(风险投资公司)可以免除缴纳增值税的义务,而私人股权基金管理机构是免增值税的,对管理公司而言不存在增值税或增值税返还问题;在荷兰,风险投资基金被看作是单一的企业家,其支付的基金增值税是可以返还的;西班牙风险投资基金管理公司因管理费用而支付的增值税也可以返还。

（三）按目标划分的税收优惠政策

1. 缩小本国与风险投资发达国家差距的税收优惠政策。发展中国家为缩小风险投资与发达国家的差距,往往制定一些特别优惠的促进风险投资发展的政策。印度规定长期资本利得全部享受免税待遇,且分红收入享受的免税规定比美国等其他国家更要优惠。印度2000年的预算报告中规定，给予风险投资公司和基金全部税收豁免；巴基斯坦中央收入局颁布了一项给予风险投资基金7年所得税免税的优惠规定。

2. 鼓励多种资本参与风险投资的税收优惠政策。美国允许养老基金等免税实体以有限合伙人的身份进行风险投资活动，这使得养老基金成为美国风险投资的主要资本来源，除此之外，不少国家还在积极推动遗产和赠予资产进入风险资本市场：美国联邦税法规定，对超过1 800万美元的个人资产征收50%的遗产税，而在风险投资基金的初创阶段，其资本收益的计算通常非常保守，其价值经常被低估30%，所以，风险投资方式非常有利于在上代与下代之间转移财产。于是，一些创业合伙公司便从富有家庭筹集足够数量的资金，投入到其他高质量的风险投资基金组织中去，这既可避免双重征税，又可以享受所获股票纳税环节延迟的税收优惠。

3. 培育创业企业家和风险投资家队伍的税收优惠政策。美国1981年制定的《股票选择权促进法》，重新准许把股票选择权作为风险投资家的报酬，并对纳税环节做了修改，即获得股票期权时不必纳税，纳税期被推迟到股票出售时。1998年，硅谷约有40%的创业企业实施了员工普遍持有股票期权的计划，1999年，美国85%以上的风险投资推行了股票期权制度。此外，日本、韩国、加拿大也在积极借鉴美国股票期权税收激励的做法。

4. 吸引外资以提升本国风险投资水平的税收优惠政策。印度政府聘请的风险投资专家甚至认为，既然许多到印度进行风险投资的公司和个人在毛里求斯（著名国际避税港，不征收资本利得税）注册，建议政府给予到印度投资的外商风险投资产业与毛里求斯同等的税收优惠政策；澳大利亚为了吸引来自发达国家，特别是美国等专注于风险投资的养老基金，对来自美国、英国、日本、德国、法国和加拿大等国进行风险投资的养老基金，予以资本利得税豁免；以色列2001年9月开始，对进入本国的外资风险投资售卖以色列科技公司股份所获得的资本利得税予以税收豁免。

5. 消除对风险投资活动双重征税的政策。风险投资机构多采用有限合伙制的组织形式，这种组织形式是税收透明的，因而可以消除风险投资公司（基金）与投资人在资本利得上的双重征税。目前发达国家（包括美国、日本、英国等）立法给予风险投资人以有限合伙地位。世界各国对其他组织形式也采取避免双重征税的措施，如挪威RISK制度设计的目的就是消除双重征税。挪威公司的利润，包括支付的分红，均被视为一般收入课以28%的统一税率，同时股份持有人（个人或公司纳税人）手中的股份分红仍然被视为一般收入，课以28%的统一税率，RISK制度还规定，股份持有人可以豁免所得税，这样，股份分红就避免了双重征税，确保了风险投资的发展和税制公平。

6. 对风险投资相关收益予以税收优惠的政策。风险投资相关收益包括投资于二板市场或出售非上市股份等的收益。英国给予赠送的非上市公司股份予以资本利得税减免；法国也对于持有50%以上合格非上市公司股票的特定风险投资基金予以税收优惠；意大利对于到意大利EASDAQ申请上市的公司，所得税由1997年的37%下降到21%；韩国对于在外国投资后于高斯达克上市的公司新发行股份所获得的资本利得予以税收豁免，但对在高斯达克上市后又进入公司的外资，仍然课以10%的资本利得税。

税收是国家为实现社会经济目标，按预定的标准强制进行的从私人部门向公有部门的资源转移。税收不仅仅是国家财政筹集的方式，更成为政府干预经济活动的手段。税收杠杆在风险投资中的调节控制作用主要表现为：促进生产结构合理化——通过对风险投资者的税收减免，可以增加其留存收益；通过对创业企业的税收优惠，可以调节不同企业间的不合理差距。

相对于政府直接投资来说，税收优惠是一种制度上的设定，具有一定的"间接性"。当政府根据实际情况制定有关税法内容后，税收的强制性决定了只要符合规定的风险投资主体都可享受优惠，这具有较强的公平性。风险投资的风险大，成功率低，风险投资筹集资本的能力也较弱，税收激励可以有效地降低风险投资成本，对高技术产业与风险投资都有推动作用。税收优惠使风险投资者享受到较高的收益，从而吸引民间资本投资于高科技产业。事实上，税收政策是政府对某行业支持与否的重要体现之一。减免部分所得税对风险投资者起到了直接的激励作用，并减少了其投资的成本，使投资者在承担高风险的同时，获得了比减税前更高的收益，符合高风险、高收益的市场经济法则。从微观层次来看，风险科技企业享受税收优惠，增加了其收入，一方面令其在发展之初负担减轻，另一方面使企业内部的经营人员更有信心进行创新，这有助于减少风险投资企业的人才流失现象。

如前所述，当国家根据实际情况制定有关税法内容后，税收的强制性决定了只要符合规定的风险投资主体都可享受优惠。因此，税收优惠政策制定的标准应从严掌握。税收优惠作为一种法律上的规定，具有较长时间的相当的稳定性，同时，与其他手段相比，也缺乏灵活性，法律法规的制定修改往往需要一定的时间，可能会与现实情况有时滞，因此，对其设计上的要求更为严格。由于税收是政府财政收入的主要来源，对于整个经济的发展有巨大的作用，因此不能轻易或盲目地削减某一行业的税收，对于风险投资业也是如此。此外，税收制度还存在一个执行中的监管问题，这是一个区别于其他各种手段的重要问题，因为税率过低，会令过多投资主体非理智地进入风险投资市场，或假冒风险投资主体享受低税优惠，尤其是后者，更有赖于税收监督机制的完善。

二、贷款担保

高科技中小企业由于风险极高，一般金融机构都不愿意为其提供贷款。而创业企业在成长过程中，尤其是后期，需要有更多的金融机构介入，因此，由政府提供贷款担保，将极大地推动风险投资的发展。

政府提供贷款担保，是指政府以其信用，对贷款给风险投资公司的银行、企业、基金等作担保，一旦风险投资公司不能偿还债务，由政府按规定的年息偿还一定比例的资本。根据国外风险投资的实践，一般应由国家财政拨出一笔资金，设立信用担保基金，并组织专门的机构进行经营管理。担保基金的管理机构与商业银行签订协议，以一定的比例（根据国外的经验，一般为1/15～1/10）对银行发放给高技术企业的贷款提供担保，银行承担其余部分的风险。这样，可以促使银行认真进行项目评估与企业评估工作，降低担保基金的风险，将资金投向具有发展前途的企业。担保基金要收取一定比例的担保费。

信用担保大大减少了借贷方的风险。通过信用担保，政府可以运用杠杆原理，用少量的资金带动大量的民间资本，投向风险较高的高科技创业企业，因此，信用担保也被称为风险投资的"放大器"，其放大倍数与风险项目的失败率成倒数关系。要提高信用担保的资金放大倍数，关键在于加强所担保风险项目的评估，尽可能减少风险项目的失败率。根据国外的实践经验，信用担保的资金放大倍数通常在10～15之间。

不同国家信用担保的形式不尽相同。英、美、加等国家的贷款担保计划由商业银行受托经营；而德、法、日等国的担保受到地方贸易协会、金融机构的资助，而这些机构又由政府进行担保。1953年，美国成立了中小企业管理局，对高新技术中小企业的贷款提供担保，对贷款额在15.5～25万美元的，提供85%的担保；日本设立了研究开发型企业担保基金，对创业企业的贷款提供担保，比例高达80%；英国于1981年开始实施"信贷担保计划"，银行向创业企业提供贷款，如果创业企业不能偿还，贸工部将以2.5%的年息偿还债务的70%。

各国对风险投资的贷款担保计划具体如下。

（一）英国的贷款担保计划

英国政府于1981年推出贷款担保计划（LGS），由英国贸工部（DTI）和银行等贷款者合作执行。LGS担保期限为2～10年，对创业2年以下的企业提供不多于10万英镑的政府担保，担保比例为贷款总额的70%；对创业2年以上的企业可提供25万英镑以下贷款的85%的担保。对于浮动利率贷款，DTI收取1.5%的担保费率；对于固定利率贷款，担保费率为0.5%。从创立之日到1996

年 3 月,共有 5 万项总计 16.7 亿英镑的贷款得到担保。

LGS 的优点在于它不需要借款人投入权益资本或以资产作抵押,帮助缺乏资产的潜在借款人解决其融资困难。但 LGS 同时也具有致命的缺陷,即它的贷款拖欠率远远高于其他国家的类似担保计划。

(二)法国的贷款担保计划

法国的贷款担保计划(SOFARIS)是法国 1982 年底创立的,政府持有其 42% 的股权,金融部门持有剩余 58% 的股权,有两种保险基金为企业自有资本提供担保:一是国家支持的技术开发基金,另一个是以信托局为依附的小企业资本担保基金。每种基金为风险投资公司的投资担保 50%(如果投资于创业企业,其担保额为 70%)。技术开发基金指针对于技术型企业的投资担保,只偿还全部金额的 15%(小企业资本担保基金无此限额,但每个企业的担保额不超过 500 万法郎),其担保费率为 0.6%;对于风险资本注资,担保费率为 0.3%。因此,技术开发基金只对较大型的投资活动具有一定的吸引力,如 1996 年,平均每笔担保的金额为 280 万法郎,而小企业资本担保金额仅 150 万法郎。但是从总量上看却相反,前者的年担保总额为 1 亿法郎,后者为 11 亿法郎。从创建到 1995 年,SOFARIS 共对1 514家中小企业提供了总额为 18 亿法郎的担保。

(三)日本的信用担保体系

在日本政府的推动下,1947—1949 年间,日本全国 47 个县和 5 个市建立了信用担保公司(CGC)。1958 年,日本对《小企业信用保险法》进行修订,组建了信用保险公司,将信用担保体系和信用保险体系合而为一,避免了对中小企业金融服务的重复。信用担保公司主要负责为中小企业提供信用担保,而信用保险公司则负责对信用担保公司所承担的保证债务给予保险和贷款。日本政府从国家财政预算中增加保险公司的资本注入,以满足中小企业数量增加对信用担保需求的不断增长。截至 2000 年 3 月末,共有 222 万个企业(约占中小企业总数的 1/3)受益于这一体系,担保债务额为429 953亿日元。大体来说,日本中小企业信用担保体系有以下一些特点:

1. 通过立法为信用担保体系提供法律保障。日本政府通过立法,为信用担保体系的安全有效运作创造了良好的外部环境。这类法令有两种,一种是基本法,另一种是专门法。在基本法方面,日本于 1963 年颁布了《中小企业基本法》,对中小企业融资、保证措施做出了明文规定;在专门法方面,日本政府于 1950 年颁布了《中小企业信用保险法》,奠定了中小企业信用担保体系的法律基础。1958 年,日本颁布了《中小企业信用保险公库法》,把信用担保体系和信用保险体系的关系理顺,避免对中小企业金融服务的重复。

2. 重视财政投入。日本在中小企业信用担保体系中的财政投入体现在两个方面:一是中央政府为保险公司提供全额的信用保险准备金;二是中央政府对地方政府进行补助,用来增强信用保证协会的担保能力,并规定,地方政府对协会提供的资金至少等于中央政府提供给它们的补助。

3. 在运作机制上,实行信用保证保险制。日本的中小企业信用保证保险制是整个中小企业信用担保体系的核心。它的运作程序如下:中小企业直接到信用保证协会申请信用担保,或从金融机构申请,由金融机构介绍保证。协会通过信用调查后决定是否保证,企业每年向协会交纳低于贷款额1%的担保费,同时,按一定条件,当协会自动为中小企业代偿债务时,保险公库向协会支付代偿额70% ~80%的保险金,协会自己承担代偿额20% ~30%的损失。如果协会从中小企业追回了这笔贷款,协会将其中的70%交还给保险公库。在这两种情况下,金融机构承担的最大损失为贷款额的利息。对协会而言,由于保险公库的保险赔偿,协会的损失仅为代偿额的30%,而这部分损失最终也由政府预算拨款补偿。通过这样的风险分担机制,不仅使中小企业较顺利地获得了金融机构的贷款,更重要的是保障了协会能持续、健康地成长。

(四)美国的贷款担保计划

美国联邦政府的小企业担保贷款计划,是依据《小企业法》,为难以从正常渠道获得资金的小企业提供贷款、担保贷款和风险投资的援助计划。在这项计划中,政府主要通过担保来支持金融机构向中小企业贷款。美国的小企业管理局(SBA)则以联邦政府代理机构的身份,负责执行和管理小企业担保贷款计划。SBA每年要向国会听证会报告计划执行情况,提出下一年的预算申请,国会批准年度预算后,计划方可执行。

参与计划的贷款机构是按自愿与政府选择相结合的原则确定的。私营的金融机构是小企业担保计划的主要参与者,美国的大部分银行和非银行金融机构参与了这一计划。贷款机构自主决定是否贷款和是否申请政府担保。SBA不干预贷款机构的贷款决策,但有权决定是否为贷款机构提供担保。凡符合正常贷款条件的小企业的贷款申请,贷款机构按照自己的标准和程序发放贷款。对那些不能满足正常贷款条件而又符合担保贷款计划条件的贷款申请,贷款机构可向SBA提出担保申请。SBA审查担保申请,对符合担保条件的企业提供贷款担保,贷款机构在担保申请获得批准后,为企业发放贷款。

SBA根据金融机构的小企业贷款经验和业绩,将参与担保贷款计划的贷款机构分为首选贷款机构、注册贷款机构和普通贷款机构三类,并据此采取不同的审批程序。首选贷款机构选自全国最好的金融机构,可代表SBA自行决定担保贷款,但享受较低的担保比例。这类机构办理的贷款额约占SBA担保总额的10%。SBA每两年复查一次其授权执行情况,并定期检查其贷款组合。注册贷款机构是较多参与 SBA 担保计划并符合一定条件的金融机构，办理的贷款额占 SBA 担保贷款的 1/3。SBA 对注册贷款机构部分授权，并保证在 3 天内对其担保申请做出快速答复。普通贷款机构则无 SBA 的特别授权，其贷款担保申请需经较严格的审批程序。

小企业担保计划明确规定了借款企业的资格要求，以确保贷款用于有发展潜力的小企业并降低贷款风险。①只有符合小企业标准的企业才有获得担保的资格；②要求企业必须有一定比例的权益资本，尤其是新建企业的业主必须向企业注入一定比例的资金；③要求企业的现金流量能偿还担保贷款及所有债务；④要求借款企业有足够的流动资金，保证企业正常营运；⑤要求企业和业主提供一定数量的贷款抵押，即贷款形成的资产或主要业主、管理者提供的个人抵押品。

小企业担保贷款计划综合考虑了小企业资金应用多样化及参与计划的金融机构的经营特点，设置了流动资金贷款、固定资产贷款和风险投资等不同类型的担保贷款计划，根据各自的支持重点，实行定向分类管理。

小企业担保贷款计划的贷款主要由各类金融机构提供，SBA 只负责对贷款机构的部分贷款进行担保，其余部分由贷款机构自己承担风险。通常，100 万美元以内的贷款，担保金额不超过 75 万美元；10 万美元以内的小额贷款，担保比例不超过贷款总额的 80%。SBA 对贷款机构在担保限额内遭受的违约损失进行补偿，小企业作为借款方仍有偿还全部贷款的义务，SBA 有权追索企业所欠的债务。

（五）韩国的信用担保计划

根据《信用担保基金法》，于 1976 年设立的韩国信用担保基金（KCGF）是一个专业法人机构，主要任务是为向金融机构申请贷款而缺乏担保品的中小企业提供信用担保服务。它有 6 个地区性总部和 77 个分支机构，有 7 个研究中心，而研究中心的目的旨在提高信用调查的质量。KCGF 的资金来源主要为政府和银行机构；提供的信用担保不能超过捐资和利润总额的 17 倍；为中小企业提供的担保必须大于全部担保余额的 60%；为中小企业提供信用担保时，不要求申请人有担保品提供反担保，而且在大多数情况下，申请人无需有担保人提供担保；根据申请企业的信用状况、担保信用的类型来决定担保费用。此外，KCGF 还提供其他延伸服务，如为中小企业提供免费的管理和技术咨询。

韩国技术信用担保基金会是根据《新技术企业金融支持法》于 1987 年设立的，目的是为在开发技术的商业性生产中产生的债务提供信用担保。该基金会从韩国信用担保基金中分离出来，目的是为采用新技术的企业提供特别的金融服务，同时满足信用担保业不断增长的竞争要求。基金的主要来源是政府、银行机构以及为开发新技术的企业提供金融支持的新技术产业融资公司的捐资。业务活动的性质类似于韩国信用担保基金会，所不同的是为新技术开发的技术信用担保业务只能由该基金会经营。

贷款担保计划是发达国家应用最广泛的金融支持政策，表 9－1 给出了对部分发达国家的贷款担保计划的比较分析。相对于其他优惠政策，信用担保是政府的一种“或有支出”——只有当企业不能还债时才代为偿还部分或全部资金，如果所担保的风险项目取得成功，政府并不需要付出任何资金。实际上，政府是以信用这一无形资产投入创业企业。这一方式减轻了国家的财政负担，更倚重于运用商业银行的筹资能力。银行在得到政府保证后将愿意把资金贷给风险投资，为存款打开新的投资渠道，增加了其存贷款的利差（风险投资项目因其高风险，会比一般的投资项目承担的利率高些），从而提高商业银行的利润。信用担保因为没有太多的中间环节，较税收政策更能迅速作用于某一风险投资项目。

表 9－1　部分国家贷款担保计划比较　　单位：%

国别	计划	担保最大比例	担保费率
美国	7(a)LG	75	0（初始费用 2.0）
法国	SOFARIS	50～70	0.6
英国	LGS	70（2 年内），85（2 年以上）	0.5（固定利率）/1.5（浮动利率）
加拿大	SBLA	85	1.75
葡萄牙	SPGM	70	1.5
日本	VECLG	80	2.0

资料来源：OECD。

信用担保实际上是一种风险转移，其成功与否在于能否设计出良好的担保方案，以最大限度地降低政府偿债的概率。由于信用担保为政府带来的只是一种“或有负债”，并不像政府补贴那样从一开始就投入资金，因此其“杠杆能力”较强，但可能会降低项目审批时的谨慎性，无形中增加了风险。另外，初创时的创业企业在使用担保贷款时采用机会主义策略的机会成本很小，以致政府担保承担了较大的道德风险。该模式的这些缺陷会造成拖欠率高居不下，且由于贷款担保一般不要求分享风险投资活动所产生的收益，造成政策实施的成本可能越来越高。

三、政府补贴

财政补贴即是由政府向风险投资者和创业企业提供无偿补助。主要是以投资亏损补贴、技术开发补助、个人风险投资补贴以及科技基金等支持高技术企业的研究开发活动。通常,财政补贴的数量并不是很大,而且对所资助的风险项目都要进行严格的评审,但是政府资金的导入对于引导民间资本进入风险投资领域有很强的示范和导向作用。

政策性补助措施的作用是以少量种子资金带动大量的资金,投放到私人资本不愿涉足的风险性更大的领域,起到一种带头作用或者是奠基作用。政策性补助资金的数量各国都很有限,但作用却不小。财政补贴是政府扶持风险投资的直接措施,在世界各国得到了较为普遍的应用。

美国设立了"小企业创业研究基金"(SBIR),规定国家科学基金会与国家研究发展经费的10%要用于支援小企业的技术开发上。1982 年,美国里根政府签署的《小企业发展法》,规定,研究开发经费超过 1 亿美元的部门,将财政预算的 1.3% 用于支持小企业的发展,可以为每个企业提供 5 万美元用于项目可行性研究,20 万美元用于市场可行性研究,或用于购买小企业的产品。

英国 20 世纪 70 年代推出了"对创新方式的资助计划",对符合条件并低于 2.5 万英镑的小企业项目,给予 1/3 ~ 1/2 的项目经费补助,总经费为 500 万英镑。还有"与创新有关的投资计划",只适用于雇员少于 500 人的企业。它们可获得筹办生产费用(包括工具和固定设备)20% 的补助,总费用低于 200 万英镑。1981 年,国家研究开发公司与国家企业委员会合并,成立了英国技术集团(BTG),加强企业化工作,到 1984 年,已为 430 家公司投资了 3.26 亿英镑。

总之,各国政府根据本国高技术产业发展的需要,发放了不同的政策性补贴,主要是以投资亏损补贴、技术开发补助、个人风险投资补贴以及科技基金等形式,参与支持高技术企业的研究开发活动。基本方式有以下四种。

(一)对高新技术创业企业提供投资亏损补贴

即当创业企业产生亏损时,由政府提供一定数额的亏损补贴。这是一种事后性质的补助,虽然不具有启动资金和种子资金的作用,但在一定程度上减轻了风险投资者和创业企业的后顾之忧,对于风险投资的发展也十分重要。新加坡政府规定,凡投资于高技术产业、连续 3 年亏损者,可获得亏损额 50% 的投资津贴。

(二)技术开发补助

这是政府对进行技术开发的高新技术创业企业直接提供技术研发的资金支持。日本政府的"中小企业新技术开发补助金制度"规定,企业的新技术开发凡属于政府确定领域的,国家可补助 1/3。美国在 1982 年通过的《小企业发展法》规定,年度 R&D 经费超过 1 亿美元的联邦政府部门,必须依法实施"小企业创新研究计划",每年拨出法定比例的 R&D 经费(最大比例为 1.25%)支持小企业开展技术创新活动，1992 年修改这一法案时，又将这一比例提高到 2.5%。1997 年，这一笔 R&D 经费支出达到了 1 亿美元。德国有一项政府实施的创业企业资助计划，对成立不足 3 年、10 人以下的应用新技术工商企业给予资助。按照这一计划，中小企业委托科研单位搞合同研究项目，可以得到 40% 的经费资助。德国研技部每年向中小企业提供的技术开发资助金达到 50 亿～60 亿马克。澳大利亚也有一项与此类似的"研究开发资金计划"，为那些无力享受税收优惠政策的小企业和新开办的小公司提供资助。

（三）匹配补助金

即政府在提供补助时，要求被补助的公司或企业有相应的匹配资金的投入。如，美国"小企业创新研究计划"就优先考虑有私人后续资金的风险项目。据统计，这项计划的投资与私人资金匹配的比例为 1∶5。美国马萨诸塞州政府成立的马州技术发展公司要求，对每个项目的投资相应匹配 2～4 倍的私人资金。该公司投入的 400 万美元的资金，带动了3 700万美元的私人资本。

（四）对个人风险投资的补贴

政府为了支持风险投资的发展，引导民间资金进入风险投资行业，对参与风险投资的个人投资者予以相当的补贴，从而提高个人投资者的收益，降低投资者可能遭受的损失。加拿大安大略省为鼓励风险投资的发展，由政府拨出专款，对向小企业发展公司投资的个人入股者提供相当于入股金额 30% 的补助金。

财政补贴是一种宏观经济调节手段，它可以影响相对价格水平，从而改变资源配置结构、供给结构和需求结构。风险投资中的财政补贴无偿地对创业企业注入资本，改变风险投资的赢利水平，一方面分担了风险投资者的投资风险，使现有的风险投资项目得以发展，另一方面对民间风险投资又起到了一种导向作用，可以带动民间资本进入风险投资业，有利于发展新的项目。

政府补贴是一种用于特定目的的调节手段。作为一种调节手段，其使用范围及规模有一定的限度，超过了这个限度，有利作用就可能减少，甚至会产生消极作用。因为调节手段主要是为了纠正既定经济运行机制所产生的不利后果，所以，财政补贴只是一种辅助手段，如果对财政补贴的依赖过大，只能说明某种经济体制及其运行机制难以实现其基本目标，必须进行改革。

财政补贴的无偿性是其最大的特点，也是最大的缺点——令受补贴的企业失去竞争意识，这对强调竞争的风险投资行业是一个极大的"致命伤"。而且，财政补贴是与根本性的制度性政策工具相对的补充性工具，如果过分依赖用财政补贴来支持风险投资，将会影响政府其他宏观调控手段的效果。因此，财政补贴是一种较难把握的干预方式，政府在采用时须十分谨慎。

四、政府采购

政府采购是指各级国家机关、实行预算管理的事业单位和社会团体，为了开展日常政务活动，或为公众提供公共服务的需要，在财政部门监督下，以法定方式、方法和程序，利用国家财政性资金或政府贷款，从开放的市场为政府部门或所属公共部门购买商品、工程及服务的行为。

政府采购实质上就是对一些政府支出的安排和使用的行为，将政府采购政策与其他政策相结合，能够实现政府的各项重大政策目标。政府采购是影响风险投资方向和速度的重要政策工具，通过对高新技术产品的政府采购，帮助高科技中小企业迅速拓展市场，确保风险投资有效增值，有效地降低风险投资的投资风险和市场风险，刺激资金尤其是民间资金流向风险大、收益高的高新技术企业，通过增加高技术企业对风险投资的有效需求，促进风险投资业的发展。

政府采购可以有效地降低创业企业的资本回收风险和市场营销风险。政府采购实施的对象，主要是处于产品或产业生命周期早期阶段的项目，以及政府是新产品的最终使用者的项目。通过政府采购政策，可以为本国的幼稚工业，尤其是中小型科技企业提供巨大的支持，防止国外竞争者的毁灭性竞争。同时，对技术创新过程中获得的样品和样机等中间研究成果、技术诀窍及关键技术部件进行预先招标采购，会有效地加强市场对高新技术产品的吸收能力和再投资能力，有助于推广使用新技术所需的设计和试验技术标准，从而有力地增强国内高新技术的技术创新能力和市场竞争能力。

政府采购制度是许多国家促进高新技术产业发展的一项有效措施，主要解决的是市场需求不足的问题。消费市场需求不足不但对创业企业造成打击，还直接影响风险投资扶助创业企业的兴趣。政府采购正是针对部分高技术产品市场面窄、需求风险过大的问题，增加市场需求，减少创业企业市场风险。政府采购政策为处于市场化初期的高新技术产品提供了一个不小的市场，从而有效地降低了风险投资的投资风险和市场风险，拉动了需求，促进风险投资业的发展。许多国家和政府都把政府采购作为促进本国高技术产业发展的重要措施。

（一）美国风险投资运行过程中的政府采购

美国是最早实行政府采购政策的国家之一，也是世界上政府扶持高新技术产业，推动高新技术产业和风险投资发展的成功范例。美国政府采购的基本特征可以归纳为以下几个方面。

1. 建立专门的政府采购组织机构。目前，负责美国政府采购（除国防采购外）的专门机构是美国事务管理总署，它下设的联邦供应局是采购的具体执行部门。美国事务管理总署除了由设在华盛顿的总部负责全面采购管理及制度的执行外，还在美国各大城市设立分部，进行地区政府采购。

2. 基本制度健全，整个采购过程和各种采购行为都有一定的规范，并有比较切合实际的操作方式。美国的政府采购制度包括五个方面：

（1）招标制度。政府采购要求遵守招标程序，并以统一的单据和格式实行规范化操作。实行招标制度的目的是保证政府采购透明和有效。

（2）作业标准化制度。采购人员必须严格按照政府采购细则规定的招标采购操作规程执行。

（3）供应商评审制度。美国政府采购制度规定，凡有意向政府部门提供货物或服务的企业，应向有关部门提出申请、注册，政府按照所定标准审查企业有关项目，索要相关资料，通过分析、评估，对合格企业进行归类和归档，公布合格的供应商名单。

（4）审计监察制度。美国政府采购制度规定，对采购部门的政策与程序，采购的数量和成本价格，以及采购过程中发生的一切财务事项都要进行严格审查；对供货企业的组织机构、资料系统等也要进行考察；此外，还要考核采购部门工作计划的制定和工作进度。

（5）交货追查制度。根据送交的档案，核查招标采购部门的作业情况、工作范围及采购程序是否合法；检查中标人的合同执行情况。

3. 大都以法律的形式确定，使政府采购制度能在公共预算管理中发挥重要作用，同时也保证了政府公共预算支出的高效和透明。美国早在 1761 年就颁布了《联邦采购法》，与政府采购相关联的法律法规还有4 000多个。这些法律程序使政府采购制度能够帮助各级政府快捷、有效地采购自己所需要的商品或服务，并且维护了采购的信誉，保持了采购制度的透明，同时保证了政府实现其社会和经济目的。

4. 允许未中标的报价方或签约人对政府不合理的行为提出申诉，由仲裁机构听取其申诉并做出裁决。这种申诉制度有助于保证采购制度的透明，维护采购的公正，并且这种透明和公正都是建立在竞争和立法的基础之上。这种申诉制度还可以在很大程度上克服武断行为，大大减少政府采购过程中发生的决策失误及其所造成的损失。

5. 美国的政府采购政策已经成为推动高新技术产业和风险投资发展的非常重要的政策手段。在美国《联邦采购法》中，有专门针对技术创新成果采购方面的内容。西部硅谷地区和东部 128 号公路沿线地区高技术产业群的迅速发展，联邦政府的采购政策（如《购买美国产品法》）发挥了关键作用。美国计算机、半导体和集成电路等工业的兴起和发展，在很大程度上也是政府的采购政策给予了第一推动力。美国半导体和计算机工业发展早期，由国防部和国家宇航局出面进行的政府采购，有效地降低了这些产品早期进入市场的风险。以集成电路为例，1960 年集成电路产品刚刚问世时，100% 的集成电路产品由联邦政府购买；1962 年，政府对集成电路产品的购买量达 94%；到 1968 年，政府对集成电路产品的购买量仍占 37%。美国西部硅谷地区和东部 128 号公路沿线地区之所以能够兴起并快速发展，根本原因是美国联邦政府的购买政策。在当时冷战条件下的军事订货刺激下，该地区成了今天最有竞争力的新技术和新产品聚集的地区。利用政府订货刺激技术创新的思想就是从这里受到启发而开始出现的。

20 世纪 90 年代以来，美国政府每年的采购量高达几千亿美元。克林顿政府上台后，在其“全面经济计划”中，为扶持创新产品的初期市场，仅计算机及相关产品的政府采购就达 90 亿美元。可见，政府采购对美国集成电路、计算机及相关产品的发展起到了关键的扶持和促进作用。美国政府技术采购不仅所占份额大，而且采购价格大都高于市场价格。许多研究表明，美国高技术产业的蓬勃发展和风险投资的迅速崛起，在很大程度上受惠于联邦政府的采购制度。

（二）日本风险投资运行过程中的政府采购

在日本，政府采购活动依据各采购实体的采购合同分散进行，政府采购程序在会计法和与中央政府有关的法规以及各地的自治法与次级中央政府实体有关的法规中都有规定，并与中央政府实体监督下实施的对其他实体有影响的采购程序相一致。日本是世界贸易组织《政府采购协议》的成员国之一，上述法律法规的规定与该协议的内容是一致的。

日本的政府采购长期以来对原产地、供应商国籍没有限制，并按照非歧视原则和公开招标程序进行。自 1960 年以来，日本政府采用公平、公开和透明的采购程序，其适用范围已扩展到了服务采购、次级中央政府实体和其他实体的采购。日本的政府采购没有当地成分要求，对国内供应商也没有优惠待遇。在世界贸易组织《政府采购协议》管辖下的中央政府实体和其他实体（不包括次级中央政府实体）在一些重要部门如计算机产品和服务、电信产品和服务、医疗产品和服务以及工程服务的采购中，日本自愿采取措施，承担了较该协议项下所规定的内容更多的义务。

日本法律规定了三种招标采购方式，在“公开招标”下，每个实体应在官方的公报或类似的当地刊物上，公布预期的采购通知。邀请合格的供应商参加招标程序。合同将授予提供最低报价的投标者。根据规定，公开招标在最大限度上适用于成本在 10 万特别提款权以上的产品或服务的采购（不包括工程服务或相关的技术服务）。在“选择性招标”下，每个实体应在官方的公报或类似的当地刊物上,公布预期的采购通知,并标明有资格参加竞争性招标的申请将被接受。各采购实体通过资格审查程序,挑选出合格的供应商,并从中确认那些有履约能力的供应商,合同将授予这些供应商中的最低报价者。在"单一来源招标"(或"限制性招标")下,各实体有权不采用竞争性招标程序,在排他的基础上同指定的供应商达成合同。原则上,那些希望参加公开招标和选择性招标的供应商,必须从采购实体外获得资格证明,并列入采购实体准备的永久性合格供应商名单。

日本的政府采购制度在扶持本国高技术产业和风险投资业发展的过程中起到了非常重要的作用。其中运用最为成功的是通过国有的日本电报公司(NTT)和日本电子计算机公司(JECC)进行采购,来确保国内半导体市场的增长。NTT是一家近似于垄断的企业,其采购规模在电子通信产品市场中占有相当大的比例,该公司在采购政策上优先选用国内产品。NTT在采购时所支付的价格也比较高,类似于美国军事采购中价格补贴的性质。成立于20世纪60年代的JECC在采购方面起到了类似NTT的市场扶持作用。另外,日本政府明文规定,政府部门、国有铁路、国立大学以及政府系统有关机构在选购计算机时,必须优先采用国产机。由于优先购买国产机这一政策,国产机在日本官方市场上处于垄断地位,占绝对优势,而外国机市场份额总共不超过9%。优先购买国产机的政策,使日本计算机生产企业成功地抵御了美国IBM、苹果等重要计算机制造商的强大压力,保护了日本计算机工业的发展,进而也强有力地刺激了日本计算机产业对风险投资的需求。

(三)韩国风险投资运行过程中的政府采购

韩国的政府采购有基本法规也有实施细则,各项规章制度十分详尽,法规对于招标采购前后的每一过程都有一个专门的条文或文件。政府市场在韩国的经济中占有较大比例。1994年,政府市场占国民生产总值的40%。它主要包括:中央、地方机关团体和其他政府组织(包括韩国一些大的国有企业)的经济活动以及政府投资的项目。与世界许多发展中国家一样,韩国一直实行公共市场集中采购制度。具体地说,是由专门的负责公共部门所需物资的政府部门负责计划的审批、合同的制定、价格的确定、合同的签订以及货物的供应。1994年,韩国政府采购总额达18.9万亿韩元,其中,政府机关采购占19.9%,地方自治团体采购占40.7%,政府投资的其他部门采购占39.4%。按韩国《国家合同法》规定,金额超过5 000万韩元的采购合同应由中央政府专设采购部门——采购供应厅(调达厅)执行。1995年,通过这个中央部门集中进行的公共采购总额为4.4万亿韩元。

韩国对外经济政策一贯奉行奖出限入方针,在政府采购的问题上更是坚持以国内采购为主的态度,因此,在政府采购中,只要国内有同类产品生产或建设且符合用户的要求,一般不予进口。所以,通过国际招标程序完成的采购仅占全部政府采购的一小部分。1995 年,政府采购中的进口比例只为 15.9%,说明韩国政府采购市场开放的程度较小。1997 年,韩国加入了世界贸易组织的《政府采购协议》,按照透明、公开的原则,它修改了韩国有关政府采购的法令规定,逐步开放下放采购市场,对于金额超过 1 亿韩元(约 10 万特别提款权)的物资采购、50 亿韩元(约 500 万特别提款权)以上的工程采购,向国际公开招标。

政府采购制度对促进韩国风险投资和高新技术产业的发展发挥了积极、重要的作用。

(四) 其他国家风险投资运行过程中的政府采购

澳大利亚政府采购的规定比较严格。法律规定,政府从事采购时,要调查了解本国企业的实际竞争力,并通过培训、提供信息等方式,使本国企业有参与政府采购的竞争机会。从海外购买货物的部门必须证明,采购活动中本国供应商得到了平等竞争的机会。在1 000万澳元以上的重大采购项目中,采购部门须在招标中按《重大项目对现代产业发展影响评估标准的指导意见》的要求,列明采购项目对产业发展的影响。该《指导意见》中有 5 项标准:促进资本增值活动;为中小企业提供参与机会;对现有产业发展产生影响;促进研究开发和创新能力的提高;对就业方面产生影响。在扶持中小企业方面,法律规定联邦一级采购合同的 10% 授予中小企业,并责成联邦财政部每年对这项规定的落实情况进行调查,据 1999 年度该国财政部的调查,中小企业获得当年合同数的 55.1%,占全部合同金额的 27.3%。

法国政府要求航空、铁路、通信和食品等部门优先购买本国产品。英国要求政府部门、政府实验室和国有公司必须从本国购买计算机和通信器材。意大利设有购买高新技术产品基金。如果没有政府采购政策的支持,欧洲的空中客车公司、阿里亚娜商务发射公司、阿里斯通高速铁路公司和核设备公司等几乎都有破产的可能。印度在政府采购方面规定,在政府安全、军事、国防等诸多政府部门,必须采用国产软件,从而促使自己的软件业蓬勃发展起来,成为世界第二大软件出口国。

政府采购主要是出于供求关系平衡的目的而使用的。需求对于商品价值的实现相当重要,对于生产者而言,生产的最终目的是为了将产品转换成货币,得到比投入更多的回报,然后再进行新一轮的货币增值,商品能否在市场上卖出,取决于市场对该商品是否有足够的有效需求。对于风险投资领域来说,有效需求的不足,既可能是因为风险投资的对象多是高新科技产品,技术含量高,价格也高于一般消费者的承担能力,成为一种“无能力实现的需求”;也可能因为这些高科技产品对于其他一般生产者来说，使用意义并不大。由此，政府采购就在一定程度上成为创业企业发展的重要推动因素。

采购与补贴不同，前者是一种购买性支出，直接表现为政府在市场上以等价交换的原则去购买产品，而后者是一种转移性支出，是资金无偿、单向的转移。政府采购直接增加了需求，令创业企业的产品转化为资金，效果比较直接，而补贴则是把资金注入了风险基金，但政府难以控制所投入资金的使用与效果。

国内外高新技术产业发展的理论和实践证明，需求拉动是高新技术产业化的根本动力。由于高新技术产业化是一个高投入、高风险的过程，客观上需要有相应的高收益来支撑，而收益最终要通过市场来实现。通过政府采购，为高新技术的产业化开辟初期市场，对于促进风险投资和高新技术产业的发展十分必要。政府当然无法采购所有的创业企业产品，同时，政府成为无条件的需求者也会令创业企业形成对政府的依赖，失去竞争和创新的动力，一旦政府停止或减少采购，会对创业企业造成很大的冲击。所以，政府采购必须确定标准，仅限于对有利于提高生产效率、一般社会需求者无力承担的产品，否则政府采购将失去意义。

第二节　风险投资的法律环境

从法律上讲，风险资本的投资者相对于风险资本的运作者，风险资本运作者相对于创业企业，均不同程度地存在着信息不对称带来的风险，其作为财产所有者的权益随时都有可能受到侵害。因此，政府必须通过立法保护投资者的合法权益，规范投资主体的行为，为风险投资企业创造一个宽松的法律环境。

概括地说，各国风险投资立法主要建立了这样一些风险投资法律制度，即风险投资融资法律制度，风险投资税收优惠法律制度，风险投资政府担保法律制度，风险投资公司组织法律制度，风险投资基金法律制度，风险投资知识产权法律制度，风险投资退出法律制度，风险投资保险法律制度，风险投资激励法律制度，风险投资政府采购法律制度。

一、风险投资公司组织法律制度

风险投资是以股权投资方式投资于具有高成长性的高新技术企业。风险投资的资金投入是一种有组织、有中介的投资方式。其中，相对于创业家和投资者而言,风险投资家是资本供应者和使用者之间的中介。作为风险投资家和投资者共同参与的风险投资公司的组织形式是否合理,是风险投资成败的关键因素。

风险投资公司组织形式的关键是,如何通过法律设计与制度创新,把委托人和代理人之间、有限合伙人和普通合伙人之间高度的不确定性和信息不对称性降低到最低程度;如何确立参与有限合伙风险投资公司的各方面当事人之间的权利和责任,并设计出最合理的均衡格局和最佳的治理结构。美国的有限合伙法正是满足了这样的要求。

美国国会和劳工部在法律上确认了有限合伙制企业的合法性,这是高增长投资机会与风险资本的结合创造的一种有效的组织形式。美国风险投资最早主要采用合伙制和公司制组织形态;20 世纪 50 年代后期,又侧重于运用有限合伙组织形态;20 世纪 80 年代,又从有限合伙企业中推出了一种股份可以公开上市的有限责任企业形态——业主有限合伙。经过这几个阶段合伙制组织形态的变化和 1976 年修订的有限合伙法、1986 年税制改革法和其他几个税法的修订,再加上 1994 年修订的统一合伙法,使得有限合伙制组织在法律设计上更为严密、具体和协调,更能恰当地平衡有限合伙人和普通合伙人之间的收益和风险、责任与权利。这就使得美国合伙制风险投资公司在法律制度设计上更能满足美国风险投资自身发展的需要,从而更好地推动了美国风险投资事业的迅猛发展。因此,有限合伙风险投资企业在治理结构上的法律设计与制度创新,是美国风险投资成功的关键因素。

二、风险投资基金法律制度

美国政府以法律形式确立的中小企业投资公司制度即投资基金制度,是直接推动小企业创新的催化剂。投资基金不仅是一种集合投资、专家理财、风险共担、收益共享的金融工具,而且是一种制度化、组织化的投资方式,逐步成为风险资本赖以存在和发展的主导组织形式和制度。

在美国,投资基金的法律称谓是“投资公司”,但 1940 年颁布的《投资公司法》主要是针对证券投资基金设立、运作和监督(当时尚未出现风险投资基金这类投资基金品种)。与证券投资基金相比,风险投资基金投资于未上市的创业企业,无法通过操纵市场损害其他投资者,且主要是以私募方式设立,较少涉及公共投资者权益。因此,美国并没有就一般意义上的风险投资基金专门立法,而仅仅是针对“小企业投资公司”这种特殊类型的风险投资基金,在 1958 年制定了《小企业投资法案》,从法律上确立了中小企业投资公司制度,即中小企业投资基金。该法规定,中小企业投资公司由中小企业管理局颁发许可证,专门向规模较小的企业投资；申请开展创业投资业务，向指定的政府机构提交申请报告和各种必备的资料。这个《小企业投资法案》促进了美国中小企业和风险投资的发展。此外，1980 年出台的《小企业投资促进法》和后来的《投资公司法》等法律的修正案，对风险投资基金的运作做出了一些特别的豁免规定，并将其界定为“企业发展公司”（Business Development Company），以体现其“培育与促进企业发展”这一本质内涵，从而区别于从事产品经营的一般企业与投资于可流通证券的证券投资基金。

1978 年，美国劳工部颁布了《雇员退休收入保障法》（ERISA），其中“审慎人（Prurentman）”条款允许养老基金参与风险投资，拓宽了风险投资的资本来源渠道。

三、风险投资税收优惠法律制度

1978 年，美国国会通过《国内收入法》，将资本利得税从 49% 降为 28%；1981 年，美国国会通过《经济复兴税法》，将资本利得税从 28% 降为 20%，该法对于高新技术开发研究做出如下规定：对研究开发投资的税收从 49% 减至 25%；对开发研究用仪器设备实行快速折旧，折旧年限为 3 年，是所有设备年限中最短的。

1981 年，美国国会通过了《股票期权促进法》，准许以股票期权作为风险投资的报酬，并将纳税环节由行使选择权时推迟到出售股票时。1993 年，美国国会又通过了一法案，规定银行向创业企业贷款，可占项目总投资贷款额的 90%；如果创业企业破产，政府负责赔偿贷款额的 90%，并拍卖创业企业的资产。

英国在 1997 年保守党上台后，制定了鼓励分配的税收法，1983 年制定了企业扩产计划，为引导中小企业投资高技术而制定了优惠的税收政策，对创办小企业者，可免征 60% 的投资税，对新创办的小企业免征 100% 的资本税，公司税由 38% 降为 30%，印花税由 20% 降为 10%，起征点由 2.5 万英镑提高到 3 万英镑，取消投资收入附加税。

法国在 1985 年颁布的85－695 号法案规定，风险投资公司从持有的非上市公司股票中获得的收益或资本收益可免交所得税，免税额最高可达收益的 1/3，此外，法国还采取提高折旧率加速折旧以及部分风险投资担保（如技术革新投资可获得 60% 的国家担保）等措施，支持风险投资发展。

四、风险投资政府采购法律制度

美国在 1953 年制定了《购买美国产品法》，1960 年美国国会又通过了《联邦政府采购法》，规定各州参照此法制定州政府的采购条例。政府采购为高技术产品提供了一个大而稳定的需求,美国国防部20世纪50年代关于电子的科研和采购合同,促进了硅谷和128高速公路产业带的发展;20世纪70年代的机械、能源的科研和采购合同,80年代的机器人和超大规模计算机的科研和采购合同,极大地促进了高技术产业和风险投资的发展。

五、风险投资政府担保法律制度

瑞士在1984年制定了《鼓励中小企业技术革新法案》,该法案规定,政府将为从事风险投资的公司和金融机构提供财务担保,并对担保额度及担保对象做出了明文规定,即:担保额不得超过项目总投资50%,担保对象必须是从事高技术行业,雇员不超过500人的中小企业。政府还向这些中小企业的技术革新和新技术发明项目直接投资,或提供贷款或贷款担保。此外,还规定受保项目如果失败,导致投资者受损,可以享受不超过10 000瑞士法郎的免税。这一法案对瑞士风险投资的发展起到了积极的推动作用。

六、风险投资激励法律

美国还颁布了《促进产业升级条例》,其中关于对从事高科技产品创新的企业给予加速折旧、投资抵减、5年免税、未分配利润转增资本获得的股票红利可缓交所得税等规定,对于美国风险投资的发展予以极大的支持。

日本政府出台了《日本高技术工业密集区开发促进法及其政令施行令》,对日本高新技术产业开发区在法律上做出了较为明确的规定。

我国台湾地区也颁布了一些支持风险投资发展的法规,如《企业投资事业推动法案》《创业投资事业管理规则》《创业资本条例》《促进产业升级条例》等,对台湾地区风险投资的发展起了很大的作用。

七、风险投资知识产权保护的法律

在风险投资的运作中,知识产权的保护是一个重要的内容。由于风险投资主要集中在高新技术产品、服务的研究与开发领域,其高技术性决定了研究与开发往往具有很强的独家垄断性,而风险投资的高收益也多凭借其专有性而获得。一旦创业企业的这种专有性知识产权得不到有效的保护,其产品或者服务被其他企业任意仿制生产,不仅会使创业企业在商业竞争中的优势全部丧失,而且会使风险投资者投资失败、血本无归。因而,严密的知识产权保护体系对风险投资来说是极其必要的。

美国20世纪80年代以来,先后颁布了《史蒂文森—怀特勒创新法》《小企业技术创新发展法》《加强小企业研究发展法》《联邦技术转让法》《贝赫多尔法》《技术扩散法》等，形成了对风险投资、知识产权、技术转让、技术扩散等强有力的法律保护制度。

20 世纪 80 年代以来，日本制定了一系列重要法规，如《下一代工业基础技术研究开发制度》、《推进创造性科学技术制度》以及《高级技术工业密集区开发促进法》等，都与新技术开发有关。而《新工业技术大纲》要求以微电子、新材料和生物工程这三大尖端技术为主，制定研究开发课题、目标及开发方针，促进信息技术发展。

八、对投资者的管制

政府还可以通过设立进入风险投资市场的门槛，按照一定的标准甄别风险资本的需求（供给）者，以保证风险投资更具有针对性，或保护政府认为不适宜投资创业的投资者。我国台湾地区 1982 年制定了“创业投资事业管理规则”，对风险投资的审批权限、投资范围、经营范围、最低和最高资本额以及税收奖励措施等都做出了比较详细的规定，1986 年、1987 年、1993 年还三次修改管理规则，为风险投资事业的发展提供了更为广阔的空间。对风险投资企业实行许可证管理，是保证风险投资有序发展的重要环节。

政府对投资者的其他管制措施，对风险资本的供给也会造成直接影响。例如，有的国家禁止退休基金和保险公司介入风险投资，以保护投资者免受高风险之苦，另外一些国家则采取了截然相反的态度，它们受到美国 20 世纪 70 年代末 80 年代初修改《雇员退休收入保障法》经验的鼓舞，允许退休基金从事风险投资，使其成为风险资本市场的中坚。1995 年，澳大利亚储备银行修改了谨慎条例，使银行能够对小企业进行权益投资。1995 年，芬兰也进行了相似的改革，结果银行和退休基金占风险资本供给的比例由 1994 年的 20% 上升为 1995 年的 79%。爱尔兰也立法规定养老基金可以将一定比例的资产投资于创业投资业，1994—1999 年间，养老基金每年向风险资本投入其管理资产的 0.08%，到 1999 年末，以成本计价的风险资本已达到全部养老基金的 0.4%。

案　例

以色列发展风险投资五项高招

风险投资是发展高新技术产业不可或缺的关键因素，加快发展风险投资事业，是各国家在市场供求关系出现根本转变，经济结构转换加快，技术升级压力增大和经济全球化冲击的环境下面临的必然选择。

在众多新兴国家中，以色列风险投资事业的发展最引人注目。这主要得益于政府强有力的扶持，使得以色列这样一个人口仅580万、自然资源匮乏、国内市场狭小的小国近年来迅速成为国际上一个新的风险投资中心。以色列政府在推进风险投资事业发展中的一些做法，颇值得我们借鉴。

一、设立“官助民营”的风险投资基金

鉴于自由市场机制在发展风险投资方面已经失败，以色列政府于1992年拨款1亿美元设立了10个风险投资基金(称为优滋玛基金)作为启动资金。优滋玛基金采用合伙人模式组建和运作。其中，以色列政府持股40%，私人投资者持股60%(这些投资者大多来自美国，部分来自欧洲和中东地区)，基金由私人投资者进行运作，政府不干预基金运作的具体事务。如果运作成功，投资者须偿还政府资金；运作失败，则政府与投资者共同承担损失。实践证明，这种做法对于风险投资事业的发展起到了有力的促进作用。几年以后，以色列各类从事风险投资事业的基金数量和规模都得到了迅速增长。

二、系统规划，统一部署

以色列政府将风险投资作为推动高技术发展系统工程的重要环节，而不是一项孤立的活动。以色列人认为，发展风险投资不是目的，促进高科技企业发展才是真正的目的，风险投资只是达到这个目标的一个手段。而且，如何发展风险投资事业，也必须以高技术企业的发展需求来衡量。因此，以色列政府将发展风险投资纳入整个科技发展规划中，一切活动都围绕发展技术含量高、出口竞争力强的产品和高技术企业进行。这就保证了风险投资业的发展方向，也使各项政策、计划更加协调配合。

三、创造良好的外部环境

风险投资业发展的前提之一是具有大量而且在地域上相对集中的技术创新企业，以色列风险投资事业成功的一个重要因素，就是在风险投资业发展以前，高技术企业已经相当发达，风险投资的出现只是进一步加速了高技术企业的发展。风险投资活动本身是一种商业行为，其投资取向取决于项目的获利能力。如果政府希望风险投资家集中投资于高技术企业，就必须首先为之营造一个有利的环境。这个环境不仅包括法律、信用制度、投资优惠和各种服务，还包括鼓励和支持大量创新型企业发展，以便为投资家提供充分的投资选择余地。以色列的实践表明，政府在高新技术企业的组建和发展方面起了非常重要的扶植作用，例如为高新技术企业提供政策扶植，通过孵化器培养大量具有投资价值的新兴企业等，从而大大拓展了风险投资的活动空间。

四、加强人才培养与引进

以色列政府认为，对于高技术企业和风险投资活动来说，在所有资源中，人才资源是最可宝贵的。因此政府始终非常重视人才的培养和引进以及他们积极性、创造性的发挥,其所有扶植政策的核心都只有一个,即给予科研人员充分创造发明的自由和建立能够有效激发发明者、投资者及管理者积极性的激励机制。实践证明,这种以人为本的发展思想对于促进以色列科技进步和风险投资事业的发展起到了极其重要的作用。

五、避免直接投资

风险投资归根结底是一种商业性活动而不是政策性金融,而政府是不应带有商业色彩的。从以色列的实践来看,政府只是在市场机制失效和企业无能为力的领域内才给予创新活动以直接支持。如资助研究开发活动、设立孵化器、加强国际协作、营造良好的经营环境等。离市场越近的领域,政府直接介入的程度就越低,就连专门为启动风险投资活动而设立的风险投资基金,政府也在基金进入良性运作之后逐步将资金收回,完全交给私人部门经营。在一些必须由政府介入和帮助的领域,如兴办高新技术园区,以色列政府也尽可能采用"官办民营"的方式。

以色列的风险投资起步于 1992 年,短短几年内便成为炙手可热的国际风险投资中心之一。以色列发展风险投资事业的实践经验证明,发展中国家完全可以通过政府的大力推动来加速发展风险投资事业。

复习思考题

1. 政府在风险投资中可以起到哪些作用?
2. 各国风险投资中,政府的公共支持政策有哪些?它们各有什么作用?
3. 各国对风险投资的税收优惠有哪几种类型?
4. 与其他方式相比,政府补贴的政策有什么特点?
5. 美国、日本、韩国等国家支持风险投资的政府采购政策各有什么特点?
6. 为支持风险投资的发展,各国出台了哪些相关的法律制度?
7. 涉及风险投资的市场体系主要有哪些?各有什么功能?

第十章

风险投资与区域创新

本章提要

本章以美国硅谷为例，讲述风险投资集聚的特点、原因和作用，以及风险投资对区域经济增长的推动作用。

学习要点

了解硅谷的风险投资。
掌握风险投资集聚的特点、原因和作用。
掌握风险投资对区域经济增长的推动作用。

第一节　美国硅谷的风险投资

一、硅谷的历史和发展状况

硅谷，从地理位置上看，位于美国加利福尼亚州，是一块从旧金山绵延到圣何塞市，南北长约 50 公里、宽约 16 公里的广阔而平坦的土地，这里以高科技经济的聚集而闻名于世。硅谷取自于半导体的“硅”，是高科技成就了硅谷，因此可以说，硅谷不仅是一个地理概念，更是一个高科技经济概念，每当人们提起这个名字时，就会自然地把它与半导体、通信、计算机等高科技产品联系起来。自

20 世纪 70 年代以来，它逐渐成为美国最主要的半导体工业制造基地，特别是 80 年代后期，个人电脑工业在该地区占据了支配地位。现在，硅谷已经成为世界知识经济的中心，共有上万家高新技术企业，其中 3 000 多家是电子工业公司，电子和计算机两个部门在高技术制造业中大约占 2/3 的份额，提供了 120 000个就业岗位；硅谷电子产品销售额每年超过 4 000亿美元，占全美销售总额的 40% 左右；还有大约 60 000 个工作岗位集中在导弹、空间技术、通信设备和仪器等国防产业；平均每 5 天就有一家硅谷公司挂牌上市，每 24 小时就增加 62 个新的百万富翁，创造 5 万多个新的就业机会。硅谷创造的巨大物质财富，令世界瞩目。

硅谷和斯坦福大学是两个关系密切的名词，谈到硅谷就不能不提到斯坦福大学。1874 年，一位美国前国会议员斯坦福来到加利福尼亚，买下了一大片土地，并捐出了一块土地和2 200万美元，用来筹建斯坦福大学，并规定学校的土地不得出售。1891 年，斯坦福大学开门迎接第一批学子的到来。斯坦福先生主张大学教育应学以致用，培养能自我成长和在现实中有用的人才，主张课堂与实践、书本与实验室并重，学生不仅要学习知识，更应该将知识运用到为社会服务的实践中去。他还鼓励教授在学校教书的同时到企业兼做顾问，了解现实世界的需要。他的办学宗旨成为斯坦福大学的优良传统，也为硅谷未来的成功播下了种子。现在，硅谷中大约 70% 的公司是斯坦福的学子直接创办的，或者跟斯坦福有密切关系。被誉为“硅谷之父”的弗里德里克 · 特曼（Frederick Terman）教授，是斯坦福大学教授、工程学院院长，还担任过副校长。1951 年，特曼教授倡导创办了世界上第一个高新技术园区——斯坦福工业园，这可以说是硅谷的原型。斯坦福工业园创立后，因为土地不能出售，斯坦福大学于是采取土地出租的变通措施，为入园企业提供便利。1955 年，园内共有 7 家公司，1960 年，园内公司增至 32 家，1970 年达到 70 余家，全部是高科技企业，共有雇员2 500多名。土地出租每年给斯坦福大学带来600 多万美元的租金收入，这为学校的科研机构提供了强有力的资金支持。特曼教授倡导的工业园计划取得了初步成功，为日后硅谷的进一步发展打下了坚实的基础。大学研究实验室与工业园区内的公司之间的技术转移，推动了科研成果的商品化；教授等科研人员、大学生与企业的结合，加速了高新技术的发展；斯坦福大学源源不断地向工业园区输送高素质的大学生，同时工业园区和园中的风险投资基金也为学子们创业提供了资金支持。随着一家又一家高科技企业创办并获得成功，硅谷的高新技术产业围绕着斯坦福大学向四周蔓延开来，终于造就了硅谷今日的辉煌。

二、硅谷发展与风险投资的内在联系

在硅谷走向成功的过程中，风险投资所起的作用至关重要。风险投资与硅谷的发展是一种互动的关系，一方面，风险投资是硅谷高新技术企业成长的发动机，另一方面，硅谷高新技术企业的快速发展又使硅谷成为孕育美国风险投资的摇篮。

（一）风险投资的资金放大器功能

资金是企业发展的第一推动力，硅谷的成功在某种程度上依赖于本地风险投资业的蓬勃发展以及良好的金融环境。新技术、产品的发明是要耗费资金的，甚至需要巨额资金。发明家是科技专家，有创新才能，但不懂投资。创业初期，公司“倾家荡产”筹集有限资金，研制一个雏形，但到了中间实验，乃至小规模生产，就难以为继了。风险投资承担了这一历史使命。一个新技术、新产品的理念或雏形，绝不意味着它一定成功；技术上的成功，也并不意味着经济上一定有效益。因此，对于资本而言，投资发明家的事业是有巨大风险的，社会必须有一批敢于冒险的资本——风险基金。风险投资业是一个企业、一个地区发展的金融发动机。

科研成果从实验室走向市场，面临最大的障碍就是缺乏资金。但从银行的间接融资功能看，商业银行在资源配置上存在着一个“逆向选择”问题，即最需要资金、资金生产率最高的项目往往因为风险较高而得不到贷款，而发展成熟、收入趋于稳定的企业因风险较小而成为银行放贷的对象。专为企业直接融资开辟的资本市场（主板市场）由于其上市条件严格和投资者风险承受能力有限，也使高新技术企业难以获得有效的资金支持。从政府财政资金的投入来看，一方面，政府的财政资金是有限的；另一方面，政府财政资金过多的投入又会将风险全部让国家承担，这就加大了整个国民经济运行的风险。而风险投资公司是以基金或合伙的形式，把银行、保险公司、养老基金、大公司、共同基金、富有的个人和外国投资者分散的资金集中起来，形成风险投资基金，然后通过专业运作，给急需资金的高新技术企业提供资金支持并获得高额回报。风险投资所具有的这种“资金放大器”功能，为硅谷科技成果的转化和产业化提供了大量急需资金。对硅谷的一项调查表明，20 世纪 70 年代以后成立的创业企业，有 30% 把风险资本作为创业资金的主要来源；15% 的企业则明确表示，在头 5 年中，风险资本是它们最主要的资金支持。苹果、英特尔、太阳、网景、思科、恒星等一批闻名遐迩的电子企业都是得益于私人的风险投资才一举成名的。到 20 世纪 90 年代初期，硅谷已经吸引了 60 多亿美元的风险投资，帮助创办了1 700多家高技术企业。

（二）风险投资的企业孵化器功能

风险投资公司的投资对象主要是从事高新技术开发与创新的中小企业。这些企业往往是由几个志同道合的具有创新精神的工程师创办的，他们有技术、有知识，但通常缺乏资金和管理经验，在激烈的市场竞争环境中，风险极大。在这些中小企业创业初期，甚至还只是头脑中产生一种想法的时候，风险投资就开始介入，并贯穿从开发到成熟的整个阶段。风险投资不仅给新创企业提供稳定可靠的资金来源，而且，风险投资家往往还要运用自己的经验、知识、信息和人际关系网，帮助高新技术企业开拓市场，提高管理水平，提供增值服务，这对于硅谷高新技术企业的成长是尤其重要的。对硅谷高科技企业进行风险投资的一般模式是：风险投资家经过审慎的项目论证之后，对创业企业投入首期资金，从而拥有了公司的股权；之后，风险投资家和风险投资公司积极参与创业企业的生产经营管理，为创业企业提供增值服务，以提高创业企业的价值；一年以后，风险投资公司根据创业企业的发展和资金需求状况，决定是否再投入，或投入多少第二期资金，这些资金是根据当时创业企业的价值，确定一个增值的股价，以购买股权的方式向创业企业注入的，因而增加了风险投资公司对创业企业的控制权；经过几期的投入之后，风险投资公司再在适当的时候促成创业企业上市，或者说服大公司收购兼并，然后出售大部分股权得到投资回报。正是这种主动参与经营的投资方式，使得由风险资本支持的硅谷高新技术企业的成长性远远高于其他同类公司。

（三）风险投资的市场筛选功能

为了降低风险，风险投资家还要在投资决策时尽量避免风险。一方面，风险投资家要通过分散投资的办法，把资金分散投资到不同项目中去；另一方面，也是更重要的，风险投资家还要在做出投资决策之前进行严格的项目评估和市场筛选。在硅谷，风险投资公司通常要吸纳金融、管理人才，聘请科技界和产业界的资深人士作为投资顾问，设立科技和经济情报的收集、研究机构，定期对某个领域的技术和产业动向提出投资和经营的决策参考意见，然后由风险投资家根据市场吸收能力、产品的独特性、创业者的管理能力等多方面因素做出评价，再对项目进行一次、二次筛选。虽然风险投资家每年都会收到大量寻求投资的商业计划书，但风险投资家最希望见到的，只是合适的企业家，在合适的时期，掌握合适的技术，存在或者能够创造出合适的市场，最终带来丰厚回报的项目。因此，风险投资的决策过程，实质上也就是一个对高新技术产业进行大浪淘沙、市场筛选的过程。严格的项目评估过程，使得任何一种有广阔市场前景、附加值高的技术都有机会获得资金，取得发展，即使仅仅只是一种创意，也会得到风险投资家的资助，实现产业化。同时，风险投资的高回报率强化了投资者之间的竞争，并突出了市场决定的功能。

（四）硅谷为风险投资提供了合适的项目

一个国家或地区高科技发展水平的提高和大批高科技成果、高技术创意的出现,以及社会对高科技产品的迫切需要,形成了高技术市场供需两旺的状况,这在一定程度上降低了高科技创新企业的技术风险和市场风险,成为高科技企业生存和风险投资发展的前提。硅谷是美国乃至世界的创新中心,强大的科技创新能力,敢于冒险、勇于创新的创业精神,使得大量高技术产品、创意不断出现,并不断形成产业,从而对风险投资的需求日益上升,这为风险投资家选择有前途的创新中小企业创造了条件,也为提高投资质量和效率创造了机会。据统计,由于丰富的智力资源、企业家的创新精神等因素的推动,1996 年硅谷专利发明比上一年增加 15%,硅谷以每天几十项推动世界科技发展的技术成果而确立了其作为世界最大的科技创新中心的地位,大量具有广阔市场前景的高科技项目使风险投资趋之若鹜,吸引了一大批风险投资家到硅谷投资。

(五)硅谷对风险投资的高回报

由于高技术产业是建立在最新科学技术成就的基础之上,具有高度的创新性。高新技术企业的创始人一般是懂技术且有经营头脑的科技人员,他们先有研究成果,然后经过测试、批量生产、建立新企业以开发新产品,实现商业化。高新技术企业的技术一旦开发成功并获得广泛的市场认可,就会迅速成长,投资收益率大大超过传统产业。硅谷在生物技术、计算机硬件和存储、国防和航空、信息服务、集成电路、多媒体、网络、半导体及制造设备、软件、电信以及食品检测等领域均居于世界领先地位,高技术的高成长性为硅谷风险投资家带来了巨大的收益。在欧洲,风险投资的年平均回报率至少为 20%;在美国,风险投资的回报率可以达到平均每年 35% 以上,而硅谷风险投资公司的回报率远远高出了这一水平。苹果公司创业不到 5 年,销售额达 585 亿美元,资金回报超过了原始投资的 200 倍以上。1996 年 4 月 12 日,雅虎股票发行上市时创造了约 85 亿美元的市场价值,超过大约 1 年前 Seqmia 对它投资额的 200 多倍。在风险投资的扶持下,硅谷每 5 天有 1 家公司上市,每天有 62 人成为百万富翁。

(六)硅谷培养了大批风险投资家

与一般投资者不同,风险投资是一种专业投资。风险投资家不仅要运用金融知识融资,向创业企业提供资金,更为重要的是,他们还要利用技术和管理等方面的经验、知识和广泛的社会关系去帮助创新者创业,改造组织结构,确定业务发展方向,加强财务管理,配备领导成员等。因此,风险投资家是集金融、技术和管理专家于一身的综合型高素质人才,必须接受系统的理论教育和实践考验。斯坦福、伯克利等大学群落正是孕育这些风险投资家的摇篮。在硅谷狭小的区域内,拥有一大批高等院校,比较有名的就有 48 所,其中有排名全美第 6 的斯坦福大学和加州大学伯克利分校。在斯坦福大学,有不少教授是诺贝尔奖获得者,他们的学生中又有不少是硅谷高科技大公司如惠普、里顿工程实验室、万瑞协会、太阳、雅虎等的创业者。这些创业者中,有许多人在创业成功以后,又反过来成为风险投资家,资助和扶持年轻人创业,并资助和扶持大学的发展。

三、风险投资在硅谷的外部生存环境

硅谷作为一个成功的高科技企业的聚集地,其优势更在于它有适宜风险投资成长的一系列外部环境条件。

(一)政府的作用和角色

硅谷是在市场经济自由竞争环境中形成的,但这并不是说政府在硅谷的发展过程中没有起作用。与高科技相关的企业刚刚兴起,政府便因势利导,制定了包括鼓励中小企业和风险投资发展的一套法律法规。按照美国的规定,创办一家高新技术企业,无论规模大小,政府都将给予 5 万美元的投资补贴,政府还制定了贷款计划和税收优惠计划等,给企业提供有益的帮助,硅谷企业也在受惠之列。此外,政府还以政府采购的形式支持硅谷企业的发展,稍微成熟一点的公司不论大小都有机会,尤其是国防军事采购和给某些研究项目提供配套的资金补贴。比如,1959 年,仙童公司从美国国防部拿到了1 500万美元的订单,为“民兵式导弹”提供晶体管;1963 年,该公司又获得一份为“阿波罗”宇宙飞船的计算机导航系统提供集成电路板的合同。有资料表明,1958—1974 年,硅谷总共从政府那里获得了 10 亿美元的订单。

但政府部门不会直接干预和指导企业的发展计划和日常事务,其主要责任在于营造一个公平竞争的法律环境和市场环境,建设一个促进和保护创新的机制。美国政府在硅谷的作用和角色,是一个有序竞争的游戏规则的制定者、执行者和裁判,它本身并不直接参与到游戏中去,保证了市场经济中企业之间的竞争有序进行,为企业的发展提供了一个良好的环境。

(二)大学及科研机构的作用

硅谷具有丰富的人力资源。产、学、研紧密结合,合作非常成功。目前世界上的诺贝尔奖获得者有近 1/4 在这里工作。该地区还有6 000多名博士,占加州博士总数的1/6。硅谷区域内有著名的斯坦福大学、加州大学伯克利分校等,世界一流大学(研究机构)和众多智力人才的地域集中对硅谷地区经济发展的巨大作用不可估量。硅谷在发展过程中,大学与企业密切合作,不仅为小企业提供重要的技术成果、高科技人才,帮助其培养和培训人才,而且,大学、科研人员、风险投资家还直接投资办企业。据统计,硅谷有一半的销售收入来自斯坦福大学的衍生公司。

斯坦福大学源源不断地向硅谷输送高水平的毕业生,为硅谷高科技创新活动准备了丰富的人力资源,并通过网络注册等形式为已参加工作的工程师们提供在职研究生培训课程,使他们的知识不断得到更新,以保证持续的创新活动。斯坦福与产业界合作,开展大量的科研项目,一方面学校获得了充裕的科研经费,另一方面使得学校的科学研究能积极反映市场需求,为科研成果的快速投产和商业化提供了有效途径,为硅谷的技术创新提供了大力支持。斯坦福大学的学生和教授还直接参与创办企业等商业活动,比如到企业里做兼职顾问,著名的惠普公司就是由斯坦福的两位学生 Hewlett 和 Packard 在他们的导师——素有“硅谷之父”之称的特曼教授 538 美元的资助下,于 1939 年在车库里创办起来的。在硅谷,像这样的创业故事俯拾皆是,不胜枚举。据斯坦福大学詹姆斯·吉本斯统计,截至 2002 年,硅谷的收入有近一半是由萌芽于斯坦福的公司创造的。因此,斯坦福大学堪称大学支持当地工业园发展、大学与产业界进行积极有效合作的楷模。还应该提出的是,斯坦福大学不但对高度复杂的产业和创新活动感兴趣,更热衷于新技术企业的诞生和参与本地产业合作的论坛,促进区域内小企业之间的合作。斯坦福大学通过制定产业联盟计划,促进个别研究人员、院系之间以及大学与外部公司之间的合作,从而进一步拓展了大学在区域经济中所发挥的作用。特曼教授最感兴趣的是在斯坦福大学与本地产业之间建立一种合作关系,正如他所说,如果企业和企业家要使自己长远的明确目标实现,就必须与当地的大学合作。

(三)宽容开放的硅谷文化

硅谷文化的主要内涵包括敢于创业和冒险,宽容失败,崇尚创新,忠于职业,能者至上,在竞争中开展合作,尊重创新的市场价值和人才的自由流动。硅谷文化是在其长期的发展过程中形成的,它与需要不断创新的高新技术产业的形成同步发展,这种文化适应了高新技术产业发展的特点和需要,而高新技术产业的发展壮大又不断地充实和巩固了这种文化,丰富了其内涵,两者相互促进,共同发展,形成了一种与高新技术产业发展相辅相成,以创新为特点的创业型新型文化。硅谷人和硅谷公司是硅谷文化的载体,硅谷公司的组织模式、硅谷的产业组织模式以及各个市场竞争主体之间的竞争模式是硅谷文化的具体体现。

1. 几乎硅谷区域内的每个人都具有勇于冒险、不断进取、勇于创业的独特思维方式。无论是新入区的创业者还是区域内的老居民,每个人都在“赌博式”地努力创办自己的新公司,都想有朝一日成为亿万富翁。另外,冒险的创业精神还体现在区域内劳动力在区内公司间频繁的流动。员工可以经常跳槽,待在一个公司平均工作的时间不超过 2 年。因此,区域内的这种独特的思维方式和创业文化,提供了无休止地衍生公司的土壤,从而也大大提高了硅谷持久的创新力。

2. 硅谷区域内各行为主体之间高度的团队合作文化和精神，是一道亮丽的风景线。在经济全球化的今天，硅谷区域内的人们认识到，获得全球竞争力的源泉需要持续创新，而持续创新依赖于区域整体优势的发挥和协同效应。区域内的合作文化渗透在区域内的各个角落，既包括老企业给予新企业鼓励、建议甚至金融和法律支持，也包括各公司工程师之间非正式的交流与合作，以及公司内部各层次人员间所保持着的非正式但却较经常的联系与合作。合作过程中所体现出的人与人之间交流合作的平等性和信任感超出想象，即使像惠普这样的企业在其发展壮大后，仍然保持着高度合作的文化传统，其创始人经常通过非正式的午餐和热线与员工交流。技术产业在地理上的集群，使得企业之间面对面的协作更为便捷，更加灵活。在硅谷最新的生物科技领域有 600 家公司集中在直径 50 英里的范围内，这些公司的人员每天通过互相打电话或一起吃饭，就可以获得许多世界同行业的最新消息。硅谷这种商业文化所具有的强烈融入性和在区域内的迅速扩散，确保了知识和理解在各种水平的公司之间与产业之间的扩散。这种创新的区域文化，正是其他科技园所缺乏的。

3. 硅谷区内拥有一种善待失败的博大、和谐的文化氛围。在激烈的市场竞争中，通往成功的道路往往比较曲折，“胜败乃兵家常事”，硅谷的创业者在失败时，丝毫没有羞耻感，而区内的人们在对待失败时往往比较冷静和理性，能够主动给予失败者真诚的帮助和支持，而非冷漠和嘲讽。

4. 从区域经济的空间扩散理论来看，区域文化并非静止和孤立的，它可以通过社会的相互作用来进行重组和整合。外面来到硅谷的新居民自由地与当地的公司和社区组织合作，使人才、技术、资本在新的环境、新的风险中得到有机的组合，进而也增强了该区域团体的凝聚力和向心力。

（四）灵活而富有弹性的产业系统

硅谷的高科技经济与传统的以制造业为主的经济相比，其最显著的特征是快速且连续的技术创新和市场节奏的明显加快，以创新和速度占领市场。在新的高科技经济条件下，企业的竞争力不仅仅在于价格竞争，更主要在于开发新产品、开发新市场和完善已有的产品，提高服务的质量和速度，这需要有一种新的公司组织模式来代替传统的公司组织模式，于是以“惠普模式”为典范的分散组织模式应运而生。在这种分散的组织模式里，公司各个部分和单元在总公司的协调和管理下，高度分权自治，进行分散决策。其运行机制是，当企业达到一定的规模后，各个部门开始自治或半自治，这些部门在总公司的协调下进行产品开发、制造和销售，当某个部门发展到一定规模之后，这个部门又成立高度自治的更小的部门，然后沿着这个路径继续发展。在硅谷，采用“惠普模式”的公司，与大学、科研机构、地方和联邦政府、各种正式和非正式的专业协会、供应商和客户等参与市场的主体构成一个紧密联系的创新型产业系统，也可称之为创新网络，在这个网络中，各个组成主体之间（主要是公司之间）既开展激烈的竞争又进行各种形式的交流合作，从这个共同的网络里不断地获取技术资源、人力资源和信息资源等生产要素，这些资源形成了硅谷的网络资本，打造了硅谷持久不衰的核心竞争力。

硅谷的企业采取的是自主自由的企业模式，倾向于以网络为基础的系统运用。它们把企业建成不存在社会差别的共同体，使每个成员都把共同的目标转化为自己的个人追求；大多数公司实行灵活的工作制度，这使它们得以共享理念并迅速行动；职员可以拥有一定的公司股票。这种机制，使得人力资源大量涌向硅谷地区，尽管其房地产售价远高于其他地区。

硅谷区内自主自由的企业模式下，诞生了很多具有旺盛活力的“小、快、灵”中小企业。区域内的大多数公司是小企业，70% 的企业少于 10 个人，85% 的公司少于 100 人。这些小公司大多是从大公司或高等学府如麻省理工学院、加州大学等分离出来的，具有高度的灵活性和很强的创造力。企业的员工同主管一起共享信息技术和前沿资料，紧跟时代的脉搏和潮流，不断抓住一系列关键的市场和技术机会。所以，硅谷不仅拥有惠普、网景、雅虎、英特尔等几十个跨国公司，更重要的是，它创造出了依赖自己的努力在市场竞争中取得成功的众多较小的公司，而这些小公司在诞生后无论是茁壮成长还是走向破产，在其存在和发展的过程中都相互影响，或结成联盟，或达成契约，在协作与竞争的过程中，推动着硅谷的不断创新。在竞争激烈的环境下，硅谷一年内可能有20 000家企业破产，但又有35 000家企业诞生，由此可见其旺盛的活力。

（五）硅谷良好的工作、生活和投资环境

硅谷地区交通便利，通信设备先进，公共服务完备，这不仅给人们提供了良好的工作和生活环境，也有利于降低风险投资的交易成本。硅谷附近拥有发达的高等级公路，4 条湾区主干道——101 国道、州际 280 、680 和 880 公路——横贯硅谷，区域 17，85，87 和 237 公路形成网状交通枢纽，另有 5 座跨海大桥连接旧金山海湾；在旧金山、圣何塞国际机场，平均每分钟就有两架飞机起降。硅谷的区域生态环境和生活质量也相当不错，地中海性气候宜人，各类文化、娱乐、教育设施齐备，犯罪率低。从投资环境来看，在硅谷长期的发展过程中，不仅建立了与风险投资相关的健全的法律制度，高效运作的风险资本市场以及多样化的中介服务机构，而且还建立了联结政府与风险投资机构、国内风险投资家与外商和外国金融机构，交流业内信息、规范同业经营行为的自律组织。

第二节　风险投资与产业集群

产业集群又称产业集簇，是指在一个相当大的区域范围内，生产某种产品的若干个同类企业与为这些企业配套的上下游企业以及相关的服务业高密度地聚集在一起，这些企业利用相互之间的共性和互补性，分散创新风险，减少交易成本，降低创业成本，以推动整个区域经济的发展。

一、风险投资的集群

风险投资在其发展过程中，也呈现出很强的集群性。下面以风险投资最为发达的美国为例，来说明风险投资的集群性。

（一）风险投资项目和投资额的集中性

就区域投资分布情况来看，美国风险投资的投资项目数量和投资金额主要集中在加利福尼亚州、马萨诸塞州两个地区，见表 10－1 以及表 10－2。

表 10－1　1965—2002 年美国各州的风险投资数目

州　名	1965—1969 年	1970—1974 年	1975—1979 年	1980—1984 年	1985—1989 年	1990—1996 年	1997—2002 年
加利福尼亚	65	179	310	1 836	2 645	3 380	8 610
马萨诸塞	45	93	155	708	1 014	1 028	2 439
得克萨斯	18	71	84	373	584	489	1 309
纽约	28	90	73	311	324	276	1 525
新泽西	15	35	47	171	291	336	571
科罗拉多	5	22	31	194	258	298	646
宾夕法尼亚	8	21	32	120	290	311	728
伊利诺依	16	29	31	133	214	312	534
明尼苏达	12	34	42	170	186	194	371
康涅狄格	3	20	37	136	217	210	405
所有州合计	302	847	1 253	5 365	8 154	9 406	23 363

注：风险投资数目是每年获得投资的企业数目合计。

资料来源：1965—1996 年数据来自 P. A. Gompers and J. Lerner：The Venture Capital Cycle Boston，MA：MIT Press，1999 年版，第 14 页；1997—2002 年数据根据 NVCA 的统计数据计算而来。

表 10－2　1965—2002 年美国各州风险投资金额　单位:100 万美元

州　名	1965—1969 年	1970—1974 年	1975—1979 年	1980—1984 年	1985—1989 年	1990—1996 年	1997—2002 年
加利福尼亚	247	620	784	7 615	10 973	15 436	108 220
马萨诸塞	69	176	224	2 205	3 210	3 842	26 241
得克萨斯	42	159	168	1 317	2 463	2 281	15 092
纽约	36	175	184	781	1 593	1 582	16 169
新泽西	37	93	87	420	1 378	1 942	7 324
科罗拉多	14	57	52	559	913	1 079	9 537
宾夕法尼亚	20	47	132	420	1 736	1 258	6 563
伊利诺依	67	152	133	326	1 371	1 603	5 107
明尼苏达	7	102	50	306	461	592	3 235
康涅狄格	1	36	96	362	1 660	822	3 969
所有州合计	780	2 196	2 563	17 317	34 884	42 169	259 466

资料来源:同表 10－1。

表 10－1 以及表 10－2 分别列出了 1965—2002 年间,美国各州接受风险投资项目的数量和金额情况。从这两个表中可以看出,1965—2002 年这 37 年间,加州、麻省两地一直是美国 50 个州中风险投资数目和投资金额最多的两个地区,其中,加州投资数目在 1965—1969 年间是 65 个,1997—2002 年间则上升为 8 610个,风险投资项目的数量在加州一直呈上升趋势;风险投资金额也由最初的 2.47 亿美元上升到1 082亿美元;麻省的投资数目和投资额也分别有大幅的增长,投资项目由 45 个上升到2 439个,投资金额由6 900万美元上升到 262 亿美元。

而在美国,加州的风险投资项目数量及金额又主要集中在硅谷地区,而麻省的风险投资则集中在波士顿 128 公路区域。

事实上,这两个地区也是美国区域创新最活跃的地区。但 20 世纪 90 年代以后,硅谷后来居上,成为美国乃至世界技术创新的策源地,风险投资在硅谷的集群程度远比波士顿 128 公路高。表 10－3 的数据表明,硅谷地区风险投资金额占全美风险投资金额的比例,由 1993 年的 23.96% 上升至 2003 年的 33%。可以说,硅谷是美国风险投资最为集中的地区,也正是因为硅谷地区的存在,将美国的风险投资数量和金额按州划分,加州才始终名列第一。

表 10－3　1993—2003 年美国风险投资集中于硅谷的程度

年份	全美风险投资额（100 万美元）	硅谷地区风险投资额（100 万美元）	硅谷风险投资的集中程度（%）
1993	3 810.5	912.9	23.96
1994	4 159.2	1 099.4	26.43
1995	7 648.1	1 917.8	25.08
1996	11 561.5	3 698.6	31.99
1997	15 111.3	4 794.4	31.73
1998	21 391.8	6 207.0	29.02
1999	54 895.2	18 870.8	34.38
2000	106 131.0	34 760.0	32.75
2001	40 700.8	12 797.3	31.44
2002	21 236.2	7 071.5	33.30
2003	18 327.7	6 047.8	33.00

资料来源：根据 Venture Economics 的数据整理。

（二）风险投资机构的集群性

美国风险投资行业的区域集群现象还表现在投资机构的集群上。

2003 年底，美国拥有各种类型的风险投资机构（有限合伙制、大企业或金融机构附属的风险投资机构）2 236家，其中，国外风险投资机构1 252家，美国本土风险投资机构 984 家。这些风险投资机构管理着 4 000多亿美元的资金，其中，硅谷地区风险投资机构就有 200 多家，管理的创业基金高达 1 000亿美元。从表 10－4 可以看出，美国风险投资机构数量主要集中在加利福尼亚、纽约、马萨诸塞三个州，其中加州 327 家、纽约州 161 家、麻省 117 家，集群程度分别为 33.2%、16.4% 和 11.9%，这三个地区风险投资机构数量占全国的 60% 以上。美国风险投资协会评选的 2003 年美国前 180 家主流风险投资机构中，就有 54 家总部设在加州，在麻省则有 32 家。

硅谷的门罗公园市（Menlo Park）位于斯坦福大学校园北部，那里有一条著名的桑德西尔大街（Sand Hill Road），这条街 3000 号的四栋大厦几乎容纳了加州所有的风险投资公司。美国著名的风险投资机构如 KPCB（Kleiner Perkins Caufield & Byers），Scquoia Capital，Mayfield，Benchmark Capital，InterWest Partners，Menlo Ventures，Sierra Ventures 均在此落脚。另外，美国其他地区的大部分大型风险投资机构也在此设有办事处。桑德西尔大街几乎成了风险投资的代名词，被萨克森宁（1999）称为“西海岸风险投资活动事实上的大本营”，它是美国最强大的风险投资集散地和国际风险投资的引力中心。

表 10－4　美国风险投资机构数量和集群程度

地　区	风险投资机构数量	集群程度
加利福尼亚	327	33.2%
马萨诸塞	117	11.9%
纽约	161	16.4%
康涅狄格	40	4.1%
得克萨斯	56	5.7%
马里兰	20	2.0%
新泽西	36	3.7%
伊利诺依	42	4.3%
宾夕法尼亚	46	4.7%
哥伦比亚	21	2.1%
明尼苏达	20	2.0%
弗吉尼亚	29	2.9%
安大略	40	4.1%
华盛顿	29	2.9%
总计	984	100%

资料来源：根据 Venture Economics 资料整理。

（三）创业企业的集中性

风险投资的集群性还表现在创业企业的集中性上。

风险投资的对象主要是具有巨大开创性、创新性以及发展潜力的高科技企业，而高科技本身就具有集群性，这是由高科技企业的特点（高技术、高智力、高投入、高风险、高成长、高效益）决定的。

硅谷作为美国技术创新的中心和摇篮，聚集了大批高科技企业。强大的科技创新能力使得大量高技术成果、高技术产品不断涌现。根据美国小企业管理局（Small Business Survival Committee，SBSC）的统计，2001 年，硅谷的高科技公司总数达到了9 324家。硅谷拥有世界上最大、最密集、最具有创造性的高科技产业集群。那里既有老牌的半导体产业集群的2 000余家微电子公司（如英特尔、AMD、全国半导体公司等），也有后来居上的计算机产业集群的近2 000家公司（如苹果、太阳、惠普），还有代表硅谷增长火车头的众多网络公司（软件和硬件）（如 3COM、思科、网景、甲骨文）以及新生代互联网服务公司（雅虎、GOOGLE 等）。这些公司集群在一起，可以源源不断地产生许多创新成果。事实上,信息技术每一次重大的进步,都是由一家在硅谷诞生成长的公司来领导,如集成电路(国家半导体、英特尔、AMD),个人电脑(苹果),工作站(惠普、太阳),三维图像(硅谷图文),数据库软件(甲骨文),网络计算器(3COM、思科)等。

除了硅谷之外,美国还有著名的128号公路高技术产业地带、北卡罗来纳三角研究园等,也都聚集了大量的高科技企业。

二、风险投资集群的成因

美国风险投资行业之所以出现区域集群现象,主要有以下几个原因。

(一)区域集群可以降低风险投资的搜寻成本

由于选择高质量的创业项目是风险投资成功的前提和基础,风险投资机构的前期首要工作是筛选项目,如果备选项目的质量较高,就可以降低项目筛选成本,使风险投资的前期交易成本下降,而寻找高质量项目的有效途径和渠道就是临近或处在技术创新的地区。同样,具有创新思想、发明的创业者也需要寻找潜在的投资者和融资者(风险投资家),如果他处于技术创新集群和风险投资集群的地区,也会降低融资搜寻的成本。

美国众多的风险投资机构之所以集中于硅谷地区,使之成为美国风险投资的发展核心,是与硅谷地区的区域创新环境分不开的。硅谷地区不仅集中了大批卓越的高科技企业,还拥有斯坦福大学、加州大学伯克利分校等世界著名高校。在硅谷历史上,斯坦福大学在硅谷的产生过程中起到了非常重要的作用。斯坦福大学的师生创业已形成一种风气。例如,20世纪30年代,斯坦福工程学院院长特曼教授,把已在东部工作的前学生Hewlett和Packard召回斯坦福,并出资(从自己腰包里掏出钱给他们投资)500多美元,帮助他们开创了惠普公司,企业有了一定的产品后,才去找风险投资家来做风险投资。后来惠普公司对硅谷的影响有目共睹。特曼教授开此先河,开创了大学支持教授、学生创业的风气,一直影响到现在。

如今,硅谷有一大批公司都是一些曾在斯坦福就学的学生创办的。据统计,与斯坦福大学有关的企业,其产值约占硅谷产值的50%～60%。雅虎(Yahoo)无疑是一个著名的案例。当时,杨致远(Jerry Yang)和一个同学编写了一个搜寻器的程序,放在学校的网络上。虽然很受欢迎,但学校管计算机的人抱怨网络因此变得太拥挤。结果他们就自己出来办了个公司,取名雅虎,纯属玩一玩,没有想到一不留神赚了大钱。斯坦福工学院的一座楼里先后诞生了3家著名公司:太阳(SUN)、硅谷图文(SGI)和思科(Cisco)。太阳的英文SUN是斯坦福大学网络(Stanford University Network)的缩写,创业人是斯坦福的师生,他们当时发明了工作站(Workstation)后,便自己出来办了公司。硅谷图文公司的开创者是斯坦福的一个教授,SGI 已不是他的第一个公司了。网景浏览器的前身是 Mosaic,原是伊利诺依大学的教授开发的。伊利诺依大学是在美国工程科学方面处于领先地位的大学,拥有超级计算机。斯坦福的 Robert Clark 发现后,把开发 Mosaic 的整个科研小组挖到硅谷,创立了网景公司,并开发出了网景浏览器,从此改变了人们上网的方式。网景公司上市时极为轰动。类似的,UNIX 操作系统是加州大学伯克利分校发明的操作系统,现在被广泛地应用在太阳公司的工作站上。

由此可见,硅谷地区的大学和科研机构不仅提供了源源不断的科研成果和技术创新成就,还培养了一大批管理和技术人才,形成了巨大的人才网、技术网。风险投资家集群在硅谷地区,可以及时了解、洞悉最新的科技创新思想和信息库,他们不会害怕寻找不到好的投资项目,不用担心失去一个好的投资机会。相反,他们能以最快的速度捕捉到最有发展前途的项目,洞悉高科技产业最新的发展态势,这为投资成功并获取较大收益奠定了基础。

(二)区域集群可以降低风险投资的管理成本

风险投资机构集群在一起,通过各种非正式的交流,有利于风险投资家提高对项目的甄别能力和判断能力,降低投资过程中的不确定性,从而减少投资项目的管理成本。

在美国,每年提交给 1 家风险投资机构的项目计划书约有上千份,而仅有 5% 的项目能最终得到融资。像美国著名的风险投资机构 KPCB,尽管自 1972 年成立以来,已经先后发起成立了 12 只风险投资基金,基金的数目越来越大,但其每年投资的项目仍保持在 20 个左右。之所以如此,原因在于,如何选择一些能保证未来有高额利润回报的投资项目,是风险投资机构面临的一项非常困难的任务。即使一家创业企业有经营历史,也会非常短,这就迫使风险投资家不得不评估企业的其他方面,例如创业家的个性和特点,创业家思想的原创性,或者相关市场的结构。在进行一项投资之前,风险投资机构必须进行尽职调查。

由于创新企业存在高度的不确定性,风险投资家通常是投资于某一特定行业,具有专业化的特点,该行业多半是风险投资家非常熟知的行业(风险投资家进入风险投资行业之前,通常是某一特定行业有长期实践管理经验的企业家),人们有理由相信他们在管理方面有较高的能力。专业化和在管理上的高胜任能力,使得对不确定项目的评估相对容易一些。

即使如此,由于风险投资的大多数投资对象都是存在严重信息不对称的高科技创业型企业,为避免因为缺乏信息而造成错误,选择或者投资过程中监督不力等因素,风险投资机构也需要频繁地交流信息,印证相互对某一投资项目的看法以及对行业最新状况的了解。这种频繁沟通实际上是一种非正式交流的学习过程,虽然由于通信技术的发展,许多信息的沟通无须通过见面就能够做到,但是,在对投资项目的企业家能力的评价等重大议题方面,空间距离依然构成了很大的障碍。风险投资家出于提高项目甄别能力和互相学习的需要,使他们倾向于将公司选在邻近其他伙伴公司的附近,形成集群或扎堆的现象。这样一来,大家可以随时见面,沟通信息,交流看法。事实上,很多重大的风险投资项目都是风险投资家在车库见面或者共进早餐时敲定的。地理位置的邻近,往往为风险投资家之间的非正式交流提供了方便。

此外,由于创业项目的高风险性,风险投资机构为了降低风险,通常会根据一个创业项目生命周期的不同阶段而采用分阶段投资(Staged Financing)的方式,所以当一个投资阶段结束后,判断能否进行下一阶段投资则成为风险投资家决策的关键问题。风险投资机构集群在同一地方,有助于上述问题的解决,因为对正在实施过程中的项目的前景进行判断,往往需要的是具有处理高度意会(Tacit)和不易数码化(Codified)的隐性知识和信息的能力。

所谓隐性知识(Tacit Knowledge),是指在实践中感觉、领悟,通过直觉思维洞察而来的知识,是难以从书本、说明书或正规教育中获得的。隐性知识在实际生活中是大量存在的,它们常常带有特殊性和具体性,而非普遍适用的东西。从经济角度看,生产中的技艺和能力,市场前景的判断与人才的选择,在何处向何人取得需要的知识,如何融资,如何开拓市场,如何取得投资者、供应商和消费者的信任,企业内部的秘密和诀窍等,都属于这类知识。

从社会实践来看,由于非正式交流具有环境比较宽松、自由和积极,交流的内容覆盖面广,交流各方表达的方式多样,交流的频率比正式交流的频率要高得多等特点,非正式交流这种低成本的交流方式往往可以传递巨大的信息量,起到丰富信息和知识的作用,是学习和获悉隐性知识的重要途径。进一步讲,非正式交流在促进知识创新方面更加有效,因为:第一,在非正式交流中,充分利用社会网络的沟通功能与碰撞效应,可以激发出大量的创新,非正式交流中大量的信息以及各种思想、主意的碰撞,是产生创意的条件和重要手段;第二,非正式交流增加了每个人所拥有的知识量,从而加速了知识的创新;第三,非正式交流促进了隐性知识向显性知识、编码化知识的转换,改变了知识的存在形态,同时,知识形态的改变又加速了知识的扩散速度。

不难看出,集群和地理上的邻近,造成双方距离的缩短和拉近,为风险投资家获得隐性知识提供了载体,使得风险投资家这些专业人士在一起形成了一种"实践",亦即技艺高强的工匠的那种只可意会不可言传的技术诀窍。风险投资家们通过各种形式的非正式交流和集体学习来分享洞察力和判断力，他们发展并传播了那些最丰富和最专门的知识。难怪日本著名经济学家青木昌彦要赞叹道，“硅谷模式的独特性不只在于风险投资家提供风险投资的能力，而是更多地在于他们能够以演变的而不是事前设计的方式，选择那些最终能成为创新性产品系统的样板产品的项目，同时能够在早期阶段拒绝向那些失败的项目再融资。来自经验的知识和判断，加上高度专业化的技能，是风险投资融资和治理结构必备的条件。风险投资家的信息加工能力表现在将原始的属于隐性的知识（不确定的创新机会）最终转化为明文的知识形式（如收购合同或股票上市文件）。”

由此可见，风险投资的最大风险不仅在于技术风险，更重要是来自于对产品的未来市场的判断风险。在纸上看似一个很好的创意（Ideas），有可能在技术上很难设计和生产。即使产品出炉，也要面临市场竞争和市场对产品的需求问题。诸如此类，从创意到产品研发，到市场销售，再到公司赢利，这里面隐含着太多的不可预测性，许多成功的信息都是随着项目进展的不断深入才逐渐积累并日趋清晰的。因此，对于这种意会性的隐性知识，只有对其中的每一个环节和细节都了如指掌并具有实战经验的人，才有可能取得最后的胜利，这也是出色的风险投资家的过人之处。

（三）区域集群可以降低风险投资的监控成本和代理成本

区域集群既可以提高风险投资家提供增值服务的机会和效率，也可以降低投资过程中的监控成本和代理成本，从而达到分散投资风险之目的。

风险投资机构投资于高科技创业企业后，所面临的投资风险既包括不确定性因素带来的技术风险、市场风险、销售风险，也包括企业家因信息不对称和合约不完全性产生的机会主义行为和代理风险。为了控制、降低和分散各种外在技术风险、市场风险和销售风险，风险投资家不仅向创业企业提供必需的资金，还积极参与企业的各种活动，帮助企业进行管理、经营，对企业提供重要的咨询、信息和帮助。风险投资家的这种作用，在高科技企业的早期融资中表现得特别明显，也特别重要。因此，有人将风险投资家的这种作用称之为“硅谷企业家的教练”。

很显然，为了提高增值性服务的机会、效率和质量，距离这一地理因素成为风险投资家进行决策时的重要参考标准之一。实际上，硅谷的风险投资机构很少在硅谷以外投资，而且许多风险投资家还明确表示，他们不会投资于那些离他们的办公室距离超过两小时车程的公司。同时，与企业之间临近也能让风险投资家能够及时对发生问题的企业进行处理，避免因为处理时机太晚而蒙受巨大损失。在高科技企业聚集的地区办公，考虑邻近地区的投资机会，对地理上邻近的企业进行投资,无疑是风险投资家的最优选择。

尽管风险投资家在对创业企业提供增值性的服务时,会给企业发展带来许多好处,然而风险投资家对企业的介入和干预,也必然与企业家发生矛盾,引发各种冲突,风险投资的最终成功,还需要风险投资家处理好与企业家之间的委托—代理关系。因此,风险投资过程中的监控成本和代理成本都很大,如果风险投资家距其所投资的企业较近,那么由频繁视察和深度参与所引起的监督成本就会降低。更重要的是,硅谷有大批的职业经理人,在风险投资家认为企业家不能承担 CEO 重任时,他们就会在周围很快找到合适的人选,替代原来的创业者,以避免企业陷入困境。

此外,针对大型的创业项目,风险投资家为了减少投资的不确定性,采取的主要方法是,通过风险投资机构网络,以联合投资方式进行投资。联合投资允许一大批风险投资家去筛选潜在的投资项目,从而减少了投资在劣质项目的可能性。风险投资机构的集群,使风险投资家之间的联合投资在时间和效率上都极为划算,从而大大降低了项目的投资成本。

(四)区域集群可以降低风险投资的退出成本

区域集群可以促使风险投资家有效利用网络优势,提高项目成功的概率,降低风险投资的退出成本。

尽管地理邻近性是促成风险投资集群的重要原因,但是距离和地理因素并不是硅谷适合风险投资发展的唯一因素。事实上,硅谷是由一个相互联系、相互支撑的制度群体和关系网络所组成的"栖息地",这才是风险投资聚集硅谷的重要制度因素。在这个关系网络中,主要有投资银行家、律师、会计师、咨询机构、企业家、工程师以及天使投资者等。硅谷关系网络形成的高效市场制度,使得硅谷地区的制度环境和市场环境远远优于美国其他地区,因而从总体上降低了风险投资的运营成本。

投资银行家是硅谷关系网络中一个重要的专业阶层。在硅谷地区出现了许多新的投资银行,它们非常擅长为高科技公司进行融资。其中,最有名的有汉鼎、Robertson,Stephen and Company。这些投资银行与风险投资家紧密合作,其中许多投资银行还设立了自己的风险投资基金,深入考察创业企业,并参与那些融资的创业企业,为之提供投资银行服务的公司后期融资活动。投资银行家优质高效的服务,加快了风险投资的退出过程,降低了风险投资的退出交易成本。

同样,风险投资家还会与一些律师事务所建立密切的关系,这些律师事务所专门提供创业企业需要的服务。有经验的律师事务所的介入,可以为风险投资家和创业者达成协议节省大量的时间,免除许多不必要的麻烦,从而大大提高了融资效率，节省了交易成本。

风险投资家还经常利用一些会计师事务所和管理咨询公司，这些公司有为创业企业服务的专门人才。在招聘高级管理人才方面，风险投资还会求助于专门的猎头公司。所有这些专业机构为风险投资家和创业家的工作提供了便利，使他们可以以外包的方式获得标准化的服务。

工程师、企业家和投资人的关系网络对风险投资的发展同样起了关键作用。这些网络网罗了其他地区的大量企业家、风险投资家、管理人才和服务提供商。直到 20 世纪 80 年代初，硅谷风险投资家主要来自产业界出身的人，而不是来自有金融背景的人。因此，风险投资家在硅谷比在美国和世界其他地区扮演着更积极的角色。

天使投资者和风险投资家之间的“共生”关系，也是风险投资集中于硅谷的重要因素。尽管天使投资者将自己的财富投资于创业家的企业，但他们与创业家并没有直接的亲戚关系，投资前也不是朋友关系。与风险投资家一样，天使投资家拥有企业的股权，并希望获得丰厚的回报。天使投资家之间有很多共同点，但在 20 世纪 90 年代，一群特殊的天使投资家在硅谷占据了重要地位，这就是那些成功的高级管理人员，他们从自己创建的公司上市中获得了巨额财富。由于种种原因，许多创业家和高级管理人员在企业成功地进行 IPO 几年后，就离开了他们的公司。由于他们对创业的过程了然于胸，再加上他们的行业经验，这些高级管理人在向下一代创业者进行投资方面拥有独特的优势，而且可以提供数百万美元的资金，但他们不可能也没有能力一直向创业企业提供资金，直至企业上市。正因为如此，风险投资家希望与天使投资家保持密切的联系，以便参与一系列交易。天使投资家虽然并不能完全代替风险投资家，但他们经常可以成为风险投资家进行投资和选择优秀项目的“指针”。

总之，硅谷形成的网络效应，使得风险投资家作为专业金融家，与律师和投资银行家等其他专业人士之间形成了一种“共生”关系。从某种程度上看，这种关系是市场规律作用的结果。因为从市场规律的角度看，专业化总是受制于市场规模，而大量的创业活动有利于专业化程度的提高。同时，地区性制度的相互作用和网络内部的不同机构间互相交流，可以形成一种反馈机制。这种反馈机制可以创造一种凝聚力，从而使整体的力量和价值远远高于个体单纯加总的力量和价值，形成 $1+1>2$ 的效应。然而，这种区域集群的网络效应，只有在这些相互独立的组织在位于相近的地理位置时才会发生。

正是由于硅谷集聚了大量的风险投资机构，促使硅谷的创新企业有一种先动优势。有调查表明，硅谷的创业企业完成第一轮创业融资需要 11.6 个月，比全美新创企业平均水平快 6 个月。先动优势使得硅谷的高科技创新企业有更多的机会生存、发展、壮大，赢得了创新转化为商品的宝贵时间。从风险投资家对距离和地理邻近性的重视上，可以充分体会到高度的相互依存性对创造集群经济和区域创新能力的作用。

第三节　风险投资与区域发展

美国风险投资行业在地理上的集中，对区域经济发展产生了重要的推动作用，可以说是形成区域创新的主要动力之一，是硅谷经济高速发展的发动机。具体来说，风险投资的区域聚集对区域经济发展有以下几个方面的影响。

一、风险投资推动了技术创新

风险投资对技术创新有明显的推动作用，加快了科技创新的商业化过程。风险投资通过对高科技企业的投资，促进了科技创新，加快了技术进步的步伐，从而促进了经济增长。风险投资的出现，对现代人类生活和工作产生了深远的影响，20 世纪人类社会最重要的三大科技成果（可编程电子计算机、晶体管及 DNA 技术）在走向商业化的发展过程中，风险投资都发挥了至关重要的作用。尤其是 20 世纪 70 年代以来，硅谷一大批受到风险投资扶持的中小型企业主导了美国经济发展的潮流，它们中的许多公司在经历了严峻的市场考验后取得了巨大的成功。当今 IT 行业中的许多知名企业，如苹果、英特尔、雅虎等，都曾接受过风险投资，如今都已经成为业内的佼佼者，分别领导了自 20 世纪 80 年代以来的软件和互联网浪潮，为社会创造了惊人的财富和价值，推动了生产力的发展。风险投资的这种作用，堪称“经济增长的发动机”。

风险投资的过程本身，就是一个不断培育企业、促使其不断成熟的过程。对于硅谷地区来讲，风险投资对高技术产业的推动，并不仅仅表现在塑造一两个成功的高科技企业，更重要的是在激烈的竞争氛围下形成一种“一马当先，万马奔腾”的气势，促进高技术产业的诞生和成长。威尔森认为，“生于纽约，养于波士顿，几乎窒息于华盛顿，风险投资没有真正成年，直到它们来到加州与性急的年轻人技术人员为伍，他们利用硅片创造了与 20 世纪产业革命具有同样意义的信息革命”。美国斯坦福大学国际研究所所长 W. 米勒曾经说过：“在科学技术研究早期阶段，由于风险投资的参与和推动，使得科学技术研究转化为生产力的周期由原来的 20 年缩短了 10 年以上。”

目前，世界前 100 家电子和软件公司当中，有 20% 在硅谷扎根。美国前 100

家成长最快的公司中有30%出自硅谷。从20世纪90年代中期的统计数据看,硅谷每年的技术专利高达3 500多项,比波士顿地区高出50%。2001年,技术专利已经达到了6 800多项,大量的技术成果不断地转化成商品,造就了硅谷高科技产业的繁荣昌盛。从表10－5显示的硅谷20年间40家最大的高科技企业变化情况,我们可以看出,惠普、英特尔、思科、太阳、甲骨文、3Com等一大批硅谷的高科技企业,实际上就是美国高科技企业的龙头,硅谷的高科技企业是美国高技术产业的一个缩影。

二、风险投资推动了高科技产业集群的发展

通过对高科技产业的投资,风险投资催生了一大批高科技企业,推动了高科技产业集群的产生和发展。

由于风险投资的支持,硅谷具备了源源不断地产生新产业和产业集群的奇异能力。在风险投资的支持下,渴望创业的员工不断脱离老公司,加入和成立新公司,不仅崭新类型的公司得以产生,老公司也得以送旧迎新。在20世纪90年代,从苹果公司衍生的小企业达71家,从思科公司衍生的小企业达35家,惠普公司、英特尔、甲骨文、太阳等分拆和衍生的公司分别高达99家、68家、57家、79家。通过原有的科技企业不断分拆和衍生,形成了各种高科技产生集群。表10－5所列的硅谷九大产业集群,都是在风险投资的扶持下发展壮大的。产业集群的发展则直接推动着区域经济的发展。

表10－5　硅谷的产业集群

产业集群	最初的创业企业
快递行业	联邦快递
商业零售业	Home Depot and Staples
计算机在线销售	苹果、戴尔
计算机操作系统	微软
生物技术	基因技术公司
互联网服务	美国在线、思科、太阳、雅虎、3COM
软件	甲骨文
芯片	英特尔
医疗器械	惠普公司

资料来源:张景安等主编:《企业精神与创新集群》,复旦大学出版社2002年版,第201页。

三、风险投资促成了新的商业模式

风险投资对创业企业的投资,不像传统资本那样谋求长期持有,他们在创

业企业成功后,往往会将采取 IPO 或者收购的方式,退出创业企业。硅谷的风险投资家们创造出了硅谷创业企业的两种新的商业模式:

第一种新的技术创新商业模式,是风险投资家将创业企业迅速 IPO。表 10－6是硅谷创业企业的 IPO 情况,从中可以看出,硅谷企业 IPO 占当年 IPO 的比例最低为15.79%、最高 37.13%。通过 IPO,风险投资家收回了资金,并且获利颇丰。苹果、思科、雅虎等都是采取这种模式。风险投资家通过硅谷创业企业的 IPO 与证券市场形成互动,为股票市场开创了新的发展模式。例如,网景公司就是第一个没有业绩而上市的企业,从此开创了用股票市场去评价和承担高科技商业风险的新规则;而 2004 年上市的 Google 则采用股票拍卖的方式发行和定价。创业企业的 IPO 创新,有力刺激了股票市场的发展,而股票市场的发展和繁荣,又促使更多的资金投资于创业企业,从而形成风险投资—创业企业—证券市场相互支持和互动的新局面,大大加快了技术创新和技术扩散的步伐,形成了新的技术创新商业发展模式。

表 10－6　硅谷创业企业 IPO 情况

年份	全美 IPO 数量	硅谷 IPO 数量	比例(%)
1993	216	45	20.83
1994	171	27	15.79
1995	209	66	31.58
1996	281	67	23.84
1997	140	32	22.88
1998	79	24	30.38
1999	272	101	37.13
2000	262	82	31.30
2001	41	14	34.15
2002	24	5	20.83

资料来源:根据 Venture Economics 数据整理。

第二种新的技术创新商业模式,则是大公司和风险投资家发展成为共生共存模式。诸如思科、英特尔等大公司,通过收购一批风险投资培育出来的最佳的创业企业,得以提升其无形资产、智力资源,而把前期阶段研究开发留给明显更适于管理这类风险的风险投资家,与这些公司分享分销渠道和消费者。与此同时,创业企业及其企业家则不去开发品牌、销售渠道,也不进行相关支持性活动,以节省时间,降低成本,规避风险。这种成熟的风险分担方式正在成为越来越常见的商业模式。

四、风险投资促进了区域发展

风险投资促进了中小企业在硅谷和美国其他创新区域不断诞生。新的企业不断出现,相应地创造了新的就业机会和就业岗位。表 10 - 7 显示了 1970—2000 年这 30 年间,美国风险投资对区域经济的影响。这 30 年中,美国风险投资共投资2 733亿美元,创造了 760 万个就业岗位。

表 10 - 7 1970—2000 年美国风险投资对区域经济的影响

州 名	累计风险投资(100 万美元)	扶持的创业企业 2000 年的销售收入(100 万美元)	扶持的创业企业 2000 年的就业人数(人)
加利福尼亚	108 810	207 616	1 415 748
马萨诸塞	25 986	48 848	381 433
得克萨斯	17 189	158 183	676 158
纽约	16 070	65 848	369 314
科罗拉多	9 881	14 565	62 971
新泽西	9 138	38 151	260 114
华盛顿	7 383	75 392	263 585
弗吉尼亚	7 215	35 689	207 777
宾夕法尼亚	7 187	58 037	424 652
佐治亚	6 435	62 797	338 188
所有州合计	273 300	1 300 000	7 600 000

资料来源:William L. Megginson,2004. Toward a Global Mode of Venture Capital, *Journal of Applied Corporate Finance* 16,8 - 26.

在硅谷,创新产业吸引了风险投资公司,而风险投资家的出现则从全国和世界各地吸引了企业家,就业相应增长,1998 年硅谷增加了约19 400份新工作。风险投资家对创业企业的资助是硅谷经济获得成功的一个核心因素。表 10 - 8 是 1980 年至 2001 年硅谷创业企业就业情况。

表 10 - 8 硅谷 1990—2001 年就业情况 单位:人

行 业	1990 年就业人数	1990 年存在企业 2001 年就业人数	2001 年就业人数	1990—2001 年就业增长	1990 年存在的企业就业增长	新企业就业增长
生物科学	46 815	36 243	51 854	5 039	- 10 572	15 611
计算机/通讯	114 617	104 956	150 974	36 357	- 9 661	46 018
国防/空间	68 527	22 251	27 567	- 40 960	- 46 276	5 316
环境	2 851	3 246	8 342	5 491	395	5 096

续表

行业	1990年就业人数	1990年存在企业2001年就业人数	2001年就业人数	1990—2001年就业增长	1990年存在的企业就业增长	新企业就业增长
半导体	79 630	83 701	103 443	23 813	4 071	19 742
软件	48 529	42 955	114 639	66 110	-6 574	72 684
创新服务	100 217	65 389	112 150	11 933	-34 828	46 761
职业服务	73 402	56 288	103 856	30 454	-17 114	47 568
总计	534 588	414 029	672 825	138 237	-120 559	258 796

资料来源:张景安等主编:《企业精神与创新集群》,复旦大学出版社2002年版,第224页。

五、风险投资促进了区域创业活动

风险投资在区域内更重要的作用在于,由于风险投资家的参与,培养了创新文化,给创业者提供了一个创业的机会和平台。

在追逐最新科技和市场机会的过程中,大多数高科技企业会失败,一个让不成功的企业家蒙受羞辱的环境,如果风险回报又不够高,就会是创业的巨大障碍。而在硅谷,风险投资家对创业企业的参与,为创业家提供了一个试错机制,这种试错机制鼓励冒险,允许和容忍失败,使中小企业能够有将自己的技术、思想、发明转化为实际产品的机会。风险投资家会将创业家的失败视为一次创业学习的经历,这种宽容态度,使不少企业家失败后又成功地东山再起。例如,伊拉汉(Kamran Elahian)是硅谷的一位著名的创业家,他同时也是6家公司的联合创始人。但他的创业经历并非一帆风顺。继CAE Systems和Cirras Logic两家高科技企业成功之后,伊拉汉在Momenta铩羽而归。但这次失败,并没有影响这位创业家后来创建的另外3家公司获得风险投资的支持。他创建的Centillium Communications是一家开发通信芯片的半导体公司,到1999年,已经进行了三轮融资,共获得6 000多万美元的风险投资。

"我们容忍失败"是硅谷最受人欢迎的经典名言之一。对硅谷的人来说,风险似乎是稀松平常的事,冒险可以说是家常便饭。可以说,硅谷代表着20世纪末的美国梦,就像过去美国西部的淘金热潮一样,是一种戏剧与神话心情的结合,是一种时代的文化。而创造这种文化的功臣之一就是风险投资。

可见,风险投资家倡导的鼓励冒险、容忍失败这种独特的硅谷创新文化,对硅谷的创新精神和创新环境的形成起到了十分重要的作用,它给大量的创业者提供了创业的机会和平台,也鼓励和带动了一批又一批观望者加入了创新的队伍,使硅谷地区的创新像波浪一样不断涌现。

案例

产业集群:中关村与硅谷之比较

北京中关村是我国智力资源最密集的地区,不管承认与否,一提到中关村,人们自然而然地就会想到大洋彼岸的硅谷。把中关村与硅谷做一番比较,是件很有意义的事情。

一、创新资源与创新效率的比较

从绝对数量来看,北京中关村地区的科技、智力资源密集程度在世界上也是少见的,即使与美国的硅谷相比,也并不逊色。中关村地区拥有以北大、清华为代表的各级、各类高等院校68所,以中科院研究院所为代表的各级、各类科研机构213家,在校学生30万人,两院院士人数占全国的36% ,技术人员有50多万人。然而,中关村的知识、智力、人才密集情况与硅谷相比又有自身的弱点,表现为:中关村尽管有不少回国创业的留学生,但基本上来自国内各个地方,以中国人为绝对主体,又大多局限于技术领域;而美国硅谷则不同。不同国度的各类人才汇集于此,真正来自世界各地,种族多元化、文化多元化以及人才结构多元化是其显著特点。目前硅谷32%的人口是美国以外出生的,20~45岁的年轻人占了一半以上,其人口构成中,49%为白人,24%为西班牙语系,23%为亚裔,4%为黑人。亚裔员工中,51%为华裔,23 %为印度裔,13%为越南裔,华人和印度人创办的高科技企业占硅谷总数的23%。外国移民源源不断地涌入,为硅谷输入了新的人才、成果和创意。

中关村科技园区与硅谷相比,更主要的差距体现在创新效率上,表现为:R&D投入密度不足,2003年,中关村R&D投入仅占技工贸总收入的4.5%;R&D支出增长过于缓慢,园区的拳头产品数量少,特别是缺少拥有自主知识产权的国际名牌产品,在国际市场上占有率不高;技术层次不高,自主技术偏少,没有或者缺乏自己的核心技术,在一些关键性技术,如芯片、网络等方面,受制于发达国家;申请专利数少,尤其是在国际上申请的专利数更少,1996年硅谷地区注册的专利数量位居世界第四位,以每天几十项的高技术成果推动世界科技的发展,从而确立了世界最大的科技创新中心的地位。

二、产学研关系的比较

在硅谷,大学、研究机构与产业界有着广泛的联系,如产业合作计划、荣誉合作项目等,真正形成了创新互动。硅谷的大学鼓励与产业界进行交流,鼓励教师和学生创办企业。硅谷中与斯坦福大学有关的企业(即斯坦福的师生和校友创办的企业)的产值就占硅谷产值的50% ~60% ,反过来,企业也出资支持大学的科研,大学与产业部门互相依托、互相促进,使得教学、科研、生产三者协调发展。尽管斯坦福大学、伯克利大学与硅谷的企业有着很紧密的关系,然而,这些大学既不会自己办企业,也不会强迫学者成为企业家,大学主要的责任是为社会培养人才、提供技术,在硅谷不存在"校办企业"的概念。

从中关村来看,大学、科研机构与产业界还远未形成产学研互动的关系。一是这些科技资源条块分割的现象没有彻底打破。几十所高校和众多科研院所,分别隶属于中央不同部门和北京市,隶属关系制约着相互之间的交流、协作与联合,特别是中央资源与北京市之间尚未建立起广泛、有效的联系和合作渠道。二是科技与经济脱节问题没有得到根本解决。科研院所和高等院校虽然可以提供科技成果,但由于不少研究与市场之间存在距离以及技术市场发育的不成熟,使其成果的转化率不足10%。三是科技资源配置的市场化程度低,包括人才、技术、资本在内的要素市场发育程度不高,科技资源的有效配置机制远未形成。

硅谷的公司对行业与社会关系网络的建立非常看重。在硅谷,与未来产品及公司竞争有关的信息是很难保密的,硅谷很多非正式的聚会场所如餐厅、咖啡、酒吧、各种各样的讨论会等为各公司的经理人员、工程技术人员交流信息提供了便利,硅谷的一些协会也起到了十分重要的作用。而中关村还未形成开放团结的社会关系网络,一些企业家存在着"小富即安""占地为王"的思想,他们更关心怎样使企业离不开自己,生怕企业发展壮大后无法控制。一些企业只是埋头经营自家的"一亩三分地",不愿与其他企业联手发展,因而园区大中小型企业之间至今也没有建立起分工与协作的关系。

三、投融资体制的比较

中关村科技园区与硅谷的投融资体制相比,支撑高科技产业发展的风险投资体系与机制的差距悬殊。硅谷的风险投资经历了二三十年的磨炼,已经非常成熟。在斯坦福大学附近,有一个叫桑德西尔大街3000号之处,虽仅有几幢小楼房,但大约美国一半的风险投资公司都在这里,云集着300多家风险投资公司,每年投入近100亿美元的风险投资。1990—1998年,硅谷风险投资额年均增长率达300%,1999年硅谷吸引的风险资金达130亿美元,占了美国风险投资总量的1/3,全世界风险投资的1/6,并且90%以上的资金来源于民间。硅谷的风险资金为硅谷企业创新和创业提供了保障,从20世纪60年代的英特尔到90年代的雅虎,都能看到风险投资施展的魔力。硅谷的风险投资公司不仅仅提供风险资金,而且要对高技术公司提供各种经济技术咨询服务。从中关村科技园区来看,目前对高新技术企业提供资金支持的主要有高科技创业基金、科技成果推广基金、专利实施基金、高新技术产业发展融资担保资金、北京市中小企业担保资金、北京高新技术企业担保风险金等，这些资金是以政府为主导成立的，不仅在数量上很难满足大量科技创新企业的需求，而且严格地说不是风险投资基金，根本就没有风险投资的运作机制。中关村虽然已经成立了一定数量的风险投资公司，如由中美合资北京太平洋优联技术创业公司运作的风险投资基金，但真正的风险投资行为却极少。因此，进一步推进投融资体制改革，建立风险投资机制是中关村科技园区再发展的重要前提。

四、企业制度与管理模式的比较

美国硅谷之所以具有持续的竞争活力，在企业制度与管理方面形成的优势起到了突出作用。具体而论，这种优势主要体现在三个方面：

第一，适应高技术产业技术变化速度快、产品生命周期短和开发成本高的突出特点，广泛采用了开放型、网络化的生产结构。实践证明，这种新型生产组织形式有效地规避和降低了将研、制、销集于一身的高昂成本与巨大风险，实现了成本和风险的社会化，提高了企业对多变市场和技术的反应能力，强化了企业间的横向联系和信息交流。

第二，不失时机地推进企业内部激励机制与管理的创新，建立了股票期权、共同决策与管理、部门分权与平等化的制度，充分体现了以人为本和确认人力资本产权的核心地位思想。这种管理模式的典型代表是 Hevleo-PA 公司的管理模式，简称 HP 模式。

第三，硅谷地区建立和培育了新型的产学研关系和非正式组织系统。硅谷的工业体系以这个组织体系为基础，各公司之间开展激烈的竞争，同时又通过非正式交流与合作相互学习，松散的班组结构鼓励公司内部各部门之间以及部门与公司外的供应商、消费者的交流。中关村与硅谷相比，没有发育出成熟的企业制度，表现在：因传统文化的思想和计划经济的观念仍然存在，开放型、网络化生产结构并没有形成；股票期权、共同决策与管理、部门分权与平等化的制度只是在部分企业初步实行；新型的产学研关系因体制梗塞运行效果不佳；一套新的制度安排和规范的行业游戏规则还没有被企业广泛接受。值得注意的是，中关村至今还有不少企业被产权问题所缠绕，更不用说建立一套适应高科技企业发展的制度，这是严重阻碍中关村老企业向产业化、国际化迈进的核心问题。

五、政府作用的比较

在硅谷的发展史上，美国政府也确实发挥了一些作用，主要体现在加强基础研究与教育的投入，为高科技企业的创立提供良好的法律环境上，但硅谷的成功绝不是美国政府法规或政策成功的产物。

在中关村科技园区的发展中，政府作用的强度和范围远远超过硅谷，在基础设施建设、园区发展规划、产业培育、优惠政策提供、园区招商引资、产业发展、企业创业资金建立、建设科技孵化器和各种专业园、高新技术企业认定与表彰奖励、园区社会事务等多方面,政府都起着主导作用。可以这样说,中关村科技园区是典型的政府规划和政府主导的产物,园区的管理机构就相当于一级政府。这种政府强有力的作用充分体现了我国想利用中关村知识技术密集的优势,把高新技术产业发展得更好的愿望。鉴于我国的国情特点,政府的作用强一些无可厚非,关键是要认识到这种作用与计划经济体制下政府的作用应当有根本的不同:政府不应该再直接组织、指挥和操办高技术产业,不应该为企业规定发展方向、产值和利润目标,而要着重为包括技术人才和经营人才在内的各种专业人才创造适宜的环境。

六、创业文化的比较

硅谷形成了一套有利于高新技术企业创业的独特文化,这是硅谷成功的精髓。美国学者安纳利·萨克森宁在其著作《地区优势——硅谷和128公路地区的文化与竞争》中认为,单纯从技术和人力资源角度,不能区别硅谷与128公路地区的优劣,它们之间的根本差异在于硅谷具有一种更适合高技术企业发展的机制和“文化氛围”。在硅谷盛行着善于创新、敢冒风险的价值观念。硅谷有着成千上万的创业家在“游动”,他们以创业为工作,以创业为乐趣。硅谷人的生活和工作观就是“活着为了工作”。硅谷人是工作狂,他们把工作本身看作是乐趣。硅谷人往往能慧眼识珠,不会放过任何一个出色的技术成果,往往又收放自如,能以最快的速度拉来风险投资,功成身退。许多硅谷的技术人员和企业家认为:只要抓住机遇,勇于冒险,机会将会永存,即使失败了也没有什么关系。硅谷文化强调知识共享、相互学习和交流,特别是非正式的交流非常活跃,咖啡馆、俱乐部、舞厅、健身房、展示会、因特网都是交流的好去处。硅谷文化还对员工跳槽和公司裂变给予足够的鼓励和宽容。

近年来,许多回国的留学人员到中关村地区创业,也将西方的价值观念、道德规范、思维方式等文化带入中关村,各种文化相互交汇、碰撞、交流、融合,从而形成了一定的中关村独有的区域文化。然而,在以中国文化为本源的中关村文化中,还不可避免地带有中国传统文化的局限性,形成先进与落后、创新与守旧两种文化之间的矛盾与冲突,具体表现为:高新技术企业要求的“以人为本”和网络化、扁平式的知识管理与以行政权力为轴心、“官本位”、“等级制”的价值观念形成的矛盾;高新技术企业发展所要求的团队精神、合作意识与“宁为鸡头,不做凤尾”“一山不容二虎”的文化观念形成的冲突;高新技术企业发展所要求的规范化、法制化的制度管理与“家族式管理”“裙带关系”形成的文化冲突;高新技术产业发展所要求的尊重知识、保护知识产权,与“缺乏诚信”、侵权盗版盛行等形成的文化冲突；高新技术产业发展需要的不畏风险、敢于创新与传统文化中“枪打出头鸟”的守旧、中庸、惧怕冒险的文化观念形成的冲突，等等。这些都说明，适宜于创新与创业，既吸收硅谷等世界先进科技园区的文化，又具有中国特色的中关村文化还需要进一步确立、弘扬和发展。

通过以上比较可以看出，政府主导的力度比硅谷大是中关村科技园区明显的特色，中关村科技园区与硅谷的共同点是：创新资源均丰富，主要集中于信息产品的研究、开发和贸易，而发展硬件制造业的任务向外转包。中关村科技园区与美国硅谷相比存在如下差距：①创新效率低下；②产学研创新互动局面远未形成；③风险投资机制还未真正建立起来；④企业制度不成熟；⑤社会资本薄弱，创新文化的氛围不浓厚。

总之，中关村科技园区与硅谷的差距基本上是全方位的，中关村要发展到硅谷那样的水平还有很长的路要走。但由于我国的国情与美国不同，并不能要求我国中关村全方位复制美国硅谷的模式，但与此同时，又要看到硅谷发展成功的经验的确揭示了高新技术产业化与高科技园区发展的科学规律，中关村科技园区在未来的发展中要借鉴这些经验，尊重科学规律。

复习思考题

1. 美国硅谷发展与风险投资的内在关系有哪些？
2. 简单概括一下硅谷的创业文化。
3. 风险投资与硅谷中高新技术企业之间的关系如何？
4. 什么叫产业集群？
5. 风险投资集群的特点有哪些？
6. 风险投资区域化集中的成因有哪些？
7. 风险投资对区域发展的作用有哪些？

第十一章

风险投资的国际化

本章提要

本章主要以美国的风险投资的国际化为例，讲述风险投资国际化的动因、特点和模式，并分析了美国风险投资模式国际化的意义。

学习要点

了解美国风险投资国际化对东道国的影响。

掌握美国风险投资国际化的动因、特点和进入模式。

第一节　美国风险投资的国际化

美国风险投资的国际化有两层含义：一是美国风险投资公司走出国门，在世界范围内进行投资活动；二是美国风险投资模式的国际化。

一、美国风险投资公司在世界范围内的投资

（一）美国风险资本的国际化输出

美国风险投资的国际化源于20世纪80年代，以直接投资的方式进行，并与跨国并购相结合，到90年代末已经初具规模。目前，风险投资的国际化已经成为经济全球化一个重要的组成部分，是高科技产业跨国发展的直接推动力。

经过20世纪90年代以及21世纪初的发展,美国风险投资的国际化已经达到非常高的程度。美国风险投资协会(NVCA)在2005年一份调查报告中提到,在未来的5年内,美国本土风险投资业在全球范围内开展投资活动的风险投资公司比例将由现在的11%增加到20%。其中,42%的公司表示会与在当地的投资者合作,39%的公司计划与当地有国际风险投资经验的风险投资公司建立战略性合作关系,30%的公司计划在全球范围内的目标区域开设办事处。

根据这份调查,未来5年内全球最大的投资区域将是中国(20%)、印度(18%)、加拿大和墨西哥(13%)、欧洲大陆(13%)、以色列(12%)以及英国(11%),美国的风险投资公司也正是把目标锁定在这些地区。

1. 美国风险资本对以色列的投资。以色列有70%左右的风险资本来自国外,主要是美国,占55%;来自亚洲的风险资本比例正在上升,占20%;来自欧洲的占15%。如表11-1所示。

表11-1 以色列风险投资来源于境内外的比重 单位:%

年份	1997	1998	1999	2000	2001	加权平均①
境内	29.8	44.6	39.2	32.6	44.1	36.3
境外	70.2	55.4	60.8	67.4	55.9	63.7

注:①按年度投资额占投资总额所占比例加权。

资料来源:普华永道(PWC)Money Tree。

从表11-1可以看出,除1998年和2001年来自以色列本地的风险投资数量占44%以上,其他年度来自境外的风险投资数量都超过了60%,1997年甚至达到创纪录的70.2%,其中大部分来自美国。从1997—2001年的加权平均数看,来自境外的风险投资的比重达到63.7%,由此可以看出,以色列风险投资主要来自境外。而有的数据甚至支持这样的观点,即以色列风险投资的数量来自境外的比重更大,如有杂志估计以色列约有70%~80%的风险投资来自境外,其中90%又都来自美国。

这些资本主要投资于技术部门,因为以色列虽然是一个小国,人口只有600万,但以色列的科学技术却十分先进,也是仅次于美国和加拿大,在美国拥有最多上市公司的国家。之所以如此,很重要的原因之一就是,以色列没有国内市场,为了争夺国际市场,必须加强科技投入,那些企业在成立的第一天起就把目标定位于国际化,要与美国和其他国家的大公司竞争。

2. 美国风险资本对欧洲的投资。欧洲是传统的经济发达地区,有着雄厚的科技开发力量和活跃的资本市场,欧洲风险资本的国际化市场也比较发达,2003年,欧洲筹集到的资本有72%来自欧洲境内,28%来自欧洲以外的国家和地区(其中22.1%来自美国)。还有一份2004年风险资本全球直接投资流量的数据表明，美国87%的风险资本投资于本国的新兴成长型中小企业，9%投向欧洲地区。

3. 美国风险资本对亚洲国家的投资。20世纪90年代以来，亚洲的经济增长开始加速，美国的风险投资公司也开始逐渐关注这一地区，据资料统计，亚洲有63%的风险资本来自亚洲内部，37%来自亚洲以外，主要是美国。

（1）印度。印度的风险投资主要来自美国，如表11－2所示。

表11－2 1998年印度风险投资来源构成 单位：%

国家	养老基金	公司法人	政府部门	银行机构	保险公司	私人	美国	其他
印度	0.01	1.48	7.69	34.25	0.21	2.09	51.84	2.43

资料来源：IVCA（印度风险投资协会）。

印度的风险资本主要来自美国，有两个原因：

一是在全球经济衰退的大环境下，印度迅速发展的信息产业，特别是软件业业绩仍然稳定增长，对美国的风险投资公司构成巨大的吸引力，其中，英特尔已经在印度连续投资了1亿美元。

二是硅谷等美国地区印度人口众多，如1998年美国签发的HBI签证，50%是签给印度人的，其中取得成功的企业家有的便进行风险投资，支持印度IT产业的发展。如，2000年，由两名美籍印度人创建了总额高达2亿美元的Igate基金，其中15%～20%投入印度；包括Rekhi和Bhatia等在内的硅谷有名的软件工程师精英——硅谷印度帮，积极为印度筹集风险资本；为吸引美国大的风险投资商投资印度，Rekhi等人组织了美国投资印度专题研讨会，他们的目标是每年创造30亿美元的风险投资；到2002年，印度风险投资从美国的流入量上升了30亿美元。

（2）中国。改革开放以来，中国的经济高速增长，也备受美国风险投资家的青睐。英特尔公司、哈里森公司、恒隆公司和国际数据集团公司（IDG）于1998年3月斥资200万美元，作为专项发展基金帮助中国的爱特信搜狐公司，同年5月，IDG又向中国深圳金蝶软件公司投入2 000万元人民币的风险基金。1998年10月26日，IDG公司宣布在未来7年内斥资10亿美元，在华发展风险投资基金，帮助中国发展高新技术产业。

下面再介绍一些近年来美国风险投资机构在中国的重要投资项目。

第一，美国凯雷集团。美国凯雷集团是管理高达183亿美元投资基金的全球最大的风险投资集团，凯雷下属投资于泛亚地区（包括中国）的3家基金为：凯雷亚洲合伙人，管理7.5亿美元企业收购基金；凯雷亚洲风险投资一，管理1.59亿美元风险基金；凯雷亚洲风险投资二，管理1.64亿美元风险基金。

美国凯雷集团在中国的投资项目有：①携程旅行网，于2000年11月投资，公司于2003年12月在纳斯达克上市,总部在上海。②太平洋百货公司,于2001年5月投资,业务总部在上海。③宝途国际,人造圣诞树制造商,于2002年8月投资生产。总部设在深圳。④艾德斯国际,网络储存软件开发商,于2002年8月投资,总部在北京。⑤新能源技术有限公司,聚合物锂离子电池制造商,于2003年6月投资,生产基地在东莞,总部在香港。⑥E-Power,集成电路设计公司,于2003年12月投资,总部在上海。⑦Awaken,无线内容供货商,于2004年2月投资,总部在北京。⑧聚众传媒集团,楼宇视频媒体广告公司,于2004年9月投资,总部在北京。⑨中国太平洋人寿保险公司,于2004年12月投资,总部在北京。

第二,美国华平风险投资公司。华平是世界上历史最悠久、规模最大的风险投资公司之一,管理资金达150亿美元。在过去的40年间,华平在全球所投资的公司有近500家,投资金额达数百亿美元。

华平在中国的投资项目有:①鹰牌控股公司,瓷砖和卫生洁具生产厂。②媒体世纪集团,是在中国内地和香港地区提供户外广告媒体服务的主要公司之一。华平于1996年投资于该公司。③亚商在线,是一家在中国向政府及企事业单位提供非生产性办公室采购服务的网上虚拟兼网下实体型公司。华平于1999年12月投资该公司,总部设在北京。④亚信科技(中国)有限公司,亚信是华平对中国信息技术产业的一项主要投资。2000年3月该公司在纳斯达克挂牌上市,筹得13 800万美元的资本。⑤北京港湾网络有限公司,数据网络设备公司。华平于2001年9月投资该公司。⑥上海华腾软件系统有限公司,是一家在中国专门为银行及金融机构服务的信息科技公司。华平于2000年4月向该公司投资。⑦浙江大学网络信息系统有限公司,是一家以中国中小学教育领域为软件开发和销售对象的企业级软件公司。⑧浙江卡森实业公司,中国最大的皮革加工企业。华平于2003年9月投资该公司。

(二)美国风险投资国际化的高不确定性和高风险性

首先,风险投资的过程本身就具有较高的风险,而跨国界因素又带来了附加风险,如政治风险、汇率风险和高代理成本风险等。尤其是美国对亚洲新兴国家的风险投资的不确定性更加突出,因为这些国家尚没有充分的市场条件,法律法规也不完善,经济发展相对也不稳定,如1997年的亚洲金融危机对美国风险投资的国际化进程影响很大。

其次,在风险投资的运营过程中,存在着资本的两级委托—代理问题,即投资者与风险投资家之间、风险投资家与创业企业之间的委托—代理关系,由此产生的信息不对称在创业企业运营过程中引起了逆向选择和道德风险问题。由于文化和制度的差异,这种情况在风险投资对国外的输出过程中表现得更加突出，因为在规则转变之后，人们的长期预期并不稳定，会追求短期行为，从而产生更多的委托—代理问题。

最后，作为一种股权投资，风险投资的资本增值收益是通过股权转让，退出风险投资企业来实现的，风险投资的退出问题独具特点。因此，作为一种特殊形式的国际直接投资，跨国风险投资产生的条件更具有复杂性。东道国的退出机制如何，有没有完善发达的二板市场，兼并收购的法律环境是否健全，都会时时刻刻影响着风险投资公司的退出过程。

（三）美国风险投资国际化的内部动因和国际环境

从根本上说，美国风险投资国际化就是源于对高额利润的追求。风险投资在美国出现得最早，发展得也最完善，然而我们知道，一种行业发展越充分，竞争就会越激烈，超额利润就越少。美国风险投资经过几十年的发展，各种利润率已经日渐平均化。资本天生逐利，美国的风险投资家开始把目光放宽到世界范围内，尤其是上面提到的欧洲、亚洲等近年来经济高速增长、风险投资起步较晚的国家和地区。这些地区的特点是经济发展较快，对创新产品的需求比较旺盛，相比之下，风险投资市场发育程度却很低，这就给运作已经非常成熟的美国风险投资公司提供了广泛的发挥空间，也相对较容易取得超额利润。

1. 内部动因。

（1）折中理论。折中理论是解释国际直接投资动因的一个经典理论，该理论认为，当投资主体具备了企业优势（资本优势和管理优势）、内部化优势（内部交易优势）和投资区位优势时，就会导致国际直接投资行为。这三种优势也是跨国风险投资的必要条件。

第一，企业优势。企业具备了跨国界投资的能力，其表现就是资本优势和管理优势。美国风险投资业经过几十年的发展，无论从风险投资理论、风险投资经验，还是从风险投资技术上看都具有无可比拟的优势。

第二，区位优势。投资主体在选择投资区位时，首先要考虑的是该地区风险投资业发展的环境以及风险投资退出的环境。因为只有一个地区的投资环境有利于风险投资业的发展时，大量的风险投资活动才会产生对外援资本的需求，跨国风险投资才能获利。美国风险投资国际化过程中所选择的地区都是经济高速增长的国家或地区，尽管在这些地区可能存在退出机制不健全的情况，但是美国依然有强大的纳斯达克市场对风险投资的退出进行支持。

第三，内部化优势。当跨国公司附属的风险投资公司进行跨国风险投资经营时，内部化优势就会体现出来。例如，在美国风险投资退出时，可以通过公司系统内部转让或并购，这减少了交易成本，还可以满足公司总体投资战略的要求。

(2)其他理论。风险分散理论、寡占理论和学习期权理论也可以用来解释跨国风险投资的动因。

第一,风险投资的高风险性客观上需要利用国际化分散投资,降低风险,以获取较稳定的收益。

第二,作为一种投资战略,跟随竞争对手进行跨国风险投资以维持寡占平衡,是投资者保持市场地位的一种策略。

第三,为了保持在某个领域里的技术优势,投资者需要在全球范围内搜寻最优的技术创新项目,甘愿冒着一定的风险进行跨国前期投资,以获取技术创新的投资选择权。

2. 外部环境。外部环境是影响跨国风险投资的客观因素。与一般国际直接投资相比,跨国风险投资的特殊性使其对外部环境的要求更为苛刻。

(1)国际投资环境。首先,经济全球化使得全球经济壁垒逐渐降低,从而推动了资本市场国际化的发展,风险投资的跨国界流动更加通畅;其次,对技术创新的追求,增加了对风险投资的需求,相应地也拉动了风险投资的供给,国际风险投资市场的供求关系得到了改善。

(2)东道国风险投资环境。东道国对风险投资的规制和国内风险投资业的活跃性,是吸引跨国风险投资的基础。基于对风险投资重要性的认识,许多国家制定了专项政策以吸引国际风险投资;东道国风险投资业的发达程度和集聚效应(区域集聚和行业集聚),对国际风险投资的进入起着重要的引导作用。

(3)风险投资退出环境。风险投资是靠资本的退出来实现其投资收益的,所以退出环境显得尤为重要。退出环境一般包括资本市场特别是 IPO 市场、政策环境、法律环境和国际环境等,这些因素决定了国际风险投资从东道国国内渠道和国际渠道退出的选择和效益。

(四)美国风险投资国际化的进入模式

国际直接投资的进入模式指的是投资方的资本、技术、管理技能等生产要素进入他国市场的途径以及相关的法律制度安排。传统的国际直接投资进入模式主要有绿地投资、合资企业和跨国并购,这三种进入模式都是将东道国的资产置于跨国公司(投资方)的控制之下,都涉及一国企业对另一国企业的管理控制。相比而言,跨国风险投资的进入模式显然有其独特性:首先,跨国风险投资不追求对所投资创业企业的资产控制,而通常以可转换优先股、可转换债券等特别的股权安排来投资;其次,投资方通过风险投资家对所投资创业企业提供增值服务,提高风险投资的运营效率,使得投资方和引资方的合作关系更为密切;最后,跨国风险投资要依靠风险投资的跨国退出来获得投资收益,对引资方的资本市场环境和政策法规环境要求较高。

美国风险投资的国际化进入模式主要有以下几种：

1. 直接投资。直接投资是指投资方以直接投资于东道国创业企业的方式进入东道国市场。根据投资方数量的多少，可以把直接投资进入模式分为两种：

第一种是独立直接投资。境外投资者单独对东道国创业企业进行投资。跨国公司附属的风险投资公司大多采用这种模式。独自直接投资方式的经营战略明确，资本退出比较容易（必要时可以在跨国公司内部转让）。专业风险投资公司进行独自直接投资时，主要是对项目的投资预期看好。

第二种是联合直接投资。境外投资者联合其他风险投资者对东道国创业企业进行投资，联合方既可以是境外风险投资公司，也可以是东道国的风险投资公司。联合直接投资的主要目的，一是分散风险投资风险，二是拓宽资本退出的渠道。

2. 间接投资。间接投资是指投资方以间接投资于东道国创业企业的方式进入东道国市场。由于投资环境差别较大，风险投资的进入、运作和退出的不确定性和风险随之加大，为减少投资风险，投资方通过与东道国风险投资机构合资的方式进入。根据合资方式的不同，间接投资进入模式分为两种：一是联合间接投资，二是委托间接投资。

（五）美国风险投资国际化对东道国的影响

1. 美国风险投资对东道国产生的正面影响。风险投资的作用正日益凸现出来，风险投资已经成为新经济增长的助推器，对一个国家的技术创新、经济发展、就业和社会福利等方面能产生重大影响。对东道国而言，美国风险投资的国际化也在相当大的程度上起到了这些积极作用。

(1)推动科学技术进步。风险投资的范围主要是高新技术产业，跨国风险投资首先为东道国高新技术产业提供了巨大的资金支持，使这类高风险性产业得以生存和壮大；随之而来的是，风险投资家提供的增值服务，大大提高了创业企业的成功率，并将研究成果转化为生产力。国外风险投资和管理资源的输入，强有力地推动了东道国的技术进步。

(2)改变经济增长方式。现代经济增长理论把技术进步看作是经济增长的内生变量，跨国风险投资的投入，一方面促进了技术进步，另一方面推动了东道国的产业结构升级，从而改变了经济增长的方式。另外，由于风险投资的对象主要是中小型企业，这将为东道国提供大量的就业机会。

(3)培养风险投资文化。跨国风险投资一个重要的溢出效应就是有助于培养东道国的创业文化。第一，形成了整个社会对具有冒险精神的创业活动认识和鼓励的氛围；第二，政府相应地创造了激励风险投资的环境，增强了投资者的信心;第三,最重要的是,培养了一批高水平的风险投资家,这是风险投资活动成功与否的关键因素。

2. 美国风险投资国际化对东道国产生的消极影响。跨国风险投资虽然对东道国会有以上几种正面效应,但同时也会带来一些消极影响。

(1)跨国风险投资对东道国本土的风险投资产生了挤出效应,长期下来,会抑制东道国本国风险投资公司的发展,不利于东道国自身风险投资业的发展与完善。以中国为例。近几年国际风险投资大规模投入中国内地(其中又以美国风险投资公司为主),国际风险投资的进入,对于我国风险投资事业是一个促进,但也是一种压力。从 2002 年起,国际风险资本在中国内地的投资总额超过了本土风险资本的投资总额,而且这种趋势有增无减。2002 年,国际风险资本在中国的投资总额是本土风险资本投资总额的 1.06 倍,2003 年高达 4.87 倍,2004 年也为 2.49 倍。2003 年,当中国本土风险投资公司业绩全面下滑的时候,外资风险投资在中国却非常活跃,创造了一个又一个经典的退出案例,令本土风险投资汗颜。反思这一状况,在一定程度上讲,中国风险投资的萎缩不能不考虑以美国为主的国外风险投资进入的影响。

(2)不利于创业企业长期运营。风险基金从进入企业开始,便是为了尽快实现 IPO 或者兼并收购等退出方式,以得到高额的利润回报,并尽快收回资金进行下一轮投资,而并不是长期占有创业企业股份并控制企业,风险投资一般在企业的存续期间大致是 5 年左右。创业企业自身一般是做好了长期运营的打算,但风险资本与创业企业最终目标不一致,难免会产生一些短期行为等负面影响。尤其是急功近利、千方百计甚至不择手段地实现创业企业的上市或者并购,很多时候会影响创业企业的长期发展。当美国风险投资大量进入东道国的时候,投资市场会出现一片繁荣的景象,但在繁荣的背后,可能潜伏着长期运转的危机。

尽管美国风险投资对东道国有着这样或者那样的消极影响,但是经济全球化的浪潮不可逆转,风险投资国际化更是经济全球化浪潮一个重要的组成部分,抓住风险投资国际化进程的机遇,努力克服其消极影响,促进创业企业的长期发展,这才是东道国需要真正重视的问题。

二、美国风险投资模式的国际化

美国是现代风险投资的发源地,风险投资的发展历史最长,发展模式最为成功。风险投资对美国的经济增长起到了至关重要的作用,发展风险投资的世界各国都在自觉(政府主导或者民间主动地学习美国的风险投资模式)或不自觉(与美国的风险投资机构进行输出或者输入的互动,在互动过程中,美国模式通过这种国际化过程得以传播)地比较和借鉴美国模式。从目前的情况看,有的国家或地区(比如以色列)取得了巨大的成功,有的(比如英国、加拿大、日本、我国台湾地区等)则并没有像美国那样成功。虽然这些国家或地区的风险投资也都得到了一定程度的发展,但从带动整个经济增长的程度来看,仍然与美国有很大的距离。

下面就重点以以色列为例,介绍一下美国风险投资模式是怎样在国际上取得成功的。

(一)以色列对美国风险投资模式的应用

以色列作为中东地区的弹丸之国,2001 年底人口为 640 万。自 1948 年新中国成立以来,前后经历了 5 次战争,同时还接纳了来自世界各国的 260 多万移民,领土纠纷、战争压力和移民给以色列经济发展带来了沉重的负担,而作为一个国内市场十分狭小、以外向型经济为主的国家,在 20 世纪 90 年代以后,又不得不面对国际市场空前激烈的竞争。然而,就是在这种不利的条件下,以色列却创造了经济发展的奇迹。2001 年以色列 GDP 达到1 118亿美元,步入了发达国家的行列。与此同时,一些高技术产业迅速崛起,其技术水平已居世界领先地位。以色列高科技行业有近2 000家公司,每年有约 200 ~ 300 家新公司成立,是除美国之外拥有高科技新兴企业最多的国家,被称为“沙漠奇迹”和“第二硅谷”。其中,风险投资所起的积极作用不容忽视。

1. 以色列风险投资概况。早在 20 世纪 60 年代,以色列就出现了风险投资活动,主要是投资于当时以电子产业为代表的新兴产业,最早涉足风险投资领域的是以色列贴现银行,第一笔风险投资的金额为 8 万美元。在随后的十几年时间里,由几家风险投资公司资助的公司先后在纽约证券交易所和纳斯达克成功上市,获得了巨大的回报,有力地促进了以色列风险投资产业的发展。

1985 年以色列成立了第一家风险投资基金 Athena,标志着以色列风险投资产业的正式启动。但是从总体上说,在 1993 年之前,以色列风险投资的发展可以说是相当不足的,具体表现在:首先,投资于科技公司创立期的资金数额明显低于投资于成熟期的数额;其次,缺少职业化的风险投资家以及风险投资媒介;最后,包括政府在内的主要资本投资在研发(R&D)上,R&D 占 GDP 的比重很大,但研发成果的市场转化率很低,科研与生产严重脱节。可以说,1993 年前,以色列的风险投资处于萌芽阶段。

随着 1993 年以政府投资、市场主导为特征的 YOZAM 风险投资公司的成立,以色列的风险投资取得了突飞猛进的发展。根据以色列风险投资协会(IVC)的调查,截至 2000 年底,以色列 2000 年筹集的风险投资已高达 23 亿美元。

以色列、美国、加拿大、英国风险投资发展水平的比较见表 11 -3。

表 11 -3　以色列、美国等国风险投资及其占 GDP 的比重

国　家	年份	GDP(亿美元)	VC(100 万美元)	VC/GDP(%)
以色列	2001	112	1 389	0.012 4
美国	2000	9 873	102 550	0.010 4
加拿大	2000	1 056	6 319	0.006 0
英国	1998	1 403	6 087	0.004 3

资料来源:World Bank,NVCA,CVCA,EVCA。

从表 11 -3 中可以看出,以色列风险投资较美国、加拿大和英国这三个风险投资发达国家更为成熟(一般而言,VC/GDP 的比重越高,其风险投资也就越成熟)。与此同时,以色列风险投资的平均规模在加速扩大,风险投资公司数量也在不断增加,如表11 -4所示。

以色列的风险投资主要投向早中期阶段,如表 11 -5 所示。

表 11 -4　以色列风险投资平均规模及数量　　单位:100 万美元

项　目	1993—1995 年	1996—1999 年	2000 年
平均规模	20	80 ~ 100	200 以上
风险投资公司数量	15	40	85

资料来源:IVC - online。

表 11 -5　以色列与欧洲、美国等分阶段风险投资比较　　单位:%

国　家	年份	种子期	创立期	扩张期	成熟期
以色列	2000	10	37	31	22
以色列	2002	2	32	64	2
欧洲	2000	2	17	37	44
美国	2000	23	19	55	3
加拿大	2000	45	49	3	1

资料来源:印度风险投资协会(IVCA),美国风险投资协会(NVCA),欧洲风险投资协会(EVCA)。

由表 11 -5 可以看出,以色列早期风险投资(种子期与创立期)所占的比重达到 47%,大大超过了欧洲 19% 的水平,与美国 41% 的水平相近。一般而言,高技术风险公司在早期阶段是最缺乏资金支持的,风险投资早期阶段投入的比例越高,对该地区的高技术产业的支持力度越大,因此,以色列较高的早期风险投资水平支撑着以色列高技术产业的发展壮大。

以色列风险投资集中投放在高科技新兴产业中。就全球范围来讲,风险投资主要投放在科技型中小企业,但是在以法人和金融机构为主,投资保守的欧洲等地区,风险投资投放并非如此,见表 11－6。

表 11－6　以色列、欧洲与美国等地风险投资进入的产业的比较 单位:%

国家(年份)	通信业	因特网及相关产业	电脑软件及相关产业	生命科学、生物制药	消费者相关产业	其他
以色列(2000 年)	39	30	16	8	—	7
以色列(2002 年)	30	4	33	12	—	21
欧洲(2000 年)	21	41	15	8	1	14
美国(2000 年)	14	31	17	11	18	9
加拿大(2000 年)	22	19	28	18	—	13

资料来源:IVCA,NVCA,CVCA,EVCA.

从表 11－6 可以看出,以色列风险投资主要的投资方向是高技术产业。其中,通信业和电脑软件及相关产业所占的比重达 63%,超过欧洲 36%、加拿大 50% 的水平,也高于美国 31% 的水平,这也从另外一个方面反映了以色列风险投资的成熟程度。当然,以色列风险投资过分集中于通信业和因特网等相关产业,也在一定程度上加剧了以色列风险投资的风险。

2. 以色列政府对风险投资的介入。在风险投资的发展过程中,政府的介入是必要的,政府建立一套可以在实践中运用的促进风险投资发展的制度框架,有利于提升风险投资活动,这些制度框架包括直接的金融支持以及其他的财政促进方案等,有利于促进资本流入急需资金的中小企业。但政府的介入必须是适时、准确的,并要符合市场经济运作的大趋势。

(1)强化研发活动,为风险投资的发展奠定坚实的基础。1984 年以色列政府颁布《工业研究与开发鼓励法》,规定了政府鼓励和资助工业研究与开发的一般原则,即由政府提供被批准的研究与开发项目所需资金的30% ~66%,获得资助的主要标准是项目应具有创新性、技术上的可行性和很好的出口前景。如果研发成功,企业须从营业额中划出 3% ~5% 的款项,用于归还政府的经费资助;如果研发失败,经费不必偿还。《鼓励法》资助的对象还包括开发样板性或试验性的项目以及市场评估。为了鼓励大学、研究机构和产业界联合开展研发活动,支持大学、研究机构的技术开发,政府对所鼓励的合作项目给予 2/3 的经费补助,这种补助在成功后也不必偿还。正因为以色列对工业研发的立法支持,使得风险资本投资于以色列 R&D 项目的成功率高达 50%,而在其他地区,成功率还不足 10%。

(2)制定多重计划,吸纳和培养从事研发活动的人才。以色列科学部联合移民吸收部,筹集了 650 万美元的基金,制定了“移民研究资助计划”“地区研究与开发中心吸收计划”“技术学士进修计划”“奖学金计划”以及在以色列和苏联开办研讨班等5个吸收计划。这些计划对于侨居在苏联等地的犹太科学家具有非常大的吸引力，促使大批一流科学家从国外移居以色列。据统计，1948—1989年这40多年时间里，移居以色列的犹太人中，拥有教授、副教授职称和博士学位的人员至少有10万人；从1989年底到1994年，又有45万犹太人移居以色列，其中，科学家0.9万人，工程师5万名。仅1993年，移居以色列的犹太人中，科学家、专家和技术人员的比例就高达69.9%。以色列政府于1998年1月推出了专门为高技术企业培养人才的成人教育计划：对小型高科技企业提供80%、中型高科技企业提供60%、大型高科技企业提供40%的经费资助，同时规定在3年内资助高科技企业培训0.6万名技术人员，培训期为1年。

(3)设立鼓励研发高科技新产品商业化的项目。首席科学家办公室(OCS)设立了部分鼓励研发高科技新产品的商业化项目，主要包括：①Tnufa，给予个人企业者在创业初期所需的鼓励与支持，包括样品的开发、专利的注册、商务计划的设计等，提供批准预算的85%；②Magnet，支持学术机构与商业企业合作开发具有竞争力的通用前沿技术，提供批准预算的66%(每年预算约6 000万美元)；③Mini-Magnet，通过商业公司和学术机构间的合作计划，推动新技术从学术机构向产业界转移，提供批准预算的66%；④Nofar，支持应用生物技术研究，以鼓励科技向产业化转移，最高提供批准预算的9%；⑤研究与开发基金。支持具有产业竞争力的创新产品的研究与开发计划，提供预算的20%～50%(预算每年约3亿美元)。迄今这些项目已支持超过500家公司负责实施的每年超过1 000个项目。

(4)设立双边R&D基金(BIRD)，积极参与国际风险投资。以色列政府是全球化进程的推动者，为了在国际市场上占据科技优势，并分享科技创业企业从起步期进入成熟期所急剧增加的市场份额和利润，以色列在风险投资尚未发展的20世纪70～80年代便积极创立双边R&D基金(BIRD)，其中最为成功的当数1977年与美国政府合作设立的BIRD基金，这一总额为1.1亿美元的美以BIRD基金，向被资助公司提供R&D支出的50%，由合作双方均享，BIRD从公司收入中收取使用费。任何基于工业R&D的具有构想、发展、制造和销售创新性产品的美以公司都可以联合向BIRD申请予以支持。

BIRD积极推动美以高技术公司形成具有潜力的战略伙伴，合作的美国公司一般是受制于资金不足和具有开发和制造高技术产品潜力的公司，对以方公司，一般要求要具有领先的科技优势，且迫切要求参与美国公司的产品开发和商业化进程。BIRD在实际运作中，有25%的基金投入是成功的，超过了风险投资的平均成功率。BIRD每年批准约40个新项目，平均基金规模为120万美元,合约期为 12 ~ 15 个月。迄今为止,BIRD 已经投入了 500 多个这样的科技项目。

BIRD 的发展过程,说明了以色列政府很早就深刻认识到风险投资的重要性,在国内尚未形成风险投资市场环境的背景下,加强与高科技发达的美国等国的合作,积极参与国际风险投资的发展过程,为以色列发展风险投资积累了宝贵的国际经验。

(5)设立 YOZMA 基金,培育以色列风险投资市场。以色列政府 1993 年 1 月创立的 YOZMA,是推动风险投资发展成功的典范之一。YOZMA 使以色列风险投资业在全球范围内获得了广泛认同。其设立的背景是:①1981 年起,全球范围内风险投资的发展进入了一个高潮期,在包括荷兰(1981 年)、丹麦(1982 年)、澳大利亚(1984 年)、新加坡(1986 年)、印度(1986 年)等国在内的许多国家,风险投资都已经开展起来。②就以色列国内情况看,缺少职业化的风险投资家,且 1988—1992 年以色列的创立期中小企业增加了 3 倍,但资金短缺。③1991 年和 1992 年,以色列风险投资总额仅分别为 0.58 亿和 1.6 亿美元,尚不及西班牙 1978 年 2.5 亿美元的水平。于是,设立 YOZMA 便成为以色列风险投资业一个良好的发展契机。

1993 年,YOZMA 创立了 YOZMA Ⅰ 基金,主要募集国内私人资本,经过 3 年的发展,YOZMA Ⅰ 创立了 10 只成熟的创业投资基金,这些基金通常与外国风险投资者合作设立子基金。这些外国投资者包括:Walden,美国的 Oxton、Advent 等,另外也包括奔驰(Daimle Benz) DEG,GAN,Singpore Technologies 等国际上著名的集团公司,从而使以色列风险基金的总额达到了 5.5 亿美元(其他来源的基金为 3 亿美元)。通过与这些外国投资者合作,不仅使以色列公司很快进入了国际市场,而且也使以色列基金管理者获得了培训。这些基金目前是这一行业的中坚力量,对整个行业的健康发展起着举足轻重的作用。这 10 只基金每个至少拥有2 000万美元的资本金,构成了以色列创业投资基金的主体。

随着美国、欧洲以及以色列国内资本运作成功经验的启迪,YOZMA Ⅱ 基金也已创立,并于 1998 年进入商业化运作阶段,其主要功能在于培育创业高层管理人员,制定商业策略,吸引战略和金融投资者进入其资产组合。YOZMA Ⅰ 基金和 YOZMA Ⅱ 基金先后筹集了 1.5 亿美元,通过其构建的天使投资人、律师、会计师、顾问机构、政府部门、新闻机构和学术团体的网络,帮助一大批组合公司通过欧美资本市场实现了 IPO。

YOZMA 市场化运作的过程如图 11 - 1 所示。

政府退出的具体途径是:①YOZMA 投资组合 15 家中,有 8 家上市退出或并购退出;②YOZMA Ⅰ 10 个成熟基金中,有 8 家政府所持有的股份被外资或私

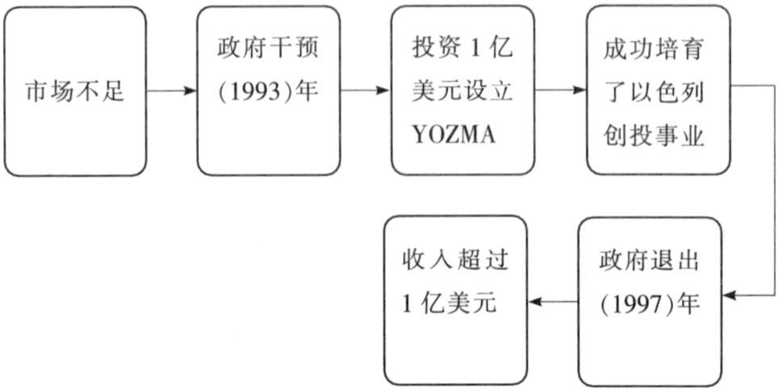

图 11－1　YOZMA 的市场化运作过程

人资本置换;③政府在退出直接融资后转为间接操作,致力于构建并优化制度框架,通过 YOZMA Ⅱ基金发起 CEO 俱乐部,并强化与国际一流风险投资业者的交流,等等。

(6)建立技术孵化器网络,设立首席科学家办公室,培育风险投资的土壤。以色列技术孵化器(Technology Incubators)诞生于苏联移民涌入高峰的1991 年。技术孵化器的显著特征之一是位于偏远地区,如戈兰高地的Katzrin,Kiryat Shmona,Kiryat Arba,Ariel 和 Ofakim 及其他移民地区,特别是苏联移民使用孵化器的比例较高。孵化器的法律框架是,该计划由政府工贸部首席专家办公室(OCS)管理,政策由指导委员会制定。指导委员会由部长指定的下列人员组成:工贸部首席科学家任主席,一名高科技企业代表,一名孵化器企业代表。

每个孵化器都是一个独立的实体,有自己的经理和董事会。OCS 对每个孵化器的年支持经费是180 000美元。每个项目只有达到其核定预算的 85% 以上,且两年中的最高限额达150 000美元以上才符合条件。近年,OCS 开始对孵化器计划实施私有化。孵化器公司经营 10 ~ 15 个处于研发阶段的公司,进入孵化器的公司在孵化器内进行研究的最长期限为 2 年。孵化器公司中的权益结构为:50% 归投资者和创业者所有,10% 留给未来比较重要的职员,20% 留给那些后来为公司提供资金的公司,20% 归孵化器所有。此外,在孵化器内的两年中,孵化器还拥有参与公司重大事件的决策权。

以色列在全国范围内已形成了多达 24 个孵化器的网络,在这个网络中有1 500个科学家,并雇用了约1 400名专业人员(许多是新移民)。2000 年,OCS 的预算大约为 4.4 亿美元,见表 11－7。通过各种计划,OCS 批准资助了约 900 个工业研究开发计划,其税收收入由 1995 年的5 600万美元增长至 2000 年的1.36亿美元。

作为世界上最小的国家之一,以色列引进美国模式,发展风险投资业是非常成功的。以色列政府在制定直接投资政策时,特别注重外资和私营资本的参与,特别注重政府资金的杠杆作用,这使得以色列的风险投资虽然起步较晚,但发展层次很高。此外,政府在制定直接投资政策时,就设定了风险投资退出的路径以及时间底线,这一点尤为重要,也是政府比较难以做到的。以色列还非常注重与侨居海外的以色列人联系,无论是在吸收美国风险投资机构,促进以色列企业成功在纳斯达克上市,还是科技人才的引进方面都有偏重。

表 11－7　各年度以色列首席科学家办公室孵化器预算资金　　单位:100 万美元

年份	预算资金	年份	预算资金
1992	10	1997	27
1993	18	1998	30
1994	23	2003	30
1996	25.5	2004	20

资料来源:中国孵化网

(二)以色列风险投资产业的问题与挑战

从全球范围内来看,以色列风险投资的发展处于领先地位,是美国风险投资模式最为成功的翻版。但是,以色列的风险投资也存在着问题,同样面临着巨大的挑战。

以色列风险投资总额自 2000 年第 4 季度开始下降,其中尤以 2001 年第 1 季度下降的幅度为大,下降了 44 个百分点;随后的第 2 季度,下降幅度收缩到 12%。其中,境外的风险投资下降幅度较大,2000 年第 4 季度和 2001 年第 1 季度分别下降了 31 和 48 个百分点,来自境内的风险投资较境外风险投资推迟一个季度出现下降,即于 2001 年第 1 季度出现下降,下降了 39%。

以色列风险投资与美国风险投资具有极大的相似性,这对建立相对独立的以色列风险投资结构体系构成了相当不利的潜在影响。如开始下降的时间同为 2000 年第4 季度,其下降的幅度与美国风险投资有很大的相关性,如表 11－8 所示。

表 11－8　以色列风险投资下降幅度与美国的比较　　单位:%

	2000 年第 4 季度	2001 年第 1 季度	2001 年第 2 季度
以色列	－18.27	－44.26	－11.89
美国	－26.56	－42.44	－12.39

资料来源:IVC-online,NVCA。

以色列虽然过于依赖以美国为主的境外风险投资,但并不像美国、英国、德国、瑞典和爱尔兰等国那样对境外风险投资给予零税率优惠政策,这在一定程度上加速了以色列吸引境外风险投资额的下降。

以色列风险投资下降的另一个原因在于以色列风险投资的国际化趋势越来越明显。如2001年第2季度,以色列风险投资约13%(2 800万美元)投资到美国、欧洲和东亚等高技术发达区域,且这种趋势越来越明显。这必然会导致以色列高技术产业所筹集的风险投资数量从长期看呈下降趋势。

同时,以色列风险投资过分依赖于境外的资本市场。以色列风险投资受资企业IPO主要依赖纳斯达克、EASDAQ、AIM、伦敦证券交易所等境外资本市场,其中尤其以纳斯达克为主。据以色列风险投资协会一项研究结果,1999—2000年各季度,纳斯达克综合指数与以色列高技术产业所筹集的资金呈现极大的一致性,除2000年第3季度筹集资金上升92%,同时纳斯达克综合指数下降7%外,两者都保持了同起同落的类似幅度。该研究成果在很大程度上表明,以色列风险投资主要依赖于美国的纳斯达克市场。

截至2000年底,以色列共有120多家企业(大部分是IT企业)在纳斯达克等上市交易,其数量超过了欧盟所有国家在美国纳斯达克市场上市交易公司的总和,成为仅次于加拿大的第二大外国公司。1995—2002年,以色列高新技术企业在美国资本市场的融资额高达130亿美元,其中风险资本投资支持的企业成功募集了43亿美元。纳斯达克和其他的境外资本市场为以色列风险投资的快速发展提供了良好的资本环境。但是,一旦纳斯达克综合指数一路狂泻,就会堵塞投资于以色列的高技术企业特别是IT产业的风险资本通过IPO、M&A等方式退出的出口。

虽然以色列的风险投资业在发展过程中遇到了这样的问题,但总的来说,以色列对美国风险投资模式的引入是非常成功的,而且在这方面有许多宝贵的经验和教训值得我国借鉴。

第二节　美国风险投资模式的意义

一、美国风险投资对经济增长的作用

创新是经济高速、持续增长的不竭源泉,而创新集中的高科技产业的发展更是一个国家经济优质增长的火车头。美国近60年发展迅速、运行规范的风险投资机制,对美国经济的发展产生了重大影响和积极作用。

(一)风险投资促进了美国经济的增长

从克林顿上台以来,美国经济进入了快速增长时期,这在很大程度上是"新

经济”在美国发挥重要作用的结果。美国经济连续快速增长近 10 年之久,风险投资的快速发展是一个重要因素,它起到了不容忽视的作用。风险资本在向创业企业提供资金时,往往邀集多家公司联合,使创业企业成为多家公司持股的股权结构。从经营机制方面来讲,这种股权结构无疑要优于单个法人持股的股权结构。另外,风险投资公司在向企业输入资金的同时,还要向企业输入专家型管理,这对于处在初创阶段或破产边缘的创业企业来讲,无疑是至关重要的。可以这么说,是美国风险投资业的蓬勃发展促进了美国经济在 20 世纪 90 年代的持续繁荣。

（二）风险投资促进了美国的技术进步

20 世纪 60 年代以后,美国的经济增长中,有 70% 是依靠技术进步获得的。一项新技术,从它的诞生到形成产业化,往往需要巨额的投资金额,但新建高科技企业所面临的高市场风险和高技术风险,却令一般投资者望而却步。风险资本由于分散募集,投资分散组合,加上其独特的运作方式,可以有效地规避风险,获得高于平均利润率的投资回报,这就为社会资金进入高科技产业架起了一道桥梁,从而推动了美国的高新技术向现实生产力的转化,使大批高科技企业成为全球驰名的跨国公司。美国的技术领先地位在一定程度上取决于美国公司创造突破性产品和服务及其供应市场的能力。致力于研究和开发,受风险资金支持的公司在巩固美国的技术领先地位上起了主要作用。由于受风险资本支持的企业,其平均投入的 R&D 资金大大高于一般企业,从而带动了美国全社会 R&D 投入水平的上升,大大提高了美国经济增长的科技含量。调查中发现,这些创业公司在过去 5 年中投入新技术和新产品开发的资金平均高达1 220 万美元,R&D 预算的增长率是财富 500 强公司的三倍,二者在 R&D 上的人均投入额之比为3:1。尽管美国财政连年出现巨额赤字,但研究经费却不断增加,比如,1997 年美国政府与企业界投在 R&D 上的金额为2 056亿美元,超过了日、德、法、英、意五国研究开发经费的总和。1999 年,美国对基础研究的经费增加了约 8%,达到近 170 亿美元;应用研究经费增加了约 5%,达到 164 亿美元。美国在科技研究开发上的高投入已经并将继续给经济发展带来高回报。技术进步是美国经济发展的动力,美国风险投资就是产生这种动力的新能源,而美国经济的发展又进一步作用于美国的技术进步和风险投资。

（三）风险投资吸引了大量外资进入美国

风险资本的收益率高于社会平均收益率并不断提高,使得美国国内资本市场的平均收益率上升。1965—1985 年,美国风险投资的回报率平均为 19%,是股票投资的2 倍,是长期债务投资的 5 倍。尽管美国 2001 年风险投资出现了 62% 的降幅,但换算成欧元之后,仍然达到 410 亿欧元,比欧盟 15 国的风险投资高出3倍多。而且对于投资者来说,风险投资仍然是一个具有吸引力的投资工具。尽管美国风险投资2001年以来年回报率下降,但是近10年间的平均回报率却仍为26%,高于资本市场的平均回报率。在全球经济环境不佳的情况下,美国经济复苏的潜力还是最大的。在这中间,风险投资起着非常重要的作用。一位美国的投资家说:"硅谷的故事很好听,但神话的诞生,不仅归功于科学技术的进步,更在于它特殊的运作方式——风险投资。"

二、美国风险投资模式的意义

任何事物的发展都有其内在的规律,风险投资也不例外。但事物在不同环境的发展,必然会受到所在环境中各种因素的影响。风险投资最先在美国崛起,其发展规律与特点必然会受美国的技术水平、政策环境、人文环境等因素的影响,包括风险投资的运作方式与游戏规则也必然会带着美国的痕迹(比如,风险投资通过直接投资,支持处于高成长阶段的高新技术企业项目,在投资时并不刻意追求控股,等等,这些运作的规则,在风险资本扶持创业投资的过程中,都有很好的运用),尽管如此,风险投资依然有普遍意义上的规律可循,这对其他国家引进美国风险投资模式具有重大意义。

(一)法律制度建设方面

1. 政府在风险投资中的作用。美国对风险投资的法律规范和制度建设非常重视。1958年制订的《小企业投资法》是美国政府为推动风险投资所做的第一项努力,为发展风险投资提供了最主要的法律依据。美国政府在税收等方面也采取了优惠政策,在20世纪50年代,为鼓励小企业投资公司的发展,规定发起人每投入1美元便可以从政府得到4美元的低息贷款,并可享受特定的税收优惠。在20世纪70年代末80年代初,又对税制进行了重大改革,降低风险投资税率,规定风险投资额的60%免于征税,其余40%减半征收所得税,从而使税率从原来的40%下降到20%,扶持和促进了风险投资的发展。

同时,要注意的是,政府的扶持方式必须与风险投资运作的内在要求相适应,在风险投资发育的初期,政府以引导和示范的角色介入是必要的;但如果干预过多,甚至成为主导,反而会阻碍风险投资的发展。政府应该着力从宏观层面发挥调控和诱导作用,提供一个宽松的政策环境和宏观经济环境,增强风险投资的吸引力,增加资本来源和供给。同时要建设一个反对垄断、鼓励竞争的经济环境。应逐步允许保险基金、社保基金进入风险投资领域,这既可以扩大风险资本的来源,又有利于这些基金的保值和增值。

2. 有效监控风险投资的风险。风险投资天生具有趋利性,追求超常规收益,一旦对其缺乏规范的内部制度安排,失去有效的监管,就有可能失控,甚至酿成系统性风险,因此,必须加强管理。风险投资管理要遵循依法经营、依法规范、依法监管的基本原则,使之纳入法制化、规范化的轨道。

(1)建立风险投资的监管体制,进一步明确监管主体,设立相应职能部门及机构体系作为监管组织系统;明确以风险投资的行为准则和投资方向作为监管范围;明确经营风险投资的资格和条件,作为市场进入准则。

(2)建立风险投资的内部风险控制系统,随时进行风险评估和风险预测,及时发现和化解风险因素,以达到有效控制风险,实现超常收益的目的。

(二)市场环境及金融环境建设方面

1. 风险投资市场的培育。风险投资既是以孵化高新技术产品和企业为基本职能的一种投资形式,又是一种以承担高风险为条件,以高收益为目标的投资形式,这就决定了其正常运作和功能发挥需要以较为成熟的市场为条件。在美国,风险投资是在市场经济已经很发达的基础上,随着资本市场的发展而自然发展起来的。发达的资本市场为风险投资的迅速发展创造了充分的市场条件。

(1)培育和发展风险投资的咨询服务市场,为风险投资决策和运作提供信息和咨询服务,尽量降低风险,提高收益。

(2)培育和发展风险投资的项目经纪市场和技术经纪市场,更准确地选择可进行产业化的高新技术和可进行孵化的风险项目,从而进一步为优化投资组合、降低风险投资机会成本、提高风险投资效益提供方便。

(3)建立健全以创业板市场为主的多层次资本市场,完善退出机制。一个活跃的、向新生中小企业和高新技术企业倾斜的支持创新的股票市场,可以给风险投资提供一个有效率的退出渠道,提高风险投资的周转速度和扩张能力,起到以银行为主的信贷市场难以提供的制度支持。由于相对于传统的股票交易场所要求的上市条件而言,风险投资所投资的创业企业规模、经营业绩以及其他条件都有一段距离,建立专门的适合创业企业上市,可供风险投资退出的证券交易市场,已成为风险投资顺利发展不可缺少的环节。

(4)健全、完善产权市场,开辟并购、产权交易、管理层收购(MBO)等退出机制,从而创造顺畅、多元的退出渠道,吸引更多的社会资本投入风险投资。同时,努力构建适应风险投资运作的市场体系,为风险投资发展创造必需的市场条件。

2. 风险资金来源多元化。风险投资是一个以盈利为目的的竞争性投资活动,应以民间资本为主体,政府作为公共事业的管理者,应多以制度安排来扶持风险投资的发展。美国风险资本主要来源于民间,而非政府直接出资。美国现有风险资本主要来自退休基金和养老基金等机构资金,另有一些是大公司资本和个人资本。但从美国的经验来看，政府不宜直接参与这种以盈利为目的竞争性投资活动，否则，难以形成对风险投资有力的制约机制，而且只凭政府的财力，也难以独自担当风险投资的重任。为此，很有必要不断拓宽风险资本的融资渠道，广泛吸收民间资本介入，逐步建立以民间资本为主体的多渠道的风险资本融资体系。引导民间资本通过风险投资途径投资高新技术产业，是实现民间资本增值和发展高新技术产业的双赢之路。

（三）文化教育方面

要形成良好的投资文化氛围，重要的是培养优秀的风险投资家。

风险投资是靠风险投资家进行投资决策和投资运作，风险投资家素质的高低是决定风险投资成败的关键。风险投资是跨越科技和金融两大领域的比较特殊的投资活动，涉及多学科的理论和知识，而且实践性很强，对人才素质要求很高。其从业人员既要懂科学技术，也要懂经济、金融、法律，还要懂管理；既要对新技术、新产品的前景及其潜力具有敏锐而准确的判断力，从而筛选出有成功希望的项目和公司，还要能为管理者提供咨询服务，参与经营管理，使科技成果尽快商品化、产业化；既要尽可能降低风险，又要尽可能提高收益。

总之，从美国风险投资模式来看，风险投资的发展主要有五个方面的制约因素，它们分别是：经济环境（包括人才、技术、货币稳定性、基础设施、政治稳定性、竞争力、创造力和经营成本）、财政因素（包括一般税收原则、税收激励、国际税收协定）、文化因素（包括教育水平、权益资本所有权、风险厌恶程度、合作行为）、法律制度因素（包括投资来源、资金结构、劳动法、专利权、股票和期权、破产法、退出途径等）以及中介机构（例如银行、代理人、有关专家、律师、会计师等）。也就是说，一些外部因素会影响风险投资的运作，但是政府能够采取相应的措施，这就是财政政策和法制环境在起作用。整体经济环境也很重要，比如在美国，如果纳斯达克指数暴跌，也就是经济环境很糟，那么风险投资很可能失败。此外，社会对风险的接受程度也是很重要的。

案例

大族激光的上市之路

深圳高新技术投资担保有限公司（以下简称高新投）是一家专门为科技创新型企业提供融资的风险投资公司，在该公司的发展史上有许多成功的案例，但其中最为耀眼的应该是大族激光。这家最初貌不惊人的小企业，为高新投带来了百倍以上的回报。

一、风险投资对大族的注入

大族激光经历了科技型企业典型的成功成长路线,即市场定位准、科技力量强、市场份额增长快。但大族激光同其他科技型中小企业一样经受了资金匮乏的煎熬。

公司创始人高云峰对此有深刻的体会。1997 年底,公司的资金全部压在业务上,员工的工资没有着落。高云峰忍痛把自己价值 17 万元的汽车押给了当铺,拿回来几万元来解燃眉之急。

就在此时,大族激光技术上的不断完善,市场认可度的不断增加与其久患的资金饥渴症共同进入了高新投的视线。高云峰本人也在积极寻找投资。1999 年 3 月,在双方进行了 9 个月磋商谈判后,出于谨慎考虑,高新投对大族激光提出了这样的要求:第一,必须以净资产为作价的依据;第二,高新投必须控股,不控股不投资。最终,高新投以 438.6 万元入主大族激光,控制了公司 51% 的股份。但高新投仍然给高云峰保留了回购股份的权利,条件是:如果企业在一年半之内净资产可以从 860 万增加到 2 000 万,大族激光可以回购控制权。

这笔资金为大族激光注入了血液,公司在 2000 年卖出了 249 台打标机,收入超过 5 000 万元,大族激光在短短一年的时间里就为投资者带来了丰厚的回报。2000 年 9 月,高云峰的一年半之约到了期限。大族激光的净资产增长已经符合高云峰的回购条件。在股权拍卖过程中,高云峰联合新的投资者以 2 400 万元的价格从高新投手中买回了 46% 的股权。如果以当年高新投投入的 395.6 万元为基数,2 400 万元的回购价格翻了 6 倍,高新投可以说在一年半之内获得了丰厚的回报。然而,大族激光之后的发展难免让高新投有些后悔,因为其剩余 5% 的股权到今天价值已经增长了 100 多倍。

高新投部分退出以后,高云峰又开始了大族激光的第二轮融资。在这次融资中,红塔集团、华菱投资、东盛创业等大型公司先后投资大族激光。

大族激光在之后的几年中保持了高速增长的态势。2001 年卖出 800 台机器;2002 年卖出 1 043 台,销售量增幅平均超过 50%。2002 年大族激光占据了全国 71.96 % 的市场份额,主营业务收入 1.65 亿元,净利润 3 282 万元。

二、大族激光在股市的财富扩张

2004 年 6 月 25 日注定是载入中国股市历史档案的日子,8 只新股在中小企业板挂牌,当日全线飘红,股民们奔走相告。

大族激光以 40 元的开盘价成为 8 只股票的龙头,涨幅近 330%。“价格太高了,我受宠若惊,诚惶诚恐。”面对记者们的围追堵截,高云峰的口中不断地重复着这句话。当天大族激光以 40 元高价开盘,以 39.09 元的价格收盘,尽管其最低价曾一度下探至 36.01 元,但最高价却高达 48 元。

由于高云峰直接和间接持有大族激光43.36%的股份，合计4 640万股。如果以当天的收盘价计算，高云峰的身价高达18亿元。年仅37岁的高云峰终于凭借上市东风，跻身于亿万富翁的行列。

高新投仍保留了5%的股权，按最初支付的金额来看，高新投的成本价仅43万元。

如果高新投从当初持股至今不变，其总市值可能超过4亿元。想想看，这是多么大的一个数字。

复习思考题

1. 美国风险投资国际化的动因是什么？
2. 美国风险投资国际化对东道国的影响有哪些？
3. 以以色列政府对风险投资的引导和扶助为例，谈谈你对政府在风险投资中作用的理解。
4. 美国风险投资对美国经济增长的作用有哪些？
5. 美国风险投资模式的普遍意义是什么？

第十二章

中国风险投资市场

本章提要

本章专门介绍中国的风险投资情况，内容包括中国风险投资的现状、特点以及未来发展的趋势和战略。

学习要点

了解中国风险投资发展的现状及特点。
掌握中国风险投资发展的趋势和战略。

第一节　中国发展风险投资的意义

风险投资对国家的经济发展起着十分重要的作用，无论是美国、日本、欧洲，还是印度、以色列，都把发展风险投资放在首要的位置。风险投资在中国的发展走的是一条曲折的道路，1998 年，中国第一家现代意义上的风险投资公司——中国新技术创业投资公司的倒闭，一度使中国的风险投资业陷入低谷。但与此同时，无论是业界还是政府高层，都已经意识到风险投资对高科技产业和经济发展的重要作用。从 1999 年开始，中国的风险投资业又开始了新的发展，风险投资机制在不断完善，规模在不断扩大，理论和实践经验也不断丰富，一批中小企业在风险投资的帮助下茁壮成长，风险投资在中国的经济增长进程中也扮演着越来越重要的角色。

改革开放以来,中国一直保持着较快的经济增长速度,但这种增长在很大程度上依靠的是投入的增长,赚得的仅仅是加工费,并不能得到知识产权所带来的附加值。比如,被称为"中国风险投资之父"的民建中央主席成思危曾经在一次风险投资论坛上举例说,目前内地生产的 DVD 机在美国的售价约为 40 美元,但是其中 21.5 美元必须缴纳给一些外国企业作为专利使用费,如果不转变增长方式,DVD 这一现象将会在很多地方上演。所以,我们必须尽快实现经济增长方式的转变。而发展风险投资,推动科技进步,是实现中国经济增长方式转变的必然选择。

一、顺应世界科技发展趋势,适应国际竞争的需要

在知识经济时代,知识密集型产业已成为全部产业的核心,技术进步成为推动经济可持续发展的关键因素。据有关资料显示,1970—1990 年间,亚洲若干新兴工业化国家中,生产要素对经济增长的贡献率分别为:资本 73%,劳动 17%,技术进步 10%;而同一时期,美国这三项指标分别为 28%、19%、53%。这两组指标的对比,深刻地揭示了东南亚金融危机和美国经济持续多年保持强劲增长势头的深刻原因。

21 世纪是科学技术为主导、知识经济占主流的时代,哪个国家占据了高科技优势,哪个国家就取得经济发展的主动权和国际竞争的优先权。但是中国的科技发展状况在国际对比中存在着明显的差距和不足,研究与开发的产业化问题尤为突出。研究与开发能力是建立科技创新体系的基础,没有研究与开发能力,科技创新体系的建立就无从谈起。因此,培育研究与开发的能力,提高研究与开发的水平,是各国政府的当务之急,而解决这一问题的关键是加大资金投入力度。

那么,如何有效加大这种资金投入的力度呢?我们知道,政府对研发项目的投入力度总是有限的,效率也不高,而且,政府研发的项目产业化也比较麻烦;银行资本由于稳健原则,历来就极少向研发领域投资。这样一来,对研发领域的投入就只有两个主要的途径:一个是企业为提高自身的研发能力而进行投入(这种投入是微观的、有局限性的),或个人自筹资金对其创造发明进行投入;另外一个就是风险资本对研发项目进行投入(这种投入是宏观的、非局限性的)。尽管风险资本对研发阶段项目的投入占其整体投资百分比小于其对项目发展期的投入,但是由于政府政策的导向性和风险资本的特有属性等原因,风险资本还是越来越成为研发资金的主要来源。据世界经合组织 1999 年对其成员国的调查,1990 年成员国政府对研究与开发资金的投入占 GDP 的比重为

2.4%，而1999年已经下降到1.2%；与此同时，1990年成员国在所有研发项目中依靠风险资本投入扶植的项目占整个项目的比例为47%，而1999年这一比例已经上升为82%。而且，在接受风险投资的企业中，其研发费用的投入比一般企业通常要高出3倍，这就使这类企业有着比其他企业更高的研发能力，从而使一些大型企业也不得不寻求在研发方面与他们合作，因为这些大企业不可能在每一个有潜力的研发项目中都有所投入。风险投资是研究与开发资金的重要来源之一，它对国家科技创新体系的建立起着重要的支撑作用。

目前，中国的科技投入资金来源单一，主要依靠政府科技拨款和有限的银行科技贷款，政府力量有限，已远远不能满足科学技术发展的需要。政府应最大限度地调动各种资源，建立起高效的技术性创新机制，借鉴国外发展高科技产业的经验，尽快建立起风险投资机制，以加快技术创新和高科技产业发展的步伐。

二、促进高科技产品产业化的重要途径

科学技术能否转化为生产力，不仅依赖于高新技术本身的市场价值，最关键的因素是客观上是否有一种使技术转化为生产力的支持体系。根据以往的规律，高科技成果的市场化、产业化一般是由中小企业的创新吸纳开始的，但由于高科技技术成果本身蕴藏着巨大的技术风险和市场风险，这些中小型企业很难从银行得到信贷支持，因而就需要一种高风险和高收益相伴随的长期股权投资为其服务，而风险投资最能满足这一要求。国外的发展经验也已证明，风险投资正是高新技术成果市场化、产业化的良好支持体系。

尽管中国科技水平总体上与发达国家有很大差距，但每年还是有大量科技成果问世，人才技术资源也可以说比较丰富，每年全国产生的专利项目就有7万个左右，省部级的科研成果也有近3万个。然而，科技成果的转化率却非常低，仅达到15%~20%，许多被市场认可的高科技产品由于缺乏有效的融资渠道而中途夭折，从而使一批新兴企业失去了继续发展的机会，那些已经获得发展的科技企业，其发展速度也无法和风险资本市场相对成熟的发达国家同类企业相比。造成这种现状的原因固然是多方面的，而风险资本市场的差距正是重要原因之一。我国目前仅有80余家风险投资机构，市场上风险资本总额仅有约100亿元人民币，风险资本市场和风险投资体系还远没有建立。反观美国，目前各类风险投资机构已经发展到3 000多家，风险资本总额为1 000亿美元，市场上有1万家以上的高科技公司依靠风险资本进行运转，仅在硅谷科技园区，就有风险投资机构80余家。由于有风险资本的支持，美国的科技企业不断涌现，大有"爆炸"之势，著名企业如微软、英特尔、苹果、数字设备、雅虎、美国在线、亚马

逊等,当初都是靠着风险投资的扶植而迅速发展起来的,风险投资也为这些企业的超常规发展提供了强大的动力。事实已经证明,风险投资机制的建立将改变科技和经济相互游离的局面,能将科技成果与市场有效地结合起来,对科学技术的产业化起到重要的催化作用。风险资本将成为连接科技成果与市场的重要纽带。

三、促进高科技产业规模化,推动经济持续增长

据有关专家测算,中国目前科技进步对经济增长的贡献率约为32%,与发达国家60% ~80%的贡献率相比,差距很大,其原因之一,就在于高科技企业资本缺乏,规模有限。以软件业为例,据信息产业部一份资料,中国软件企业已达5 000多家,但超过500人的企业却占不到2%,50人以下的占54.6%。企业规模小、产值低,即使是东大阿尔派这样的大软件企业,年产值也只不过2亿元,根本无法与国外大公司抗衡,整个软件市场的销售额还不足世界市场的2%。再以中国自己的电子信息产业为例,目前电子市场的70%,微型计算机市场的76%,卫星和光纤通信市场的90%均被国外产品占领,迅速发展中国自己的电子信息产业已迫在眉睫,但只依靠政府或银行贷款根本无法满足资金需求。高科技企业在扩张期需要大量资金投入,风险投资机制的建立,将为之提供充足的资金,促进和加快中国高科技产业化的进程,使中国的高科技企业迎头赶上国外知名的高科技公司,以便在竞争中占有自己的一席之地。风险投资培育的高科技产业将成为中国新的经济增长点,会有力地推动中国经济的持续发展。

第二节　中国风险投资的特征及问题

一、当前中国风险投资的特征

(一)中国风险投资企业数量

中国创业风险投资企业数量的变化大致可反映出风险投资行业历史上的发展情况。[①] 从1995年到2000年,中国风险投资企业数量呈现爆发式增长,2000年增长率曾达到111%,这反映了当时受创业板推出预期影响、各地风险投资企业争

---

① 王元,张晓原,赵明鹏:《中国创业风险投资发展报告(2012)》,中国科学技术发展战略研究院,2012年。

先涌现的情况。2001—2003 年,美国互联网泡沫破灭、创业板延期上市,中国风险投资界出现了第一次低谷,企业总量不增反减。2004 年开始,中国风险投资企业的数量开始稳步上升,中国风险投资市场进入到一个规范发展的时期。

2016 年,中国创业风险投资行业机构数达到 2 405 家,较 2015 年增加 270 家,增长 15.2%。其中,创业风险投资基金 1 421 家,较 2015 年增加 110 家,增幅 8.4%;创业风险投资管理机构 624 家,较 2015 增加 160 家,增幅 34.5%;披露当年新募集基金 152 家,新募集基金管理资本 1 016.1 亿元(见表 12-1)。①

表 12-1 中国创业风险投资机构总量、增量(2007—2016)

项目	2007 年	2008 年	2009 年	2010 年	2011 年	2012 年	2013 年	2014 年	2015 年	2016 年
现存的 VC 机构(家)	383	464	576	867	1 096	1 186	1 408	1 551	1 775	2 045
其中,VC 基金(家)	331	410	495	720	860	942	1 095	1 167	1 311	1 421
其中,VC 管理机构(家)	52	54	81	147	236	241	313	384	464	624
当年新募集基金(数)	76	89	135	215	167	146	123	169	197	152
VC 机构增长(%)	11.0	21.2	24.1	50.5	26.4	7.9	19.0	10.2	14.4	15.2

(二)资金来源分析

风险投资的资本来源可分为外资和内资。外资资本参与创业风险投资的方式有两种:一是通过已在境内注册的外商独资或合资企业注入资本,二是境外机构的境外基金以离岸形式向中国企业直接投资。前者统计的是中国境内风险投资企业的资金结构,后者统计的是整个风险投资市场的资金结构。

近年来,中国创业风险投资募资的资本结构日趋多元化。据统计,2016 年资金来源中仍以政府占主导地位,合计占比 36.13%;民营及混合所有制企业资金占比 24.02%;外资企业占比 4.42%。值得一提的是,2016 年随着相关政策的出台,银行、保险、证券等金融机构资本的占比大幅增加,社保基金也开始进入市场(见图 12-1)。

(三)风险投资对企业发展的支持作用

考察风险投资对企业发展的支持作用,我们可以通过这样一个指标:在所有成功上市的企业中,有风险投资背景的企业的数量和比例。

① 数据摘自中国科学技术发展战略研究院《中国创业风险投资发展报告(2017)》,其统计数据来源于中国创业风险投资信息系统。国内创业风险投资统计的机构还有国家发改委财政金融司、China Venture 投中集团、清科数据中心等,统计口径和数据来源均有差异。下文如使用其他机构的统计数据,会特别注明。

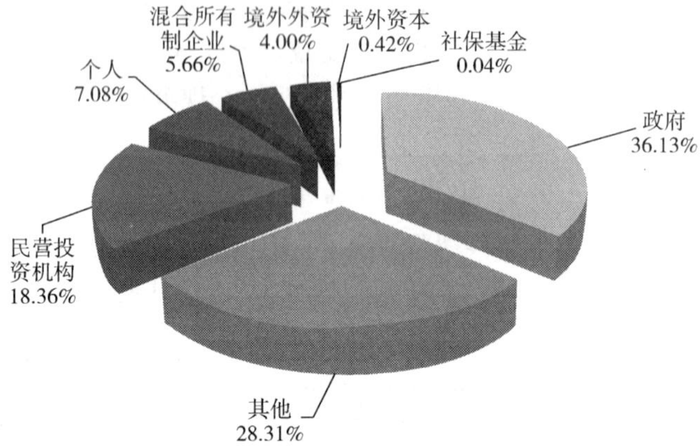

图 12 -1　中国创业风险投资资本来源(2016)

2011 年,中小板新上市企业 115 家,其中有 73 家(63.48%)上市公司获得过创业风险投资的支持。其中,国有创业风险投资机构投资了 12 家企业,民资创业风险投资机构投资了 70 家企业,外资创业风险投资机构投资了 3 家企业。[①] 创业板新上市 128 家企业,其中 78 家(60.94%)上市公司获得过创业风险投资的支持。其中,国有风险投资机构投资了 11 家,民资风险投资机构投资了 75 家,外资风险投资机构投资了 4 家(见表 12 -2)。

表 12 -2　中小板、创业板上市企业风险投资机构投资情况

	中小板			创业板		
类别	数量(家)	占比(100%)	风险投资机构平均持股价值(亿元)	数量(家)	占比(100%)	风险投资机构平均持股价值(亿元)
国有	12	10.43%	3.51	11	8.59%	3.24
民资	70	60.87%	1.78	75	58.59%	1.41
外资	3	2.61%	11.74	4	3.13%	2.97
有风险投资参与的企业	73	63.48%	2.04	78	60.94%	1.56
上市企业总数	115	100.00%		128	100.00%	

① 注:由于一家上市企业可能同时获得国有风险投资企业、民资风险投资企业和外资风险投资企业的投资,因此三者之和不等于总数。

无论是在中小板还是创业板，民资风险投资机构均是支持 IPO 企业的主力：在中小板，民资风险投资支持的 IPO 企业占 60.87%；在创业板，占 58.59%。但从平均持股价值来看，民资风险投资机构的价值回报要低于外资风险投资和国有风险投资机构。

（四）投资项目数

2016 年，整体中国创业风险投资市场投资项目数较上年有所下滑。当年披露机构投资项目数 2 744 项，较 2015 年下滑 19.80%；披露项目投资金额达到 505.5 亿元，较 2015 年增加 8.6%；项目平均投资强度 1 842 万元/项，较 2015 年增加 69.1%。其中，投资于高新技术企业项目 634 家，较 2015 年减少 23.1%；投资金额为 92.1 亿元，较 2015 年减少 21.4%；项目平均投资额为 1 453 万元。可见，2016 年单笔项目投资额明显高于往年，项目估值增大，大手笔的投资有所增加；但高新技术企业项目由于投资期可能较为靠前，故其单笔项目投资金额略小（见表 12－3）。

表 12－3　截至 2016 年底中国创业风险投资当年投资情况（2012—2016 年）

年份	当年投资项目总数（项）	投资高新技术企业项目数（个）	当年投资金额（亿元）	投资高新技术企业项目金额（亿元）
2012	1 903	850	356.0	172.6
2013	1 501	590	279.0	109.0
2014	2 459	689	374.4	124.8
2015	3 423	820	465.6	117.2
2016	2 744	634	505.5	92.1

截至 2016 年底，全国创业风险投资机构累计投资项目数达到 19 296 项，其中投资高新技术企业项目数 8 490 项，占比 44%；累计投资金额 3 765 亿元，其中投资高新技术企业金额 1 566 亿元，占比 42%。

按行业进行分类统计，2016 年软件和信息服务业占比大幅提升，投资金额占 47.55%；其他行业中，金融保险业成为当年创业风险投资的热点，而对新能源和环保业、医药生物业等高新技术产业领域的投资步伐有所放缓。近年来，由于新的商业模式不断涌现，越来越多的产业难以再用传统的行业分类进行统计，因此，“其他行业”投资的占比有所增加。特别需要指出的是，分享经济在我国快速发展。以共享单车为例，城市共享单车市场受到各方关注，资本纷纷涌入，摩拜单车、优拜单车、小鸣单车、ofo 等相继宣布完成新一轮融资。

二、目前我国风险投资业存在的问题

我国的风险投资产业目前正处于一个十字路口，既面临着非凡的机遇，也面临着现实的挑战。目前我国的风险投资业依然存在着很多方面的问题。

（一）资金来源

在风险投资业发达的国家，风险投资家融资的对象几乎包括所有的机构、富有的家庭和个人。在美国，这些来自民间的资金就占到风险投资的70%。而在我国，长期以来，科研经费主要通过行政拨款方式解决，风险投资基金中，80%左右是政府的投入。作为主力资金的财政研发投入占我国GDP的比重十分小，平均每年所占的比重只有0.6%；而亚洲新兴国家和地区，如韩国、新加坡和印度，所占比例分别达2.5%，1.1%和0.8%；经合组织国家多年来的这一比例平均达2.2%；美、日则一直稳定在2.8%。相比之下，我国的资金投入很难满足科研成果转化对资金的大规模需求。

1. 政府资本。风险投资不能仅仅靠政府的投入，从世界各国的情况来看，政府的投入不能成为风险基金的主要来源，政府主要应起政策支持、法律规范和舆论导向的作用。近年来，我国财政收入占GDP比例逐渐下降，政府已经不大可能进行大规模投入，即使可以进行大规模的投入，成立国有风险投资公司，依然会存在这样那样的问题，而且其形式也与我们所讨论的现代风险投资公司相去甚远。

2. 商业银行与投资银行。作为我国大量闲散资金的主要汇集者——商业银行，出于谨慎性原则的考虑，不会把这些资金投入到风险投资领域。中国的《商业银行法》规定："商业银行在中华人民共和国境内不得向非金融机构和企业投资。"这就限制了银行对创业企业的直接投资。另外，中小企业的高风险以及缺乏有效的信用担保机制，也限制了商业银行对中小型企业提供信贷支持。

在国外，很多投资银行都参与到风险投资进程中，他们不仅仅为投资项目提供研究、分析、论证，而且还为风险投资企业融资。但是，国内投资银行由于自身规模较小，实力有限，业务素质也有待提高，基本上没有涉及周期长、风险大的风险投资业务。

3. 保险基金与养老基金。中国近年来保险业飞速发展，保险公司积聚了大量的保费收入，而且，预计今后几年，保费收入仍将保持较快增长的势头。但是，由于社会信用制度不完善，社会保障体系不健全，使我国保险公司的资金投放受到严格的限制，保险基金尽管已有一定的规模，但主要限于投资国债和参加储蓄，目前在风险投资业务上尚难有作为。

在美国,养老基金作为风险资金的主要来源,大致占整个风险资金来源的40%,而目前在我国,这部分资金还无法涉足风险投资领域。

4. 民间资本。目前,我国已有一批高度富裕的个人群体。1979 年以来,中国的居民储蓄以年均 30% 以上的速度增长,其中,20% 的人拥有 80% 的存款。另据资料显示,我国拥有 100 万元以上资产的人口已经超过了 300 万,他们已成为社会经济中不容忽视的力量。而且,这些私人资本多数是自己艰苦创业累积的,有着强烈的增值动机,他们当中已有很多人把自己的存款用于产业直接投资(创办企业)和金融直接投资(购买股票、债券)。如果把这部分资金运用到风险投资事业上来,不失为一种有效的举措。但是,受自身专业素质和时间的制约,这部分投资很有限,在现有金融工具单一,民间投资有关法律法规不完备,投资环境(诸如市场准入以及融资渠道和信用担保机制)不完善的情况下,中国民间投资增长缓慢,大多数人还是以储蓄为首选,民间资本在中国的风险投资业中远没有发挥作用。

(二)风险投资的退出

我国风险投资业的起步并不比一些高收入国家晚,但至今仍处于起步阶段,无论投资能力还是经营业绩都不尽如人意。造成这一现象的原因很多,退出渠道不畅通是至关重要的因素。风险投资的主要目的是获取高额的投资回报,如果没有便捷的退出渠道,风险投资就无法实现资金增值和良性循环。因为退出渠道不畅,一方面会影响投资者获得最大的投资回报,另一方面也会限制更多资金进入该领域,影响风险投资的连续运作。

目前,风险投资共有四种退出方式:首次公开发行(IPO)、回购、并购、清算。其中,IPO 效率最高,然而,由于中国股票市场对公司上市要求很高,实行审核制度,使得高科技企业实现 IPO 的成功率较小,国内企业想使风险资本通过上市套现非常困难,风险资本通过 IPO 退出的成本过高。破产清算实属无奈之举,若投资不成功,这一痛苦的决策也是必须做出的,但中国与破产相关的法律和政策还不完善。如现在的《破产法》,只适用于全民所有制企业,对创业企业的破产清算不具有法律效力;而且,其中有些条款甚至与风险投资的退出相违背。在投资失败的情况下,这样的法律环境可能导致风险投资更大的损失。

由于国内市场无法满足大多数中小型科技新企业发展的需求,不少中小企业纷纷寻求境外上市。有这种能力的都是非常优秀的企业,它们拥有充足的资本、优秀的人才和潜力巨大的科研成果。在境外上市,就意味着这些优秀的资源外流,从而造成未来国内证券市场乃至整个资本市场参与国际竞争的巨大压力。

因此,如果退出机制不健全,势必会阻碍风险投资的发展,并挫伤投资者的积极性。受资企业优先上市，是国外风险投资取得高额回报、风险投资顺畅退出的重要渠道。从中国现行的市场机制来看，国际上通用的风险资金退出渠道尚未形成，有的虽然已经基本形成，但运作并不规范。比如股票市场、股权转让等，现有的股票流通市场是有效的投资退出渠道，但不规范的市场操作使广大的投资者害怕“投进去、收不回”而不愿意投资。最能体现风险投资退出价值的创业板市场虽然已经建立并运作了几年，但其在发展过程中存在一系列问题，影响了风险投资者的热情和积极性。

（三）外部环境

完善的外部运行环境是支持风险投资体系顺畅运行的前提条件。虽然经过相当长一段时间的努力，我国风险投资业面临的政策环境已有了很大的改善，但是仍然不能满足风险投资业发展的需要，甚至还有某些方面已成为风险投资业发展的羁绊。这主要表现在以下几方面。

1. 体制和政策环境。风险投资是市场行为，但是从各国发展的历史来看，风险投资离不开政府的支持。政府在发展风险投资的过程中发挥着关键的引导和支持作用。

从体制和政策环境方面看，我国长期实行科研开发经费由政府或行政主管部门层层分配的管理体制，科研与生产尤其是商品化生产相脱节。目前，我国仍缺乏发展风险投资的有效激励措施、明确的发展计划和规范化的管理方法。

在税收优惠政策方面，现阶段国内仍然没有一个有利于风险投资发展的税收优惠体制，并且还存在双重征税问题。风险投资者只有在风险投资预期收益大于投资成本时才会进行投资，而这种预期收益在很大程度上又受到政府税收政策的影响，因此，世界上许多国家和地区都对风险投资采取了税收优惠政策。而中国虽然对高科技企业也给予了一定的税收优惠，但力度还很不够。在所得税方面，中国目前对进行风险投资的投资者没有所得税方面的优惠政策，风险资本投资于高新技术企业所得红利存在重复征税现象；在增值税方面，由于高新技术企业产品的技术含量高，消耗的原材料少，允许抵扣的进项税少，再加上技术转让费、研究开发费等不能抵扣，使得高新技术产品增值税明显征收过高。税负沉重和税制的不合理，使风险投资的发展缺乏应有的动力机制。

此外，在政策扶持方面也有待加强。从国外的发展经验来看，银行、保险公司等金融机构在风险投资中扮演着重要角色。由于这些金融机构的安全性原则与风险投资的高风险性不相容，许多国家为鼓励银行等金融机构涉足风险投资业，大多采取政府给予创业企业信用担保的形式。通过政府担保，国家可以以少量资金带动大量资金进入风险投资业。但中国政府长期以来在资本供给上一直重视并扶持国有企业，忽视了中小企业发展面临的资金严重短缺问题。

由于缺少完备的信用担保机制，商业银行对中小企业一直采取贷款歧视政策。

2. 法律环境。风险投资有别于一般的投资行为，国外风险投资一般都有专门的法律依据，但我国目前还不具备风险投资所需要的良好法律环境，有些法律法规的内容甚至不利于高科技产业和风险投资发展，存在着法律"缺位"和"错位"两种情况。

(1)法律"缺位"。是指风险投资中存在着法律真空。我国现在的风险投资，包括组织机构设立、注册登记、投资审批、资金募集、撤出套现及税收管理等力而，都没有法律的规范、制约和保护。国内金融业准入尚未真正引入市场机制，还存在许多壁垒和自然垄断因素，缺少鼓励长期投资的政策。

(2)法律"错位"。是指法律体系中存在与风险投资运作不相符或相冲突的方面。例如，《公司法》对设立公司的股东人数和出资额都有最低限制，而对于风险投资运作而言，往往是一个或两三个人，花几元钱便注册一个公司。同时，我国知识产权法律保护的范围较窄。如，《专利法》对动植物品种不授予产品专利，只授予方法专利，这就导致了农业科研投资的回报率低；《公司法》规定，无形资产作价出资，不得超过公司注册资本的20%。这既影响了风险投资公司对技术价值的充分肯定，也限制了风险投资对企业无形资产的运作空间。这样的规定，显然不利于高新技术产品与产业的发展。

3. 文化环境。从文化环境看，鼓励冒险、崇尚创新、倡导创业的民族精神有利于风险投资的发展，而我国还没有完全给人们提供创新和创业的环境，这方面的支持和激励也很少。另外，诚信合作的商业氛围可以降低交易成本，提高资金运作效率，而我国高发的经济欺诈案件表明信用环境并不佳，整体信用环境对风险投资资金的筹资和退出都有很大影响。

另外，对中国风险投资市场，投资者还有一定的心理障碍。在与别人合作时要求控股，是高科技企业目前较为普遍的一种心态。按照风险投资的游戏规则，风险投资是一种适时套现的股权投资行为。创业企业掌握的是技术或产品以及市场机会，风险投资公司拥有的是资金。双方的合作，一方是以技术入股为主，一方是以资金入股为主，一旦合作成功，双方各自分享相应比例的投资收益。风险投资经营过程中大量的案例表明，控股与否并不具有实质性意义。而中国高新技术企业家往往在这一问题上套用一般性投资的运作规则和经验，强调控股要求，使得风险投资的这种合作在某种程度上进入了误区，并成为风险投资业发展的一大障碍。

(四)技术市场

技术市场是技术交易、实现技术商品化的市场，是实现高新技术开发走向应用、扩散的纽带和桥梁，其核心是市场竞争机制。然而，我国技术市场发育滞后。在中国刚起步的技术市场上,研究者与生产者在技术的商品化转移方面缺乏竞争,技术提供方之间迅速推出技术商品的竞争不足,技术需求方之间对新技术获得、占用和扩散方面的竞争更显不足。同时,技术市场的不健全,使技术经纪人的培养、技术成果的开发转让及尽快形成生产力都落后于时代的步伐。总体上说,我国的高科技发展水平在世界上处于落后地位,国内的高科技市场大部分被国外产品占领,这使得我国的创业企业面临巨大的技术风险和市场风险。这些都是我国风险投资业的先天不足。另外,中国科技资源分布的重心是在科研院所和大专院校,企业尚未真正成为技术进步的主体,技术市场发育滞后,科技资源难以有效流动。

此外,技术市场的产权制度不完善,也在很大程度上影响着风险投资事业的发展,在知识产权得不到保证的情况下,科技创新的动力一定不足。

（五）人才资源

风险投资是具有信息集群、地域集群特征的特殊行业,是一种跨科技、金融等多个领域的一种特殊的金融活动,涉及评估、投资、审计、法律等多门学科,这就对运作者提出了极高的要求。高水平的风险投资业不仅需要高强度的投资,还需要高水平的管理,需要合格的风险投资家。一个合格的风险投资家,应该是既懂企业管理,又懂工程技术,并具有金融投资经验的综合型人才,他不仅要有强烈的创新意识和创新能力、敏锐的市场洞察力和判断能力、丰富的专业知识和实践经验,而且还要有较强的领导和管理能力、敢于冒险且有胆魄,有强烈的事业心和坚忍的意志。国外风险投资业的运作表明,有一支多层次、高素质人才队伍,尤其是风险投资家群体的存在,是风险投资事业成功的关键所在。

就实质意义上说,风险投资参与市场竞争的过程,也就是人才资源竞争的过程。风险投资家集专业知识与投资意识于一身,具有丰富的资本市场实践经验以及高超的经营管理水平,这种复合型专业人才的聚集与竞争,对发展风险投资业至关重要。

在中国,风险投资正处于初始阶段,从中国目前风险投资的现状来看,真正懂风险投资的人不多,有实际操作能力的人更少。有的只懂专业知识,而缺乏投资意识;有的只有一般企业管理的背景,却缺乏风险投资的实践经验等。这就导致不能有效地进行风险项目的决策与管理,不能对创业企业在经营策略、形象设计、组织结构等重大问题上提供科学有效的方案及决策,风险投资管理手段传统而且落后。目前,我国还不存在真正的经理人才市场,具有战略眼光且勇于创新、敢于创业的企业家还很少。我国缺少的不仅仅是投资人才,而且还有配套的中介人才、管理人才。风险投资人才或创业企业家的缺乏,是中国风险投资事业中非常突出的问题。

第三节　中国风险投资业的发展趋势及战略

一、中国风险投资业的发展前景

经过二十余年的发展,我国的风险投资业已初具规模,风险投资公司在国民经济特别是投融资体制的改革中,发挥着越来越大的作用,在建立风险投资体系,吸引国际风险资本等方面积累了有益的经验,并在信息技术、生物工程、新型材料、新型能源、光机电一体化等高技术领域取得了一批重要成果。

尽管如此,我国科技成果得以成功转化的比例大约只有10%～15%,远低于发达国家的60%～80%。其主要原因是,我国科研经费与科研转化资金的比例较低,约为1∶1.1至1∶1.5之间,而据国际经验,二者的比例达到1∶10科研成果才能成功转化。例如,美国1995年400亿美元的风险投资中,有70%投向了高技术产业,从而为高技术产业发展提供了强大动力。资料分析表明,我国每年2万多项的省、部级以上高技术成果中,能够真正实现转化的尚不足15%。已经实现转化的科技成果中,资金自筹的占56%,国家贷款占26.8%,风险投资仅仅占2.3%。这说明,中国的风险投资还远没有担负起它应担负的责任;换一个角度来说,风险投资在我国还有巨大的发展空间。

首先,我国正处于计划经济向市场经济转型的过渡时期,同时又面临着传统工业经济向知识经济转型的任务。客观条件的限制,使中国风险投资所必需的配套环境还没完全建立起来,其中包括创业环境、法律环境和开放的市场环境,这些都增加了中国发展风险投资事业的复杂性。但在全球风险投资低迷的现在,中国却是目前世界风险投资回报率最高的地区之一。例如,IDG集团在美国、欧洲、中国的投资中,回报率分别为45%、35%和55%。而且,我国的宏观经济运行情况良好,稳定的社会、经济环境为国家制定风险投资政策,开辟新的投融资渠道,提供了良好的契机。

其次,中国每年有几万项科技成果,实现商品化后可望具有广阔的市场前景。拥有这些科研成果的新兴企业通过风险投资的培育,能够实现快速发展。同时,随着金融体制改革的深化,证券公司、投资公司、保险公司等金融机构近几年已积聚了一定的人才和运作经验，现有的风险投资公司和高科技企业中也不乏一批懂技术、懂管理、懂金融的复合型人才，他们为风险投资体系的建立和发展提供了初步的人才和组织保障。而且，人们的金融意识、风险意识和收益意识已经有了明显的提高，资本市场开始出现包括投资公司、大型企业集团、证券公司在内的战略投资者群体，这些法人机构有较强的承受风险的能力和获取高收益的投资欲望。条件允许时，风险资本的来源渠道将更为广阔。

最后，加入 WTO 后，伴随着银行、产业投资基金、投资银行和保险领域的对外开放，大量中外合资风险投资管理公司开始出现，外资股权比例最高可达 49%，大量外资将通过中外合资的形式进入中国风险投资市场。中国于 2002 年底颁布的 QFII（Qualified Foreign Institutional Investors，合格境外机构投资者）制度，允许合格的境外机构投资者在一定规定和限制下，汇入一定额度的外汇资金并转化为当地货币，通过严格监管的专门账户投资当地证券市场，其资本利得、股息等经过批准后可转为外汇汇出，这极大地刺激了外资对中国市场的兴趣。正如 IDG 的董事长麦戈文说，中国正在成为继硅谷之后，对全球风险投资最有吸引力的地方。

因此，无论从加快国家高科技产业化进程，还是从经济发展的客观必然来看，中国的风险投资事业在各方的努力下，必将有一个美好的未来。

二、中国风险投资业的发展战略

培育我国的风险投资市场，关键在于培育风险投资的主体，建立相应的风险投资运行机制和投资信用工具，发挥市场机制在社会资源配置方面的作用，构建多元化的高技术风险投资机构，这样才能吸引更多的资金参与风险投资，并保证风险投资机制的正常运行。

（一）转变政府投资角色，拓宽风险资本来源渠道

为了使风险投资实现良性发展，政府应当引导而不是领导风险投资的发展。虽然在短期内，国家的直接投资是必要的，但从长远来看，政府不能成为主要的投资主体，它只能是私人投资的补充，其目的是用较少的政府资金带动较多的私人风险投资。政府对风险投资的参与，应当是从宏观层面上解决我国当前风险资本供给不足的问题；应当满足风险投资对融资渠道多样化和融资成本尽量低的要求，并通过有效的政策措施，对风险投资行为实施强化激励，满足风险投资对高收益率的追求；应当拓宽各类资金进入风险投资市场的政策条件，广开风险资金渠道，最终实现政府风险投资角色的转换。

（二）利用民间资本，建立多层次的风险投资网络

建立我国多层次的风险投资网络，必须充分调动起社会各界参与风险投资的积极性，政府应采取相应措施，建立起能够吸收民间资本参与风险投资的渠道，并以法律手段加以保障。

利用民间资本参与风险投资的措施主要有：

1. 建立高技术创业基金，允许开办私人风险投资公司，允许以合法的手段吸收民间资本，进行高技术风险投资。

2. 利用法律手段对知识产权进行保护，完善会计、审计制度，切实保障私人投资者的合法权益，减少投资风险。

3. 成立具有权威性的服务于私人投资者的项目评估机构，提供技术、市场、金融、财务、法律等方面的咨询服务，以减少私人投资者的投资风险。

4. 政府通过政策、法律、财政、税收、信贷等手段，积极引导和组织风险投资。在放宽金融机构管制的同时，使投资行为规范化；允许提高风险投资利率，降低长期投资增值税，以建立风险防范机制；保障风险投资者及经纪人的合法权益。

（三）建立有效的退出机制

完善的退出机制是发展风险投资业的前提。风险投资的最终目的是从所投资的高科技项目中获得超额利润，然后及时将其转让出去，再用收回的资金投入新的项目，实现利润的滚动增长。因此，退出是风险投资最关键的一环。

解决我国退出渠道不畅这一问题的当务之急，就是建立有效的退出机制。

一是健全依靠资本市场实现退出的机制，稳步推进资本市场注册制改革，建立健全不同层次资本市场之间的转板机制，探索优化反向挂钩政策，统筹推进上市公司退出制度改革，完善上市公司退出机制。

二是完善对多层次资本市场的监管制度，加大对二级市场上市公司监管的执法力度，打造风险投资基金“投资—退出—再投资”的有效闭环。

三是拓展出售股权、破产清算等多元化退出渠道，细化不同退出方式的实施细则，健全操作指引，规范操作流程，增强操作透明度，优化支持风险投资退出的政策环境。

（四）完善风险投资的法律环境

风险投资对法律环境有着较高的要求，法律法规体系的完善是风险投资机制正常运行的基本保证。就中国现有的法律环境而言，政府应尽快制定《风险投资法》，规范风险投资公司，使其运作有法可依，保障风险投资公司在资金筹集、项目选择、知识产权维护和所有者权益转让方面的利益。

风险投资的主要对象是有潜力的科研成果，这些科研成果的特点，是以知

识为核心,在完成产业化后可实现低成本的无限复制,风险投资进而凭借其"专有性"获得高额利益。因此,一国知识产权和无形资产的保护环境可直接影响风险投资家的投资决策意向。然而,中国的知识产权与无形资产的保护尤其薄弱,致使风险投资不敢涉足风险较大的中前期投资,同时也损害了进行高技术创新活动的科技人员的利益,挫伤了他们创新的积极性。

(五)培育风险投资人才

一个高素质的风险投资家是风险投资事业的灵魂,他们不仅要为企业筹措资金,还要为企业制定战略,提供管理咨询,甚至寻找销售渠道。没有专业风险投资家管理的风险投资是危险的。我国虽然在经济发展过程中积累了不少这样的人才,但对整个风险投资事业而言,还远远不够,仍然需要做出一些努力:

1. 通过各种方式和途径加紧培养具备金融、保险、企业管理、科技、经济等各方面知识以及具备预测、处理、承受风险能力的人才,以适应风险投资事业发展的需要。如高校可以打破专业界限,培养跨学科、跨行业的人才。

2. 建立职业人才市场,促进人才合理流动,实现人才的有效配置。同时,应建立起有竞争性和吸引力的激励机制,吸引和鼓励大批高层次的科技、经济人才投身到风险投资事业中来。

3. 积极开展与国外风险投资机构的合作,引进和学习先进的风险投资管理技术。此外,可以高薪聘请国外有经验的风险投资专业人才,帮助开辟我国风险投资的新领域。

(六)积极发挥外资在发展我国风险投资事业中的作用

我们应积极创造优惠条件,吸引国外风险投资基金来华投资,允许外商独自设立风险投资公司或者和中方共同设立风险投资基金;允许国外风险投资公司将其资本利得或到期本金向境外转移;简化政府对外资立项审批的环节,增强执法的透明度,树立政府的服务意识,从软环境上切实鼓励和吸引国外风险投资。同时,还可以考虑采取与外资风险投资公司联手投资的形式进行运作,充分发挥外资风险投资公司在机制和运作能力方面的优势,让外资风险投资公司充当"领投"的角色,国有风险投资公司充当"跟投"角色,学习国外公司的先进管理制度和管理经验。

但是,在广泛吸纳国外风险资金进入的同时,一定要苦练内功,要清醒地认识到我们吸纳外资的目的所在,认识到我们是为了发展中国的风险投资事业而努力,而不只是单纯地引进资金,拷贝模式。

案 例

中国应重视风险投资行业

——一位来自硅谷的风险投资家对中国风险投资市场的评价①

为什么要发展风险投资业？发展风险投资对经济建设有什么作用？这个案例将通过2000年、2003年美国风险投资公司创造财富和就业机会的数据，分析风险投资对国家经济发展所发挥的重要促进作用。同时，DCM-Doll资产管理公司在中国风险投资市场上从事了一些投资活动，也有一些成功的经验，通过在中国多年的投资实践，我们发现，中国风险投资市场存在诸如缺乏管理人才、政策限制、本土风险投资公司不成熟等问题。中国政府应高度重视中国风险投资行业，以推动中国经济健康快速发展。

首先介绍一下Doll公司，它管理着10亿美元资金，主要投资于种子期公司，也投资于上市准备期公司。它是首批在中国投资的美国公司之一，1999年开始投资51 job公司，并于2000年初成功退出。现在与联想投资公司结成战略伙伴关系，有10个合作项目。在中国，Doll公司有专门服务中国市场的员工，其中有10个是全职员工。Doll公司对服务、通信、软件、半导体、多媒体设备等产业非常感兴趣，希望在硅谷和中国之间搭建一座桥梁，为中国培养一批企业家。

一、风险投资对经济发展有重要的促进作用

现在主要谈一下为什么要发展风险投资业？发展风险投资业对促进经济发展有什么重要意义？表12－4是一张2000年、2003年美国风险投资公司创造的工作机会与财富表。2000—2003年，是美国历史上的经济萧条时期。但在此期间，风险投资创造的工作岗位增加60万个，销售收入增加了2 000多亿美元，从表中还可以看到，2003年，美国风险投资公司创造的工作机会比2000年增加了6.5％，创造的财富增加了12%。由此可见，美国风险投资对其经济发展发挥了重要的促进作用。

表12－4 美国风险投资公司创造的工作机会与财富

风险资本背景公司创造的就业机会（百万人）			风险资本背景公司取得的销售额（万亿美元）		
2000年	2003年	增加	2000年	2003年	增加
9.5	10.1	0.6 6.5%	1.6	1.8	0.2 12%

① 这是DCM-Doll资产管理公司执行合伙人DOLL Dixon在“2005中国风险投资论坛”发表的主题演讲的内容。

此外,美国风险投资公司还向一些小公司,特别是科技型小公司的 R&D 部门投入了大量风险资本,帮助它们成长。Doll 公司的大量资金就投向了公司的 R&D 部门,我个人认为,在这方面,风险投资公司做得要比很多大公司好。

二、Doll 公司在中国市场上的投资情况

Doll 公司在中国市场上很活跃,成功地投资了 9 个公司(详情请参见 www.dcmvc.com),主要有 51job 公司、尚阳科技、Yilong Media、Vimicro、UUME、SMIC 等公司,其中 51job 等几家公司已成功上市。

Doll 公司投资的一个重要战略步骤是调查合作伙伴,了解他们的情况,然后进行下一步的规划和工作;Doll 公司在与联想投资合作之前,彼此都进行了深入调查,现在合作非常愉快,项目运作良好,相互之间非常信任,沟通也十分顺畅,这种合作伙伴关系无论对 Doll 公司还是联想公司都是十分有益的。目前 Doll 公司正在推出 IPO 服务,这对中国风险投资公司来说应该是非常有诱惑力的。

三、中国风险投资存在的问题和建议

中国风险投资市场存在一些重大问题。一是缺少高层管理人才,尤其是 CEO,甚至有些公司因此不得不把公司卖到国外。二是中国公司在美国上市会受到很多方面的限制,如法律法规的限制。其中,最大的困难是难以找到独立董事,同时在流程方面也受到不少制约。要解决这些问题,需要花很多时间,但又必须解决这些问题,否则可能会带来许多麻烦。因此,如果要创立公司,并且打算让它上市,那么在创立之初,就需要一批人才,需要设置外部董事;另外,还要避免市场风险,很多人可能不太关心,其实有很多办法,比如可以把业务外包到美国或香港。三是中国风险投资资金问题。2004 年有 12.7 亿美元风险投资资金投到了中国,中国的风险投资资金,大约 45% 来自美国,30% 来自其他国际风险投资公司,可以说 75% 的资金都来自国外,来自中国本土的风险资金比例非常小。

另外,2005 年中国风险投资有没有泡沫? 如果有,应该怎样解决? 中国企业同美国硅谷企业相比,在企业家精神方面是相似的,甚至中国公司似乎比硅谷公司更好。现在的中国,创新型人才不断增加,新公司不断崛起,获得资金的渠道越来越宽。但中国企业与硅谷企业之间还有差距,中国还没有成熟的风险投资公司,同时还存在诸如资金流动性等一系列复杂问题。所有这些问题都需要解决,只有这样,风险投资行业才能强大、成熟。中国公司目前的情况与 2000 年美国硅谷的公司有一些相似,当时企业家精神高涨,实际上是不够成熟。

两星期前，中国财政部的一位先生去斯坦福大学访问，他提到中国经济改革正在有序进行，中国正在进行国有企业、社会保障体系、组织和税收制度等几方面的改革，但他认为市场改革还不是中国政府的工作重点之一。我们建议中国政府重视风险投资产业，因为它对中国经济发展以及很多方面问题的解决都十分重要。高盛公司一位曾经做过中国政府顾问的高层管理人员说，目前中国公司很多资金来源于银行贷款，而通过这种渠道是远远不够的。实际上中国有很多产业，特别是零售业及其他一些相关行业，如果通过风险投资和银行贷款等多种渠道进行融资，它们的发展可能会更好。

复习思考题

1. 为什么说发展风险投资业是推动中国科技进步的必然选择？
2. 简述风险投资在中国的发展历程。
3. 概括当前中国风险投资的特征。
4. 概括当前中国风险投资存在的问题，并简要评述。
5. 政府应采取哪些措施来拓宽风险资金来源渠道？

参考文献

[1]Acemoglu, Daron. Introduction to Modern Economic Growth[M]. Princeton, NJ: Princeton University Press,2009.

[2]Aghion, Philippe, and Peter Howitt. Endogenous Growth Theory[M]. Cambridge, MA: MIT Press,1998.

[3]Aghion, Philippe, Céline Antonin, Simon Bunel. The Power of Creative Destruction: Economic Upheaval and the Wealth of Nations[M]. Belknap Press: An Imprint of Harvard University Press,2020.

[4]Ante,Spencer. Creative Capital: Georges Doriot and the Birth of Venture Capital[M]. Cambridge,MA: Harvard Business Press,2008.

[5]Bygrave, William, and Jeffry A. Timmons. Venture Capital at the Crossroads[M]. Boston,Mass:Harvard Business School Press,1992.

[6]Bygrave, William, and Andrew Zacharakis. Entrepreneurship[M]. Third Edition. Hoboken,NJ: John Wiley & Sons,2014.

[7]Carreyrou, John. Bad Blood: Secrets and Lies in a Silicon Valley Startup[M]. New York: Knopf,2018.

[8]Crowley Redding, Anna. Google It: A History of Google[M]. New York: Feiwel & Friends,2018.

[9]Cumming, Douglas. Fund Types, Risks and Returns, and Regulation[M]. John Wiley & Sons,2010.

[10]Cumming, Douglas. The Oxford Handbook of Venture Capital[M]. Oxford: Oxford University Press,2012.

[11]Cumming, Douglas. The Oxford Handbook of Private Equity[M]. Oxford: Oxford University Press,2012.

[12]Cumming, Douglas. The Oxford Handbook of Entrepreneurial Finance[M]. Oxford: Oxford University Press,2012.

[13]Cumming, Douglas, Sofia A. Johan. Venture Capital and Private Equity Contracting: An International Perspective[M]. Second Edition. London, Elsevier Inc,2014.

[14]Fenn, G. W., Liang, N., Prowse, S. The Economics of the Private Equity Market,Staff Studies 168[M]. Washington, D,C.: Board of Governors of the Federal Reserve System,1995.

[15] Foster, Richard, Sarah Kaplan. Creative Destruction: Why Companies That Are Built to Last Underperform the Market - And How to Successfully Transform Them[M]. New York: Crown Business, 2003.

[16] Gompers, PaulA., Victoria Ivashina, and Richard S. Ruback. Private Equity: A Casebook[M]. London: Anthem Press, 2019.

[17] Gompers, P. A., and J. Lerner. The Venture Capital Cycle[M]. MIT Press, Cambridge, 1999.

[18] Gompers, P. A., and J. Lerner. The Money of Invention: How Venture Capital Creates New Wealth[M]. Harvard Business School Press, 2001.

[19] Lee, Chong - Moon, William Miller, Marguerite Hancock, and Henry Rowen. The Silicon Valley Edge: A Habitat for Innovation and Entrepreneurship [M]. Stanford, CA: Stanford Business Books, 2000.

[20] Lerner, Josh. Boulevard of Broken Dreams: Why Public Efforts to Boost Entrepreneurship and Venture Capital Have Failed and What to Do About It[M]. Princeton University Press, 2009.

[21] Lerner, Josh, AnnLeamon, and Felda Hardymon. Venture Capital, Private Equity, and the Financing of Entrepreneurship[M]. New York: John Wiley & Sons, 2012.

[22] Lerner, Josh and Felda Hardymon. Venture Capital and Private Equity: A Casebook(5th Edition)[M]. John Wiley & Sons, 2012.

[23] Levin, Jack, DonaldRocap. Structuring Venture Capital, Private Equity and Entrepreneurial Transactions[M]. Wolters Kluwer Law & Business, 2015.

[24] Metrick, Andrew, and Ayako Yasuda. Venture Capital and the Finance of Innovation(3rd Edition)[M]. John Wiley & Sons, 2021.

[25] Nicholas, Tom. VC: An American History[M]. Harvard University Press, 2019.

[26] DaRin, Marco, and Thomas Hellmann. Fundamentals of Entrepreneurial Finance[M]. Oxford University Press, 2020.

[27] Wright, Mike, and Drori Drori. Accelerators: Successful Venture Creation and Growth. Edward Elgar, Camberley, 2018.

[28]安实等. 风险投资理论与方法[M]. 北京:科学出版社,2005.

[29]蔡莉. 风险资本市场的生成与演进研究[M]. 北京:中国社会科学出版社,2003.

[30]蔡宁. 中小企业竞争力与创业板市场[M]. 北京:科学出版社,2004.

[31]陈德棉,蔡莉. 风险投资国际比较与经验借鉴[M]. 北京:经济科学出版社,2003.

[32]陈德棉,蔡莉. 风险投资运行机制与管理[M]. 北京:经济科学出版社,2003.

[33]陈尔瑞,杜沔. 风险投资概论[M]. 北京:中国财政经济出版社,2001.

[34]成思危. 科技风险投资论文集[M]. 北京:民主与建设出版社,1997.

[35]成思危. 2002 中国风险投资论坛[M]. 北京:民主与建设出版社,2002.

[36]成思危. 中国风险投资年鉴 2003[M]. 北京:民主与建设出版社,2004.

[37]范柏乃. 创业投资法律制度研究[M]. 北京:机械工业出版社,2005.

[38]辜胜阻等. 政府与风险投资[M]. 北京:民主与建设出版社,2001.

[39]胡海峰,陈闽. 创业资本运营[M]. 北京:中信出版社,1999.

[40]胡海峰. 美国创业资本制度与市场研究[M]. 北京:人民出版社,2008.

[41]胡海峰. 创业资本循环[M]. 北京:中国市场出版社,2009.

[42]胡延平. 风险投资[M]. 北京:首都师范大学出版社,2002.

[43]焦方义. 中国风险投资市场体系研究[M]. 哈尔滨:黑龙江人民出版社,2004.

[44]姜树梅. 风险投资动作[M]. 大连:东北财经大学出版社,2001.

[45]柯迪. 风险投资与中国实践研究[M]. 北京:中国财政经济出版社,2002.

[46]李好好,孙克任. 风险投资学[M]. 太原:山西经济出版社,2002.

[47]李建良. 风险投资的风险收益机制[M]. 北京:社会科学文献出版社,2008.

[48]李钟文,米勒,韩柯克等. 硅谷优势——创新与创业精神的栖息地[M],北京:人民出版社,2002.

[49]刘曼红. 风险投资:创新与金融[M]. 北京:中国人民大学出版社,1998.

[50]刘曼红等. 风险投资学[M]. 北京:对外经济贸易大学出版社,2018.

[51]隆武华. 透视创业板市场[M]. 北京:中国金融出版社,2003.

[52]庞万国. 风险投资与高科技[M]. 北京:中国财政经济出版社,1999.

[53]任天元. 风险投资的运作与评估[M]. 北京:中国经济出版社,2000.

[54]盛立军. 风险投资操作、机制与策略[M]. 上海:上海远东出

版社,1999.

[55]司春林等. 创业投资[M]. 上海:上海财经大学出版社,2003.

[56]苏启林. 创业投资政府支持政策设计:国际经验与中国抉择[M]. 北京:经济科学出版社,2004.

[57]谈毅. 风险投资学[M]. 上海:上海交通大学出版社,2013.

[58]武士国,宋立. 创业投资:国际经验与中国抉择[M]. 北京:中国计划出版社,2001.

[59]王景涛. 新编风险投资学[M]. 大连:东北财经大学出版社,2005.

[60]王晓龙. 风险投资与新经济[M]. 北京:经济管理出版社,2001.

[61]王勇. 风险投资新论[M]. 北京:中国财政经济出版社,2000.

[62]张琳. 风险投资体系与运行机制[M]. 长沙:湖南师范大学出版社,2004.

[63]左传长. 创业投资与资本市场:从微观到宏观的理论探索和实践考察[M]. 北京:中国社会科学出版社,2004.